河北方言研究丛书

桑宇红 主编

钱曾怡 张振兴 顾问

唐山曹妃甸方言研究

沈丹萍◎著

中华书局

图书在版编目(CIP)数据

唐山曹妃甸方言研究/沈丹萍著;桑宇红主编. —北京:中华书局,2021.1
(河北方言研究丛书)
ISBN 978-7-101-14896-1

Ⅰ.唐…　Ⅱ.①沈…②桑…　Ⅲ.北方方言-方言研究-唐山
Ⅳ.H172.1

中国版本图书馆 CIP 数据核字(2020)第 219301 号

书　　名　唐山曹妃甸方言研究
著　　者　沈丹萍
主　　编　桑宇红
顾　　问　钱曾怡　张振兴
丛 书 名　河北方言研究丛书
责任编辑　张　芃
出版发行　中华书局
　　　　　(北京市丰台区太平桥西里 38 号　100073)
　　　　　http://www.zhbc.com.cn
　　　　　E-mail:zhbc@zhbc.com.cn
印　　刷　北京瑞古冠中印刷厂
版　　次　2021 年 1 月北京第 1 版
　　　　　2021 年 1 月北京第 1 次印刷
规　　格　开本/850×1168 毫米　1/32
　　　　　印张 9　插页 2　字数 225 千字
印　　数　1-900 册
国际书号　ISBN 978-7-101-14896-1
定　　价　39.00 元

《河北方言研究丛书》序

河北师范大学桑宇红教授于2015年11月28日至29日在石家庄主持召开了“首届河北方言学术研讨会”,首次提出了在河北省境内进行系列方言调查,并出版方言研究丛书的规划。在这之后,桑教授以河北师范大学文学院为基地,紧抓规划的落实工作。例如:

2016年7月举办了为期10天的“河北方言调查高级研修班”,邀请相关专家对省内外一批汉语方言调查人员进行系统的专业培训;

2017年5月举行了“《河北方言研究丛书》启动仪式暨河北方言研讨会”,正式落实河北方言系列调查及出版研究丛书的规划;

2017年6月召开了“《河北方言研究丛书》编写研讨会”,讨论并确定河北方言研究丛书的编写大纲,由有关专家对大纲的一些细节问题做了说明;

2018年10月召开了“《河北方言研究丛书》审稿研讨会”,对一批已有丛书初稿进行审读,并请有关专家对相关问题进行分析讲解和评议。

承桑宇红教授和河北其他师友的照顾和爱护,我有机会陆续参加了以上所说的一些活动,跟同行们一起学习研讨,多有受益。经过几年努力,《河北方言研究丛书》一批书稿相继完成,我又再承关照,得以先一步研读。称谢之余,也倍感欣慰。

河北省境内的汉语方言以冀鲁官话为主，分布于唐山、石家庄等大部分地区。除此之外还有分布于承德一带的北京官话，分布于东南部一些县市的中原官话，以及分布于张家口、邯郸一带的晋方言。本次河北汉语方言调查的布点以及研究丛书的书稿，也反映了河北方言这种多样性和复杂性的语言事实。语言事实是最重要的，做到了这一点，本次调查和丛书书稿就是值得充分肯定的。例如我仔细拜读过《唐山曹妃甸方言研究》初稿（成稿或许有调整），曹妃甸方言属于一种三声调的冀鲁官话，声调异读的现象很显著，口语里"日"字声调有三读：

平声 ʐʅ^{42} ～头：太阳

上声 ʐʅ^{213} 立秋十八～，寸草都结籽儿

去声 ʐʅ^{453} ～子

"双"字声调有两读：

平声 ʂuɑŋ^{42} 一～

去声 ʂuɑŋ^{453} ～胞儿

在音节结构上，也有一些特殊的现象，[mu] 音节通常读成自成音节的 [m]：

木匠 m$^{453-24}$tɕiŋ^{0}　　木头 m$^{453-24}$t^{h}u^{0}

母鸡 m$^{213-21}$tɕi^{13}　　柏木 pai$^{213-21}$m^{13}

文白异读也很有意思，古见组字白读声母颚化，文读不颚化：

隔白 tɕie^{453} ～壁儿 / 隔文 kɤ^{42} ～离

客白 tɕ^{h}ie^{213} 男～ / 客文 ^{k}kɤ^{453} ～人

口语常用的词汇里，唐山曹妃甸方言也有一些特殊的说法。例如：灌溉系统中东西向的主水渠叫"挡 tɑŋ^{213}"或"大直干 ta$^{453-44}$tʂʅ$^{42-44}$kan^{453}"；田地里的进水口叫"用毛 iuŋ$^{453-44}$mɑu^{42}"或"毛渠 mɑu$^{42-44}$tɕ^{h}y^{42}"；果实散落下来叫"掉脚儿 tiɑu$^{453-42}$tɕiɑur^{213}"；一人深、三四米宽的大水坑叫"大坞 ta$^{453-42}$u^{453}"；给马、

牛、羊配种叫“群⁼儿上咧 tɕ^{h}yər^{42}ʂ（ɑŋ-əŋ）$^{213-21}$liɛ^{13}”，给猪配种叫“打圈 ta$^{213-21}$tɕyan^{453}”；都是本地人，比较封闭的村庄叫“死庄音⁼儿 ʂʅ$^{213-24}$tʂuɑŋ^{42}iər^{0}”。

我们还可以举出唐山曹妃甸方言以及其他书稿里很多类似的特殊现象。这些特殊现象在冀鲁官话或其他官话里也许不算太特别，但跟其他非官话方言比较起来，就显得突出了。当然，也可以举出相反的例子。曹妃甸简易的农村厕所叫“茅司 mɑu^{42}sʅ^{13}”，也常见于东南地区的非官话方言。这使我想起好些年以前读李行健主编的《河北方言词汇编》，看到河北有的地方也把包括式的咱、咱们说成上声的 [nǎn]，第二人称单数也可以说“侬、汝”，第三人称单数也有说成“伊”或“渠”的，“吃、喝、抽”不分，都说成“吃饭、吃烟、吃酒”，甚至还有的地方也把房子叫“处宅”，跟浙南闽方言的说法相同，就是福建闽方言有些地方的“厝宅”。刚看到的时候难免有些诧异，怎么河北方言这些说法跟东南地区的非官话方言一样了？其实调查深入了，语言事实看多了，就不觉得奇怪了。这就是汉语方言的分歧性和统一性的本质特征。

河北方言有其特殊的重要性。河北地区方言的调查研究，对于深入了解今普通话的基础方言北京官话的形成具有重要的现实意义和理论价值。因此，说到《河北方言研究丛书》的时候，很自然就会联想到在此之前河北地区汉语方言的调查研究及其重要论著。从林语堂、赵元任早期对河北地区方言的关注说起，一直到后来贺登崧、王辅世的宣化地区地理语言学调查，再到二十世纪五六十年代以后的河北方言调查，以及再往后的陈淑静、刘淑学、吴继章等先生的很多调查研究，都给现在的河北方言调查研究奠定了良好的基础。这些调查研究产生了一批极其重要的学术论著，上文说到的李行健主编的《河北方言词汇编》

就是其中之一。但最重要的应该首推由河北省昌黎县县志编纂委员会和中国科学院语言研究所合编的《昌黎方言志》。

《昌黎方言志》是现代汉语方言调查研究最著名的经典作品之一,是现代汉语地点方言调查研究的范本,当然更是《河北方言研究丛书》的范本。《昌黎方言志》全面、详细地记录了河北昌黎方言的语言事实,对语言事实的描写和分析细致而精到,尤其值得我们后来者认真学习。以下举昌黎方言的声调分析为例。

昌黎城关声调连轻声在内有7个:

阴平 32　　上声 213　　阴去 55 不用于轻声前
阳平甲 13+非轻声　　阳去 24 多用于轻声前
阳平乙 11+轻声
轻声 （轻声正式入调）

如果不考虑轻声,昌黎话只有阴平、阳平、上声、去声四个声调。但昌黎话有很重要的轻声调,它跟阳平、去声关联密切。所以首先要把轻声入调,然后再把阳平分为甲、乙两类,把去声分为阴去和阳去。这样昌黎话就是7个声调,这是根据昌黎话的语言事实分析出来的。关于阳平乙和阳去,《昌黎方言志》有两段非常深刻的分析:

> 我们现在把13调˩˧、11调˩、24调˨˦都作为独立的调类(阳平甲13˩˧,阳平乙11˩,阳去24˨˦),调号记在比较线的左边,不认为变调,调号不记在比较线的右边。这只是处理昌黎城关声调的一种方式,并不排斥其他处理法。按现在的说法,阳平甲不在轻声前出现,阳平乙只在轻声前出现,两个声调并不对立(不在同一语音环境里出现),是否能并为一类呢?如果把这两类合并为一个阳平调,可以把单用的13调认为本调,在轻声前的11调认为变调。不过这样处理是有困难的。因为单读˩˧调的字(如"黄")在轻声前

可以读 11 调˩(如“黄·瓜”),也可以读 24 调˨˦(如“黄·病”)。什么时候读 11 调˩,什么时候读 24 调˨˦,还不能说出语音的条件,要一个一个列举。既然要一一列举,不如索性把 11 调和 24 调都认为独立的调类,比较妥当一些。

24 调˨˦是不能不自成一类的。第一,“柜、被”等字可以单用,都是 24 调˨˦,跟“贵、背腹~”(都是 55 调˥)不同音。第二,“饭”读 24 调˨˦,跟读 13 调˩˧的“矾”不同音。“天寒”的“寒”是 13 调˩˧,“天旱”的“旱”是 24 调˨˦。24 调˨˦不能跟 13 调˩˧合并。

以上这段话,音位的理论说得多么深入浅出!不固囿于理论,从语言实际出发,尊重语言事实,进行分析和解释,这是联系实际的真正理论。

我在这里重提《昌黎方言志》,就是希望从事方言调查研究的朋友们,在进行田野调查的同时,也要注意读书,尤其读经典性的书。对于前辈学者大家,要虚心学习,要有敬畏感,要有崇敬心!

遵照桑宇红教授嘱咐,拜读《河北方言研究丛书》书稿之后,写下以上几段话,愿与作者和读者诸君共勉之。

张振兴

2019 年 8 月于北京康城花园

目　录

第一章 导 言

第一节 曹妃甸区概况

一、地理人口及行政区划

唐山市位于河北省东部，地处渤海湾中心地带。东经117°31′—119°19′，北纬38°55′—40°28′。东与秦皇岛市隔滦河接壤，西与北京市、天津市毗邻，南临渤海，北依燕山隔长城与承德市接壤，总面积13472平方千米。截至2019年底，唐山市辖3个县级市、4个县和7个区，分别是：迁安市、遵化市、滦州市、迁西县、玉田县、滦南县、乐亭县、曹妃甸区、路南区、路北区、开平区、古冶区、丰润区、丰南区，全市总人口756.42万人①。

曹妃甸区位于唐山市南部沿海，总面积1943.72平方千米。现在的曹妃甸区是在原唐海县的基础上，与丰南区滨海镇、滦南县柳赞镇合并而成。2013年，分别将滨海镇所辖的新苑、三友、西苑、东苑、海月花园、硕秋园等6个居委会划出设立希望路街道，将唐海镇所辖的孙塘庄等17个行政村和第八农场居委会划出设立孙塘庄镇，将双井等13个行政村和第九农场居委会划出设立双井镇。截至2015年，曹妃甸区共辖1个街道、5个镇：希望路街道、唐海镇、柳赞镇、滨海镇、孙塘庄镇和双井镇。人口约

---

① 以上资料来源于唐山市人民政府网 www.tangshan.gov.cn。

30万人[①]。

二、历史沿革

1949年7月，滦南县解放农场（原华北垦业股份有限公司滦县农场）收归华北局农业部，改称华北局农业部津沽区农垦管理局柏各庄区农场；同年11月，收归中华人民共和国农业部，改名为渤海区农垦管理局柏各庄区农场。1951年7月，改称柏各庄合作农场。1953年1月，下放给河北省管理，改称河北省柏各庄合作农场。1954年2月，更名柏各庄机械农场。1955年底至1958年，河北省在滦县南部地区建立大型国营农场，定称河北省国营柏各庄农场，隶属河北省农业厅。1959年10月，柏各庄农场改为唐山市柏各庄区，建立区政府，隶属唐山市。1961年6月，撤销唐山市柏各庄区建制，恢复国营柏各庄农场。1968年6月，改为河北省柏各庄农垦区。1982年9月，经国务院正式批准，柏各庄农垦区改建唐海县。1983年12月，唐海县人民政府正式成立，隶属唐山市。2012年7月，撤销唐海县，设立曹妃甸区[②]。

三、方言概况

唐山市境内通行汉语方言。根据《中国语言地图集》（中国社会科学院、澳大利亚人文科学院1987）和《中国语言地图集（第2版）·汉语方言卷》（中国社会科学院语言研究所、中国社会科学院民族学与人类学研究所、香港城市大学语言资讯科学研究中心2012），曹妃甸方言属于冀鲁官话保唐片。

曹妃甸区原称作国营柏各庄农场，共辖11个农场，当地人习惯按照农场来区分不同的口音，四、五、七农场多为外地人，其余8个农场多为本地人，共分四种口音：一、二、三农场为一种口

① 以上资料来源于曹妃甸区人民政府网 http://caofeidian.tangshan.gov.cn。

② 以上资料来源于曹妃甸区人民政府网 http://caofeidian.tangshan.gov.cn。

音，六、十、十一农场是一种口音，八农场一种口音，九农场一种口音，相互之间略有差异，但可以通话。本文记录的是二农场口音，也是使用人口最多、通行范围最广的一种口音。

四、研究文献

关于曹妃甸方言的研究文献很少，系统描写曹妃甸方言面貌的更少。《河北省志·方言志》（河北省地方志编纂委员会 2005）提及了原唐海县（今属曹妃甸区）方言的少数语音特点，如开口呼零声母字的读音、是否分尖团、[ts][tʂ] 两组声母的读音、[ʐ] 声母的读音、“山间团全”的韵母、“真拼村群”的韵母、“鞋”的韵母、[uan] 韵母的有无、调类分布、入声韵的分布情况等，但未对该点进行系统、细致的描写；《河北方言词汇编》（李行健 1995）对河北省的方言词汇进行了全面的梳理，但并未涉及语音和语法的内容。

本书是基于上述研究文献所进行的调查、描写和研究，希望能够尽可能真实地展现二十一世纪曹妃甸方言的语言面貌。

第二节　调查情况说明

一、发音合作人

艾顺梓，男性，1952 年 8 月出生于曹妃甸区唐海镇艾庄子村，小学毕业，退休工人；丁秀芳，女性，1951 年 2 月出生于曹妃甸区唐海镇西南庄，小学毕业，退休工人。两位发音人是夫妻，口音几乎无差别，记音以男性发音合作人为准。

二、调查过程

本文所做的田野调查共三次。分别是：2016 年 11 月 2 日至 8 日，摸底调查；2018 年 7 月 13 日至 27 日，单字、词汇调查；2018 年 12 月 22 日至 30 日，语法、长篇语料调查以及材料核对。

第二章　曹妃甸方言音系

第一节　曹妃甸方言声韵调

一、声母

曹妃甸方言有 23 个声母，包括零声母。

p	冰补 病白	pʰ	爬捧 骗劈	m	麻美 梦麦	f	孵粉 缝法						
t	多抖 蛋毒	tʰ	图躺 探塔	n	闹挪 女捏							l	箩懒 另绿
ts	组坐 总作	tsʰ	槽彩 错测			s	松嫂 岁缩						
tʂ	猪找 正拙	tʂʰ	茶炒 秤尺			ʂ	沙手 钐十	ʐ	人软 认热				
tɕ	拘铰 进绝	tɕʰ	拳娶 吣七			ɕ	须险 夏锡						
k	该狗 共格	kʰ	狂苦 裉窟	ŋ	鹅艾 袄沤	x	欢火 汗滑						
∅	窝眼 院药												

说明：

[ts tsʰ s] 有较明显的摩擦，实际音值接近 [tθ　tθʰ　θ]。

二、韵母

曹妃甸方言有37个韵母，白读音下加“＿”，文读音下加“＝”。

ʅ	瓷紫刺四	i	姨底地力	u	哭土兔褥	y	鱼吕去绿
ʅ	纸尺制十						
ər	儿耳而二						
a	爬马大辣	ia	家哑夏瞎	ua	抓耍画刷		
ɤ	河渴贺革			uo	河果货国		
e	遮扯社热	ie	茄姐疥歇			ye	靴雪越月
ai	开矮卖白			uai	乖拐快率		
ei	杯美妹北			uei	催嘴水对		
ɑu	毛讨照烙	iɑu	桥表笑钥				
ou	头手臭肉	iou	秋九右六				
an	男闪蛋饭	ian	甜点面片	uan	欢穿碗蔓	yan	园选院劝
ən	针尘粉嫩	in	心紧吣近	uən	吞婚滚寸	yn	群云菌运
ɑŋ	汤厂绑胖	iɑŋ	粮讲匠虹	uɑŋ	窗王网状		
əŋ	灯声耿梦	iŋ	冰星请净				
uŋ	东荣桶洞	iuŋ	兄穷泳用				

说明：

① [ɤ] 跟 [k][kʰ][ŋ] 相拼时，实际音值介于 [ɤ] 和 [o] 之间。

② [uan] 主要元音开口度较小，实际音值接近 [ɐ]。

③ [m] 音节常出现在词汇环境中，它是 [mu] 音节的变体。例如：木匠 m$^{453-24}$tɕiŋ^{0}、木头 m$^{453-24}$tʰu^{0}、木炭 m$^{453-42}$tʰan^{453}、母鸡 m$^{213-21}$tɕi^{13}、柏木 pai$^{213-21}$m^{13}、打墓 ta$^{213-21}$m^{453} 等，但 [m] 音节从不出现在单字音中，本书将其视为自由音变，不列在韵母表内。

④ [n] 音节只出现在肯定应答词“□的是的 n^{42}ti^{0}”、敬称“你老 n^{42}lou^{0}”等极个别词汇或语法环境中，不单说，不列在韵母表内。

三、单字调

曹妃甸方言有 3 个单字调。

平声 [42]　东开铜牛搭白

上声 [213]　古九草老节塔

去声 [453]　后四卖洞刻月

说明：

①上声 [213] 是一个以升为主的曲折调。

②去声 [453] 以降为主，实际音值有时接近 [53]。

第二节　曹妃甸方言单字音表

曹妃甸方言单字音表见表 2-1。声母、韵母和声调的顺序同本章第一节。

空格处表示曹妃甸方言中没有这个音，圆圈内加数字表示有音无字或找不到合适的同音字，加粗显示特殊字或异音同形字，注音及注释一并附在表下。

表 2–1　曹妃甸方言单字音表

韵 调 声	ɿ			i			u			y			ʅ			ər		
	平	上	去	平	上	去	平	上	去	平	上	去	平	上	去	平	上	去
p				鼻	笔	必	不	补	布									
pʰ				皮	劈	屁	蒲	普	堡									
m				迷	米	蜜	模	母	木									
f							肤	福	父									
t				低	底	弟	毒	堵	度									
tʰ				梯	体	剃	徒	土	兔									
n				泥	你	腻	奴	努	怒		女							
l				犁	李	栗	炉	卤	路	驴	吕	绿						
ts	梓	子	字				租	祖										
tsʰ	瓷	此	刺				粗		醋									
s	丝	死	四				酥		素									
tʂ							猪	煮	住				侄	纸	治			
tʂʰ							除	楚	处				吃	尺	斥			
ʂ							书	薯	树				石	室	事			
ʐ							如	乳	褥				日	日	日			
tɕ				鸡	挤	记				橘	举	锯						
tɕʰ				畦	乞	气				蛆	娶	去						
ɕ				西	媳	细				虚	许	婿						
k							估	古	固									
kʰ							窟	苦	库									
ŋ																		
x							壶	虎	户									
Ø				衣	椅	意	屋	五	**坞**	鱼	语	玉				儿	耳	二

坞 u^{453} 大～:大水坑

日 $ʐʅ^{213}$ 立秋十八～,寸草都结籽儿

日 $ʐʅ^{42}$ ～头:太阳

日 $ʐʅ^{453}$ ～子

2-1(续 1)

韵 调 声	a			ia			ua			ɤ			uo			e		
	平	上	去	平	上	去	平	上	去	平	上	去	平	上	去	平	上	去
p	八	把	爸										菠	饽	簸			
pʰ	爬		怕										婆	笸	破			
m	妈	马	骂										摸	抹	没			
f	乏	法											佛					
t	答	打	大							德	得		多	躲	垛			
tʰ	他	塔										特	拖	朵				
n	拿	哪	纳								③		挪					
l	拉	拉	辣		俩								锣	④	落			
ts	杂	咋								泽			作	左	坐			
tsʰ	擦	礤										侧	矬		锉			
s	撒	洒										色	梭	锁	缩			
tʂ	渣	眨	炸				抓	爪		折	者	浙	桌	拙		遮	折	
tʂʰ	茶	衩	岔					②		车		彻	戳	戳		车	扯	撤
ʂ	沙	傻	沙				刷	耍		蛇		社	说	所		舌	舍	社
ʐ															弱		惹	热
tɕ				家	胛	价												
tɕʰ				掐	卡	恰												
ɕ				虾		下												
k	疙	尕	①				刮	刮	挂	割	革	个	锅	果	过			
kʰ	擖	卡					夸	侉	胯	棵	渴	课			扩			
ŋ	腌									鹅		饿						
x	哈	哈					花		话	禾		鹤	喝	火	货			
∅				押	押	轧	挖	瓦	袜	俄			窝	我	卧			

① ka^{453} ～住咧:夹在中间,不能活动
② $tʂ^hua^{213}$ ～儿大把:一种儿童游戏
③ $nɤ^{213}$ 那
④ luo^{213} 打架时互相抓挠
拉 la^{42} ～稀
拉 la^{213} ～嗑儿:聊天
沙 $ʂa^{42}$ 大～子
沙 $ʂa^{453}$ ～米:用簸箕簸米
尕 ka^{213} ～古:(人的脾气、东西的质量、事情的结局等)不好
擖 k^ha^{42} ～嚓鳞:刮鱼鳞
卡 k^ha^{213} ～尺
腌 $ŋa^{42}$ ～臜:脏
哈 xa^{42} ～腰
哈 xa^{213} ～了巴根儿:一种野菜
卡 $tɕ^hia^{213}$ ～住咧
押 ia^{42} ～监
押 ia^{213} 手～:手印
刮 kua^{42} 掴耳～子:打耳光
刮 kua^{213} ～风咧
折 $tʂɤ^{42}$ ～扇
作 $tsuo^{42}$ 掌～的:工头
戳 $tʂ^huo^{42}$ ～着腿儿睡:支着腿儿睡
戳 $tʂ^huo^{213}$ 手～儿:印章
折 $tʂe^{213}$ ～跟头:翻跟头
撤 $tʂ^he^{453}$ ～兑:将东西往边上挪挪

表 2–1(续 2)

韵/调/声	ie			ye			ai			uai			ei			uei		
	平	上	去	平	上	去	平	上	去	平	上	去	平	上	去	平	上	去
p	鳖	瘪	蚍				白	摆	败				杯	北	焙			
pʰ	撇	撇	屁				牌	排	派				裴		配			
m			灭				埋	买	麦				煤	美	妹			
f													飞	匪	费			
t	碟						呆	歹	袋					得		堆	掉	队
tʰ	贴	铁	帖				抬	呔	太							推	腿	退
n	茶		蹑			疟		奶	奈						内			
l	①	咧	裂		掠	略	来	②	赖				雷	垒	泪			
ts							栽	崽	再				贼				嘴	醉
tsʰ							材	彩	菜						③	催		脆
s							腮		赛							随		碎
tʂ							摘	窄	寨	摔	跩	拽				追		缀
tʂʰ							柴	册	踩	揣		踹				吹		
ʂ							筛	色	晒	摔	甩	帅					水	睡
ʐ																	蕊	瑞
tɕ	接	节	借	绝		倔												
tɕʰ	茄	客	且	缺		确												
ɕ	邪	写	谢	靴	雪	穴												
k							该	改	盖	乖	拐	怪		给		闺	鬼	贵
kʰ							开	楷			㧟	快	④	⑤		亏		
ŋ							挨	矮	艾									
x							孩	海	害	怀		坏	黑			回	悔	会
∅	噎	野	叶	哕		月				歪	崴	外				微	伟	胃

① lie^{42} ～家伙:突然
② lai^{213} ～菜:揪菜
③ tsʰei^{453} ～□[pəŋ$^{213-24}$]□[tsʰei^{213}]:锤子剪刀布
④ kʰei^{42} 扑克牌里的 K
⑤ kʰei^{213} 用手指或细小的东西挖
撇 pʰie^{42} 先～的:母亲死了,由父亲带着的孩子
撇 pʰie^{213} 左了～子
屁 pʰie^{453} ～股
咧 lie^{213} ～嘴
且 tɕʰie^{453} 而～
呔 tʰai^{213} 老～儿:外地人称操唐山口音的人
踩 tʂʰai^{453} ～粪:猪在粪上乱走
摔 tʂuai^{42} ～个跟头
跩 tʂuai^{213} 身体不灵活,走路摇晃
摔 ʂuai^{42} ～跤
㧟 kʰuai^{213} ～米:舀米
掉 tuei^{213} 用手撞

表 2–1(续 3)

韵 调 声	ɑu 平	ɑu 上	ɑu 去	iɑu 平	iɑu 上	iɑu 去	ou 平	ou 上	ou 去	iou 平	iou 上	iou 去	an 平	an 上	an 去	ian 平	ian 上	ian 去
p	包	宝	抱	标	表	摽							班	板	办	边	扁	变
pʰ	刨	跑	炮	瓢	漂	票							盘		判	偏		骗
m	猫	卯	帽	苗	秒	庙	谋	某					瞒	满	慢	棉	免	面
f								否					烦	反	饭			
t	刀	岛	稻	叼		掉	兜	抖	豆	丢			单	胆	蛋	颠	点	甸
tʰ	桃	讨	套	条	挑	跳	敨		透				贪	坦	探	天	舔	
n	挠	脑	闹	棉	鸟	尿				牛	扭	拗	男	暖	难	年	碾	念
l	劳	老	烙	缭	了	料	楼	篓	漏	留	柳	六	滦	卵	乱	连	脸	练
ts	凿	枣	灶				邹	走	揍				簪	攒	赞			
tsʰ	操	草	肏						凑				蚕	惨	灿			
s	臊	嫂	扫				馊						三	伞	散			
tʂ	招	找	罩				粥	肘	皱				粘	展	站			
tʂʰ	超	吵	①				抽	丑	臭				搀	产	⑤			
ʂ	烧	少	潲				收	手	瘦				山	闪	扇			
ʐ	饶	扰	弱				揉	③	肉				腌	染				
tɕ				浇	脚	叫				鬏	九	舅				尖	剪	见
tɕʰ				敲	巧	翘				秋	取					千	浅	欠
ɕ				消	小	笑				修	宿	袖				先	险	线
k	高	镐	告				钩	狗	够				肝	赶	干			
kʰ		考	靠				抠	口	扣				看	砍	看			
ŋ	熬	袄	②				④	藕	怄				安	埯	案			
x	薅	好	耗				喉	吼	后				寒	喊	汗			
∅			傲	幺	咬	药				油	有	右				烟	眼	验

① tʂʰɑu^{453} ～饭吃：混吃混喝
② ŋɑu^{453} 好看
③ ʐou^{213} ～来～去：翻来覆去
④ ŋou^{42} ～眼儿急：总跟别人说不到一起去
⑤ tʂʰan^{453} 狗～子：狗盆
肏 tsʰɑu^{453} ～你妈屄：骂人话
摽 piɑu^{453} 捆绑物体使相连接
棉 niɑu^{42} ～花
缭 liɑu^{42} ～衣裳：缝衣裳
暖 nan^{213} ～壶
乱 lan^{453} ～材岗子：无人管理任人埋葬尸首的土岗子
腌 ʐan^{42} ～咸菜
看 kʰan^{42} ～孩子
看 kʰan^{453} ～好日：请先生算结婚的吉日
棉 mian^{42} ～被

表 2-1(续 4)

韵/调/声	uan 平	uan 上	uan 去	yan 平	yan 上	yan 去	ən 平	ən 上	ən 去	in 平	in 上	in 去	uən 平	uən 上	uən 去	yn 平	yn 上	yn 去
p							锛	本	笨	宾		殡						
pʰ							盆			贫	品	聘						
m							门		焖	民	抿							
f							分	粉	份									
t	端	短	段										蹲	盹	囤			
tʰ	团												吞		褪			
n									嫩									
l			乱			糖				林	檩	赁	轮		论			
ts	钻	纂	攥										尊	撙	俊			
tsʰ	汆		窜										存		寸			
s	酸		蒜				森						孙	笋				
tʂ	砖	转	赚				针	枕	阵					准				
tʂʰ	船	喘	串				沉	①	趁				春	蠢				
ʂ	拴		涮				深	婶	肾						顺			
ʐ		软					人	忍	纫									
tɕ				捐	卷	圈				金	紧	劲				军	菌	骏
tɕʰ				全	犬	劝				勤	浸	吣				裙		
ɕ				宣	选	楦				心		信				熏		讯
k	关	管	罐				根	②	③					滚	棍			
kʰ	宽	款						肯	裉				昆	捆	困			
ŋ							恩		摁									
x	欢	缓	换				④	狠	恨				昏		混			
∅	弯	碗	万	元	远	院				音	引	印	温	稳	问	晕	允	运

① tʂʰən^{213} ～□[tʂʰən^{13}]:缝麻袋的大针

② kən^{213} 芦～儿:芦根

③ kən^{453} 指水果或蔬菜因久置而失去水分

④ xən^{42} ～□[tə^{0}]:训斥

乱 luan^{453} ～儿套儿咧:牲口多了,不老实,将套绞在一起

纂 tsuan^{213} ～儿:挽在脑后的发髻

糖 lyan^{453} ～糊:形容米汤或粥不稀不稠的状态

裉 kʰən^{453} ～里:上衣靠腋下的接缝部分

撙 tsuən^{213} ～～:衣裳太大,用线缝上一部分

表 2–1(续 5)

韵 调 声	aŋ			iaŋ			uaŋ			əŋ			iŋ			uŋ			iuŋ		
	平	上	去	平	上	去	平	上	去	平	上	去	平	上	去	平	上	去	平	上	去
p	帮	绑	棒							崩	绷	蹦	冰	饼	病						
pʰ	旁	榜	胖							朋	捧	碰	瓶								
m	忙	蟒								蒙	猛	梦	明		命						
f	方	纺	放							风		缝									
t	裆	党	当							灯	等	凳	丁	顶	定	东	懂	冻			
tʰ	汤	躺	烫							疼			听	挺	**梃**	通	桶	痛			
n	囊	攮	①	娘	仰	酿				脓		泞	宁	拧	凝						
l	狼	朗	浪	凉	两	亮				扔	冷	愣	灵	领	另	龙	拢				
ts	脏		葬							增		锃				宗	总	纵			
tsʰ	仓									层		蹭				从					
s	桑	嗓	丧							僧						松	耸	送			
tʂ	张	掌	账				庄	**奘**	壮	蒸	整	证				钟	肿	重			
tʂʰ	常	厂	唱				窗	闯	创	成	逞	秤				虫	宠	冲			
ʂ	商	晌	上				**双**	爽	**双**	声	省	剩									
ʐ	瓤	壤	让													荣					
tɕ				姜	讲	酱							精	井	镜						
tɕʰ				枪	抢	炝							清	请	庆				穷		
ɕ				香	想	像							星	醒	姓				兄		
k	缸	岗	杠				光	广	逛	庚	颈	更				工	拱	共			
kʰ	糠	扛	炕				筐		矿	坑	②					空	孔	控			
ŋ																					
x	夯						黄	谎	晃	**横**		**横**				红	**哄**	**哄**			
Ø				羊	痒	样	王	网	忘				蝇	影	硬				拥	泳	用

① naŋ[453] 指衣裳缝起来时鼓出的包

② kʰəŋ[213] ～咧两声儿：指人将死时哼哼两声

奘 tʂuaŋ[213] 粗而大

双 ʂuaŋ[42] ～轱辘车

双 ʂuaŋ[453] ～胞儿

横 xəŋ[42] ～竖

横 xəŋ[453] ～死的

梃 tʰiŋ[453] ～子：梃猪用的铁棍

哄 xuŋ[213] ～孩子

哄 xuŋ[453] 起～

第三节　曹妃甸方言的文白异读

文白异读指同一个字在口语词中、不同词汇环境中读音不同，是一种有规律的、成套的、地域上相连成片的语音现象。

曹妃甸方言的文白异读体现在声韵调三方面，本节主要说明文白异读并存的情况，举例时尽量文白对举，白读音在前，文读音在后。有些字只有一读的，或相当于白读，或相当于文读，放在相应的位置，列出一个代表性词汇，“——”表示没有对应的文读或白读。个别字有不止一个白读层，用分号隔开。

一、声母的文白异读

1. 全清（全浊）声母今读塞音、塞擦音的字，白读送气，文读不送气。

胞帮 pʰɑu^{42} 一奶同～ /pɑu^{42} 细～

比帮 pʰi^{213} 这一个～那一个好 /pi^{213} ～方

朵端 tʰuo^{213} 一～儿花儿 /tuo^{213} 花～儿

浸精 tɕʰin^{213} ～种 /——

拄知 tʂʰu^{213} ～拐棍儿 /——

毽见 tɕʰian^{453} ～儿 /——

咕见 kʰu^{42} ～嘟 /ku^{42} 来～咚

着澄 tʂʰɑu^{42} ～凉 /tʂɑu^{42} ～急忙慌

撞澄 tʂʰuɑŋ^{453} ～车 /——

2. 全清声母今白读塞擦音（平声不送气，仄声送气），文读擦音。

摔生 tʂuai^{42} ～个跟头 /ʂuai^{42} ～跤

朽晓 tɕʰiou^{213} 木头～咧 /ɕiou^{213} 永垂不～

3. 见系开口二等字，今白读 [tɕ] 组声母，文读 [k] 组声母，或白读 [k] 组声母，文读 [tɕ] 组声母。

隔见 tɕie^{453} ～壁儿 /kɤ^{42} 蒜～瓣儿

港见——/kɑŋ²¹³ 东～

更见 tɕiŋ⁴² 五～儿黑介⁼/ kəŋ⁴² 半夜三～

耕见 tɕiŋ⁴² ～地 /——

客溪 tɕʰie²¹³ 男～ /kʰɤ⁴⁵³ ～气

秸见 kai⁴² 秫～ / tɕie⁴² 麦～子

颈见 kəŋ²¹³ 脖～子 / ——

缰见 kɑŋ⁴² ～绳 / ——

二、韵母的文白异读

1. 遇摄、通摄合口三等字，白读 [ou]/[iou]，文读 [u]/[y]。

取遇合三 tɕʰiou²¹³ ～钥匙 /tɕʰy²¹³ 河里没鱼市上～

曲通合三 tɕʰiou⁴² 酱～ /tɕʰy⁴² 酒～子

叔通合三 ʂou⁴² 大～ /ʂu⁴² ～伯

熟通合三 ʂou⁴² 麦～ /——

2. 蟹摄、止摄开口三四等字，白读 [ei]，文读 [i]。

谜蟹开四 mei⁴⁵³ 破～ /mi⁴² ～底

避止开三 pei⁴⁵³ ～～雨 /pi⁴⁵³ ～嫌

3. 宕摄开口一三等、江摄开口二等今洪音字，白读 [ɑu]，文读 [ɤ]/[uo]；宕摄开口三等、江摄开口二等今细音字，白读 [iɑu]，文读 [ye]。

搁宕开一 kɑu⁴² ～宝 /kɤ⁴² ～浅

落宕开一 lɑu⁴⁵³ 颜色儿～咧 /luo⁴⁵³ 名～孙山

恶宕开一 ŋɑu²¹³ ～心 /ŋɤ⁴⁵³ 一个做～的，一个做善的

弱宕开三 ʐɑu⁴⁵³ 身子骨忒～ / ʐuo⁴⁵³ ～视

剥江开二 pɑu⁴² ～皮儿 /puo⁴² ～削

雀宕开三 tɕʰiɑu⁴² ～子；tɕʰiɑu²¹³ ～儿 /tɕʰye⁴⁵³ 孔～

削宕开三 ɕiɑu⁴² ～铅笔 /ɕye⁴² 剥～

疟宕开三 iɑu⁴⁵³ 发～子 /nye⁴⁵³ ～疾

约宕开三 iɑu⁴² 大～ /ye⁴² ～法三章

跃宕开三 iɑu^{453} 打～进 /ye^{453} 飞～

觉江开二 tɕiɑu^{213} 自～ /tɕye^{42} ～察

乐江开二 iɑu^{453} ～器 /ye^{453} ～理

学江开二 ɕiɑu^{42} 小～生 /ɕye^{42} ～校

4. 曾摄开口三等、梗摄开口二等字，白读 [ai]，文读 [ɤ]。

侧曾开三 tʂai^{42} ～棱着睡 /tsʰɤ^{453} ～面

色曾开三 ʂai^{213} 颜～儿 /sɤ^{453} 各～

泽梗开二 tʂai^{42} 人名 /tsɤ^{42} 恩～

择梗开二 tʂai^{42} ～菜 /tsɤ^{42} 选～

责梗开二 tʂai^{42} ～过儿 /tsɤ^{42} ～任

册梗开二 tʂʰai^{213} 点名～儿 /tsʰɤ^{453} ～封

嗝梗开二 kai^{42} 打饱～ /kɤ^{213} 打～噔儿

5. 果摄开合口一等、咸摄开口一等晓匣母字，白读 [uo]，文读 [ɤ]。

河果开一 xuo^{42} ～里 / xɤ^{42} 银～

荷果开一 xuo^{42} ～包儿蛋 / xɤ^{42} ～花儿

和果合一 xuo^{42} 随～着 /——

合咸开一 xuo^{42} ～上眼 / xɤ^{42} ～计～计

喝咸开一 xuo^{42} ～水 /xɤ^{42} ～理

6. 蟹摄合口一等、止摄合口三等帮非组字，白读 [i]，文读 [uei]。

昧蟹合一 mi^{453} ～良心 /——

尾止合三 i^{213} ～巴 / uei^{213} 棺～

7. 山摄开口三等字，白读 [iɑu]，文读 [ian]。

棉山开三 niɑu^{42} ～花 / mian^{42} ～被

8. 山摄合口一等端系字，白读 [an]，文读 [uan]；臻摄合口三等日母字，白读 [ən]，文读 [uən]。

端山合一 tan^{42} ～午儿 /tuan^{42} ～肩膀

暖山合一 nan^{213} ～壶 /——

滦山合一 lan^{42} ～县 /——

卵山合一 lan^{213} 河～石 /——

乱山合一 lan^{453} ～材岗子 /luan^{453} ～儿套儿咧

闰臻合三 ʐən^{453} ～月儿 /——

润臻合三 ʐən^{453} 丰～ /——

三、声调的文白异读

1. 古清声母平声字，白读去声，文读平声。

哥 kɤ^{453} 大～ /kɤ^{42} ～儿们

姑 ku^{453} 大～ /ku^{42} ～爷

签 tɕ^{h}ian^{453} ～字儿 /tɕ^{h}ian^{42} 标～

沿 ian^{453} 炕～ /ian^{42} 车～子

拼 p^{h}in^{453} ～命 /p^{h}in^{42} ～图

2. 古浊声母平声字，白读上声，文读平声。

爷 ie^{213} ～ /ie^{42} ～～

3. 古清声母上声字，白读去声，文读上声。

左 tsuo^{453} 一家三把～，日子不愁过 /tsuo^{213} ～手

4. 古清声母去声字，白读上声，文读去声。

假 tɕia^{213} 请～ / tɕia^{453} 小长～

浸 tɕ^{h}in^{213} ～种 /——

5. 古清声母入声字，白读上声，文读平声，或白读平声，文读上声。

织 tʂʅ^{213} ～衣裳 / tʂʅ^{42} ～女

押 ia^{213} 手～ /ia^{42} ～监

刮 kua^{213} ～风咧 / kua^{42} 掴耳～子

结 tɕie^{213} ～婚 / tɕie^{42} ～实

觉 tɕiɑu^{213} 自～ /tɕye^{42} ～察

霍 xuo^{213} 姓 / xuo^{42} 雷撑$^{=}$ ～闪的

戳 tʂʰuo^{213} 手～儿 / tʂʰuo^{42} ～着腿儿睡

插 tʂʰa^{213} ～着花儿的 /tʂʰa^{42} 门～棍儿

切 tɕʰie^{213} ～菜 / tɕʰie^{42} ～糕

扎 tʂa^{213} ～虱子 /tʂa^{42} ～鞋垫儿

百 pai^{42} ～日 /pai^{213} 一～

谷 ku^{42} ～雨 /ku^{213} ～子

6. 古清声母入声字，白读去声，文读平声。

隔 tɕie^{453} ～壁儿 /kɤ^{42} 蒜～瓣儿

捏 nie^{453} ～饺子 /nie^{42} ～着

7. 古清声母入声字，白读平声/上声，文读去声。

客 tɕʰie^{213} 男～ /kʰɤ^{453} ～气

雀 tɕʰiɑu^{42} ～子；tɕʰiɑu^{213} ～儿 /tɕʰye^{453} 孔～

各 kɤ^{213} 尽$^{=}$ ～儿 / kɤ^{453} ～色

8. 古次浊声母入声字，白读平声/上声，文读去声。

日 ʐʅ^{42} ～头；ʐʅ^{213} 立秋十八～，寸草都结籽儿 / ʐʅ^{453} ～子

第四节　曹妃甸方言音系与中古音系的比较

本节主要从中古音出发，看中古音到今音的演变。中古音指以《广韵》为代表的切韵音系。声母、韵摄的分类按照《方言调查字表》。今音指曹妃甸方言音系。

一、声调演变特点

1. 平声的演变

古平声今不分阴阳，读平声。例如：方非＝房奉 faŋ^{42} ｜通透＝铜定 tʰuŋ^{42}。

2. 上声的演变

古清上、次浊上自成一类，今读上声。古全浊上归入去声。例如：坐从＝座从 tsuo^{453} ｜杜定＝度定 tu^{453}。

3. 去声的演变

古去声不分阴阳，今读去声。例如：笑$_{心}$＝校$_{匣}$ ɕiau^{453} ｜供$_{见}$＝共$_{群}$ kuŋ^{453}。

4. 入声的演变

入声全部舒化，今无入声调。其中次浊入、全浊入归派较为一致，次浊入归去声，全浊入归平声，清入分归平声、上声和去声。

具体对应规律见表2–2。

表2–2 曹妃甸方言声调与《广韵》声调比较表

		平声42	上声213	去声453
平	清	猪多高天		
	次浊	鹅来熬年		
	全浊	茶河桥钱		
上	清		火土口短	
	次浊		五买老晚	
	全浊			杜罪赵近
去	清			个菜笑放
	次浊			饿艾庙梦
	全浊			大柜豆饭
入	清	急割黑拍	塔褶节雪	速策栅恰
	次浊			蜡绿麦叶
	全浊	舌十滑绝		

二、声母演变特点

1. 古全浊声母今全部清化

古全浊擦音今读清擦音；古全浊塞音、塞擦音今读清声母塞音、塞擦音，逢平声读送气清声母，逢仄声读不送气清声母。例如：

陪並 pʰei^{42}	肥奉 fei^{42}	糖定 tʰɑŋ^{42}	矬从 tsʰuo^{42}
倍並 pei^{453}	柎奉 fu^{42}	荡定 tɑŋ^{453}	坐从 tsuo^{453}
席邪 ɕi^{42}	尘澄 tʂʰən^{42}	柴崇 tʂʰai^{42}	船船 tʂʰuan^{42}
松邪 suŋ^{42}	阵澄 tʂən^{453}	寨崇 tʂai^{453}	食船 ʂʅ^{42}
常禅 tʂʰɑŋ^{42}	桥群 tɕʰiɑu^{42}	下匣 ɕia^{453}	
树禅 ʂu^{453}	轿群 tɕiɑu^{453}	话匣 xua^{453}	

2. 古来母与泥母不混

来母读 [l]，泥母读 [n]，绝大部分不混。例如：箩来 luo^{42} ≠ 挪泥 nuo^{42}| 留来 liou^{42} ≠ 牛泥 niou^{42}。只有极个别字混淆。例如：涝来＝闹泥 nɑu^{453}| 赁泥 lin^{453}。

3. 轻唇与重唇不混

轻唇读 [f]（微母读零声母），重唇读 [p][pʰ][m]。例如：飞非 fei^{42}| 翻敷 fan^{42}| 坟奉 fən^{42}| 文微 uən^{42}| 补帮 pu^{213}| 坯滂 pʰi^{42}| 裴并 pʰei^{42}| 妹明 mei^{453}。

4. 不分尖团

精组和见晓组在今细音前没有分别，都读 [tɕ] 组声母。例如：酒精＝九见 tɕiou^{213}| 清清＝轻溪 tɕʰiŋ^{42}| 聚从＝距群 tɕy^{453}| 须心＝需晓 ɕy^{42}。

5. 见组逢洪音读 [k] 组声母，精组逢洪音读 [ts] 组声母

例如：果见 kuo^{213}| 课溪 kʰɤ^{453}| 跪群 kuei^{453}| 虎晓 xu^{213}| 花匣 xua^{42}；祖精 tsu^{213}| 醋清 tsʰu^{453}| 材从 tsʰai^{42}| 嫂心 sɑu^{213}| 随邪 suei^{42}。

6. 知庄章组字都读 [tʂ] 组声母

例如：镇知 tʂən^{453}| 真庄 tʂən^{42}| 震章 tʂən^{453}；超彻 tʂʰɑu^{42}| 抄初

tʂʰɑu^{42}| 臭昌 tʂʰou^{453}；肠澄 tʂʰɑŋ^{42}| 柴崇 tʂʰai^{42}| 船船 tʂʰuan^{42}；鼠书 ʂu^{213}| 时禅 ʂʅ^{42}。

7. 日母字的今声母

日母止摄开口三等字都读零声母，其他日母字读 [ʐ] 声母。例如：二 ər^{453}| 耳 ər^{213}| 人 ʐən^{42}| 肉 ʐou^{453}。极个别字读 [l] 声母。例如：扔 ləŋ^{42}。

8. 影疑母的今声母

影疑母开口一等字以及个别二三等字读 [ŋ] 声母，其余字读零声母。例如：

安影 ŋan^{42} 腌影 ŋa^{42} 哑影 ia^{213} 唦影 ye^{42} 窝影 uo^{42}

鹅疑 ŋɤ^{42} 挨疑 ŋai^{42} 牙疑 ia^{42} 鱼疑 y^{42} 玩疑 uan^{42}

具体对应规律见表 2–3。

表 2–3 曹妃甸方言与《广韵》声母比较表

	清		全浊	
			平	仄
帮组	帮 p 帮 pɑŋ^{42}	滂 pʰ 破 pʰuo^{453}	並 pʰ 婆 pʰuo^{42}	並 p 步 pu^{453}
非组	非 f 分 fən^{42}	敷 f 妃 fei^{42}	奉 f 房 fɑŋ^{42}	奉 f 饭 fan^{453}
端泥组	端 t 刀 tɑu^{42}	透 tʰ 推 tʰuei^{42}	定 tʰ 桃 tʰɑu^{42}	定 t 电 tian^{453}
精组	精 ts 早 tsɑu^{213} tɕ 姐 tɕie^{213}	清 tsʰ 粗 tsʰu^{42} tɕʰ 娶 tɕʰy^{213}	从 tsʰ 材 tsʰai^{42} tɕʰ 钱 tɕʰian^{42}	从 ts 字 tsɿ^{453} tɕ 贱 tɕian^{453}
知组	知 tʂ 猪 tʂu^{42}	彻 tʂʰ 蛏 tʂʰən^{42}	澄 tʂʰ 虫 tʂʰuŋ^{42}	澄 tʂ 直 tʂʅ^{42}
庄组	庄 tʂ 找 tʂɑu^{213}	初 tʂʰ 疮 tʂʰuɑŋ^{42}	崇 tʂʰ 锄 tʂʰu^{42}	崇 tʂ 铡 tʂa^{42}
章组	章 tʂ 针 tʂən^{42}	昌 tʂʰ 车 tʂʰe^{42}	船 tʂʰ 船 tʂʰuan^{42} ʂ 唇 ʂən^{42}	船 ʂ 舌 ʂe^{42}

续表

	清		全浊	
			平	仄
日组				
见晓组	见 k 高 kɑu^{42} tɕ 几 tɕi^{213}	溪 kʰ 开 kʰai^{42} tɕʰ 轻 tɕʰiŋ^{42}	群 kʰ 狂 kʰuɑŋ^{42} tɕʰ 桥 tɕʰiɑu^{42}	群 k 共 kuŋ^{453} tɕ 近 tɕin^{453}
影组	影 ŋ 袄 ŋɑu^{213} Ø 哑 ia^{213}			

表 2–3(续 1)

次浊		清	全浊		
			平	仄	
明 m 麻 ma^{42}					帮组
微 Ø 雾 u^{453}					非组
泥 n 脑 nɑu^{213} 来 l 老 lɑu^{213}					端泥组
		心 s 三 san^{42} ɕ 雪 ɕye^{213}	邪 s 松 suŋ^{42} ɕ 寻 ɕin^{42} tɕʰ 囚 tɕʰiou^{42}	邪 s 穗 suei^{453} ɕ 谢 ɕie^{453}	精组
					知组
		生 ʂ 师 ʂʅ^{42}			庄组
		书 ʂ 手 ʂou^{213}	禅 tʂʰ 成 tʂʰən^{42} ʂ 时 ʂʅ^{42}	禅 ʂ 树 ʂu^{453}	章组
日 ʐ 热 ʐe^{453} Ø 二 ər^{453}					日组

续表

次浊		清	全浊		
			平	仄	
疑 ŋ 鹅 ŋɤ^{42} ø 我 uo^{213} n 牛 niou^{42}		晓 x 好 xɑu^{213} ɕ 虾 ɕia^{42}	匣 x 红 xuŋ^{42} ɕ 鞋 ɕie^{42}		见晓组
云 ø 纬 uei^{453} ɕ 雄 ɕiuŋ^{42} ʐ 荣 ʐuŋ^{42}	以 ø 唯 uei^{42} ʐ 容 ʐuŋ^{42}				影组

三、韵母演变特点

1. 古咸深二摄阳声韵今读同山臻二摄阳声韵。例如：嫌咸＝闲山 ɕian^{42}| 凡咸＝烦山 fan^{42}| 心深＝新臻 ɕin^{42}| 音深＝银臻 in^{42}。

2. 四呼俱全。例如：爬 pʰa^{42}| 嫁 tɕia^{453}| 兔 tʰu^{453}| 雨 y^{213}。

3. 日母止摄开口三等字今读 [ər]。例如：二 ər^{453}| 耳 ər^{213}。极个别字在句子中有自成音节 [n] 的读法，但这些字从不单说，例如“你”“人”。

4. 假摄开口三等章组字的韵母。假摄开口三等章组和日母字，山摄开口三等章组和日母以及个别知母入声字，在曹妃甸方言中读 [e] 韵母。例如：遮假 tʂe^{42} ｜车假 tʂʰe^{42} ｜蛇假 ʂe^{42} ｜社假 ʂe^{453} ｜惹假 ʐe^{213} ｜舌山 ʂe^{42} ｜折山 ʂe^{42} ｜热山 ʐe^{453} ｜蜇山 tʂe^{42}。

5. 部分合口呼韵母介音丢失，这些字主要集中在山、臻、通三摄，分别是：山摄合口一等端泥来部分字，如“端暖卵乱”；臻摄合口三等日母字，如“润闰”；通摄合口一等透泥来部分字，如“熥脓农”。这些字的今读失去 [u] 介音。例如：端～午儿 tan^{42} ｜暖～气 nɑn^{213} ｜卵河～石：鹅卵石 lan^{213} ｜乱～稻草 lan^{453} ｜润丰～：地名 ʐən^{453} ｜闰～月儿 ʐən^{453} ｜熥～～ tʰəŋ^{42} ｜脓～带：鼻涕 nəŋ^{42} ｜农务～ nəŋ^{42}。

具体对应规律见表 2-4。

表 2–4　曹妃甸方言与《广韵》韵母比较

	一等			二等			
	帮系	端系	见系	帮系	泥组	知庄组	见系
果开		多 tuo	河 xuo xɤ				
果合	破 pʰuo	坐 tsuo	棵 kʰɤ 火 xuo				
假开				麻 ma	拿 na	茶 tʂʰa	家 tɕia
假合						傻 ʂa 耍 ʂua	花 xua
遇合	布 pu	土 tʰu 错 tsʰuo	姑 ku				
蟹开	贝 pei	来 lai	该 kai	埋 mai	奶 nai	柴 tʂʰai	秸 kai tɕie
蟹合	杯 pei	雷 lei 对 tuei	灰 xuei 块 kʰuai			拽 tʂuai	怪 kuai 话 xua
止开							
止合							
效开	保 pɑu	刀 tɑu	高 kɑu	包 pɑu	闹 nɑu	抄 tʂʰɑu	孝 ɕiɑu
流开	亩 mu 贸 mɑu	走 tsou	沟 kou				
咸舒开		南 nan	[砍]①kʰan			站 tʂan	咸 ɕian
咸入开		纳 na	盒 xɤ			插 tʂʰa	夹 tɕia

① 字外加方括号“[ ]”表示该字不见于《广韵》《集韵》。

续表

	一等			二等			
	帮系	端系	见系	帮系	泥组	知庄组	见系
咸舒合							
咸入合							
深舒开							
深入开							
山舒开		兰 lan	安 ŋan	板 pan		山 ʂan	闲 ɕian
山入开		辣 la	割 kɤ	八 pa		杀 ʂa	瞎 ɕia
山舒合	搬 pan	乱 lan luan	官 kuan			拴 ʂuan	关 kuan
山入合	泼 pʰuo	脱 tʰuo	活 xuo			刷 ʂua	滑 xua
臻舒开		吞 tʰuən	根 kən				
臻入开							
臻舒合	门 mən	村 tsʰuən	昏 xuən				
臻入合	[不]pu 脖 puo	突 tʰu	骨 ku				
宕舒开	帮 pɑŋ	汤 tʰɑŋ	糠 kʰɑŋ				
宕入开	膜 muo	洛 luo 凿 tsɑu	搁 kɑu kɤ				
宕舒合			光 kuɑŋ				
宕入合			扩 kʰuo				

续表

	一等			二等			
	帮系	端系	见系	帮系	泥组	知庄组	见系
江舒开				[绑]paŋ	攮 naŋ	窗 $tʂ^{h}$uaŋ	讲 tɕiaŋ
江入开				雹 pau		桌 tʂuo	觉 tɕiau tɕye 握 uo
曾舒开	朋 p^{h}əŋ	灯 təŋ	肯 k^{h}ən 恒 xəŋ				
曾入开	北 pei	得 tei tɤ	刻 k^{h}ɤ 黑 xei				
曾舒合							
曾入合			国 kuo				
梗舒开				棚 p^{h}əŋ 盲 maŋ	冷 ləŋ	生 ʂəŋ	耕 tɕiŋ 坑 k^{h}əŋ
梗入开				麦 mai		册 $tʂ^{h}$ai ts^{h}ɤ	隔 tɕie kɤ
梗舒合							横 xəŋ 轰 xuŋ
梗入合							获 xuo
通舒合	篷 p^{h}əŋ	东 tuŋ 脓 nəŋ	公 kuŋ				
通入合	木 mu	鹿 lu	谷 ku				

表 2–4 （续 1）

	三四等							
	帮系	端组	泥组	精组	庄组	知章组	日母	见系
果 开								茄 tɕʰie
果 合								靴 ɕye
假 开				姐 tɕie		车 tʂʰe tʂʰɤ	惹 ʐe	夜 ie
假 合								
遇 合	府 fu		女 ny	徐 ɕy	初 tʂʰu	书 ʂu	如 ʐu	举 tɕy
蟹 开	谜 mei mi	低 ti	泥 ni	西 ɕi		制 tʂʅ		鸡 tɕi
蟹 合	肺 fei			岁 suei		税 ʂuei	芮 ʐuei	桂 kuei
止 开	皮 pʰi 美 mei	地 ti	李 li	紫 tsɿ 徙 ɕi	师 ʂʅ	支 tʂʅ	儿 ər	衣 i
止 合	尾 i uei		泪 lei	嘴 tsuei	帅 ʂuai	水 ʂuei		柜 kuei
效 开	苗 miɑu		疗 liɑu	焦 tɕiɑu		超 tʂʰɑu	绕 ʐɑu	桥 tɕʰiɑu
流 开	浮 fu 矛 mɑu	[丢] tiou	流 liou	修 ɕiou	愁 tʂʰou	周 tʂou	揉 ʐou	有 iou
咸舒开	贬 pian	点 tian	镰 lian	尖 tɕian		闪 ʂan	染 ʐan	盐 ian 腌 ʐan
咸入开		跌 tie	聂 nie	接 tɕie		褶 tʂe		叶 ie
咸舒合	范 fan							
咸入合	法 fa							
深舒开	品 pʰin		林 lin	心 ɕin	渗 ʂən	针 tʂən	任 ʐən	音 in

续表

	三四等							
	帮系	端组	泥组	精组	庄组	知章组	日母	见系
深入开			立 li	集 tɕi	涩 ʂʅ	十 ʂʅ	入 ʐu	急 tɕi
山舒开	边 pian	天 tʰian	年 nian	仙 ɕian		扇 ʂan	然 ʐan	坚 tɕian
山入开	憋 pie	铁 tʰie	列 lie	楔 ɕie		舌 ʂe	热 ʐe	结 tɕie
山舒合	反 fan 万 uan		恋 lian	选 ɕyan		专 tʂuan	软 ʐuan	元 yan 县 ɕian
山入合	发 fa		劣 lie	雪 ɕye		说 ʂuo		月 ye
臻舒开	民 min		邻 lin	亲 tɕʰin	衬 tʂʰən	真 tʂən	人 ʐən	斤 tɕin
臻入开	笔 pi		栗 li	七 tɕʰi	虱 ʂʅ	实 ʂʅ	日 ʐʅ	一 i
臻舒合	分 fən 文 uən		伦 luən	巡 ɕyn 俊 tsuən		春 tʂʰuən	闰 ʐən	均 tɕyn
臻入合			律 ly	戌 ɕy		出 tʂʰu		橘 tɕy
宕舒开			粮 liaŋ	箱 ɕiaŋ	霜 ʂuaŋ	张 tʂaŋ	让 ʐaŋ	样 iaŋ
宕入开			略 lye	雀 tɕʰiau tɕʰye		勺 ʂau	弱 ʐau ʐuo	药 iau 却 tɕʰye
宕舒合	方 faŋ 忘 uaŋ							眶 kʰuaŋ
宕入合								
江舒开								
江入开								
曾舒开	冰 piŋ		陵 liŋ			蒸 tʂəŋ	扔 ləŋ	蝇 iŋ
曾入开	逼 pi		力 li	息 ɕi	色 ʂai sɤ	直 tʂʅ		极 tɕi

续表

	三四等							
	帮系	端组	泥组	精组	庄组	知章组	日母	见系
曾舒合								
曾入合								
梗舒开	平 pʰiŋ	听 tʰiŋ	领 liŋ	精 tɕiŋ		正 tʂəŋ		影 iŋ
梗入开	劈 pʰi	踢 tʰi	历 li	席 ɕi		石 ʂʅ		击 tɕi 吃 tʂʰʅ
梗舒合								兄 ɕiuŋ 营 iŋ
梗入合								役 i
通舒合	风 fəŋ		隆 luŋ	松 suŋ	崇 tʂʰuŋ	肿 tʂuŋ	绒 ʐuŋ	宫 kuŋ 凶 ɕiuŋ
通入合	福 fu		陆 lu 六 liou	足 tsu	缩 suo	叔 ʂou ʂu	辱 ʐu 肉 ʐou	局 tɕy

第五节 曹妃甸方言连读音变

一、非叠字两字组连调

1. 非叠字两字组连调规律

曹妃甸方言单字调 3 个，两字组组合 9 种。后字一律不变调；前字一律变调。前字平声 [42] 一律变 [44] 调（新调）；前字上声 [213] 在平声 [42] 和上声 [213] 前变 [24] 调（新调），在去声 [453] 前变 [21] 调（新调）；前字去声 [453] 在平声 [42] 前变 [44] 调（新调），在上声 [213] 和去声 [453] 前变 [42] 调（同平声调）。连调规律参见表 2–5（“–”表示不变调）。

表 2-5　曹妃甸方言非叠字两字组连调表

前字＼后字	平声 42	上声 213	去声 453
平声 42	44 –	44 –	44 –
上声 213	24 –	24 –	21 –
去声 453	44 –	42 –	42 –

非叠字两字组连调中产生了 3 个新调，[44] 调、[24] 调、[21] 调。[44] 调分别由平声 [42] 和去声 [453] 变来；[24] 调和 [21] 调由上声 [213] 变来。

2. 非叠字两字组连调举例

平声、上声和去声的单字调分别用 1、2、3 代表，组合 1 1 表示平声 + 平声，1 2 表示平声 + 上声，以此类推。古入声在曹妃甸方言中已分归平声、上声和去声，因此，举例时可能涉及部分入声归入舒声的字，下文轻声举例同。

前字平声

1 1	42–44 42	沙堆 ʂa tuei	砖窑 tʂuan iɑu
		凉冰 liɑŋ piŋ	炉灰 lu xuei
		挠秧 nɑu iɑŋ	填仓 t^hian ts^hɑŋ
		封河 fəŋ xuo	出葱 $tʂ^h$u ts^huŋ
1 2	42–44 213	辕马 yan ma	凉水 liɑŋ ʂuei
		灯盏 təŋ tʂan	洋火 iɑŋ xuo
		蹚水 t^hɑŋ ʂuei	封海 fəŋ xai
		培土 p^hei t^hu	砸碾 tsa nian
1 3	42–44 453	平地 p^hiŋ ti	洋蜡 iɑŋ la

		筐系 kʰuɑŋ ɕi	香菜 ɕiɑŋ tsʰai
		耠地 xuo ti	拉锯 la tɕy
		糟粪 tsɑu fən	飞象 fei ɕiɑŋ

注释：

凉冰：冰。炉灰：煤块燃尽后的粉状物。挠秧：除净稻田中的杂草，使根部泥土变松。填仓：婆婆将新媳妇送的两个仓谷儿爷放在米缸和面缸里，寓意丰收。封河：河水结冰。辕马：驾辕的马。凉水：冷水。灯盏：汽灯罩。洋火：火柴。封海：禁渔期。砸碾：在场上轧谷物。洋蜡：蜡烛。筐系：抬筐的系绳。耠地：用耠子翻松土壤。糟粪：将牲畜粪便沤制发酵。

前字上声

2 1	213–24 42	讲台 tɕiɑŋ tʰai	老云 lɑu yn
		水筲 ʂuei ʂɑu	斗渠 tou tɕʰy
		保墒 pɑu ʂɑŋ	砍柴 kʰan tʂʰai
		赶集 kan tɕi	数伏 ʂu fu
2 2	213–24 213	井眼 tɕiŋ ian	井水 tɕiŋ ʂuei
		水桶 ʂuei tʰuŋ	小满 ɕiɑu man
		打井 ta tɕiŋ	洗井 ɕi tɕiŋ
		顶脚 tiŋ tɕiɑu	浸种 tɕʰin tʂuŋ
2 3	213–21 453	草垛 tsʰɑu tuo	走运 tsou yn
		马镫 ma təŋ	火炕 xuo kʰɑŋ
		起粪 tɕʰi fən	耪地 pʰɑŋ ti
		打埝 ta nian	打圈 ta tɕyan

注释：

老云：乌云。水筲：木制水桶。斗渠：主水渠的支渠。保墒：使土壤中保存一定的水分，以适合农作物出苗和生长。水桶：铁制水桶。洗井：新打的井里水浑浊，将浑水往外抽，直到水清澈为止。顶脚：指父子俩的坟茔在一条纵轴线上，且儿子的头部必须要冲着父亲的脚部。浸种：为了使种子发芽快，在播种前用温水或冷水浸泡一定时间。马镫：一对挂在马鞍两边的脚踏。火炕：设有烟道、可以烧火取暖的炕。起粪：将粪从粪坑掏出来。耪地：用锄锄草并翻松土地。打埝：在地里或浅水里挖用来挡水的土埂。打圈：给猪配种。

前字去声

3 1	453–44 42	大风 ta fəŋ	菜畦 tsʰai tɕʰi
		稻糠 tɑu kʰɑŋ	闰年 ẓən nian
		下霜 ɕia ṣuɑŋ	套车 tʰɑu tṣʰe
		驾辕 tɕia yan	卸车 ɕie tṣʰe
3 2	453–42 213	立闪 li ṣan	大雨 ta y
		菜笋 tsʰai suən	半晌 pan ṣɑŋ
		下雨 ɕia y	下雪 ɕia ɕye
		挂掌 kua tṣɑŋ	放水 fɑŋ ṣuei
3 3	453–42 453	空地 kʰuŋ ti	炕被 kʰɑŋ pei
		大坞 ta u	大埝 ta nian
		耙地 pa ti	上炕 ṣɑŋ kʰɑŋ
		放树 fɑŋ ṣu	下蛋 ɕia tan

注释：

菜畦：有土埂围着的一块块排列整齐的种蔬菜的地。套车：把车上的套套在拉车的牲口身上。驾辕：驾着车辕拉马。立闪：纵的闪电。菜笋：莴笋。半晌：半天。挂掌：在牛马的蹄子下钉一块U型的铁，使蹄子耐磨。放水：灌溉。大坞：大水坑。大埝：地里或浅水里用来挡水的土埂。耙地：用耙弄碎土块。放树：砍树。

3. 非叠字两字组连调调式

9种组合，前字全部变调，连调调式合流成8种。参见表2–6。

表2–6　曹妃甸方言非叠字两字组连调调式合流表

组合	变调值	例词			组合	变调值	例词		
① 1 1	44 42	伤心	通风	刘依	⑤ 2 2	24 213	水桶	小雪	浸种
3 1		上心	痛风	六一					
② 1 2	44 213	中雨	开海	凉水	⑥ 2 3	21 453	马镫	打炕	耪地
③ 1 3	44 453	平地	天旱	拉杠	⑦ 3 2	42 213	放水	潲雨	坐水
④ 2 1	24 42	苇塘	水田	土堆	⑧ 3 3	42 453	空地	地势	夏至

单字调不同，比如：伤 ʂaŋ^{42} ≠上 ʂaŋ^{453} ｜通 tʰuŋ^{42} ≠痛 tʰuŋ^{453} ｜刘 liou^{42} ≠六 liou^{453}，但作为非叠字两字组前字时连调调式相同，比如：伤心＝上心 ʂaŋ^{44}ɕin^{42} ｜通风＝痛风 tʰuŋ^{44}fəŋ^{42} ｜刘依人名＝六一节日 liou^{44}i^{42}，有可能引起单字调调类合流。

二、曹妃甸方言的轻声

轻声指失去了原有的调类，一类读的又短又轻，属于调值的轻声；另一类读得既不轻又不短，属于调类的轻声（魏钢强 2000）。曹妃甸方言的轻声这两类都有：调值轻短的出现在平声 [42]（主要来自古清平）和去声 [453] 后面，其音高在平声 [42] 后是 2，在去声 [453] 后分别是 3（前字一般来自古清去，少部分来自古浊去、全浊上）和 1（前字一般来自古浊去、全浊上）；调值不轻不短的出现在平声 [42]（主要来自古浊平）和上声 [213] 后面。为叙述方便，又不致混淆，本书略去音高上的细微差别，但从类上进行区分。调值的轻声统一标做 [0]，调类的轻声按实际音值标做 [13]。

1. 非叠字两字组的轻声

（1）非叠字两字组轻声前字变调规律

曹妃甸方言的单字调，在轻声前可能会变调：古清平在来自平声、上声的轻声前不变调，在来自去声的轻声前变[21]（新调），后字轻声都为[0]；古浊平在轻声前一般不变调，后字轻声为[13]；上声在轻声前变[21]（新调），后字轻声为[13]；古清去在轻声前变[24]（新调），古浊去、全浊上在轻声前变[21]（新调），后字轻声标做0。举例如下（数字加字母代表前字的古来源，1a代表古清平字，1b代表古浊平字，3a代表古清去字，3b代表古浊去、全浊上字）：

前字平声

1a 1	42 0	惊蛰 tɕiŋ tʂə	清明 tɕʰiŋ məŋ
		青砖 tɕʰiŋ tʂuan	挖锹 ua tɕʰiɑu
		春分 tʂʰuən fən	奸猾 tɕian xuo
		高粱 kɑu liŋ	薅锄 xɑu tʂʰu
1a 2	42 0	箍嘴 ku tsuei	炊帚 tʂʰuei tʂʰou
		烟筒 ian tʰuŋ	巴掌 pa tʂəŋ
		牲口 ʂəŋ kʰou	臊狗 sɑu kou
		闺女 kuei ny	轻省 tɕʰiŋ ʂəŋ
1a 3	42–21 0	荒地 xuɑŋ ti	招待 tʂɑu tai
		霜降 ʂuɑŋ tɕiɑŋ	兄弟 ɕiuŋ ti
		天道 tʰian tou	一月 i ye
		东至 tuŋ tʂʅ	豌豆 uan tou
1b 1	42 13	石头 ʂʅ tʰou	时辰 ʂʅ tʂʰən
		抬筐 tʰai kʰuɑŋ	黄瓜 xuɑŋ kuo
		寒衣 xan i	坟茔 fən iŋ

		围裙 uei tɕ^{h}yn	棉花 niɑu xuo
1b 2	42 13	云彩 yn ts^{h}ei	柴火 tʂ^{h}ai xuo
		柴狗 tʂ^{h}ai kou	严紧 ian tɕin
		尘土 tʂ^{h}ən t^{h}u	黄米 xuɑŋ mi
		颧骨 tɕ^{h}yan ku	洋井 iɑŋ tɕiŋ
1b 3	42 13	犁杖 li tʂəŋ	芹菜 tɕ^{h}in ts^{h}ei
		蚊帐 uən tʂəŋ	白菜 pai ts^{h}ei
		荞麦 tɕ^{h}iɑu mei	黄鼬 xuɑŋ iou
		脓带 nəŋ tei	蒲扇 p^{h}u ʂən

注释：

挖锹：方形铁锹。薅锄：除草用的短柄小锄。箍嘴：使用牲口时，套在牲口嘴上使它不能吃东西的器具，用铁丝、树条、竹篾等做成。烟筒：烟囱。臊狗：狐狸。天道：天气。抬筐：柳树条编的大筐。尘土：灰尘。黄米：黍子米。洋井：水井。黄鼬：黄鼠狼。脓带：鼻涕。

前字上声

2 1	213–21 13	纺车 fɑŋ tʂ^{h}e	笸箩 p^{h}uo lə
		水银 ʂuei in	籽棉 tsɿ mian
		劈柴 p^{h}i tʂ^{h}ei	老鸹 lɑu kuo
		雨搭 y tə	老娘 lɑu niŋ
2 2	213–21 13	雨水 y ʂuei	生古 ka ku
		浅子 tɕ^{h}ian tsɿ	赶上 kan ʂəŋ
		跑水 p^{h}ɑu ʂuei	水浒 ʂuei xu
		饼子 piŋ tsɿ	耳朵 ər tou
2 3	213–21 13	闪阵 ʂan tʂən	野鹊 ie tɕ^{h}iou
		脚柱 tɕiɑu tʂu	脑袋 nɑu tei

马蔺 ma lin	蛤蜊 kɤ li
板凳 pan tʰəŋ	口袋 kʰou tei

注释：

纺车：打井工具；纺线工具。笸箩：用柳条或篾条编成的器物，帮较浅，有圆形的，也有略呈长方形的，用来盛放粮食、生活用品等。籽棉：未加工的棉花。劈柴：木头劈成的木块儿或小木条，供烧火做饭、取暖用，小块的多用来引火。老鸹：乌鸦。雨搭：房檐下引水的长竹管。老娘：接生婆。乍古：（人的脾气、东西的质量、事情的结局等）不好。浅子：一种盛东西的用具，一般是圆形，浅底。赶上：有时候。跑水：房坡，即屋顶最高处到最低处的坡度。闪阵：闪电。野鹊：喜鹊。

前字去声

3a 1	453–24 0	簸箕 puo ɕi	过房 kuo fəŋ
		刺挠 tsʰɿ nou	亲家 tɕʰiŋ tɕia
		笊篱 tʂɑu li	辈分 pei fən
		信服 ɕin fu	正房 tʂəŋ fəŋ
3a 2	453–24 0	屁股 pʰie xu	好喜 xɑu ɕi
		筷子 kʰuai tsɿ	镇里 tʂən li
		裉里 kʰən li	扫帚 sɑu tʂu
		算子 suan tsɿ	胯骨 kʰua ku
3a 3	453–24 0	芥菜 tɕie tsʰai	炮仗 pʰɑu tʂuŋ
		挂面 kua mian	会计 kʰuai tɕi
		岁数 suei ʂu	叫唤 tɕiɑu xuən
		伺候 tsʰɿ xou	锢露 ku lu
3b 1	453–21 0	大镰 ta lian	货郎 xuo ləŋ
		后头 xou tʰou	腻虫 ni tʂʰuŋ

		面糊 mian xu	下巴 ɕia pə
		痢疾 li tɕi	外甥 uai ʂəŋ
3b 2	453–21 0	露水 lu ʂuei	糯米 ŋɤ mi
		硬朗 iŋ ləŋ	料理 liɑu li
		后晌 xou ʂəŋ	豆腐 tou fu
		混子 xuən tsɿ	稻子 tɑu tsɿ
3b 3	453–21 0	大麦 ta mei	晃荡 xuɑŋ təŋ
		肚带 tu tei	跪下 kuei ɕia
		念诵 nian suŋ	圈上 tɕyan ʂəŋ
		稻地 tɑu ti	坐下 tsuo ɕia

注释：

簸箕：用竹篾或柳条编成的器具，三面有边沿，一面敞口，多用簸粮食等；也有用铁皮、塑料制成的，多用来清除垃圾；簸箕形指纹。过房：过继。刺挠：痒。亲家：两家儿女相婚配的亲戚关系；亲家公。好喜：喜爱。裉里：上衣靠腋下的接缝部分。算子：算盘。炮仗：爆竹。锢露：用熔化的金属堵塞金属器物的漏洞。大镰：打草的镰刀。腻虫：黑色菜虫。面糊：糨糊；白面、糖和水搅拌成的糖水。后晌：晚上。混子：较小的碌碡。肚带：围绕着牲口的肚子，把鞍子等紧系在背上的皮带。

（2）叠字组的轻声

1) 名词、动词叠字组的轻声

名词 AA 式，后字一律轻声，且轻声的类型同前字的古来源有关。前字来自古浊平和上声，后字轻声一般读 [13]；前字来自古清平和去声，后字轻声一般读 [0]。前字部分变调，部分不变调。前字古平声一般不变调。前字古上声，在轻声前变 [21]。前字古去声，在轻声前变 [24]。动词 AA 式，除符合上述名词 AA 式规律以外，上声在轻声前还有另一种变调，变成 [24]。举例如下：

1a 1a	42 0	星星 ɕiŋ ɕiŋ	蛐蛐儿 tɕʰy tɕʰyər
		熥熥 tʰəŋ tʰəŋ	听听 tʰiŋ tʰiŋ
1b 1b	42 13	婆婆 pʰuo pʰuo	爷爷 ie ie
		凿凿 tsɑu tsɑu	学学 ɕiɑu ɕiɑu
2 2	213–21 13	姥姥 lɑu lɑu	奶奶 nai nai
		捻捻 nian nian	摆摆 pai pai
	213–24 0	洗洗 ɕi ɕi	瞅瞅 tʂʰou tʂʰou
		找找 tʂɑu tʂɑu	想想 ɕiɑŋ ɕiɑŋ
3 3	453–24 0	大大伯父 ta ta	饮饮 in in
		劝劝 tɕʰyan tɕʰyan	认认 zʐən zʐən

说明：

“蛐蛐儿”虽在 AA 式后加了“儿”，但“儿”不改变第二个字的声调，也不影响前面两个字的连调调式。

2）形容词叠字组的轻声

形容词重叠一般要在后面加“儿的”组成“AA 儿的”式。无论 A 来自哪个调类，都经历了同一个变调过程，即 A+[（A+儿）+的]。“A+儿”先变成 [213]（同上声调），“（A+儿）+的”再变成 21+13。作为前字的 A，根据非叠字两字组连读变调的规律，变成上声前的调值。

表 2–7 “AA儿的”式连调规律表

组合方式	1 1儿 的	2 2儿 的	3 3儿 的
连调调式	42–44+213–21+13	213–24+213–21+13	453–42+213–21+13
例词及标音	香香儿的 ɕiɑŋ ɕiar ti	好好儿的 xɑu xɑur ti	瘦瘦儿的 ʂou ʂour ti
	轻轻儿的 tɕʰiŋ tɕʰiɤr ti	得得儿的 tei tər ti	对对儿的 tuei tuər ti
	红红儿的 xuŋ xuɤr ti	冷冷儿的 ləŋ lɤr ti	大大儿的 ta tar ti
	甜甜儿的 tʰian tʰiɐr ti	远远儿的 yan yɐr ti	慢慢儿的 man mɐr ti

以上举例说明的是曹妃甸方言中一般的轻声变调规律，但仍有一些例外，不符合上述规律，需要进一步研究，暂不在本书深入讨论。以下对一些例外现象略作梳理。

①部分古清平字在来自非去声的轻声前变 [21]，后字轻声为 [0]，包括个别叠字组的轻声，连调调式为 21+0。例如：西瓜 ɕi$^{42-21}$kuo^{0}、公鸡 kuŋ$^{42-21}$tɕi^{0}、缰绳 kɑŋ$^{42-21}$ʂəŋ^{0}、芝麻 tʂʅ$^{42-21}$mə^{0}、公公 kuŋ$^{42-21}$kuŋ^{0}、蛛蛛 tʂu$^{42-21}$tʂu^{0} 等。

②部分古清平字在来自去声的轻声前不变调，后字轻声为 [0]，连调调式为 42+0。例如：生日 ʂəŋ^{42}ʐʅ^{0}。

③部分古浊平字（含古清入、全浊入与古浊平合流的字）在轻声前不变调，后字轻声为 [0]，连调调式为 42+0。例如：贼星 tsei^{42}ɕiŋ^{0}、牛郎 niou^{42}lɑŋ^{0}、竹子 tʂu^{42}tsɿ^{0}、河鳝 xɤ^{42}ʂan^{0}；部分古浊平字（含古清入、全浊入与古浊平合流的字）在轻声前变 [21]，后字轻声为 [0]，连调调式为 21+0。例如：鹌鹑 ŋan$^{42-21}$tʂʰuən^{0}、茔地 iŋ$^{42-21}$ti^{0}、能耐 nəŋ$^{42-21}$nei^{0}、蛇豆 ʂe$^{42-21}$tou^{0}。

④部分古浊去、全浊上字在轻声前变 [24]，后字轻声为 [0]，连调调式为 24+0。例如：烙铁 lɑu$^{453-24}$tʰie^{0}、骆驼 luo$^{453-24}$tʰuo^{0}、待见 tai$^{453-24}$tɕin^{0}、大尽 ta$^{453-24}$tɕin^{0}、道行 tɑu$^{453-24}$xəŋ^{0} 等。

三、儿化

1. 儿化韵

曹妃甸方言共有 37 个基本韵母，除 [ər][iuŋ] 不能儿化外，其余 35 个基本韵母都可以儿化，共形成 20 个儿化韵。基本韵母 [ye][ian][yan][ɑu][iɑu][ou][iou][u] 的儿化韵都不与其他基本韵母的儿化韵发生合并。其余基本韵母的儿化韵分别合并，具体规律为 [ɿ][ʅ][ei][ən] 合并成 [ər]，[i][in] 合并成 [iər]，[uei][uən] 合并成 [uər]，[y][yn] 合并成 [yər]，[e][ɤ][əŋ]（同非唇音声母相拼）合并成 [ɤr]，[ie][iŋ] 合并成 [iɤr]，[uo][uŋ][əŋ]（同唇音声母相拼）合并成 [uɤr]，[a][ɑŋ] 合并成 [ar]，[ia][iɑŋ] 合并成 [iar]，[ua][uɑŋ] 合并成 [uar]，[ai][an] 合并成 [ɐr]，[uai][uan] 合并成 [uɐr]。儿化韵和基本韵母的对应关系及例词见表 2–8。

表 2–8　曹妃甸方言儿化韵和基本韵母的对应关系及例词

儿化韵	基本韵母	例　词
ər	ɿ ʅ ei ən	小沙子儿 ɕiɑu$^{213-24}$ʂa^{42}tsər^{0} ｜园子儿 yan^{42}tsər^{13} ｜瓜子儿 kua$^{42-44}$tsər^{213} 三十儿 san$^{42-44}$ʂər^{213} ｜侄儿 tʂər^{213} ｜柳树枝儿 liou$^{213-21}$ʂu^{13}tʂər^{42} 擦黑儿 tsʰa$^{42-44}$xər^{42} ｜宝贝儿 pɑu$^{213-21}$pər^{13} ｜爷爷辈儿 ie^{42}ie^{13}pər^{453} 树根儿下 ʂu$^{453-44}$kər^{42}ɕia^{0} ｜刨锛儿 pʰɑu$^{42-44}$pər^{42} ｜人儿 ʐər^{42}
iər	i in	日头地儿 ʐʅ^{42}tʰou^{13}tiər^{453} ｜后尾儿 xou$^{453-42}$iər^{213} ｜推粒儿的 tʰuei$^{42-21}$liər$^{453-24}$ti^{0} 背阴儿 pei$^{453-44}$iər^{42} ｜抄近儿 tʂʰɑu$^{42-44}$tɕiər^{453} ｜车轱辘印儿 tʂʰe$^{42-44}$ku^{42}lu^{0}iər^{453}
uər	uei uən	翻水儿井 fan$^{42-44}$ʂuər$^{213-24}$tɕiŋ^{213} ｜坟堆儿 fən$^{42-44}$tuər^{42} ｜稻穗儿 tɑu$^{453-42}$suər^{453} 棍儿 kuər^{453} ｜紧三顿儿 tɕin$^{213-24}$san$^{42-44}$tuər^{453} ｜尺寸儿 tʂʰʅ$^{213-21}$tsʰuər^{13}

续表

儿化韵	基本韵母	例 词
yər	y	蒙蒙雨儿 məŋ^{42}məŋ^{0}yər^{213} ｜马驹儿 ma$^{213-24}$tɕyər^{42} ｜蛐蛐儿 tɕʰy^{42}tɕʰyər^{0}
	yn	蚊帐裙儿 uən^{42}tʂəŋ^{13}tɕʰyər^{42} ｜不合群儿 pu$^{42-44}$xɤ$^{42-44}$tɕʰyər^{42}
ɤr	e	探热儿 tʰan$^{453-42}$ʐɤr^{453} ｜手推车儿 ʂou$^{213-21}$tʰuei^{13}tʂʰɤr^{42}
	ɤ	宿舍儿 su$^{453-42}$ʂɤr^{453} ｜稻个儿 tɑu$^{453-42}$kɤr^{453} ｜格儿尺 kɤr$^{213-24}$tʂʰʅ^{213}
	əŋ	坑儿 kʰɤr^{453} ｜掌儿 tʂʰɤr^{453} ｜小板凳儿 ɕiɑu$^{213-24}$pan$^{213-21}$tɤr^{13}
iɤr	ie	夜儿个 iɤr$^{453-24}$kɤ^{0} ｜蹿节儿 tsʰuan$^{453-44}$tɕiɤr^{213} ｜葱叶儿 tsʰuŋ$^{42-44}$iɤr^{453}
	iŋ	日头影儿 ʐʅ^{42}tʰou^{13}iɤr^{213} ｜领儿 liɤr^{213} ｜蒜莛儿 suan$^{453-42}$tʰiɤr^{213}
uɤr	uo	自来火儿 tsɿ$^{453-42}$lai$^{42-44}$xuɤr^{213} ｜招待所儿 tʂɑu$^{42-21}$tai^{0}suɤr^{213} ｜榆果儿 y^{42}kuɤr^{13}
	uŋ	胡同儿 xu^{42}tʰuɤr^{13} ｜隆冬儿咧 luŋ$^{42-44}$tuɤr^{42}liɛ^{0} ｜小葱儿 ɕiɑu$^{213-24}$tsʰuɤr^{42}
	əŋ	透透风儿 tʰou$^{453-24}$tʰou^{0}fuɤr^{42} ｜缝儿 fuɤr^{453}
yɤr	ye	月儿 yɤr^{453} ｜尥蹶儿 liɑu$^{453-42}$tɕyɤr^{213}
ar	a	煤渣儿 mei$^{42-44}$tʂar^{42} ｜腊八儿 la$^{453-44}$par^{42} ｜大把儿 ta$^{453-42}$par^{213}
	ɑŋ	岗儿 kar^{213} ｜头晌儿 tʰou$^{42-44}$ʂar^{213}
iar	ia	鸭儿梨 iar^{42}li^{0} ｜盆架儿 pʰən$^{42-44}$tɕiar^{453} ｜老家儿 lɑu$^{213-24}$tɕiar^{42}
	iɑŋ	牛皮匠儿 niou$^{42-44}$pʰi$^{42-44}$tɕiar^{453} ｜鞋样儿 ɕie$^{42-44}$iar^{453} ｜外将儿 uai$^{453-21}$tɕiar^{0}
uar	ua	雪花儿 ɕye$^{213-24}$xuar^{42} ｜话儿嗑 xuar$^{453-44}$kʰɤ^{42} ｜鸡爪儿 tɕi$^{42-44}$tʂuar^{213}
	uɑŋ	碾框儿 nian$^{213-21}$kʰuar^{453} ｜光儿 kuar^{42} ｜蛛蛛网儿 tʂu$^{42-21}$tʂu^{0}uar^{213}
ɐr	ai	白菜儿 pai^{42}tsʰɐr^{13} ｜豆踖儿 tou$^{453-42}$tʂʰɐr^{213} ｜使眼色儿 ʂʅ$^{213-24}$ian$^{213-21}$ʂɐr^{13}
	an	光板儿地 kuɑŋ$^{42-44}$pɐr$^{213-21}$ti^{453} ｜半儿拉砖 pɐr$^{453-42}$la$^{213-24}$tʂuan^{42} ｜埯儿 ŋɐr^{213}

续表

儿化韵	基本韵母	例　词
iɐr	ian	雨点儿 y$^{213-24}$tiɐr^{213} ｜好天儿 xɑu$^{213-24}$tʰiɐr^{42} ｜河沿儿 xuo$^{42-44}$iɐr^{453}
uɐr	uai uan	石头块儿 ʂʅ^{42}tʰou^{13}kʰuɐr^{453} ｜一块儿 i$^{42-44}$kʰuɐr^{453} 油灯碗儿 iou$^{42-44}$təŋ$^{42-44}$uɐr^{213} ｜瓜蔓儿 kua$^{42-44}$uɐr^{453} ｜管儿钳 kuɐr$^{213-24}$tɕʰian^{42}
yɐr	yan	烟卷儿 ian$^{42-44}$tɕyɐr^{213} ｜眼圈儿 ian$^{213-24}$tɕʰyɐr^{42} ｜旋儿 ɕyɐr^{453}
ɑur	ɑu	马道儿 ma$^{213-21}$tɑur^{453} ｜灯罩儿 təŋ$^{42-44}$tʂɑur^{453} ｜单套儿 tan$^{42-21}$tʰɑur^{0}
iɑur	iɑu	短角儿 tuan$^{213-24}$tɕiɑur^{213} ｜间苗儿 tɕian$^{453-42}$miɑur^{213} ｜雀儿 tɕʰiɑur^{213}
our	ou	蹦豆儿 pəŋ$^{453-42}$tour^{453} ｜后儿个 xour$^{453-21}$kɤ^{0} ｜野兽儿 ie$^{213-21}$ʂour^{453}
iour	iou	一宿儿 i$^{42-44}$ɕiour^{213} ｜后鞧儿 xou$^{453-44}$tɕʰiour^{42} ｜鬏儿 tɕiour^{42}
ur	u	露水珠儿 lu$^{453-21}$ʂuei^{0}tʂur^{42} ｜铁箍儿 tʰie$^{213-24}$kur^{42} ｜端午儿 tan$^{42-44}$ur^{213}

2. 儿化调

曹妃甸方言中有一部分来自古浊声母的平声字(包括部分古清入、全浊入跟古浊平合流的字)儿化后,调值变成 [213],跟原本平声单字调不同,而跟上声单字调相同。古浊平字儿化变调需要符合以下条件:

①从今韵母看,主要是 [i][u][y][ʅ][a][ia][ua][uo][ɤ][ie][ye][ɑu][iɑu][ou][iou][ɑŋ][iɑŋ][uɑŋ][əŋ][iŋ][uŋ] 等韵母。

②从古韵摄看,主要是来自"果假遇蟹止效流宕江曾梗通"十二摄的古浊平字以及"咸深山臻宕江曾梗通"九摄的古入声字。

见表 2-9。

表 2–9 曹妃甸方言儿化变调基本韵母及例词

基本韵母	例词
ʅ	食儿 ʂər^{213} ｜侄儿 tʂər^{213}
i	稻皮儿 tɑu$^{453-42}$pʰiər^{213} ｜梨儿 liər^{213} ｜海脐儿 xai$^{213-24}$tɕʰiər^{213}
u	拱卒儿 kuŋ$^{213-24}$tsur^{213}
y	小驴儿 ɕiɑu$^{213-24}$lyər^{213} ｜痰盂儿 tʰan$^{42-44}$yər^{213} ｜墨鱼儿 mi$^{453-42}$yər^{213}
a	凉冰碴儿 liɑŋ$^{42-44}$piŋ$^{42-44}$tʂʰar^{213} ｜鱼杂儿 y$^{42-44}$tsar^{213} ｜酱耙儿 tɕiɑŋ$^{453-42}$pʰar^{213}
ia	月牙儿 ye$^{453-42}$iar^{213} ｜香椿芽儿 ɕiɑŋ^{42}tʂʰuən^{0}iar^{213} ｜一匣儿 i$^{42-44}$ɕiar^{213}
ua	光滑滑儿的 kuɑŋ$^{42-21}$xuo^{0}xuar$^{213-21}$ti^{13}
uo	围脖儿 uei$^{42-44}$puɤr^{213} ｜庄稼活儿 tʂuɑŋ$^{42-21}$tɕia^{0}xuɤr^{213}
ɤ	小鹅儿 ɕiɑu$^{213-24}$ŋɤr^{213} ｜打格儿 ta$^{213-24}$kɤr^{213} ｜来脑壳儿 lai$^{42-44}$nɑu$^{213-24}$kʰɤr^{213}
ie	八碟儿四海碗 pa$^{42-44}$tiɤr$^{213-21}$sɿ$^{453-42}$xai$^{213-24}$uan^{213}
ye	冻绝儿底咧 tuŋ$^{453-42}$tɕyɤr$^{213-24}$ti$^{213-21}$liɛ^{13}
ɑu	旗袍儿 tɕʰi$^{42-44}$pʰɑur^{213} ｜痒痒挠儿 iɑŋ$^{213-21}$iɑŋ^{13}nɑur^{213} ｜饭勺儿 fan$^{453-42}$ʂɑur^{213}
iɑu	树条儿 ʂu$^{453-42}$tʰiɑur^{213} ｜鱼苗儿 y$^{42-44}$miɑur^{213} ｜老鸹瓢儿 lɑu$^{213-21}$kuo^{13}pʰiɑur^{213}
ou	沙猴儿 ʂa$^{42-44}$xour^{213} ｜猴儿 xour^{213} ｜砖头儿 tʂuan$^{42-44}$tʰour^{213}
iou	泥球儿 ni$^{42-44}$tɕʰiour^{213} ｜蜗牛儿 uo$^{42-44}$niour^{213} ｜糖球儿 tʰɑŋ$^{42-44}$tɕʰiour^{213}
ɑŋ	口字旁儿 kʰou$^{213-21}$tsɿ^{13}pʰar^{213} ｜长长儿的 tʂʰɑŋ$^{42-44}$tʂʰar$^{213-21}$ti^{13}
iɑŋ	阴凉儿 in$^{42-44}$liar^{213} ｜鼻子梁儿 pi^{42}tsɿ^{13}liar^{213} ｜晒阳儿 ʂai$^{453-42}$iar^{213}
uɑŋ	蛋黄儿 tan$^{453-42}$xuar^{213} ｜麦芒儿 mai$^{453-42}$uar^{213}
əŋ	畦棱儿 tɕʰi$^{42-44}$lɤr^{213} ｜艾子草绳儿 ŋai$^{453-21}$tsɿ^{0}tsʰɑu$^{213-24}$ʂɤr^{213} ｜一横儿 i$^{42-44}$xɤr^{213} ｜剃头棚儿 tʰi$^{453-44}$tʰou$^{42-44}$pʰuɤr^{213}

续表

基本韵母	例　词
iŋ	明儿个 miɤr$^{213-21}$kɤ^{13} ｜打人情儿 ta$^{213-21}$ʐən$^{42-44}$tɕʰiɤr^{213} ｜名儿 miɤr^{213}
uŋ	纺线虫儿 fɑŋ$^{213-21}$ɕian$^{453-42}$tʂʰuɤr^{213}

此外，有一部分来自古浊声母的平声字（包括部分古清入、全浊入跟古浊平合流的字）儿化后，声调不发生变化，同原本的平声单字调相同。不发生儿化变调的字遵循以下条件：

①从今韵母看，主要是 [ai][uei][an][ian][uan][yan][ən][in][uən][yn] 等韵。

②从古韵摄看，主要是来自“咸深山臻”四摄以及“蟹止”两摄的个别字。

见表 2–10。

表 2–10　曹妃甸方言儿化不变调基本韵母及例词

基本韵母	例　词
ai	过日牌儿 kuo$^{453-42}$ʐʅ$^{453-44}$pʰɐr^{42} ｜窗户台儿 tʂʰuɑŋ^{42}xuo^{0}tʰɐr^{42}
uei	铁锤儿 tʰie$^{213-24}$tʂʰuər^{42} ｜夹子槌儿 tɕia^{42}tsʅ^{0}tʂʰuər^{42} ｜耳垂儿 ər$^{213-24}$tʂʰuər^{42}
an	竹篮儿 tʂu$^{42-44}$lɐr^{42} ｜磨盘儿 muo$^{453-44}$pʰɐr^{42} ｜背心儿 pei$^{453-44}$ɕiər^{42}
ian	小年儿 ɕiɑu$^{213-24}$niɐr^{42} ｜对联儿 tuei$^{453-44}$liɐr^{42} ｜房檐儿 fɑŋ$^{42-44}$iɐr^{42}
uan	线团儿 ɕian$^{453-44}$tʰuɐr^{42} ｜耍着玩儿 ʂua$^{213-21}$tʂə^{13}uɐr^{42}
yan	果园儿 kuo$^{213-24}$yɐr^{42} ｜桂圆儿 kuei$^{453-44}$yɐr^{42}
ən	一般沉儿 i$^{42-44}$pan$^{42-44}$tʂʰər^{42} ｜人儿 ʐər^{42}

续表

基本韵母	例词
in	树林儿 ʂu$^{453-44}$liər^{42}
uən	皱纹儿 tʂou$^{453-44}$uər^{42} ｜千字文儿 tɕʰian$^{42-21}$tsɿ^{0}uər^{42} ｜反文儿 fan$^{213-24}$uər^{42}
yn	蚊帐裙儿 uən^{42}tʂəŋ^{13}tɕʰyər^{42} ｜不合群儿 pu$^{42-44}$xɤ$^{42-44}$tɕʰyər^{42}

四、轻声变韵

轻声变韵指的是音节在读轻声的时候，韵母变得跟单念时不同的现象。曹妃甸方言轻声变韵现象非常丰富，其主要规律是音节的主要元音或变成央元音，或变成开口度较小、舌位较靠前的元音，或主要元音消失，有些韵母甚至在此基础上进一步丢失介音或脱落韵尾。

因共时的语音环境造成韵母的同化〔如“暖和”n（ɑn–ɑŋ）$^{213-21}$xuo^{13}〕、异化〔如“许愿”ɕ（y–i）$^{213-21}$yan^{453}〕等语流音变不属于该类，不在这里讨论。

曹妃甸方言的轻声不仅可以使基本韵母发生变化，还可以使儿化韵发生变化。

基本韵母轻声变韵情况见表 2–11。

表 2–11　曹妃甸方言基本韵母轻声变韵规律及例词

基本韵母	变韵	例词
a	ə	雨搭 y$^{213-21}$t（a–ə）^{13} ｜腌臜 ŋa^{42}ts（a–ə）^{0}
u	ə	丈母娘 tʂɑŋ$^{453-21}$（m–p）（u–ə）^{0}niɑŋ^{42} ｜眵目糊 tʂʰʅ^{42}m（u–ə）^{0}xu^{42}
y	i	黄蓿 xuɑŋ^{42}ɕ（y–i）^{13} ｜拾稻穗儿去 ʂʅ$^{213-24}$tɑu$^{453-42}$suər$^{453-21}$tɕʰ（y–i）^{0}

续表

基本韵母	变韵	例　词
ia	ie	抽匣 tʂʰou^{42}ɕ（ia–ie）^{0} ｜孙家林 suən$^{42-44}$tɕ（ia–ie）^{0}lin^{42}
ai	ei	云彩 yn^{42}tsʰ（ai–ei）^{13} ｜担待 tan$^{42-21}$t（ai–ei）^{0}
ei	ə	贼眉鼠眼 tsei^{42}m（ei–ə）^{0}ʂu$^{213-24}$ian^{213}
ua	uo	棉花 niɑu^{42}x（ua–uo）^{13} ｜光滑 kuɑŋ$^{42-21}$x（ua–uo）^{0}
uo	u	萝卜 luo^{42}p（uo–u）^{13} ｜利索 li$^{453-24}$s（uo–u）^{0}
	i	吐沫 tʰu$^{453-24}$m（uo–i）^{0}
	ə	笸箩 pʰuo$^{213-21}$l（uo–ə）^{13}
an	ən	蒲扇 pʰu^{42}ʂ（an–ən）^{13} ｜干饭 kan$^{42-21}$f（an–ən）^{0}
	ə	苤蓝 pʰie$^{213-21}$l（an–ə）^{13}
ian	in	勤俭 tɕʰin^{42}tɕ（ian–in）^{13} ｜今年 tɕin$^{42-21}$n（ian–in）^{0}
uan	uən	粘软 nian^{42}ʐ（uan–uən）^{13} ｜叫唤 tɕiɑu$^{453-24}$x（uan–uən）^{0}
ən	i	老人们 lɑu$^{213-24}$ʐən^{42}m（ən–i）^{13}
ɑu	ou	核桃 xɤ^{42}tʰ（ɑu–ou）^{13} ｜刺挠 tsʰɿ$^{453-24}$n（ɑu–ou）^{0}
	u	找着咧 tʂɑu$^{213-21}$tʂ（ɑu–u）^{13}liɛ^{0}
	ə	数叨 ʂu$^{213-21}$t（ɑu–ə）^{13} ｜泥胞 ni^{42}p（ɑu–ə）^{0}
ou	u	笤帚 tʰiɑu^{42}tʂ（ou–u）^{13} ｜白殍 pai^{42}f（ou–u）^{13}
	ə	抖搂 tou$^{213-21}$l（ou–ə）^{13} ｜咳嗽 kʰɤ$^{42-21}$s（ou–ə）^{0}
iɑu	iou	斑雀 pan$^{42-21}$tɕʰ（iɑu–iou）^{0}

续表

基本韵母	变韵	例词
ɑŋ	uŋ	炮仗药 pʰɑu$^{453-24}$tʂ（ɑŋ–uŋ）^{0}iɑu^{453}
	əŋ	犁杖 li^{42}tʂ（ɑŋ–əŋ）^{13} ｜后晌 xou$^{453-21}$ʂ（ɑŋ–əŋ）^{0}
	ə	跑郎 pʰɑu$^{213-21}$l（aŋ–ə）^{13} ｜肩膀 tɕian^{42}p（ɑŋ–ə）^{0}
iɑŋ	iŋ	老娘 lɑu$^{213-21}$n（iɑŋ–iŋ）^{13} ｜高粱 kɑu^{42}l（iɑŋ–iŋ）^{0}
uɑŋ	uŋ	蛎黄 li$^{453-24}$x（uɑŋ–uŋ）^{0} ｜拉饥荒 la$^{42-44}$tɕi^{42}x（uɑŋ–uŋ）^{0}
	əŋ	周各庄 tʂou$^{42-21}$kə^{0}tʂ（uɑŋ–əŋ）^{42}
uŋ	əŋ	糊弄 xu$^{453-24}$n（uŋ–əŋ）^{0} ｜冲动 tʂʰuŋ$^{42-21}$t（uŋ–əŋ）^{0}
	ə	撼动 xan$^{453-21}$t（uŋ–ə）^{0}

此外,还有一部分单韵母由于轻声的缘故,变成了复韵母,这种现象在曹妃甸方言中比较少,但也零星存在,举例如下:庄户 tʂuɑŋ$^{42-21}$x（u–uo）^{0} ｜窗户 tʂʰuɑŋ^{42}x（u–uo）^{0} ｜招呼 tʂɑu^{42}x（u–uo）^{0} ｜邋遢 la^{42}tʰ（a–ei）^{0} ｜钥匙 iɑu$^{453-24}$tʂʰ（ʅ–ei）^{0} ｜髈蹄 pʰɑŋ$^{213-21}$tʰ（i–ie）^{13} ｜平屉 pʰiŋ^{42}tʰ（i–ie）^{13} ｜割舍 kɤ^{42}ʂ（ɤ–ou）^{0}。

也有后响复元音韵母变成前响复元音韵母的,如:龙耳朵 luŋ$^{42-44}$ər$^{213-21}$t（uo–ou）^{13} ｜拾掇 ʂʅ^{42}t（uo–ou）^{13} ｜铜罗 tʰuŋ^{42}l（uo–ou）^{13},但这种变韵方式是极少数的。

儿化韵轻声变韵情况见表 2–12。

表 2–12　曹妃甸方言儿化韵轻声变韵规律及例词

儿化韵	变韵	例　词
ar	ər	礤礤儿 tsʰa$^{213-21}$tsʰ（ar–ər）^{13} ｜地方儿 ti$^{453-24}$f（ar–ər）^{0}
	ɤr	鳞膀儿 lin^{42}p（ar–ɤr）^{13} ｜嘎渣儿 ka$^{42-21}$tʂ（ar–ɤr）^{0}
ɐr	ər	引柴儿 in$^{213-21}$tʂʰ（ɐr–ɤr）^{13} ｜搓板儿 tsʰuo^{42}p（ɐr–ər）^{0}
iar	iər	大人家儿 ta$^{453-24}$zən^{42}tɕ（iar–iər）^{13} ｜间量儿 tɕian$^{453-21}$l（iar–iər）^{0}
	iɤr	模样儿 mu$^{42-21}$（iar–iɤr）^{0}
iɐr	iər	马苋儿菜 ma$^{213-21}$ɕ（iɐr–iər）^{13}tsʰai^{453}
uar	uər	爆花儿 pau$^{453-24}$x（uar–uər）^{0} ｜说瞎话儿 ʂuo$^{42-44}$ɕia^{42}x（uar–uər）^{0}
uɐr	uər	门插关儿 mən$^{42-44}$tʂʰa^{42}k（uɐr–uər）^{0}
uɤr	uər	小蒙蒙儿 ɕiau$^{213-24}$məŋ^{42}m（uɤr–uər）^{0}
	ur	花骨朵儿 xua$^{42-44}$ku^{42}t（uɤr–ur）^{0}
	ɤr	酱箧箩儿 tɕiaŋ$^{453-42}$pʰuo$^{213-24}$l（uɤr–ɤr）^{213}
ur	ər	媳妇儿 ɕi$^{213-21}$f（ur–ər）^{13} ｜布儿谷 p（ur–ər）$^{453-24}$ku^{0}
iɤr	iər	五更儿黑介$^{=}$ u$^{213-21}$tɕ（iɤr–iər）^{13}xei^{42}tɕie^{0}
aur	our	火烧儿 xuo$^{213-21}$ʂ（aur–our）^{13} ｜黑枣儿 xei^{42}ts（aur–our）^{0}
	ər	双胞儿 ʂuaŋ$^{453-24}$p（aur–ər）^{0}
iaur	iour	菱角儿 liŋ^{42}tɕ（iaur–iour）^{13} ｜针脚儿 tʂən^{42}tɕ（iaur–iour）^{0}

此外，还有个别儿化韵的轻声变韵现象正好与上述现象相反，如：核儿 x（ur–uɤr）^{213} ｜蝎虎儿 ɕie^{42}x（ur–uər）^{0} ｜大姑儿 ta$^{453-21}$k（ur–uər）^{0} ｜地界儿 ti$^{453-24}$tɕ（iɤr–iour）^{0}。

轻声除了可以使韵母的主要元音发生变化外，还可以改变声母的发音方法。曹妃甸方言中轻声变声的现象也存在，但不如轻声变韵丰富，只零星存在于极少数词汇中，简单分类举例如下：

①不送气塞音、塞擦音变成送气塞音、塞擦音：板凳 pan$^{213-21}$（t–tʰ）əŋ^{13} ｜ 补丁儿 pu$^{213-21}$（t–tʰ）iɤr^{13} ｜ 炊帚 tʂʰuei^{42}（tʂ–tʂʰ）ou^{0} ｜ 伙计 xuo$^{213-21}$（tɕ–tɕʰ）i^{13}。

②不送气塞擦音变成擦音：体已话儿 tʰi$^{213-21}$（tɕ–ɕ）i^{13}xuar^{453} ｜ 体已钱儿 tʰi$^{213-21}$（tɕ–ɕ）i^{13}tɕʰiɐr^{42} ｜ 簸箕 puo$^{453-24}$（tɕ–ɕ）i^{0} ｜ 蔓菁 man^{42}（tɕ–ɕ）iŋ^{13}。

③塞音变成擦音：屁股 pʰie$^{453-24}$（k–x）u^{0} ｜ 嚏喷 tʰi$^{453-24}$（pʰ–f）ən^{0}。

④送气塞音变成不送气塞音：糊涂 xu^{42}（tʰ–t）u^{13}。

第六节　曹妃甸方言同音字汇

1. 本同音字汇收录唐山曹妃甸方言的单字音，包括以下几个来源：

①《方言调查字表》（修订本）中曹妃甸方言口语常用字。

②《方言调查字表》（修订本）未收，但在曹妃甸方言口语中常用的字。

③写不出本字的音节用方框“□”表示，后面用小字注释或举例。

2. 白读音下加“＿”，文读音下加“＝”。

3. 一字有多读的，按常用度在字的右下角用 1、2 标明。区别意义的异读只加注例词，不标数码。

4. 举例时用“～”代替本字。

5. 俗语、谚语、歇后语等前标“△”。

6. 同音字在字的右上角标“=”。

7. 字汇先按韵母分类，同韵的字按声母顺序排列，声韵母都相同的再按声调顺序排列。声韵调的排列顺序见第二章第一节。

ɿ

ts　[42] 资姿滋梓人名 [213] 紫子籽 [453] 自～来火儿字□～缝儿：填充缝隙

tsʰ　[42] 瓷～盔子：盛油盐等的罐子辞呲词致悼～□糖～豆儿 [213] 此 [453] 刺～儿菜：蓟菜伺～候

s　[42] 斯撕私丝思 [213] 死 [453] 四巳寺饲

ʅ

tʂ　[42] 知支～家：置办家当枝树～子吱不～得：不吱声栀～子花儿肢汁侄妻～直值植只一～织～女之走～儿 [213] 纸只～有指中～止趾脚～头址执大～宾：红白大事中最主要的操办人职质验～织～衣裳 [453] 制智致至夏～置痔治志秩□～子：扔刻⁼儿游戏时使用的短木棍掷～色子

tʂʰ　[42] 池眵～目糊：眼屎吃迟持 [213] 耻尺 [453] 斥

ʂ　[42] 师狮尸诗时涩湿十什～锦拾1～掇：修理实石虱食 [213] 施～肥屎使～唤丫头史驶始失～儿火咧室拾2～棉花识 [453] 世势是氏示视士柿事试市适□～肘⁼咧：食物脱水

ʐ　[42]日～头　[213]日△立秋十八～，寸草都结籽儿 [453] 日～子

i

p　[42] 鼻逼屄□～儿：衣服上打的褶子□～儿：口哨 [213] 彼秕～子：不饱满的稻谷笔比～方壁隔～儿 [453] 蔽弊币毙闭箅炉～子：炉膛和炉底之间承煤漏灰的铁屉子篦～子毕必避～嫌

pʰ　[42] 批坯竹～子披皮琵霹～雷：响雷 [213] 匹劈～柴：木头劈成木块儿或小木条，供烧火做饭、取暖用，小块的多用来引火比～他高 [453] 屁2～～虫儿：椿象

m　[42]迷脑袋～昏 糜～子 谜～底 [213] 米 [453]昧～良心泌密

蜜墨 1～鱼儿：乌贼

t [42] 低滴～巴：滴 提～溜儿：茶壶提手 敌狄姓 [213] 底 [453] 帝弟第递地

tʰ [42] 梯题提手～灯蹄啼～呼：吊孝 踢剔～牙□磨～系⁼：磨眼 [213] 体 [453] 替剃屉嚏

n [42] 泥倪姓尼 [213] 你 [453] 腻～虫：黑色菜虫□打～：猪在粪坑里打滚

l [42] 犁～杖离璃梨厘狸～猫：公猫 [213] 礼李里鲤～鱼 [453] 例厉励蛎～黄：牡蛎 丽隶利痢立粒栗力历□土～子：三棱草

tɕ [42] 鸡饥拉～荒：欠债 基地～箕粪～子：拾粪用的筐机肌急级疾吉集犄～角儿积～木击激挨儿雷撑⁼～咧蒺～藜狗儿：蒺藜的果实即□～了儿：知了□手～筋⁼：指甲 [213] 挤己几虮鲫脊～梁骨子 [453] 祭际剂面～子计继系～扣儿寄技冀纪记忌既季迹□～酸菜：制作酸菜及～格儿

tɕʰ [42] 妻齐脐畦菜～奇骑欺其棋期旗七漆□～抽：缩水缉～后跟儿：将两边的鞋后跟缝连在一起 [213] 启企起 1～早杞祈乞～钱：扭秧歌前，挨家挨户去筹置办行头的钱 [453] 契器弃气汽□～儿：衣服旁边开口的地方

ɕ [42] 西牺希图～：希望稀 2 拉～吸席炕～析□～涎：口水 [213] 洗喜习媳～妇儿锡 [453] 细系筐～：抬筐的系绳戏

ø [42] 移伊姨胰疑医衣依揖作～一 [213] 倚椅尾～巴乙□呼牲口往里拐，即人左边 [453] 艺义议易意异毅逸忆亿译疫役癔～病□～应⁼：蹊跷

u

p [42] 不□吹～对⁼儿凳⁼儿的 [213] 补～丁儿 [453] 布部步走～：散步簿

pʰ [42] 铺车～板：排子车轮子上头的一块木板蒲～子草：菖蒲菩□～蝶儿：蝴蝶扑～棱⁼歌⁼歌⁼：灯蛾脯 [213] 谱普捕甫朴仆～人 [453] 铺床～瀑堡南～：地名

m [42] 模～子 [213] 亩牡母拇 [453] 墓募幕挂～咧：闭幕

木目穆

f　[42] 夫肤孵麸麦～子符扶芙浮服伏数～栿辐～条儿 [213] 跗～面：脚背府腑斧俘抚腐辅福 [453] 付父附富副妇复赴～席

t　[42] 都独犊牛～子：小牛督毒嘟凉冰～噜儿：冰锥 [213] 堵赌肚羊～儿手巾 [453] 杜肚手指头～儿度渡镀

tʰ　[42] 徒屠途图秃～子 [213] 土 [453] 吐～沫兔

n　[42] 奴 [213] 努 [453] 怒

l　[42] 炉庐芦鲈～子 [213] 鲁虏卤～虫儿：丰年虫 [453] 路赂露录禄陆鹿

ts　[42] 租卒足 [213] 祖组阻

tsʰ　[42] 粗 [453] 醋

s　[42] 苏酥桃～俗□麻⁼麻⁼～儿：刘海 [453] 素嗉速肃宿～舍儿

tʂ　[42] 猪诸诛蛛朱竹 [213] 煮主嘱～咐 [453] 著箸筷子～里儿：筷子篓儿助驻柱住注炷铸筑祝

tʂʰ　[42] 除初锄厨橱出 [213] 楚础拄～拐棍儿 [453] 处 1 畜□～子：打磨碾的工具

ʂ　[42] 梳疏书舒～坦输殊秫～米：高粱米赎塾叔～伯 [213] 暑鼠薯白～数～叨：数落属黍～子 [453] 数千～个：不到一千个竖树漱术述淑人名束～得慌

ʐ　[42] 如 [213] 乳～牛：母牛孺辱 [453] 入褥

k　[42]姑～爷估～产量轱～辘菇沽～南灶：地名咕来～咚：不玩钱的游戏，输者要接受赢者的惩罚，让赢者锤他的脊梁骨箍孤谷～雨骨花～朵儿 [213] 古蛄蝲蝲～：蝼蛄股鼓骨～头谷～子 [453]姑大～故固锢～露锅雇顾

kʰ　[42] 哭窟凉冰～：河流、湖泊冰面上的洞□～抹⁼子：苦菜咕～嘟：长时间煮 [213] 苦 [453] 库裤

x　[42] 乎呼～噜烀～豆子胡狐壶葫糊～咧核 [213] 虎□～皮：头皮屑 [453] 户互护瓠糊～弄

ø　[42] 吴梧乌污无屋诬□～度⁼水：温水 [213] 五伍捂午正晌～时：上午 11 点至 1 点武舞 [453] 误悟痦～子坞大～：大水坑恶务雾物勿戊

y

n [213]女

l [42]驴 [213]吕旅屡捋～胡子 [453]虑滤律率绿

tɕ [42]居车拘驹马～子:小马橘菊局□～留⁼发:卷发 [213]举锔铁～子 [453]据锯剧巨距句具聚

tɕʰ [42]蛆渠农～区焌黢曲酒～子蛐趋□～儿:搁宝游戏时,做宝的人在小棍子上割的缺口 [213]取△河里没鱼市上～娶趣苣～菜:苣荬菜 [453]去处2～暑阒～～话儿:悄悄话

ɕ [42]虚～腾:形容面食蓬松的样子须需戌 [213]徐许 [453]序续婿养老～:上门女婿

Ø [42]鱼渔于娱盂痰～儿榆 [213]语与不～我事:不关我事雨宇吁呼牲口停下禹羽 [453]御誉预寓芋育玉狱浴

ər

Ø [42]儿 [213]而耳饵 [453]二

a

p [42]巴～掌疤～痢:疤痕芭笆粑八拔 [213]把□蹦～儿～儿:跳脚靶 [453]巴打嘴～爸霸坝把～儿耙～地:用耙弄碎土块□～裂饼:一种表面开裂的酥饼

pʰ [42]爬耙钉～趴 [453]怕

m [42]麻摩～挲妈蚂～螂:蜻蜓□～～苏⁼儿:刘海□～子:铜钱有字的一面□栽～领儿:军大衣上的衣领□将了～儿⁼儿的:刚好能凑合着 [213]马码 [453]骂蚂～蚱:蝗虫抹～布

f [42]乏使～咧:特别累发～送人罚法要洋戏～儿的:变魔术的人 [213]法发居⁼留⁼～:卷发

t [42]答搭达耷～拉孙儿:重孙子以下的辈分 [213]打 [453]大□咕咕～:小孩称呼鸡

tʰ [42]他踏塌溻褟趿～拉板儿:拖鞋 [213]塔鳎～盆⁼:鳎目鱼

n [42]拿 [213]哪 [453]捺纳～鞋底儿

l [42]拉～稀;～个口子邋～遢□～巴:粗糙 [213]拉半儿～:一半;～嗑儿:聊天喇～叭儿花儿 [453]腊蜡洋～辣蝲～～蛄:蝼蛄落～么后尾儿:倒数□～～:往下流

ts [42]杂砸～碾 [213]咋

tsʰ　[42]擦　[213]礤～～儿:把瓜、萝卜等擦成丝的器具□～刺儿:苍耳　[453]□牙～儿:牙齿掉下来的一块儿

s　[42]仨～么:三个撒～手　[213]洒撒～网

tʂ　[42]楂渣扎马～子闸铡～刀□～深:过道儿屋东、西边的两道墙□一～子(钱)[213]眨砟～子:小石块、煤块等扎～虱子　[453]诈痄肿～腮咧:腮腺炎炸牙齿～开咧:牙齿开裂了;～油条榨奓下～:上衣的下摆□～草:成捆的稻草

tʂʰ　[42]茶搽～药叉～车:堵车;粪～:掏大粪的叉子茬麦～儿:麦子收割后,遗留在地里的根和茎的基部插门～关儿:门闩察镲查碴凉冰～儿:碎冰□钱～子:长方形的小口袋,中央开口,两端各成一个袋子,装钱物用,一般挂在腰带上　[213]插～着花儿的:夹杂、交错衩裤～儿　[453]杈差岔～道儿□捕鱼穿的胶皮衣服

ʂ　[42]沙大～子纱痧杀啥　[213]傻□～口:吃清淡的食物以解腻　[453]沙～米:用簸箕簸米

k　[42]疙蒜～瘩胳～肢窝饹～馇嘎～渣儿:痂;锅巴　[213]生～古:(人的脾气、东西的质量、事情的结局等)不好□～儿檐儿咧:雨太大,遮挡了视线□～鱼:黄辣丁　[453]□～住咧:夹在中间,不能活动□～儿～儿:一种甜脆薄饼,中间有一层芝麻馅儿□～了:围嘴

kʰ　[42]擖～嚓鳞:刮鱼鳞　[213]卡～尺

ŋ　[42]腌～臜:脏

x　[42]哈～腰　[213]哈～了巴根儿:一种野菜

ia

l　[213]俩～么:两个

tɕ　[42]家加枷佳夹～子;～菜　[213]假真～;请～贾夹～袄:双层上衣甲□糖～儿:水果糖胛抱着～儿　[453]架驾嫁价假小长～

tɕʰ　[42]掐□～可:恰当　[213]卡～住咧　[453]恰

ɕ　[42]虾霞匣～子瞎辖　[453]下吓2～一跳夏厦□要大～儿:逞能

ø　[42]牙芽衙丫～头涯崖押～监鸭压砑□车～青⁼:排子车车厢两边的挡板　[213]雅哑押手～:手印　[453]轧～棉花

ua

tʂ [42] 抓 [213] 爪
tʂʰ [213] □~儿大把：一种儿童游戏
ʂ [42] 刷 [213] 耍~玩儿：玩具
k [42] 瓜刮掴耳~子：打耳光 [213] 寡刮~风 [453] 挂卦
kʰ [42] 夸 [213] 侉~子：指口音跟本地语音不同的外乡人 [453] 胯挎
x [42] 花华划~洋火滑~头儿 [453] 化画话划~拉
Ø [42] 洼~潭⁼儿：低洼的地方哇张~：打哈欠挖 [213] 瓦~刀□跳~：一种儿童游戏 [453] 袜

ɤ

t [42] 德 [213] 得~儿病了
tʰ [453] 特
n [213] □那
l [42] □~~：小孩称呼猪
ts [42] 泽恩~择选~责~任
tsʰ [453] 侧~面测策册~封
s [453] 色各~：性格特别，难以相处
tʂ [42] 哲折~扇 [213] 者 [453] 浙
tʂʰ [42] 车 2 [453] 彻
ʂ [42] 赊 2 舌 2 折 2 蛇 2 [453] 涉设社 2 舍宿~儿
k [42] 哥~儿们鸽格隔蒜~瓣儿：蒜瓣儿搁~浅割阁出~：嫁人胳~膊袼打~褙儿颏~鳃：鱼鳃 [213] 葛蛤革炕~嗝打~噔儿：打嗝□邀请□~对：提前商量好□~路⁼：性格特别，难以相处各尽⁼~儿：自己 [453] 哥大~个各~色：性格特别，难以相处
kʰ [42] 科蝌蛤蟆~子：蝌蚪棵颗壳咳磕~米嗑拉~儿：聊天磕~碜 [213] 渴可 [453] 刻克客~气课骒老~猪：母猪□扔~儿：一种儿童游戏
ŋ [42] 额鹅蛾~子讹恶△一个做~的，一个做善的□香的~：很香 [453] 饿
x [42] 河银~何荷~花儿禾~木：禾木旁核盒合~计~计：商量商量喝~理⁼：大声喊叫 [453] 贺鹤赫
Ø [42] 俄

uo

p [42] 波菠玻脖拨博饽 2~面：揉面时加入的干面剥~削播 [213] 饽 1~~ [453] 簸~箕
pʰ [42] 坡婆泼 [213] 笸~箩 [453] 破
m [42] 魔摩~托摸蘑 [213] 抹那~东西 [453] 磨一盘~；~豆腐末沫茉没莫默墨 2~镜儿

f　[42] 佛

t　[42]多 [213]躲朵花～儿 [453]舵剁垛劈柴～跺～脚

tʰ　[42] 拖驮脱托砣秤～坨青年～:地名 [213]朵一～儿花儿椭～圆

n　[42] 挪～臊窝子:婴儿满月到姥姥家去

l　[42] 罗萝～卜锣箩骡螺啰 [213] □打架时互相抓挠 [453] 捋～袄袖儿洛落～稻子乐好～:爱玩儿骆～驼

ts　[42] 琢作掌～的:工头嘬～气儿:吸气 [213]左～脚佐～料儿□缩小 [453]左△一家三把～,日子不愁过坐～地户儿:本地户儿座作～业 做2一个～恶的,一个～善的

tsʰ　[42]搓～板儿:搓衣板矬 [453]锉大～错

s　[42] 梭～子蓑～衣 [213] 锁～头琐所2～以 [453] 缩

tʂ　[42] 桌卓捉镯 [213] 拙这～东西

tʂʰ　[42]戳～着腿儿睡:支着腿儿睡 [213]戳手～儿:印章

ʂ　[42]说～媳妇儿 [213]所1厕～儿

ʐ　[453]弱～视

k　[42] 过走～咧锅聒～耳朵郭裹2吸 [213] 果裹1～腿倮～子:点心国椁△柏木棺子,栗木～ [453] 过～日牌儿

kʰ　[453] 廓扩

x　[42]河～里荷～包儿蛋和～尚喝～水合～上眼:闭眼活豁～子嘴儿:唇裂霍雷撑$^=$～闪的:电闪雷鸣蛤～蟆:青蛙劐～开 耠～地 [213] 火伙霍姓 [453] 和～泥货祸或获

Ø　[42] 倭～瓜:南瓜窝蜗 [213] 我□呼牲口往外拐,即人右边 [453] 卧～荷包儿蛋握

e

tʂ　[42] 遮～个背阴儿:遮挡阳光 [213] 褶～子折～跟头:翻跟头蜇

tʂʰ　[42] 车1 [213] 扯 [453] 撤～兑:将东西往边上挪挪厕～所儿

ʂ　[42] 赊1舌1折1蛇1 [213] 佘舍 [453] 射社1

ʐ　[213] 惹～祸 [453] 热眼～:羡慕、妒忌

ie

p　[42] □儿媳妇背称公公别～针儿鳖狗～子:狗虱子憋～气 [213] 瘪 [453] 蚍～蜉穴:蚂蚁洞别～过来:改变别人坚持的意见或习性

p^h　[42] 撇先~的：母亲死了，由父亲带着的孩子 [213] 苤~蓝撇左了~子 [453]屁1~股

m　[453] 灭

t　[42] 跌叠碟

t^h　[42] 贴 [213] 铁 [453] 帖

n　[42] 苶~些⁼：反应慢捏~着：紧挨着 [453] 镊蹑~悄儿~悄儿的：悄悄的孽捏~饺子聂

l　[42] □~家伙：突然 [213] 咧~嘴 [453] 猎列烈裂

tɕ　[42] 皆阶秸麦~子街当~：道路南、北之间的一条主路接捷劫~道儿：抢劫杰揭~宝：搁宝游戏时，揭开盖在小棍子上的手巾截结~实洁 [213] 姐解节结~婚 [453] 借戒褯~子：尿布介界芥疥~大海子：癞蛤蟆届隔~壁儿

$tɕ^h$　[42] 茄切~糕 [213]切~菜客男~起2~来：指起床 [453] 且

ɕ　[42] 些邪斜~么掉眼儿谐鞋携协歇蝎~虎儿：壁虎楔~子吓1~唬稀1~罕：喜欢 [213] 写小2~子：男孩 [453] 蟹河~泻卸~车谢~孝澥加水使糊状物或胶状物变稀□~立⁼萍：紫萍

∅　[42] 耶爷~~噎 [213] 也野爷~ [453] 夜液掖叶页业曳~箩箩

ye

n　[453]疟~疾

l　[213] 掠 [453] 略

tɕ　[42] 绝橛~子：短木桩蹶尥~儿撅~折嗰：折断噘~嘴决诀觉~察 [453] 倔

$tɕ^h$　[42] 缺瘸 [453] 确雀孔~

ɕ　[42] 靴薛学~校茓~子：用高粱秆、芦苇等编制的狭而长的粗席子 削剥~ [213] 雪血□~咧：胡牌 [453] 穴蚍蜉~：蚂蚁洞

∅　[42] 哕干~约~法三章 [453] 悦阅月越粤岳乐~理跃飞~

ai

p　[42] 伯叔~白掰~手腕儿百~日：逝世一百天 [213] 摆百一~柏伯~娘婆婆：婆婆的嫂子 [453] 拜稗败~家子儿□~脑袋：吃了槐树花或杏仁等食物导致脑袋不舒服

p^h　[42] 排~行牌拍 [213] 排~子车：板车迫压~ [453] 派

m　[42] 埋 [213] 买 [453] 卖迈麦脉

t　[42] 呆待~了会儿 [213] 歹逮 [453]戴贷代袋带待~客

在1～家儿
tʰ　[42] 台薹蒜～苔绿～：青苔抬～筐：柳树条编的大筐胎～里坏：两面派 [213] 呔老～儿：外地人称操唐山口音的人□打～：一种儿童游戏 [453] 太态泰
n　[213] 奶 [453] 奈
l　[42] 来 [213] □～菜：揪菜 [453] 赖要～脚儿：赖皮
ts　[42] 灾栽 [213] 载上～去：下海干活宰崽 [453] 再在2现～
tsʰ　[42] 猜才材～料子：用来制作棺材的木料财裁 [213] 彩采 [453] 菜蔡
s　[42] 腮肿痄～咧：腮腺炎 [453] 赛
tʂ　[42] 斋择～菜宅摘责～过儿泽人名侧～棱着睡 [213] 窄心～：伤心䂞～儿：残缺损伤的痕迹 [453] 债寨～子：四周的栅栏或围墙
tʂʰ　[42] 豺钗差柴～火拆 [213] 册点名～儿踩2马吃卒蹅豆～儿：碾碎了的豆子□一～：大拇指与中指张开的长度 [453] 踩1～粪：猪在粪上乱走
ʂ　[42] 筛～子 [213] 色褪～ [453] 晒～阳儿：冬天晒太阳
k　[42] 秸秫～：高粱秆该欠□屎郎～～：屎壳郎嗝打饱～ [213] 改 [453] 概盖
kʰ　[42] 开□黄螃～：梭子蟹 [213] 凯楷～笔：水笔
ŋ　[42] 挨 [213] 矮面～：害臊 [453] 碍爱艾姓
x　[42] 孩还 [213] 海 [453] 亥害
ø　[42] 哀～乐

uai

tʂ　[42] 摔～个跟头 [213] 跩身体不灵活，走路摇晃 [453] 拽
tʂʰ　[42] 揣～上咧：怀孕 [453] 踹
ʂ　[42] 摔～跤 [213] 甩 [453] 帅率
k　[42] 乖掴～后脑勺儿：打后脑勺 [213] 拐～子：瘸子 [453] 怪
kʰ　[213] 㧟～米：舀米 [453] 会块快筷
x　[42] 怀槐淮 [453] 坏
ø　[42] 歪 [213] 崴 [453] 外

ei

p　[42] 杯背～包儿碑卑悲 [213] 北 [453] 贝鐾辈倍背～心儿焙～干儿萝卜被避～～雨备□蛤蟆～：青蛙卵
pʰ　[42] 胚培陪赔裴姓 [453]

配佩

m [42] 梅枚媒~人煤面儿~：细碎成面儿的煤眉眼眨~：眉毛霉没 [213] 每美 [453] 谜破~：打谜语妹

f [42] 非飞妃肥~猪：劁了的猪 [213] 匪翡 [453] 废肺痱费

t [213] 得~咧外科

n [453] 内

l [42] 雷 [213] 垒~墙头儿磊 [453] 类泪累~会儿~会儿：看孩子肋~巴儿骨儿：肋骨勒~虮子

ts [42] 贼

tsʰ [453] □~□[pəŋ$^{213-24}$]□[tsʰei^{213}]：锤子剪刀布

k [213] 给

kʰ [42] □扑克牌里的K [213] □用手指或细小的东西挖

x [42] 黑

uei

t [42] 堆 [213] 搥用手撞 [453] 对队渔苇~兑□吹不⁼~儿凳⁼儿的

tʰ [42] 忒推 [213] 腿 [453] 退褪

ts [213] 嘴 [453] 罪最醉

tsʰ [42] 催崔 [453] 脆翠

s [42] 随~和着：应和、附和虽塞瓶~子鳃颏~：鱼鳃 [453] 碎岁隧遂半身不~穗

tʂ [42] 追锥~子椎老腰~ [453] 缀~扣儿：钉扣子坠烟袋~儿

tʂʰ [42] 吹炊~帚垂耳~儿槌~子锤大~捶~背

ʂ [213] 水 [453] 税睡

ʐ [213] 蕊 [453] 瑞

k [42] 闺~女规龟归 [213] 诡轨鬼癸 [453] 刽桂跪柜立~贵

kʰ [42] 盔脏~子：烧纸用的盆亏多~咧你咧：谢谢你逵

x [42] 恢灰炉~：煤块儿燃尽后剩的粉状物回茴挥辉徽□和 [213] 会2一大~子悔毁 [453] 会1不~绘惠慧汇□死~儿：喜字牌贿

Ø [42] 桅危维唯微威违围 [213] 伪委伟尾棺~苇~子 [453] 卫喂为位未味魏姓纬~线：纬纱或编织品上的横线胃谓

ɑu

p [42] 褒~斥：讽刺包薄雹~子：冰雹煲剥~皮儿胞细~ [213] 保宝饱鸨 [453] 报抱□~儿锅咧：粘锅了菢~蛋：孵小鸡

鲍刨～花儿豹暴～发户儿爆曝□～儿：装衣服用的大包裹

p^h [42] 袍胞一奶同～泡肉眼～子刨～埯儿狍～子抛 [213] 跑 [453] 炮泡～子灯

m [42] 毛茅猫锚矛 [213] 卯日出～时：早晨5点至7点 [453] 冒帽貌茂贸

t [42] 刀叨捯～气：指临死前急促、断续地呼吸□～草：把草划拉到一起 [213] 倒～头纸导岛捣～蛋：孵小鸡时，母鸡用嘴翻弄鸡蛋 [453] 到倒～酒道过～儿：房与房或屋中间的小路稻

t^h [42] 掏～缸：清理水缸桃逃淘涛 [213] 讨□成人两臂左右平伸时两手之间的距离 [453] 套三大～：三头牲口拉的车

n [42] 挠 [213] 脑 [453] 涝闹～洞房

l [42] 劳捞痨～病：结核病牢 [213] 老姥佬 [453] 唠打～儿：聊天烙～铁落～忙的：红白事中帮忙的人□～梨$^{=}$：一种喂猪的野菜

ts [42] 遭糟凿～子 [213] 早枣澡 [453] 躁灶～火坑造

ts^h [42] 操大～：红白大事中最主要的负责人曹槽草2～驴：母驴 [213] 草1稻～ [453] 肏～你妈屄：骂人话糙～米

s [42] 臊～狗：狐狸 [213] 扫～地嫂□亮～儿～儿的：很亮 [453] 臊害～扫～帚

tʂ [42] 招着～急忙慌 [213] 找沼 [453] 罩召笊～篱赵兆照诏

$tʂ^h$ [42] 着～凉抄钞超朝潮绰焯吵～～ [213] 炒吵～架 [453] □～饭吃：混吃混喝

ʂ [42] 梢鞭～子：鞭穗子最末端捎稍～后烧发～筲水～：汲水桶，多为木制勺 [213] 少多～ [453] 稍呼牲口后缩潲～雨少～先队绍邵

ʐ [42] 饶 [213] 扰绕围～ [453] 绕～线儿弱身子骨忒～

k [42] 高膏羔糕搁～宝：一种赌博游戏 [213] 稿搞镐尖儿～：两头尖的刨土工具 [453] 告

k^h [213] 考烤 [453] 靠□钢$^{=}$～色儿

ŋ [42] 熬～菜鳌～蝇厫李八～：地名□～□[fuo^0]咧：化脓 [213] 袄恶～心 [453] □好看

x [42] 蒿薅～锄：除草用的短柄

小锄豪号哭 [213] 好～看郝 [453] 好～喜：喜爱耗浩号几月几～□～油：熬猪油

ø [453] 澳傲

iau

p [42] 膘肉～儿：肥肉标彪 [213] 表 [453] 摽捆绑物体使相连接

p^h [42] 飘瓢嫖漂鱼～儿 [213] 漂～白 [453] 票

m [42] 苗描□蚊帐～子：蚊帐的高度 [213] 渺秒 [453] 庙妙

t [42] 刁叼貂雕老～ [453] 钓吊上～掉调跑～儿

t^h [42] 挑一担～条笤～帚调～羹儿 [213] 挑～事儿 [453] 跳

n [42] 棉～花□～□ [nei^0]：胡搅蛮缠 [213] 鸟 [453] 尿□咕咕～儿：猫头鹰

l [42] 燎疗辽撩～子：箱子盖上的铁片缭～衣裳：缝衣裳 [213] 燎了 [453] 料尥～蹶儿廖撂镣

tɕ [42] 交郊胶教～书焦蕉骄娇椒浇嚼马～子：放在牲口嘴里的器具，便于管理顽劣的牲口 [213] 绞乱～丝儿：绞丝旁狡铰搅～毛子：找茬较剿矫缴侥脚觉自～角饺 [453] 教～室窖菜～觉睡～噍倒～：牛反刍轿叫～魂

$tɕ^h$ [42] 敲锹缲～带儿：做衣服带子时藏着针脚的缝法悄乔侨桥荞～麦雀～子：雀斑劁～猪跷～板儿：跷跷板 [213] 巧雀～儿 [453] 鞘窍翘～脚儿：踮脚

ɕ [42] 消宵霄硝销萧箫削～铅笔学小～生 [213] 小1～工儿晓 [453] 孝哮酵效校笑

ø [42] 妖腰要～求摇谣窑～子姚幺～鱼：一梭约大～ [213] 咬舀水～子：铁制水瓢 [453] 勒要～价儿疟发～子药跃打～进：扑克牌的玩法之一乐～器鹞～子：鹰钥～匙

ou

m [42] 谋 [213] 某

f [213] 否

t [42] 都兜鱼～子 [213] 斗～篷抖～搂陡□～着：跟着 [453] 斗～地主：扑克牌的玩法之一豆逗～笑儿：开玩笑痘出水～儿

t^h [42] 偷头投敨 [453] 透～蓝纸：复写纸

l [42] 楼□走远道儿 [213] 篓搂 [453] 漏～子：漏斗瘘露～齿子：露牙齿

ts　[42]邹 [213]走 [453]做1～饭就1～来奏揍

tsʰ　[453]凑

s　[42]搜飕馊

tʂ　[42]舟周州洲粥轴～承妯～娌揪 [213]肘□适$^{=}$～咧：食物脱水 [453]昼纣宙皱～眉咒

tʂʰ　[42]抽绸筹搊～起来愁仇□洗 [213]丑瞅 [453]臭

ʂ　[42]收叔大～熟 [213]手首守 [453]瘦兽受授寿售

ʐ　[42]揉～搓 [213]□～来～去：翻来覆去 [453]肉～虫子：白色米虫

k　[42]勾钩领～儿沟阄抽～：抓阄 [213]狗枸 [453]勾一～儿：一部分够构购彀牛～头：牛轭□和

kʰ　[42]抠老～儿眍 [213]口 [453]扣寇

ŋ　[42]□～眼儿急：总跟别人说不到一起去 [213]藕偶 [453]沤怄～气

x　[42]侯喉～咙猴瘊～子□不要 [213]吼 [453]厚后候

iou

t　[42]丢～手巾儿：丢手绢

n　[42]牛 [213]扭 [453]拗

l　[42]流刘留琉硫溜～达瘤肿～儿镏金～儿：戒指遛走～儿：散步 [213]柳 [453]馏把凉了的熟食蒸热溜忒～儿六

tɕ　[42]揪肉～儿：耳朵周围的小肉球鬏～儿纠灸究 [213]酒九久韭 [453]救舅旧就2～付：凑合

tɕʰ　[42]秋鞧后～儿：套车时拴在驾辕牲口屁股周围的皮带、帆布带等；作为食物的猪的臀部囚丘芽子～：培育稻苗的田邱求球 [213]朽腐烂（多指木头）取～钥匙糗饭或面食成块状或糊状

ɕ　[42]修羞△庄稼佬儿不害～，知道立夏知不道立秋休 [213]宿一～儿朽永垂不～ [453]秀绣锈牙～袖

∅　[42]优鱿～鱼由邮油犹狗～儿：反犬旁游～胡：打牌悠打～千儿：荡秋千幽蚰～蜒：蜈蚣 [213]有友酉莠谷～子：狗尾草□净$^{=}$～儿的：故意 [453]又右佑诱柚釉烟袋～子：烟袋锅过滤下来的烟油幼

an

p　[42]班斑～雀：斑鸠颁扳～子般搬 [213]板版 [453]扮瓣

办半伴绊～不倒儿：不倒翁

p^h [42] 攀盘 [453] 盼判叛襻裤～儿：裤腰上用小布条做的可以穿皮带的套

m [42] 瞒馒鞔～鞋面儿：将鞋面缝在鞋帮上蔓～菁 [213] 满□～子：阁楼 [453] 慢幔～遮儿：为遮挡而悬挂起来的布□～儿：铜钱无字的一面

f [42] 凡帆番翻幡灵～儿烦矾繁 [213] 反 [453] 泛犯范贩饭

t [42] 担一～水丹单端～午儿耽～误 [213]胆疸黄～掸 [453] 旦担～子但弹～弓子蛋淡

t^h [42] 贪潭谭谈痰滩河～摊檀～木坛弹～棉花□铁～：铁丝 [213] 坦毯 [453] 探～热儿：夏天天热时，外孙（甥）给姥姥和舅舅送水果、点心炭叹

n [42] 南男难困～ [213]暖～壶 [453] 难灾～

l [42] 蓝篮兰拦栏～杆儿滦～县：地名阑～尾炎 [213] 漤～柿子：柿子放在热水里泡，除去涩味览榄缆懒卵河～石：鹅卵石 [453] 滥烂乱～材岗子：无人管理任人埋葬尸首的土岗子

ts [42]簪咱 [213]攒～钱 [453] 赞

ts^h [42] 参餐残耳～：耳屎蚕 [213] 惨 [453] 灿

s [42] 三 [213] 散～白酒伞 [453] 散～学

tʂ [42] 沾粘～即⁼了儿占～刻儿：占卜 [213] 暂斩盏灯～展搌～布儿：抹布 [453] 站蘸占说话～地界儿：言辞有威望绽栈战颤冻得直～

tʂ^h [42] 馋搀缠掺蟾～仙 [213] 产铲～埝儿：铲除埝上的杂草 [453] □狗～子：狗盆□～的那儿：堆放在那里

ʂ [42] 山衫白孝～子珊删膻扇～凉扇 [213] 陕闪～阵：闪电 [453] 钐～刀：打草用的大镰刀疝～气扇～子骟善鳝白～单姓苫～草垛：用塑料布或稻草将草垛盖上

ʐ [42] 腌～咸菜然燃 [213] 染冉

k [42] 甘～蔗柑泔～水干～葱肝竿 [213] 感敢橄杆鞭～子秆麦～儿擀～面杖儿赶～集 [453] 干～零活儿的

k^h [42] 勘～探看～孩子刊龛

[213] 坎砍槛门～儿 [453] 看～好日：请先生算结婚的吉日

ŋ [42] 安鞍马～子鹌～鹑 [213] 埯 [453] 暗岸按案～板

x [42] 含蚶麻～子寒韩 [213] 喊 [453] 撼～动汉旱～伞：旧时遮阳伞汗焊～洋铁壶的

ian

p [42] 鞭编边蝙瞎～蝠 [213] 扁～担匾 [453] 变～叶儿菜：苋菜辩便～衣儿遍辫

pʰ [42] 篇偏～口：比目鱼便～宜 [453] 骗～腿儿；～子片

m [42] 绵棉～被 [213] 免勉缅 [453] 面

t [42] 掂颠 [213] 点典 [453] 店惦电殿奠～纸：给逝者烧纸佃垫鞋～儿淀甸曹妃～：地名

tʰ [42] 添～坟：清明上茔地给坟添新土甜天田填～送⁼：正月二十五 [213] 舔腆～着肚子

n [42] 粘～软黏鲇～鱼蔫～巴咧年 [213] 碾捻～头 [453] 酽（汁液）浓，味厚念埝

l [42] 廉镰～刀连鲢花～莲～蓬帘联 [213] 脸 [453] 殓恋练链□拉～狗儿：老鹰抓小鸡□～儿黑咧：摸黑

tɕ [42] 监尖歼兼艰奸煎肩～膀坚间田～路 [213] 减碱盐～地检俭捡趼简拣剪□萝卜～儿：干萝卜片 [453] 鉴舰渐剑间年当～儿箭贱溅践件建键健腱荐见□扔～儿：一种儿童游戏

tɕʰ [42] 鹐～叨木子：啄木鸟签标～钳谦迁钱乾千前牵铅 [213] 潜浅遣 [453]签～字儿欠芡勾～嵌歉毽～儿：毽子

ɕ [42] 咸锨铁～嫌闲～在：悠闲仙鲜～灵：鲜美掀先贤弦 [213] 险癣显蚬白～子 [453]陷馅限线羡宪～兵队献现县

∅ [42] 岩淹炎盐咸～阎檐严～紧筵吃～席言～字旁儿研～墨烟胭燕～京沿车～子：车前驾牲畜的两根直木颜～色儿落咧：脸色发白 [213] 眼演 [453] 验艳焰雁晏砚燕咽宴沿炕～

uan

t [42]端～肩膀 [213] 短 [453] 断段锻～炼芽子：让稻苗接受充分的阳光

tʰ [42] 团

l [453]乱～儿套儿咧：牲口多了，

不老实,将套绞在一起

ts [42] 钻肉儿~子:蚂蟥 [213] 纂~儿:挽在脑后的发髻 [453] 钻充气~攥~拳头

tsʰ [42] 汆~丸子镩冰~子:一种凿冰工具,头部尖,有倒钩攒~棺子:制作棺材 [453] 窜蹿~节儿:芝麻等植物不断向上生长

s [42] 酸~枣儿 [453] 算蒜

tʂ [42] 专砖 [213] 转~眼间 [453] 转~籽莲:向日葵篆梅花~字赚~钱

tʂʰ [42] 传椽~子川穿船 [213] 喘 [453] 串

ʂ [42] 闩拴 [453] 涮

ʐ [213] 软阮

k [42] 官棺观冠鸡~子花关 [213] 管~家馆下~子 [453] 贯惯灌罐鹳冠~军

kʰ [42] 宽 [213] 款

x [42] 欢~气:高兴还环 [213] 缓 [453] 换患

ø [42] 玩完丸剜弯湾 [213] 皖碗晚 [453] 腕万蔓瓜~儿

yan

l [453] 糍~糊:形容米汤或粥不稀不稠的状态

tɕ [42] 捐 [213] 卷行李~儿 [453] 卷考试~子圈打~:给猪配种

tɕʰ [42] 圈坟~子全~科儿:儿女双全的人蜷~腿儿睡泉拳权颧~骨鄚~里:地名 [213] 犬 [453] 劝

ɕ [42] 轩宣悬 [213] 选 [453] 旋~吃~做楦鞋~子

ø [42] 圆员缘元原源冤袁辕驾~园援鸳原 [213]远 [453] 院愿怨

ən

p [42] 锛 [213] 本 [453] 奔笨

pʰ [42] 喷盆

m [42] 门闷手~子:除大拇指外,其他四个指头套在一起的手套 [453] 闷~子:茶壶焖~白薯

f [42]分芬吩坟 [213]粉扑~ [453] 粪奋愤份

n [453] 嫩

s [42] 森

tʂ [42] 针大~:缰被、纳鞋底的针珍榛贞侦真 [213] 枕~头诊疹 [453] 针~~:针灸枕~枕头镇阵振震

tʂʰ [42] 沉耳朵~:年轻人耳朵不好使陈尘~土:灰尘辰晨臣抻 [213] □~□ [tʂʰən[13]]:缝麻袋的大针 [453] 趁~钱:有钱衬

ʂ　[42]参深神身申唇1伸～懒腰　[213]沈审婶～儿　[453]渗甚肾慎

ʐ　[42]人仁壬　[213]忍　[453]任纫～针：穿针刃认韧润丰～：地名闰～年葚桑～儿

k　[42]跟根　[213]□芦～儿：芦根　[453]□指水果或蔬菜因久置而失去水分□面～：脾气好，不爱说话

kʰ　[213]恳垦肯啃　[453]裉～里：上衣靠腋下的接缝部分

ŋ　[42]恩　[453]摁

x　[42]□～[tə^0]：训斥　[213]很狠　[453]恨

in

p　[42]彬人名宾　[453]殡送～鬓

pʰ　[42]贫频拼～图　[213]品　[453]拼～命聘～闺女：女儿出嫁

m　[42]民　[213]敏抿

l　[42]林淋～灰：制作灰浆临邻鳞磷　[213]檩　[453]赁～房子：租房子

tɕ　[42]金禁～搌：耐脏襟衽～儿巾斤筋　[213]锦紧谨　[453]禁～止妗～子进晋尽大～：农历有30天的月份劲近□～各儿：自己

tɕʰ　[42]钦琴禽亲秦勤～俭芹侵　[213]浸～种：为了使种子发芽快，在播种前用温水或冷水浸泡一定时间寝擒　[453]吣

ɕ　[42]心芯寻～思辛新欣馨□～应$^{=}$儿：蹊跷　[453]信囟～门子

ø　[42]阴荫淫银因姻洇殷音□死庄～儿：比较闭塞的村庄　[213]寅饮～料儿隐瘾引縿大针脚线　[453]窨地～子饮～牲口印

uən

t　[42]墩脚柱～儿：墙里面的石头蹲　[213]盹　[453]顿囤△大～满，小～流炖盾

tʰ　[42]吞豚　[453]褪～进去

l　[42]轮上～扶持：兄弟姐妹各家轮流照顾老人　[453]论

ts　[42]尊遵　[213]撙～～：衣裳太大，用线缝上一部分　[453]俊～毛儿：鸡身上好看的毛，用来做鸡毛儿掸子或毽子

tsʰ　[42]村存～住食咧：积食皴皮肤上积存的泥垢　[453]寸

s　[42]孙　[213]笋髓骨～损

tʂ　[213]准

tʂʰ　[42]椿春纯唇2　[213]蠢

ʂ [453] 顺舜

k [213] 滚磙碾~子 [453] 棍

kʰ [42] 昆坤 [213] 捆 [453] 困

x [42] 昏~花婚魂馄浑荤 [453] 混~子：较小的碌碡

Ø [42] 温瘟蛤蟆~：麻疹文纹蚊~帐 [213] 稳~当吻 [453] 问璺裂~儿咧

yn

tɕ [42] 均钧君军 [213] 菌蘑菇~：菌种 [453] 郡骏

tɕʰ [42] 群裙□~上咧：给马、牛、羊配种

ɕ [42] 熏薰勋 [453] 讯迅

Ø [42] 匀~挺：粗细均匀云~彩晕 [213] 允 [453] 韵运孕熨

ɑŋ

p [42] 帮邦浜 [213] 榜绑背~：两手绑在背后膀 [453] 傍~亮前儿：天亮前磅过~棒针锥子~儿

pʰ [42] 旁滂螃庞膀 [213] 耪~地：用锄锄草并翻松土地髈~蹄：肘子□拍~儿：鼓掌 [453] 胖

m [42] 忙芒麦~儿盲 [213] 蟒

f [42] 方肪芳妨~舅：对舅舅不利房 [213] 纺~线虫儿访防 [453] 放

t [42] 当~巴间儿裆裤~ [213] 党挡 [42] 当~铺

tʰ [42] 汤堂掌~子的：附在人身上的大仙棠蹚~水膛唐糖塘搪~瓷盆儿□~头儿：一饼 [213] 躺 [453] 烫趟

n [42] 囊肚~子齉~~儿鼻子 [213] 攮~一刀子 [453] □指衣裳缝起来时鼓出的包

l [42] 郎屎~该⁼该⁼：屎壳郎廊榔~头耙狼啷三十~当岁儿：三十岁左右蜋蚂~：蜻蜓 [213] 朗 [453] 浪

ts [42] 脏~盆子：烧纸用的盆赃 [453] 葬藏脏五~六腑□~性：脾气不好

tsʰ [42] 仓填~：婆婆将新媳妇送的两个仓谷儿爷放在米缸和面缸里，寓意丰收苍~蝇藏~窝儿：耳垂上的小洞

s [42] 桑丧~事儿 [213] 嗓~口眼儿：喉咙搡推推~~ [453] 丧~偶

tʂ [42] 张~嘴章 [213] 长涨掌挂~：在牛马的蹄子下钉一块U型的铁，使蹄子耐磨 [453] 帐账丁⁼~：账目一笔勾销丈仗杖障瘴

tʂʰ　[42] 长肠场稻～：翻晒、碾轧稻谷的场地昌鲳白～常尝 [213] 厂场一～病鲞棉大～ [453] 唱

ʂ　[42] 商伤墒保～：使土壤中保存一定的水分，以适合于农作物出苗和生长 [213] 赏晌～和⁼：中午 [453] 上尚

ʐ　[42] 瓤穰草～：碎稻草扬1～场 [213] 壤 [453] 让

k　[42] 纲钢刚缸缰～绳□～靠⁼色儿 [213] 岗～子：小土坡港东～：地名 [453] 杠

kʰ　[42] 康糠稻～ [213] 扛～稻草的 [453] 抗炕

x　[42] 航杭夯打～：用夯把地基砸实行内～

iɑŋ

n　[42] 娘老～子：老太太 [213] 仰～八着睡 [453] 酿

l　[42] 良凉～席儿量～尺寸儿粮梁大～：自行车前梁□～根⁼：下水 [213] 两 [453] 亮辆量

tɕ　[42] 将～了麻⁼儿⁼儿的：刚好能凑合着浆～子：豆浆疆僵姜 [213] 蒋奖讲 [453] 酱～母子：辣椒将蘑菇～：行动迟缓、拖延时间的人匠降虹△东～日头西～雨犟～嘴糨

tɕʰ　[42] 枪墙腔强 [213] 抢 [453] 炝

ɕ　[42] 相箱厢湘镶祥香乡降 [213] 想享响 [453] 相出洋～象像向项～链儿

ø　[42] 央秧殃～打咧：逝者口中的气喷到人身上羊洋杨阳扬2～脑袋□打～盅⁼ [213] 养痒 [453] 样

uɑŋ

tʂ　[42] 庄装妆桩牛～子 [213] 奘粗而大 [453] 壮～实状

tʂʰ　[42] 疮秃～床铡刀～子：铡刀的底槽窗 [213] 闯 [453] 创撞～车

ʂ　[42] 霜双～轱辘车 [213] 爽 [453] 双～胞儿

k　[42] 光 [213] 广 [453] 逛

kʰ　[42] 匡筐狂 [453] 旷眶况矿

x　[42] 荒慌黄簧偷～的钥匙：小偷专用来开锁的钥匙磺皇 [213] 晃～眼谎 [453] 晃摇头尾巴～

ø　[42] 亡王芒麦～儿 [213] 网枉往 [453] 忘望～家：新婚第一天早晨，新娘面朝窗户坐在炕上，并将窗户纸挖两个小洞，望向娘家的方向，寓意"旺家"旺

əŋ

p　[42] 崩嘣～豆儿：蚕豆 [213]

绷～着脸儿 [453] 蹦

pʰ [42] 朋烹～鸡蛋：煎鸡蛋彭膨蟛～～月儿：相手蟹棚红～鹏～仙篷蓬 [213] 捧 [453] 碰

m [42] 萌蒙小～～儿：蒙蒙雨 [213] 猛蠓～虫儿 [453] 孟梦

f [42] 封蜂锋逢缝风疯丰冯 [453] 奉俸缝凤

t [42] 登灯 [213] 等戥～子 [453] 凳镫马～澄打～：让水里的杂质沉下去瞪磴梯子～儿：楼梯的层级邓□吹不⁼对⁼儿～儿的

tʰ [42] 腾～细粉儿：翻花绳藤誊疼熥把凉了的熟食蒸热

n [42] 能农脓～带：鼻涕浓 [453] 泞

l [42] 扔棱畦～儿 [213] 冷 [453] 愣

ts [42] 曾姓增 [453] 赠锃粽缯送～

tsʰ [42] 曾～经层 [453] 蹭～面儿

s [42] 僧

tʂ [42] 争筝睁正～月儿征蒸 [213] 整 [453] 证症正～房政郑挣

tʂʰ [42] 乘橙澄～清称承丞撑铛饼～蛏呈程成城诚盛瞠～着眼：瞪着眼 [213] 惩逞 [453] 秤牚～儿

ʂ [42] 生牲大～畜：指牛、马、骡子、驴等笙捧～的：吹笙的人甥升声绳 [213] 省 [453] 剩胜圣盛

k [42]更半夜三～庚△夏至三～数头伏羹～匙儿□～儿个儿：今天 [213] 耿颈脖～子 [453] 更～好

kʰ [42] 坑粪～ [213] □～咧两声儿：指人将死时哼哼两声

x [42] 恒衡横～竖 [453] 横～死的

iŋ

p [42]冰兵 [213]丙秉饼 [453] 病并～骨：合葬

pʰ [42] 凭平坪评萍鲆瓶屏

m [42] 鸣明名铭 [453] 命

t [42] 丁叮疔～疮钉棺～顶 2～亮：快要天亮□～账：账目一笔勾销 [213] 顶 1 房～鼎 [453] 钉～钉子订定

tʰ [42] 听厅亭停庭莛葱～儿：葱白 [213]挺艇 [453]梃～子：梃猪用的铁棍

n [42] 宁人名 [213] 拧～裆儿裤：老人穿的一种裤子，不分前后 [453] 凝鱼汤～成冻儿咧宁△～走十步远，不走一步险拧脾气犟

l　[42] 菱～角儿陵绫灵～幡儿零铃凌△寒食地气通，谷雨不生～ [213] 领岭 [453] 令～儿：风俗习惯另

tɕ　[42] 津更五～儿黑介$^{=}$：大年三十晚上粳～米耕～地京惊～蛰鲸精～着杆子：光膀子睛经～纪：做生意晶 [213] 景年～警井 [453] 境镜竞静净经～线：经纱或编织品上的纵线敬□～有$^{=}$儿的：故意

tɕ^h　[42] 清情晴腈～等着：坐享（现成的）轻～省：轻快青 [213] 请苘～麻顷 [453] 亲干～家庆

ɕ　[42] 兴也许行星惺腥形型刑 [213] 醒省擤 [453] 杏性姓兴手气好

∅　[42] 鹰鱼～：鸬鹚蝇鹦樱迎～面骨：小腿骨英婴缨萝卜～子赢营～生：专指女人做的针线活茔～地应 [213] 影颖 [453] 硬～手儿：熟练工

uŋ

t　[42] 东冬 [213] 董～仙懂 [453] 冻动洞

t^h　[42] 通同铜茼～蒿桐～油童～养媳妇儿瞳～仁儿 [213] 桶捅筒统 [453] 痛～风

l　[42] 笼聋～巴：聋子龙隆～冬儿咧：严冬 [213] 拢～梳儿：梳子垄～儿

ts　[42] 宗棕踪鬃马～ [213] 总 [453] 纵

ts^h　[42] 聪匆葱从丛

s　[42] 松 [213] 耸扨推 [453] 送宋诵颂讼

tʂ　[42] 中月～忠终钟盅酒～子：小酒杯 [213] 种播～肿 [453] 中～暑众重病～咧种～水稻□～鱼：黑鱼

tʂ^h　[42] 虫崇充重～孙子冲～过去 [213] 宠 [453] 冲～瓦$^{=}$口袋儿：一种儿童游戏

ʐ　[42] 荣绒茸毹～～儿：动物身上细小柔软的毛容蓉镕

k　[42] 公工供～销社儿功攻弓躬宫恭 [213] 拱～卒儿巩 [453] 贡供～果儿共

k^h　[42] 空～的 [213] 孔恐 [453] 控～水空～地

x　[42] 弘轰宏红烘洪鸿 [213] 哄～孩子 [453] 哄起～

iuŋ

tɕ^h　[42] 穷

ɕ　[42] 兄凶胸熊雄

∅　[42] 拥 [213] 永泳勇 [453] 用

第三章　曹妃甸方言词汇

第一节　分类词表

1. 本词汇表收录曹妃甸方言常用词汇 5000 余条，大致按意义分为三十类，意义密切相关但不一定属于同类的词，也根据意义放在一起。词汇调查表采用语言研究所方言组刊登在《方言》1981 年第 3 期的《方言调查词汇表》。

2. 每个条目先写汉字，后写国际音标。对于一般读者较难理解的条目，在音标后加普通话注释。有些词不止一个义项，注释时分别用①②等表示。举例时用“～”复指条目。

3. 同义词或近义词排在一起。第一个条目顶格排列，其他各条悬挂缩进一字符另行排列。

4. 本字不详的，有同音字的用同音字表示，并在字的右上角加“$^{=}$”标示；无同音字的用“□”代替。

5. 文白异读在第二章第二、三节已专文论述，词汇部分不再一一标出。

6. 有些字在词汇里的声韵母与单念时的声韵母不同，本章将细致地展现各词汇声韵母的变化过程，用“(　)”注明，单字音在前，词音在后，中间用“–”连接。例如：“板凳” pan$^{213-21}$（t–t^{h}）əŋ^{13}、“白菜” pai^{42}ts^{h}（ai–ei）^{13}。

7. 除轻声不标本调外，其他每个字的本调和变调(若有)都标出，本调在前，变调在后，中间用“–”连接。例如：“院墙” yan$^{453-44}$tɕ^{h}iɑŋ^{42}、“栿头” fu$^{42-44}$t^{h}ou^{42}。

8. 大多数词汇都有轻声或非轻声两种读法，因此可能出现不同环境下的同一个词有轻声或非轻声两种不同的连调模式，本书据实记出。

9. 分类词表目录见下。

一、天文
二、地理
三、时令、时间
四、农事
五、植物
六、动物
七、房屋、器具
八、人品
九、亲属
十、身体
十一、病痛、医疗
十二、衣服穿戴
十三、饮食
十四、红白大事
十五、迷信
十六、讼事
十七、日常生活
十八、交际
十九、商业
二十、文化、教育
二十一、游戏
二十二、动作
二十三、位置
二十四、代词等
二十五、形容词
二十六、副词等
二十七、次动词等
二十八、量词
二十九、数字等
三十、方言地名

一、天文

日头 zʅ^{42}tʰou^{13}
日头地儿 zʅ^{42}tʰou^{13}tiər^{453}
日头影儿 zʅ^{42}tʰou^{13}·iɤr^{213}
背阴儿 pei$^{·453-44}$·iər^{42}
阴凉儿 in$^{42-44}$liar^{213}
凉快阴儿 liɑŋ^{42}kʰuai^{13}·iər^{42}
遮个背阴儿 tʂe$^{42-21}$kə^{0}pei$^{·453-44}$·iər^{42}
日头没咧 zʅ^{42}tʰou^{13}muo$^{453-24}$liɛ^{0} 太阳下山了
房檐儿根儿下 fɑŋ^{42}·iɐr^{13}kər^{42}ɕia^{0}
树根儿下 ʂu$^{453-44}$kər^{42}ɕia^{0}
树底下 ʂu$^{453-42}$ti$^{·213-21}$ɕia^{13}
树荫儿 ʂu$^{453-44}$·iər^{42}
月儿 yɤr^{453}

　月儿婆婆 yɤr$^{453-44}$pʰuo^{42}pʰuo^{13}
月牙儿 ye$^{453-42}$iar^{213}
月儿底下 yɤr$^{453-42}$ti$^{213-21}$ɕia^{13}
星星 ɕiŋ^{42}ɕiŋ^{0} ①天上的星星②秤杆上标记斤两钱的小点儿
银河 in^{42}xɤ^{0}
　天河 tʰian^{42}xɤ^{0}
织女 tʂʅ^{42}ny^{0}
织女星 tʂʅ^{42}ny^{0}ɕiŋ^{42}
牛郎 niou^{42}lɑŋ^{0}
牛郎星 niou^{42}lɑŋ^{0}ɕiŋ^{42}
贼星 tsei^{42}ɕiŋ^{0}
　流星 liou^{42}ɕiŋ^{0}
北斗星 pei$^{213-24}$tou$^{213-24}$ɕiŋ^{42}
扫帚星 sɑu$^{453-24}$tʂ（ou–u）^{0}ɕiŋ^{42} 彗星
云彩 yn^{42}tsʰ（ai–ei）^{13}
棉花山 niɑu^{42}x（ua–uo）^{13}ʂan^{42} 成堆的白云
黑云彩 xei$^{42-44}$yn^{42}tsʰ（ai–ei）^{13} 乌云
　老云 lɑu$^{213-24}$yn^{42}
火烧云 xuo$^{213-21}$ʂɑu^{13}yn^{42}
风 fəŋ^{42}
大风 ta$^{453-44}$fəŋ^{42}
旋风儿 ɕyan$^{453-21}$fuɤr^{0}
小风儿 ɕiɑu$^{213-24}$fuɤr^{42}
狂风 kʰuɑŋ^{42}fəŋ^{0}
顶风 tiŋ$^{213-24}$fəŋ^{42}
顺风 ʂuən$^{453-44}$fəŋ^{42}
连风带雨 lian$^{42-44}$fəŋ^{42}tai$^{453-42}$y^{213}
刮风咧 kua$^{213-24}$fəŋ^{42}liɛ^{0}
开儿大风咧 kʰɐr^{42}ta$^{453-44}$fəŋ^{42}liɛ^{0} 开始刮大风
风停咧 fəŋ$^{42-44}$tʰiŋ^{42}liɛ^{13}
透透风儿 tʰou$^{453-24}$tʰou^{0}fuɤr^{42}
雷撑⁼ lei^{42}tʂʰəŋ^{13} 雷
霹雷 pʰi^{42}lei^{0} 声音响亮的雷
打雷撑⁼ ta$^{213-24}$lei^{42}tʂʰəŋ^{13}
挨儿雷撑⁼激咧 ŋɐr$^{42-44}$lei^{42}tʂʰəŋ^{13}tɕi^{42}liɛ^{0} 被雷打了
闪阵 ʂan$^{213-21}$tʂən^{13} 闪电
打闪阵 ta$^{213-24}$ʂan$^{213-21}$tʂən^{13}
立闪 li$^{453-42}$ʂan^{213} 纵的闪电
雷撑⁼霍闪的 lei^{42}tʂʰəŋ^{13}xuo^{42}ʂan^{0}ti^{0} 电闪雷鸣
雨 y^{213}
雨点儿 y$^{213-24}$tiɐr^{213}
掉雨点儿咧 tiɑu$^{453-42}$y$^{213-24}$tiɐr$^{213-21}$liɛ^{13}
下雨 ɕia$^{453-42}$y^{213}
蒙蒙雨儿 məŋ^{42}məŋ^{0}yər^{213}
　小蒙蒙儿 ɕiɑu$^{213-24}$məŋ^{42}m（uɤr–uər）^{0}
小雨儿 ɕiɑu$^{213-24}$yər^{213}
中雨 tʂuŋ$^{42-44}$y^{213}

大雨 ta$^{453-42}$y^{213}

暴雨 pɑu$^{453-42}$y^{213}

一个点儿的雨 i^{42}kə^{0}tiɐr$^{213-21}$ti^{13}y^{213} 倾盆大雨

乍$^{=}$儿檐儿咧 kar$^{213-24}$iɐr^{42}liɛ^{13} 雨太大，遮挡了视线

连连雨 lian^{42}lian^{13}y^{213} 很多天连续不断的雨

挨儿拍咧 ŋɐr$^{42-44}$pʰai^{42}liɛ^{0} 被雨淋了

拍湿咧 pʰai$^{42-44}$ʂʅ^{42}liɛ^{0}

　浇湿咧 tɕiɑu$^{42-44}$ʂʅ^{42}liɛ^{0}

遮遮雨 tʂe^{42}tʂe^{0}y^{213}

　避避雨 pei$^{453-24}$pei^{0}y^{213}

雨住咧 y$^{213-24}$tʂu$^{453-21}$liɛ^{0}

　不下咧 pu$^{42-44}$ɕia$^{453-21}$liɛ^{0}

下着下着雨出日头咧 ɕia$^{453-24}$tʂə^{0}ɕia$^{453-24}$tʂə^{0}y^{213}tʂʰu$^{42-44}$ʐʅ^{42}tʰou^{13}liɛ^{0}

出着日头下雨呢 tʂʰu^{42}tʂə^{0}ʐʅ^{42}tʰou^{13}ɕia$^{453-42}$y$^{213-21}$ni^{13}

冷子 ləŋ$^{213-21}$tsɿ^{13} 雹

下冷子 ɕia$^{453-42}$ləŋ$^{213-21}$tsɿ^{13}

雪 ɕye^{213}

雪花儿 ɕye$^{213-24}$xuar^{42}

掉儿雪花儿咧 tiɑur$^{453-42}$ɕye$^{213-24}$xuar^{42}liɛ^{0}

下雪 ɕia$^{453-42}$ɕye^{213}

棉花套子 niɑu^{42}x（ua–uo）^{13}tʰɑu$^{453-24}$tsɿ^{0} ①鹅毛大雪②棉胎

雪下的白咧 ɕye$^{213-21}$ɕia$^{453-24}$ti^{0}pai^{42}liɛ^{13}

雪化咧 ɕye$^{213-21}$xua$^{453-24}$liɛ^{0}

　雪走咧 ɕye$^{213-24}$tsou$^{213-21}$liɛ^{13}

凉冰 liɑŋ$^{42-44}$piŋ^{42} 冰

凉冰嘟噜儿 liɑŋ$^{42-44}$piŋ^{42}tu^{42}lur^{13} 冰锥

　凉冰棍儿 liɑŋ$^{42-44}$piŋ^{42}kuər^{453}

冻凉冰 tuŋ$^{453-44}$liɑŋ$^{42-44}$piŋ^{42} 结冰

上冻 ʂɑŋ$^{453-42}$tuŋ^{453}

冻绝儿底咧 tuŋ$^{453-42}$tɕyɤr$^{213-24}$ti$^{213-21}$liɛ^{13}

凉冰窟 liɑŋ$^{42-44}$piŋ$^{42-44}$kʰu^{42} 河流、湖泊冰面上的洞

凉冰碴儿 liɑŋ$^{42-44}$piŋ$^{42-44}$tʂʰar^{213} 碎冰

凉冰能架住人儿咧 liɑŋ$^{42-44}$piŋ^{42}nəŋ$^{42-44}$tɕia$^{453-24}$tʂu^{0}ʐər^{42}liɛ^{13}

凉冰上头一擦儿水咧 liɑŋ$^{42-44}$piŋ^{42}ʂɑŋ$^{453-21}$tʰou^{0}i$^{42-44}$tsʰar$^{42-44}$ʂuei$^{213-21}$liɛ^{13} 冰面开始融化了

冰化咧 piŋ$^{42-44}$xua$^{453-24}$liɛ^{0}

封地咧 fəŋ$^{42-44}$ti$^{453-21}$liɛ^{0} 土地上冻

封河 fəŋ$^{42-44}$xuo^{42} 河水结冰

开河 kʰai$^{42-44}$xuo^{42} 河里的冰化了

封海 fəŋ$^{42-44}$xai^{213} 禁渔期

开海 kʰai$^{42-44}$xai^{213} 捕鱼期

雹子 pɑu^{42}tsɿ^{13}

下雹子 ɕia$^{453-44}$pɑu^{42}tsɿ^{13}

露水 lu$^{453-21}$ʂuei^{0}

下露水 ɕia$^{453-42}$lu$^{453-21}$ʂuei^{0}

露水珠儿 lu$^{453-21}$ʂuei^{0}tʂur^{42}

霜 ʂuɑŋ^{42}

下霜 ɕia$^{453-44}$ʂuɑŋ^{42}

挨儿霜打咧 ŋɐr$^{42-44}$ʂuɑŋ^{42}ta$^{213-21}$liɛ^{13} ①植物被霜打了②形容人精神不振

雾 u^{453}

臭雾 tʂʰou$^{453-42}$u^{453}

下雾咧 ɕia$^{453-42}$u$^{453-21}$liɛ^{0}

雾气罩罩的 u$^{453-21}$tɕʰi^{0}tʂɑu$^{453-24}$tʂɑu^{0}ti^{0} 水面上起了一层薄雾

虹 tɕiɑŋ^{453}

出虹咧 tʂʰu$^{42-44}$tɕiɑŋ$^{453-24}$liɛ^{0}

霞 ɕia^{42}

早霞 tsɑu$^{213-24}$ɕia^{42}

晚霞 uan$^{213-24}$ɕia^{42}

天道 tʰian$^{42-21}$t（ɑu–ou）^{0} 天气

天道忒好 tʰian$^{42-21}$t（ɑu–ou）^{0}tʰuei$^{42-44}$xɑu^{213} 天气好

好天道 xɑu$^{213-24}$tʰian$^{42-21}$t(ɑu–ou)^{0}

好天儿 xɑu$^{213-24}$tʰiɐr^{42}

暖和 n（ɑn–ɑŋ）$^{213-21}$xuo^{13}

天道生古 tʰian$^{42-21}$t（ɑu–ou）^{0}ka$^{213-21}$ku^{13} 天气不好

起来天道咧 tɕʰi$^{213-21}$lai^{13}tʰian$^{42-21}$t（ɑu–ou）^{0}liɛ^{0} 快下雨了

天道晴咧 tʰian$^{42-21}$t（ɑu–ou）^{0}tɕʰiŋ^{42}liɛ^{13}

天道好咧 tʰian$^{42-21}$t（ɑu–ou）^{0}xɑu$^{213-21}$liɛ^{13}

开晴 kʰai$^{42-44}$tɕʰiŋ^{42}

天道阴咧 tʰian$^{42-21}$t（ɑu–ou）^{0}in^{42}liɛ^{0}

阴天 in$^{42-44}$tʰian^{42}

天道总阴着 tʰian$^{42-21}$t（ɑu–ou）^{0}tsuŋ$^{213-24}$in^{42}tʂə^{0}

变天 pian$^{453-44}$tʰian^{42}

狗吃月儿 kou$^{213-24}$tʂʰʅ$^{42-44}$yɤr^{453}

狗吃日头 kou$^{213-24}$tʂʰʅ$^{42-44}$zʅ^{42}tʰou^{13}

天旱 tʰian$^{42-44}$xan^{453}

涝咧 nɑu$^{453-21}$liɛ^{0}

下火咧 ɕia$^{453-42}$xuo$^{213-21}$liɛ^{13} 形容天气十分炎热

地动 ti$^{453-42}$tuŋ^{453} 地震

地 ti^{453}

二、地理

平地 pʰiŋ$^{42-44}$ti^{453}

沙土地 ʂa$^{42-44}$tʰu$^{213-21}$ti^{453}

盐碱地 ian$^{42-44}$tɕian$^{213-21}$ti^{453}

光板儿地 kuɑŋ$^{42-44}$pɐr$^{213-21}$ti^{453}

　荒地 xuɑŋ$^{42-21}$ti^{0}

地忒生 ti$^{453-42}$tʰuei$^{42-44}$ʂəŋ^{42} 从未开垦过的荒地

空地 kʰuŋ$^{453-42}$ti^{453}

苇塘 uei$^{213-24}$tʰɑŋ^{42}

岗儿 kar^{213} 小土坡

岗子 kɑŋ$^{213-21}$tsɿ^{13} 比岗儿稍大的土坡

洼潭儿 ua$^{42-44}$tʰɐr^{213} 低洼的地方

　洼处 ua^{42}tʂʰu^{0}

水田 ʂuei$^{213-24}$tʰian^{42}

旱田 xan$^{453-44}$tʰian^{42}

稻田 tɑu$^{453-44}$tʰian^{42}

麦田 mai$^{453-44}$tʰian^{42}

河 xuo^{42} ①河流②棋盘上的楚河汉界

河沿儿 xuo$^{42-44}$iɐr^{453}

　河边儿上 xuo$^{42-44}$piɐr$^{42-21}$ʂ(ɑŋ–əŋ)^{0}

河滩 xuo$^{42-44}$tʰan^{42}

　滩里 tʰan^{42}li^{0}

河坡 xuo$^{42-44}$pʰuo^{42}

河底下 xuo$^{42-44}$ti$^{213-21}$ɕia^{13}

河套里 xuo$^{42-44}$tʰɑu$^{453-24}$li^{0}

海 xai^{213}

海滩 xai$^{213-24}$tʰan^{42}

海边儿 xai$^{213-24}$piɐr^{42}

坝 pa^{453}

　河坝 xuo$^{42-44}$pa^{453}

马道儿 ma$^{213-21}$tɑur^{453}

水坑 ʂuei$^{213-24}$kʰəŋ^{42}

坑儿 kʰɤr^{453} 极小的坑

大水 ta$^{453-42}$ʂuei^{213}

发大水 fa$^{42-44}$ta$^{453-42}$ʂuei^{213}

水头 ʂuei$^{213-24}$tʰou^{42} 河流涨大水时的洪峰或洪峰到达的势头

没波棱盖儿的水 muo$^{453-42}$puo^{42}ləŋ^{0}kɐr$^{453-24}$ti^{0}ʂuei^{213} 没过膝盖的水

蹚水 tʰɑŋ$^{42-44}$ʂuei^{213}

水井 ʂuei$^{213-24}$tɕiŋ^{213}

　洋井 iɑŋ^{42}tɕiŋ^{13} 旧称

翻水儿井 fan$^{42-44}$ʂuər$^{213-24}$tɕiŋ^{213} 自行往外渗水的井

深水儿井 ʂən$^{42-44}$ʂuər$^{213-24}$tɕiŋ^{213} 靠电泵往外抽水的井

打井 ta$^{213-24}$tɕiŋ^{213}

井眼 tɕiŋ$^{213-24}$ian^{213}

甜水层 tʰian^{42}ʂuei^{13}tsʰəŋ^{42}

咸水层 ɕian^{42}ʂuei^{13}tsʰəŋ^{42}

井水 tɕiŋ$^{213-24}$ʂuei^{213}

洗井 ɕi$^{213-24}$tɕiŋ^{213} 新打的井里水浑浊，将浑水往外抽，直到水清澈为止

打澄 ta$^{213-21}$təŋ^{13} 让水里的杂质沉下去

纺车 fɑŋ$^{213-21}$tʂʰe^{13} ①打井工具②纺线工具

挑水 tʰiɑu$^{42-44}$ʂuei^{213}

水扁担 ʂuei$^{213-24}$pian$^{213-21}$t（an–ən）^{13}

水筲 ʂuei$^{213-24}$ʂɑu^{42} 木制水桶

水桶 ʂuei$^{213-24}$tʰuŋ^{213} 铁制水桶

水筲梁子 ʂuei$^{213-24}$ʂɑu^{42}liɑŋ^{42}tsɿ^{13} 水桶提手

铁箍儿 tʰie$^{213-24}$kur^{42}

石头 ʂʅ^{42}tʰou^{13}

条石 tʰiɑu^{42}ʂʅ^{0} 长方形石块

板儿石 pɐr$^{213-24}$ʂʅ^{42} 长方形石片

石头块儿 ʂʅ^{42}tʰou^{13}kʰuɐr^{453}

石头蛋子 ʂʅ^{42}tʰou^{13}tan$^{453-21}$tsɿ^{0} 光滑的小石头

沙子 ʂa^{42}tsɿ^{0}

流沙 liou$^{42-21}$ʂa^{0}

作弊沙 tsuo$^{453-42}$pi$^{453-44}$ʂa^{42} 很软的沙，站在上面会往下陷

沙堆 ʂa$^{42-44}$tuei^{42}

沙瘊儿 ʂa$^{42-44}$xour^{213} 打混凝土用的粗沙

大沙子 ta$^{453-44}$ʂa^{42}tsɿ^{0} 抹墙用的细沙

小沙子儿 ɕiɑu$^{213-24}$ʂa^{42}tsər^{0} 花生、地瓜等植物根部带的沙土

草穰 tsʰɑu$^{213-21}$ʐ（ɑŋ–əŋ）^{13} 碎稻草

和泥 xuo$^{453-44}$ni^{42}

坯 pʰi^{42}

脱坯 tʰuo$^{42-44}$pʰi^{42}

坯面斗子 pʰi$^{42-21}$m（ian–in）^{0}tou$^{213-21}$tsɿ^{13}

　模子 mu^{42}tsɿ^{13}

短角儿 tuan$^{213-24}$tɕiɑur^{213} 缺角

砖 tʂuan^{42}

半儿拉砖 pɐr$^{453-42}$la$^{213-24}$tʂuan^{42} 半块砖

砖头儿 tʂuan$^{42-44}$tʰour^{213}

砖窑 tʂuan$^{42-44}$iɑu^{42}

烧砖 ʂɑu$^{42-44}$tʂuan^{42}

红砖 xuŋ^{42}tʂuan^{0}

青砖 tɕʰiŋ^{42}tʂuan^{0}

盐碱土 ian$^{42-44}$tɕian$^{213-24}$tʰu^{213}

抓洋灰 tʂua$^{42-44}$iɑŋ$^{42-44}$xuei^{42} 砖抹上石灰后紧紧的贴在墙上

土堆 tʰu$^{213-24}$tuei^{42}

土垃疙瘩儿 tʰu$^{213-21}$l（a–ə）^{13}ka^{42}t（ar–ər）^{0} 不规则的土块儿

泥球儿 ni$^{42-44}$tɕʰiour^{213}

尘土 tʂʰən^{42}tʰu^{13} 灰尘

白灰 pai^{42}xuei^{0} 石灰

洋灰 iɑŋ^{42}xuei^{0}

　水泥 ʂuei$^{213-24}$ni^{42}

泥 ni^{42}

泞泥 nəŋ$^{453-44}$ni^{42} 烂泥

凉水 liɑŋ$^{42-44}$ʂuei^{213} 冷水

凉白开 liɑŋ$^{42-44}$pai$^{42-44}$kʰai^{42}

开水 kʰai^{42}ʂuei^{0}

水开咧 ʂuei$^{213-24}$kʰai^{42}liɛ^{0}

热水 ʐɛ$^{453-42}$ʂuei^{213}

屋$^{=}$度$^{=}$水 u$^{42-21}$tu^{0}ʂuei^{213}

　温乎水 uən$^{42-21}$xu^{0}ʂuei^{213}

泔水 kan^{42}ʂuei^{0}

木炭 m$^{453-42}$tʰan^{453}

煤 mei^{42}

煤球儿 mei$^{42-44}$tɕʰiour^{213}

煤块儿 mei$^{42-44}$kʰuɐr^{453}

煤渣儿 mei$^{42-44}$tʂar^{42}

面儿煤 miɐr$^{453-44}$mei^{42} 细碎成面儿的煤

煤核儿 mei$^{42-44}$xur^{213} 未燃尽的煤块

炉灰 lu$^{42-44}$xuei^{42} 煤块燃尽后剩的粉状物

洋油 iɑŋ^{42}iou^{0} 煤油

洋油灯 iɑŋ^{42}iou^{0}təŋ^{42}

泡子灯 pʰɑu$^{453-24}$tsɿ^{0}təŋ^{42} 带玻璃罩的洋油灯

捻头 nian$^{213-21}$tʰou^{13} 灯芯

　灯捻儿 təŋ$^{42-44}$niɐr^{213}

往下捻捻 uɑŋ$^{213-21}$ɕia$^{453-42}$nian$^{213-21}$nian^{13} 将灯火捻小

往上捻捻 uɑŋ$^{213-21}$ʂɑŋ$^{453-42}$nian$^{213-21}$nian^{13} 将灯火捻大

灯罩儿 təŋ$^{42-44}$tʂɑur^{453} 泡子灯上的玻璃罩

手提灯 ʂou$^{213-21}$tʰi^{13}təŋ^{42} 马灯

灯台 təŋ$^{42-44}$tʰai^{42}

油灯碗儿 iou$^{42-44}$təŋ$^{42-44}$uɐr^{213} 灯台上用来盛油的碗

汽灯 tɕʰi$^{453-44}$təŋ^{42}

灯盏 təŋ$^{42-44}$tʂan^{213} 汽灯罩

洋蜡 iɑŋ$^{42-44}$la^{453}

　蜡烛 la$^{453-44}$tʂu^{42}

洋火 iɑŋ$^{42-44}$xuo^{213} 火柴

划头儿 xua^{42}tʰour^{13} 火柴盒上能擦出火的地方

洋火脑袋儿 iɑŋ^{42}xuo^{13}nɑu$^{213-21}$t（ɐr–ər）^{13} 火柴头

洋火棍儿 iɑŋ^{42}xuo^{13}kuər^{453}

划洋火儿 xua$^{42-44}$iɑŋ$^{42-44}$xuɤr^{213}

自来火儿 tsɿ$^{453-42}$lai$^{42-44}$xuɤr^{213} 打火机

失儿火咧 ʂər$^{213-24}$xuo$^{213-21}$liɛ^{13}

白洋铁 pai$^{42-44}$iɑŋ$^{42-44}$tʰie^{213}

　洋铁皮 iɑŋ$^{42-44}$tʰie$^{213-24}$pʰi^{42}

锡 ɕi^{213}

水银 ʂuei$^{213-21}$in^{13}

吸铁石 ɕi$^{42-44}$tʰie$^{213-24}$ʂʅ^{42}

玉 y^{453}

硫磺 liou$^{42-44}$xuɑŋ^{42}

臭球儿 tʂʰou$^{453-42}$tɕʰiour^{213} 樟脑丸

蝇香 iŋ^{42}ɕiɑŋ^{0}

蚊香 uən^{42}ɕiɑŋ^{0}

地界儿 ti$^{453-24}$tɕ（iɤr–iour）^{0}

地方儿 ti$^{453-24}$f（ar–ər）^{0}

地势 ti$^{453-42}$ʂʅ^{453}

城市 tʂʰəŋ$^{42-21}$ʂʅ^{0}

进城 tɕin$^{453-44}$tʂʰəŋ^{42}

庄儿 tʂuar^{42}

公社儿 kuŋ$^{42-44}$ʂɤr^{453}

宿舍儿 su$^{453-42}$ʂɤr^{453}

男宿舍儿 nan$^{42-44}$su$^{453-42}$ʂɤr^{453}

女宿舍儿 ny$^{213-21}$su$^{453-42}$ʂɤr^{453}

供销社儿 kuŋ$^{453-42}$ɕiɑu$^{42-44}$ʂɤr^{453}

社员 ʂɤ$^{453-44}$yan^{42}

互助组 xu$^{453-42}$tʂu$^{453-42}$tsu^{213}

招待所儿 tʂɑu$^{42-21}$tai^{0}suɤr^{213}

水务局 ʂuei$^{213-21}$u$^{453-44}$tɕy^{42}

菜园子 tsʰai$^{453-44}$yan^{42}tsɿ^{13}

园子儿 yan^{42}tsər^{13}

菜畦 tsʰai$^{453-44}$tɕʰi^{42} 有土埂围着的一块块排列整齐的种蔬菜的地

畦棱儿 tɕʰi$^{42-44}$lɤr^{213} 菜畦之间的田埂

垄儿 luɤr^{213}

□菜 lai$^{213-21}$tsʰai^{453} 揪菜

果园儿 kuo$^{213-24}$yer^{42}

集 tɕi^{42} 逢阴历带一、六的日子是当地的集市

赶集 kan$^{213-24}$tɕi^{42}

跟了一疙瘩车儿 kən^{42}lə^{0}i$^{42-44}$ka^{42}t（ar–ər）^{0}tʂʰɤr^{42} 搭了一节顺风车

胡同儿 xu^{42}tʰuɤr^{13}

车站咧 tʂʰe$^{42-44}$tʂan$^{453-24}$liɛ^{0} 车停了

堵车 tu$^{213-24}$tʂʰe^{42}

叉车 tʂʰa$^{42-44}$tʂʰe^{42}

道儿 tɑur^{453}

走道儿 tsou$^{213-21}$tɑur^{453}

大道儿 ta$^{453-42}$tɑur^{453}

小道儿 ɕiɑu$^{213-21}$tɑur^{453}

抄小道儿 tʂʰɑu$^{42-44}$ɕiɑu$^{213-21}$tɑur^{453} 走小路

抄近儿 tʂʰɑu$^{42-44}$tɕiər^{453} 走近路

马路牙子 ma$^{213-21}$lu$^{453-44}$ia^{42}tsɿ^{13}

岔道儿 tʂʰa$^{453-42}$tɑur^{453}

岔儿口儿 tʂʰar$^{453-42}$kʰour^{213}

田间路 tʰian$^{42-44}$tɕian$^{42-44}$lu^{453}

老家 lɑu$^{213-24}$tɕia^{42}

茔地 iŋ$^{42-21}$ti^{0}

坟茔 fən^{42}iŋ^{13}

坟盘子 fən$^{42-44}$pʰan^{42}tsɿ^{13} 一个家族所有茔地的统称

坟圈子 fən$^{42-44}$tɕʰyan^{42}tsɿ^{0} 坟盘子

的统称

乱材岗子 lan$^{453-44}$tsʰai$^{42-44}$kɑŋ$^{213-21}$tsɿ^{13} 无人管理任人埋葬尸首的土岗子

坟堆儿 fən$^{42-44}$tuər^{42}

祖坟 tsu$^{213-24}$fən^{42}

碑 pei^{42}

帽子 mɑu$^{453-21}$tsɿ^{0} ①坟头上的锥形带草儿的土块，寓意人丁两旺，一般每年清明上坟换一次②人戴的帽子

上坟 ʂɑŋ$^{453-44}$fən^{42}

添坟 tʰian$^{42-44}$fən^{42} 清明上茔地给坟添新土

顶脚 tiŋ$^{213-24}$tɕiɑu^{213} 指父子俩的坟茔在一条纵轴线上，且儿子的头部必须要冲着父亲的脚部

一子两不绝 i$^{42-44}$tsɿ$^{213-24}$liɑŋ$^{213-24}$pu$^{42-44}$tɕye^{42} 两兄弟中只有一人有儿子，则儿子死后坟茔要安排在其父亲和叔（伯）坟茔的正中后方，寓意为父亲和叔（伯）两人顶脚

三、时令、时间

今年 tɕin$^{42-21}$n（ian–in）^{0}

头年 tʰou^{42}n（ian–in）^{0} 去年

过年儿 kuo$^{453-24}$niɐr^{0} 明年

前年 tɕʰian^{42}nian^{13}

大前年 ta$^{453-44}$tɕʰian^{42}nian^{13}

后儿年 xour$^{453-21}$n（ian–in）^{0}

往年 uɑŋ$^{213-21}$nian^{13}

年年儿的 nian$^{42-44}$niɐr^{42}ti^{13}

年初 nian$^{42-44}$tʂʰu^{42}

年头儿 nian$^{42-44}$tʰour^{213} 一年的收成

年当间儿 nian$^{42-44}$tɑŋ$^{42-44}$tɕiɐr^{453}

年底 nian$^{42-44}$ti^{213}

　年根儿 nian$^{42-44}$kər^{42}

一年到头儿 i$^{42-44}$nian^{42}tɑu$^{453-42}$tʰour^{213}

上半年 ʂɑŋ$^{453-24}$pan^{0}nian^{42}

　前半年 tɕʰian$^{42-21}$pan^{0}nian^{42}

下半年 ɕia$^{453-24}$pan^{0}nian^{42}

　后半年 xou$^{453-24}$pan^{0}nian^{42}

闰年 zʐən$^{453-44}$nian^{42}

春天 tʂʰuən^{42}tʰian^{0}

六月儿 liou$^{453-24}$yɤr^{0} 夏天

秋天 tɕʰiou^{42}tʰian^{0}

大秋 ta$^{453-44}$tɕʰiou^{42} 八月十五前后

秋后 tɕʰiou$^{42-44}$xou^{453} 大秋以后

收秋 ʂou$^{42-44}$tɕʰiou^{42} 秋季收获农作物

麦熟 mai$^{453-44}$ʂou^{42}

冬天 tuŋ^{42}tʰian^{0}

隆冬儿咧 luŋ$^{42-44}$tuɤr^{42}liɛ^{0} 严冬

这一个月儿 tʂei$^{453-21}$kə^{0}yɤr^{453}

正月儿 tʂəŋ$^{42-21}$yɤr^{0}

腊月儿 la$^{453-24}$yɤr^{0}

　冬子月儿 tuŋ$^{42-21}$tsɿ^{0}yɤr^{453}

十冬腊月儿 ʂʅ$^{42-44}$tuŋ^{42}la$^{453-24}$yɤr^{0}

闰月儿 ʐən$^{453-42}$yɤr^{453}

闰四月 ʐən$^{453-42}$sɿ$^{453-42}$yɤr^{453}

前四月儿 tɕʰian$^{42-44}$sɿ$^{453-42}$yɤr^{453}

后四月儿 xou$^{453-42}$sɿ$^{453-42}$yɤr^{453}

农历 nəŋ$^{42-21}$li^{0}

大尽 ta$^{453-24}$tɕin^{0} 农历有 30 天的月份

小尽 ɕiɑu$^{213-21}$tɕin^{13} 农历的小月份，只有 29 天

礼拜一 li$^{213-21}$pai$^{453-44}$i^{42}

礼拜二 li$^{213-21}$pai$^{453-42}$ər^{453}

礼拜三 li$^{213-21}$pai$^{453-44}$san^{42}

礼拜四 li$^{213-21}$pai$^{453-42}$sɿ^{453}

礼拜五 li$^{213-21}$pai$^{453-42}$u^{213}

礼拜六 li$^{213-21}$pai$^{453-42}$liou^{453}

礼拜 li$^{213-21}$pai^{453} 星期天

休礼拜 ɕiou$^{42-44}$li$^{213-21}$pai^{453}

三伏天儿 san$^{42-44}$fu$^{42-44}$tʰiɐr^{42}

数伏 ʂu$^{213-24}$fu^{42}

头伏 tʰou^{42}fu^{0}

二伏 ər$^{453-44}$fu^{42}

三伏 san^{42}fu^{0}

打春 ta$^{213-24}$tʂʰuən^{42}

　立春 li$^{453-44}$tʂʰuən^{42}

雨水 y$^{213-21}$ʂuei^{13}

惊蛰 tɕiŋ^{42}tʂə^{0}

春分 tʂʰuən^{42}fən^{0}

清明 tɕʰiŋ^{42}məŋ^{0}

谷雨 ku^{42}y^{0}

立夏 li$^{453-42}$ɕia^{453}

小满 ɕiɑu$^{213-24}$man^{213}

芒种 mɑŋ$^{42-21}$tʂuŋ^{0}

夏至 ɕia$^{453-42}$tʂʅ^{453}

小暑 ɕiɑu$^{213-24}$ʂu^{213}

大暑 ta$^{453-42}$ʂu^{213}

立秋 li$^{453-44}$tɕʰiou^{42}

处暑 tɕʰy$^{453-42}$ʂu^{213}

白露 pai$^{42-21}$lu^{0}

秋分 tɕʰiou^{42}fən^{0}

寒露 xan$^{42-44}$lu^{453}

霜降 ʂuɑŋ$^{42-21}$tɕiɑŋ^{0}

立冬 li$^{453-44}$tuŋ^{42}

小雪 ɕiɑu$^{213-24}$ɕye^{213}

大雪 ta$^{453-42}$ɕye^{213}

冬至 tuŋ$^{42-21}$tʂʅ^{0}

小寒 ɕiɑu$^{213-24}$xan^{42}

大寒 ta$^{453-44}$xan^{42}

数九 ʂu$^{213-24}$tɕiou^{213}

三九 san$^{42-44}$tɕiou^{213}

三十儿 san$^{42-44}$ʂər^{213} 大年三十

五更儿黑介$^{=}$ u$^{213-21}$tɕ（iɤr–iər）^{13} xei^{42}tɕie^{0} 大年三十晚上

紧三顿儿 tɕin$^{213-24}$san$^{42-44}$tuər^{453}

大年三十中午、晚上以及大年初一早上的三顿丰盛大餐

对联儿 tuei$^{453-44}$liɐr^{42}

春联儿 tʂʰuən$^{42-44}$liɐr^{42}

元旦 yan$^{42-21}$tan^{0}

大年初一 ta$^{453-44}$nian$^{42-44}$tʂʰu$^{42-44}$i^{42}

拜年 pai$^{453-44}$nian^{42}

破儿五儿 pʰuɤr$^{453-42}$ur^{213} 正月初五，旧时结婚第一年，新媳妇必须在破五以后才能回娘家

正月十五 tʂəŋ$^{42-21}$ye^{0}ʂʅ^{42}u^{13}

元宵 yan^{42}ɕiɑu^{0}

填送 $^{=}$tʰian^{42}suŋ^{13} 正月二十五

送填送 $^{=}$suŋ$^{453-44}$tʰian^{42}suŋ^{13} 正月二十五之前，结婚第一年的新媳妇要给婆婆、婶婆婆、伯娘婆婆送东西，其中必须得有两个仓谷儿爷，再根据情况送十到三十个包子

填仓 tʰian$^{42-44}$tsʰɑŋ^{42} 婆婆们将新媳妇送的两个仓谷儿爷放在米缸和面缸里，寓意丰收

仓谷儿爷 tsʰɑŋ$^{42-21}$k（ur–uər）^{0}ie^{42} 一种面食，形似蛇，用梳子齿压出鱼鳞样式的花纹，用黑豆做眼睛，全身再涂上红色

二月二 ər$^{453-42}$ye$^{453-42}$ər^{453}

龙耳朵 luŋ$^{42-44}$ər$^{213-21}$t（uo–ou）^{13} 饺子

龙蛋 luŋ$^{42-44}$tan^{453} 馒头

龙子 luŋ$^{42-44}$tsɿ^{213} 米饭

龙尿 luŋ$^{42-44}$niɑu^{453} 粥

妨舅 fɑŋ$^{42-44}$tɕiou^{453} 对舅舅不利

端午儿 tan$^{42-44}$ur^{213}

五月儿端午儿 u$^{213-21}$yɤr^{13}tan$^{42-44}$ur^{213}

粽子 tsəŋ$^{453-24}$tsɿ^{0}

包粽子 pɑu$^{42-44}$tsəŋ$^{453-24}$tsɿ^{0}

七月七 tɕʰi$^{42-21}$ye^{0}tɕʰi^{42}

七月十五 tɕʰi$^{42-21}$ye^{0}ʂʅ^{42}u^{13}

麻谷节 ma^{42}ku^{13}tɕie^{213} 这一天，逝者的家人邀请亲戚和朋友来家里喝酒，并准备一颗麻瓜秧子、一颗谷子秧子，以及若干荤菜送到逝者的坟上，向逝者汇报一年的好收成

八月十五 pa$^{42-21}$ye^{0}ʂʅ^{42}u^{13}

八月节 pa$^{42-44}$ye$^{453-42}$tɕie^{213}

中秋节 tʂuŋ$^{42-44}$tɕʰiou$^{42-44}$tɕie^{213}

月饼 ye$^{453-24}$piŋ^{0}

探热儿 tʰan$^{453-42}$ʐɤr^{453} 夏天天热时，外孙(甥)给姥姥和舅舅送水果、点心

九月九 tɕiou$^{213-21}$ye$^{453-42}$tɕiou^{213} 这一天是当地大仙生日

重阳节 tʂʰuŋ$^{42-44}$iɑŋ$^{42-44}$tɕie^{213}

十月初一 ʂʅ^{42}ye^{13}tʂʰu$^{42-44}$i^{42}

寒衣 xan^{42}i^{13}

腊八儿 la$^{453-44}$par^{42}

腊八儿粥 la$^{453-44}$par$^{42-44}$tʂou^{42}

小年儿 ɕiɑu$^{213-24}$niɐr^{42} 腊月二十三

黄历 xuɑŋ$^{42-21}$li^{0}

过日牌儿 kuo$^{453-42}$ʐʅ$^{453-44}$pʰɐr^{42} 老式的日历

令儿 liɤr^{453} 风俗习惯

口头令儿 kʰou$^{213-21}$tʰou^{13}liɤr^{453} 口头禅

话儿嗑 xuar$^{453-44}$kʰɤ^{42} 谚语

时候 ʂʅ^{42}xou^{13}

时辰 ʂʅ^{42}tʂʰən^{13}

　时间 ʂʅ^{42}tɕian^{13}

更$^{=}$儿个儿 kɤr^{42}kɤr^{0} 今天

明儿个 miɤr$^{213-21}$kɤ^{13} 明天

后儿个 xour$^{453-21}$kɤ^{0} 后天

大后儿个 ta$^{453-42}$xour$^{453-21}$kɤ^{0} 大后天

夜儿个 iɤr$^{453-24}$kɤ^{0} 昨天

前儿个 tɕʰiɐr^{42}kɤ^{13} 前天

大前儿个 ta$^{453-44}$tɕʰiɐr^{42}kɤ^{13} 大前天

第二个 ti$^{453-21}$ər^{0}kɤ^{0} 第二天

改天 kai$^{213-21}$tʰian^{13}

老辈子的时候儿 lɑu$^{213-21}$pei$^{453-24}$tsɿ^{0}ti^{0}ʂʅ^{42}xour^{13} 很早以前

前半晌儿 tɕʰian^{42}（p–m）（an–ə）^{13}ʂ（ar–ɤr）^{0} 上午

后半晌儿 xou$^{453-24}$（p–m）（an–ə）^{0}ʂ（ar–ɤr）^{0} 下午

半天 pan$^{453-44}$tʰian^{42}

半晌 pan$^{453-42}$ʂɑŋ^{213}

时候不大 ʂʅ^{42}xou^{13}pu$^{42-44}$ta^{453}

　不多一会儿 pu$^{42-44}$tuo$^{42-44}$i$^{42-44}$xuər^{213}

小半天 ɕiɑu$^{213-21}$pan$^{453-44}$tʰian^{42} 不到四分之一天

　时候不小 ʂʅ^{42}xou^{13}pu$^{42-44}$ɕiɑu^{213}

大半天 ta$^{453-21}$pan^{0}tʰian^{42} 超过四分之一天

多半天 tuo$^{42-21}$pan^{0}tʰian^{42} 超过半天

　一大会子 i$^{42-44}$ta$^{453-42}$xuei$^{213-21}$tsɿ^{13}

起早 tɕʰi$^{213-24}$tsɑu^{213}

傍亮前儿 pɑŋ$^{453-44}$liɑŋ$^{453-24}$tɕʰiɐr^{0} 天亮前

天亮咧 tʰian$^{42-44}$liɑŋ$^{453-24}$liɛ^{0}

早下 tsɑu$^{213-21}$ɕ（ia–i）^{13} 早晨

头晌儿 tʰou$^{42-44}$ʂar^{213} 接近中午的时候

晌和$^{=}$ ʂɑŋ$^{213-21}$xuo^{13} 中午

过晌儿 kuo$^{453-42}$ʂar^{213} 中午刚过一会儿的时候

白日 pai^{42}ʐʅ^{13}

　白天 pai^{42}tʰian^{0}

傍黑前儿 pɑŋ$^{453-44}$xei$^{42-44}$tɕʰiɐr^{42} 傍晚

　擦黑儿 tsʰa$^{42-44}$xər^{42}

走夜道儿 tsou$^{213-21}$ie$^{453-42}$tɑur^{453} 走夜路

黑介⁼走道儿 xei^{42}tɕie^{0}tsou$^{213-21}$tɑur^{453}

练⁼儿黑咧 liar$^{453-42}$xei$^{42-21}$liɛ^{0} 摸黑

后晌 xou$^{453-21}$ʂ（ɑŋ–əŋ）^{0} 晚上

黑介⁼ xei^{42}tɕie^{0} 夜间

半夜里 pan$^{453-42}$ie$^{453-21}$li^{0}

前半夜儿 tɕʰian$^{42-44}$pan$^{453-42}$iɤr^{453}

上半夜儿 ʂɑŋ$^{453-42}$pan$^{453-42}$iɤr^{453}

后半夜儿 xou$^{453-42}$pan$^{453-42}$iɤr^{453}

下半夜儿 ɕia$^{453-42}$pan$^{453-42}$iɤr^{453}

顶亮 tiŋ$^{42-44}$liɑŋ^{453} 快要天亮

多半夜 tuo$^{42-21}$pan^{0}ie^{453} 大半夜

半夜子时 pan$^{453-42}$ie$^{453-42}$tsɿ$^{213-21}$ʂʅ^{13} 晚上 11 点至 1 点

丑时 tʂʰou$^{213-21}$ʂʅ^{13}

寅时 in$^{213-21}$ʂʅ^{13}

日出卯时 ʐʅ$^{453-44}$tʂʰu$^{42-44}$mɑu$^{213-21}$ʂʅ^{13} 早晨 5 点至 7 点

辰时 tʂʰən^{42}ʂʅ^{13}

巳时 sɿ$^{453-44}$ʂʅ^{42}

正晌午时 tʂəŋ$^{453-42}$ʂɑŋ$^{213-24}$u$^{213-21}$ʂʅ^{13} 上午 11 点至 1 点

未时 uei$^{453-44}$ʂʅ^{42}

申时 ʂən^{42}ʂʅ^{0}

酉时 iou$^{213-21}$ʂʅ^{13}

戌时 ɕy^{42}ʂʅ^{0}

亥时 xai$^{453-44}$ʂʅ^{42}

日子 ʐʅ$^{453-24}$tsɿ^{0}

天天儿 tʰian$^{42-44}$tʰiɐr^{42}

一宿儿 i$^{42-44}$ɕiour^{213} 一晚上

成天 tʂʰəŋ$^{42-44}$tʰian^{42}

每天 mei$^{213-24}$tʰian^{42}

一天到晚 i$^{42-44}$tʰian$^{42-44}$tɑu$^{453-42}$uan^{213}

一年 i$^{42-44}$nian^{42}

多半年 tuo$^{42-21}$pan^{0}nian^{42} 超过半年

小半年 ɕiɑu$^{213-21}$pan^{13}nian^{42} 不到半年

两年 liɑŋ$^{213-24}$nian^{42}

二年 ər$^{453-44}$nian^{42}

一两年 i$^{42-44}$liɑŋ$^{213-24}$nian^{42}

这二年 tʂɤ$^{453-42}$ər$^{453-44}$nian^{42}

十来多年儿 ʂʅ^{42}lai^{13}tuo$^{42-44}$niɐr^{42} 超过十年

十来年儿 ʂʅ^{42}lai^{13}niɐr^{42} 不到十年

好几年 xɑu$^{213-21}$tɕi^{13}nian^{42}

很多年 xən$^{213-21}$tuo^{13}nian^{42}

一个月 i^{42}kə^{0}ye^{453}

两个月 liɑŋ$^{213-21}$kə^{13}ye^{453}

一个月左右 i^{42}kə^{0}ye$^{453-42}$tsuo$^{213-21}$iou^{453}

一两个月 i$^{42-44}$liɑŋ$^{213-21}$kə^{13}ye^{453}

十来多个月儿 ʂʅ^{42}lai^{13}tuo$^{42-21}$kə^{0}yɤr^{453} 超过十个月

十来个月儿 ʂʅ^{42}lai^{13}kə^{0}yɤr^{453} 不到十个月

好几个月 xɑu$^{213-24}$tɕi$^{213-21}$kə^{13}ye^{453}

十几个月 ʂʅ$^{42-44}$tɕi$^{213-21}$kə^{13}ye^{453}

几个月儿 tɕi$^{213-21}$kə^{13}yɤr^{453}

上半月儿 ʂɑŋ$^{453-24}$pan^{0}yɤr^{453}

　前半月儿 tɕʰian$^{42-44}$pan$^{453-42}$yɤr^{453}

下半月儿 ɕia$^{453-24}$pan^{0}yɤr^{453}

　后半月儿 xou$^{453-21}$pan^{0}yɤr^{453}

月初 ye$^{453-44}$tʂʰu^{42}

月中 ye$^{453-44}$tʂuŋ^{42}

　月半 ye$^{453-42}$pan^{453}

月底 ye$^{453-42}$ti^{213}

　月末 ye$^{453-42}$muo^{453}

这一个月 tʂei$^{453-21}$kə^{0}ye^{453}

上个月儿 ʂɑŋ$^{453-24}$kə^{0}yɤr^{453}

下个月儿 ɕia$^{453-24}$kə^{0}yɤr^{453}

初几儿 tʂʰu^{42}tɕiər^{0} 农历每月头几天

十几儿 ʂʅ^{42}tɕiər^{13} 初十以后，二十以前

二十几儿 ər$^{453-24}$ʂʅ^{0}tɕiər^{213} 二十以后，月底以前

一月 i$^{42-21}$ye^{0}

二月 ər$^{453-24}$ye^{0}

三月 san$^{42-21}$ye^{0}

四月 sʅ$^{453-24}$ye^{0}

五月 u$^{213-21}$ye^{13}

六月 liou$^{453-24}$ye^{0}

七月儿 tɕʰi$^{42-21}$yɤr^{0}

八月儿 pa$^{42-21}$yɤr^{0}

九月 tɕiou$^{213-21}$ye^{13}

十月儿 ʂʅ^{42}yɤr^{13}

十一月儿 ʂʅ$^{42-44}$i$^{42-21}$yɤr^{0}

十二月儿 ʂʅ$^{42-44}$ər$^{453-24}$yɤr^{0}

一天 i$^{42-44}$tʰian^{42}

两天 liɑŋ$^{213-24}$tʰian^{13}

一两天儿 i$^{42-44}$liɑŋ$^{213-24}$tʰiɐr^{42}

十来多天儿 ʂʅ^{42}lai^{13}tuo$^{42-44}$tʰiɐr^{42} 超过十天

十来天儿 ʂʅ^{42}lai^{13}tʰiɐr^{42} 不到十天

好多天儿 xɑu$^{213-24}$tuo$^{42-44}$tʰiɐr^{42}

有半月咧吧 iou$^{213-21}$pan$^{453-42}$ye$^{453-24}$liɛ^{0}pa^{0}

啥会儿 ʂa^{42}xuər^{0} 什么时候

　多咱儿 tuo^{42}ts（ɐr–ər）^{0}

　多前儿 tuo^{42}tɕʰiɐr^{0}

这一会儿 tʂei$^{453-42}$xuər^{213}

以前 i$^{213-24}$tɕʰian^{42}

以后 i$^{213-21}$xou^{453}

后尾儿 xou$^{453-42}$iər^{213}

　后来 xou$^{453-44}$lai^{42}

转眼间 tʂuan$^{213-24}$ian$^{213-24}$tɕian^{42}

阵子儿 tʂən$^{453-24}$tsər^{0}

　现在 ɕian$^{453-42}$tsai$^{453-42}$

四、农事

稻场 tɑu$^{453-44}$tʂʰɑŋ^{42} 翻晒、碾轧稻谷的场地

做场 tsou$^{453-44}$tʂʰɑŋ^{42} 制作稻场，通常在院子里的地上，先洒水，再铺上稻草并压实，最后扫去浮在表面的碎草即成稻场

前场 tɕʰian$^{42-44}$tʂʰɑŋ^{42} 打稻子时，落子前面的场地

后场 xou$^{453-44}$tʂʰɑŋ^{42} 打稻子时，落子后面的场地

收成 ʂou^{42}tʂʰəŋ^{0}

稻草 tɑu$^{453-42}$tsʰɑu^{213}

拾草 ʂʅ$^{213-24}$tsʰɑu^{213}

柴火 tʂʰai^{42}xuo^{13}

树条儿 ʂu$^{453-42}$tʰiɑur^{213} 野柳树的枝条

劈柴 pʰi$^{213-21}$tʂʰ（ai–ei）^{13} 木头劈成的木块儿或小木条，供烧火做饭、取暖用，小块的多用来引火

劈柴垛 pʰi$^{213-21}$tʂʰ（ai–ei）^{13}tuo^{453}

劈柴火 pʰi$^{213-21}$tʂʰ（ai–ei）^{13}xuo^{213} 点燃的劈柴

拾柴火 ʂʅ$^{213-24}$tʂʰai^{42}xuo^{13}

砍柴 kʰan$^{213-24}$tʂʰai^{42}

捡劈柴 tɕian$^{213-24}$pʰi$^{213-21}$tʂʰ（ai–ei）^{13}

拾稻穗儿去 ʂʅ$^{213-24}$tɑu$^{453-42}$suər$^{453-21}$tɕʰ（y–i）^{0}

拾棉花 ʂʅ$^{213-24}$niɑu^{42}x（ua–uo）^{13}

打草 ta$^{213-24}$tsʰɑu^{213}

刀$^{=}$耙子 tɑu$^{42-44}$pʰa^{42}tsʅ^{13} 捡树叶、草的工具

　刀$^{=}$耙儿 tɑu$^{42-44}$pʰar^{213}

刀$^{=}$树叶儿 tɑu$^{42-44}$ʂu$^{453-42}$iɤr^{453}

刀$^{=}$草 tɑu$^{42-44}$tsʰɑu^{213}

捆柴火 kʰuən$^{213-24}$tʂʰai^{42}xuo^{13}

草垛 tsʰɑu$^{213-21}$tuo^{453}

垛草垛 tuo$^{453-42}$tsʰɑu$^{213-21}$tuo^{453}

苫草垛 ʂan$^{453-42}$tsʰɑu$^{213-21}$tuo^{453} 用塑料布或稻草将草垛盖上

炸$^{=}$草 tʂa$^{453-42}$tsʰɑu^{213} 成捆的稻草

粪坑 fən$^{453-44}$kʰəŋ^{42}

糟粪 tsɑu$^{42-44}$fən^{453} 将牲畜粪便沤制发酵

起粪 tɕʰi$^{213-21}$fən^{453} 将粪从粪坑掏出来

踩粪 tʂʰai$^{453-42}$fən^{453} 猪在粪上乱走

打腻$^{=}$ ta$^{213-21}$ni^{453} 猪在粪坑里打滚

粪叉 fən$^{453-44}$tʂʰa^{42} 掏大粪的叉子

粪叉子 fən$^{453-44}$tʂʰa^{42}tsʅ^{0} 拾粪用的叉子，比粪叉小

粪箕子 fən$^{453-44}$tɕi^{42}tsʅ^{0} 拾粪用的筐

粪箕子系儿 fən$^{453-44}$tɕi^{42}tsʅ^{0}ɕiər^{453}

粪箕子上的提手

拾粪 $ʂʅ^{213-24}fən^{453}$

三轮车 $san^{42-44}luən^{42-44}tʂ^{h}e^{42}$

斗儿车 $tour^{213-24}tʂ^{h}e^{42}$

拖车 $t^{h}uo^{42-44}tʂ^{h}e^{42}$

车斗儿 $tʂ^{h}e^{42-44}tour^{213}$ 车厢

拖拉机 $t^{h}uo^{42}l(a–ə)^{0}tɕi^{42}$ 手扶拖拉机

狗子车 $kou^{213-21}tsʅ^{13}tʂ^{h}e^{42}$ 方向盘拖拉机

拉脚儿的车 $la^{42-44}tɕiaur^{213-21}ti^{13}tʂ^{h}e^{42}$ 拉短趟的狗子车

摩托 $muo^{42}t^{h}uo^{0}$

手推车儿 $ʂou^{213-21}t^{h}uei^{13}tʂ^{h}ɤr^{42}$

小推车儿 $ɕiau^{213-21}t^{h}uei^{13}tʂ^{h}ɤr^{42}$

单轱辘车 $tan^{42-44}ku^{42}lu^{0}tʂ^{h}e^{42}$

独轮儿车 $tu^{42-44}luər^{42-44}tʂ^{h}e^{42}$

双轱辘车 $ʂuaŋ^{42-44}ku^{42}lu^{0}tʂ^{h}e^{42}$

铲车 $tʂ^{h}an^{213-24}tʂ^{h}e^{42}$

车子 $tʂ^{h}e^{42}tsʅ^{0}$

大梁 $ta^{453-44}liaŋ^{42}$ 自行车前梁

骑车子 $tɕ^{h}i^{42-44}tʂ^{h}e^{42}tsʅ^{0}$

骗上去 $p^{h}ian^{453-24}ʂaŋ^{0}tɕ^{h}(y–i)^{0}$ 上牛、马、自行车时腿部的动作，一条腿从一侧跨到另一侧从而骑到物体上

毛驴车 $mau^{42}ly^{13}tʂ^{h}e^{42}$ 毛驴拉的车

牛车 $niou^{42-44}tʂ^{h}e^{42}$ 牛拉的车

马车 $ma^{213-24}tʂ^{h}e^{42}$ 马拉的车

大眼儿车 $ta^{453-42}iɐr^{213-24}tʂ^{h}e^{42}$ 车轱辘是木头的车

胶皮车 $tɕiau^{42}p^{h}i^{0}tʂ^{h}e^{42}$ 车轱辘是胶皮的车

大车 $ta^{453-44}tʂ^{h}e^{42}$

赶车 $kan^{213-24}tʂ^{h}e^{42}$

赶车的 $kan^{213-24}tʂ^{h}e^{42}ti^{0}$ 车夫

鞭杆子 $pian^{42-44}kan^{213-21}tsʅ^{13}$

鞭穗子 $pian^{42-44}suei^{453-21}tsʅ^{0}$ 鞭杆子上绑的绳子

鞭梢子 $pian^{42-44}ʂau^{42}tsʅ^{0}$ 鞭穗子最末端

排子车 $p^{h}ai^{213-21}tsʅ^{13}tʂ^{h}e^{42}$ 板车

车铺板 $tʂ^{h}e^{42-44}p^{h}u^{42}pan^{0}$ 排子车轮子上头的一块木板

车厢 $tʂ^{h}e^{42-44}ɕiaŋ^{42}$

车压⁼青⁼ $tʂ^{h}e^{42-44}ia^{42}tɕ^{h}iŋ^{0}$ 排子车车厢两边的挡板

车拍子 $tʂ^{h}e^{42-44}p^{h}ai^{42}tsʅ^{0}$ 车铺板和车压⁼青⁼的总称

车沿子 $tʂ^{h}e^{42-44}ian^{42}tsʅ^{13}$ 车前驾牲畜的两根直木

后尾巴儿 $xou^{453-42}i^{213-21}par^{13}$ 车厢后头坐人的木板

车挡板 $tʂ^{h}e^{42-44}taŋ^{213-24}pan^{213}$ 车后挡所运之物的木板

车插板 $tʂ^{h}e^{42-44}tʂ^{h}a^{42}pan^{0}$

车轱辘 tʂʰe$^{42-44}$ku^{42}lu^{0}

车轱辘印儿 tʂʰe$^{42-44}$ku^{42}lu^{0}iər^{453}

里带 li$^{213-21}$tai^{453} 内胎

外带 uai$^{453-42}$tai^{453} 外胎

车轴 tʂʰe$^{42-44}$tʂou^{42}

轴承 tʂou$^{42-44}$tʂʰəŋ^{42}

销子 ɕiɑu^{42}tsɿ^{0}

辐条儿 fu^{42}tʰ（iɑur–iour）^{13}

套 tʰɑu^{453} 牛马拉车的套

套车 tʰɑu$^{453-44}$tʂʰe^{42} 把车上的套套在拉车的牲口身上

单套儿 tan$^{42-21}$tʰɑur^{0} 一头牲口拉的大车

两大套儿 liɑŋ$^{213-21}$ta$^{453-42}$tʰɑur^{453} 两头牲口拉的大车

三大套 ʂan$^{42-44}$ta$^{453-42}$tʰɑu^{453} 三头牲口拉的大车

乱儿套儿咧 luɐr$^{453-42}$tʰɑur$^{453-24}$liɛ^{0} 牲口多了，不老实，将套绞在一起

驾辕 tɕia$^{453-44}$yan^{42} 驾着车辕拉马

辕马 yan$^{42-44}$ma^{213} 驾辕的马

梢子马 ʂɑu^{42}tsɿ^{0}ma^{213} 辕马前的那匹马

装车 tʂuɑŋ$^{42-44}$tʂʰe^{42}

卸车 ɕie$^{453-44}$tʂʰe^{42}

牛彀头 niou$^{42-44}$kou$^{453-24}$tʰou^{0} 牛轭

套夹板儿 tʰɑu$^{453-42}$tɕia$^{42-44}$pɐr^{213} 马轭

肚带 tu$^{453-21}$t（ai–ei）^{0} 围绕着牲口的肚子，把鞍子等紧系在背上的皮带

搭腰 ta^{42}iɑu^{0} 牲口拉车时搭在背上使车辕、套绳不致掉落的用具，多用皮条或绳索做成

马鞍子 ma$^{213-24}$ŋan^{42}tsɿ^{0}

后鞧儿 xou$^{453-44}$tɕʰiour^{42} ①套车时拴在驾辕牲口屁股周围的皮带、帆布带等②作为食物的猪的臀部

马镫 ma$^{213-21}$təŋ^{453} 一对挂在马鞍两边的脚踏

马蹄子 ma$^{213-24}$tʰi^{42}tsɿ^{13}

挂掌 kua$^{453-42}$tʂɑŋ^{213} 在牛马的蹄子下钉一块 U 型的铁，使蹄子耐磨

稍 ʂɑu^{453} 呼牲口后缩

驾 tɕia^{453} 呼牲口前进

乙$^{=}$ i^{213} 呼牲口往里拐，即人左边

我$^{=}$ uo^{213} 呼牲口往外拐，即人右边

吁 y^{213} 呼牲口停下

笼头 luŋ^{42}tʰou^{13} 套在骡马等头上的东西，用皮条或绳子做成，用来系缰绳

缰绳 kɑŋ$^{42-21}$ʂəŋ^{0}

箍嘴 ku^{42}tsuei^{0} 使用牲口时，套在牲口嘴上，使它不能吃东西的器具，用铁丝、树条、竹篾等做成

马嚼子 ma$^{213-24}$tɕiɑu^{42}tsɿ^{13} 放在牲

口嘴里的器具，便于管理顽劣的牲口

牛鼻子 niou$^{42-44}$pi^{42}tsɿ^{13} 穿过牛鼻的铁圈

槽子 tʂʰɑu^{42}tsɿ^{13} 自制的小木船

支槽子的 tʂʅ$^{42-44}$tʂʰɑu^{42}tsɿ^{13}ti^{0} 划船的人

务农 u$^{453-44}$nəŋ^{42}

犁杖 li^{42}tʂ（ɑŋ–əŋ）^{13}

犁杖把儿 li^{42}tʂ（ɑŋ–əŋ）^{13}par^{453}

耙 pa^{453}

耙地 pa$^{453-42}$ti^{453} 用耙弄碎土块

杠 kɑŋ^{453} ①平整土地的大圆木，要两人配合使用，一个人牵杠，一个人拉杠②抬棺材的棍子

牵杠 tɕʰian$^{42-44}$kɑŋ^{453}

拉杠 la$^{42-44}$kɑŋ^{453}

麦茬儿 mai$^{453-42}$tʂʰar^{213} 麦子收割后，遗留在地里的根和茎的基部

豆茬儿 tou$^{453-42}$tʂʰar^{213} 豆子收割后，遗留在地里的根和茎的基部

稻茬儿 tɑu$^{453-42}$tʂʰar^{213} 稻子收割后，遗留在地里的根和茎的基部

麦子地 mai$^{453-21}$tsɿ^{0}ti^{453}

棒子地 pɑŋ$^{453-21}$tsɿ^{0}ti^{453} 玉米地

棉花地里 niɑu^{42}x（ua–uo）^{13}ti$^{453-21}$li^{0}

保墒 pɑu$^{213-24}$ʂɑŋ^{42} 使土壤中保存一定的水分，以适合于农作物出苗和生长

耪地 pʰɑŋ$^{213-21}$ti^{453} 用锄锄草并翻松土地

耠地 xuo$^{42-44}$ti^{453} 用豁子翻松土壤

相应咧 ɕiɑŋ^{42}iŋ^{0}liɛ^{0} 地的干湿度正好

种水稻 tʂuŋ$^{453-42}$ʂuei$^{213-21}$tɑu^{453}

浸种 tɕʰin$^{213-24}$tʂuŋ^{213} 为了使种子发芽快，在播种前用温水或冷水浸泡一定时间

夹缝帐 tɕia$^{42-44}$fəŋ$^{453-21}$tʂ（ɑŋ–əŋ）^{0} 用苇子将稻田围上，起防风的作用

沟儿 kour^{453} 极小的沟

床面儿 tʂʰuɑŋ$^{42-44}$miɐr^{453} 稻田的平面

推床面儿 tʰuei$^{42-44}$tʂʰuɑŋ$^{42-44}$miɐr^{453} 将稻田的平面弄平整

播种 puo$^{42-44}$tʂuŋ^{213}

抹种 muo$^{213-24}$tʂuŋ^{213} 用抹子将刚播下的种子抹进土里

撒覆盖 sa$^{213-21}$fu$^{453-42}$kai^{453} 将烧成灰的稻皮洒在播完种的床面儿上

盖尼龙纸儿 kai$^{453-42}$ni$^{42-44}$luŋ$^{42-44}$tʂər^{213}

襻绳儿的 pʰan$^{453-42}$ʂɤr$^{213-21}$ti^{13} 固定尼龙纸的人

养芽子 iɑŋ$^{213-24}$ia^{42}tsɿ^{13} 培育稻苗

芽子丘 ia^{42}tsɿ^{13}tɕʰiou^{42} 培育稻苗的田

出芽儿咧 tʂʰu$^{42-44}$iar$^{213-21}$liɛ^{13} 发芽
放水 fɑŋ$^{453-42}$ʂuei^{213} 灌溉
放水员 fɑŋ$^{453-42}$ʂuei$^{213-24}$yan^{42}
锻炼芽子 tuan$^{453-42}$lian$^{453-44}$ia^{42}tsɿ^{13} 让稻苗接受充分的阳光
采芽子 tsʰai$^{213-24}$ia^{42}tsɿ^{13}
挑芽子 tʰiɑu$^{42-44}$ia^{42}tsɿ^{13}
码堆儿 ma$^{213-24}$tuər^{42}
打芽子 ta$^{213-24}$ia^{42}tsɿ^{13} 将稻苗均匀地扔在稻田里
插秧 tʂʰa$^{213-24}$iɑŋ^{42}
挠秧 nɑu$^{42-44}$iɑŋ^{42} 除净稻田中的杂草，使根部泥土变松
施肥 ʂʅ$^{213-24}$fei^{42}
埝儿 niɐr^{453}
大埝 ta$^{453-42}$nian^{453} 地里用来挡水的土埂
百米埝儿 pai$^{213-24}$mi$^{213-21}$niɐr^{453} 地里东西长一百米的埝
打埝 ta$^{213-21}$nian^{453} 在地里挖用来挡水的土埂
铲埝儿 tʂʰan$^{213-21}$niɐr^{453} 铲除埝上的杂草
打秋草 ta$^{213-24}$tɕʰiou$^{42-44}$tsʰɑu^{213} 秋天割芦苇喂牲口
挡 tɑŋ^{213} 地里东西向的主水渠
　大直干 ta$^{453-44}$tʂʅ$^{42-44}$kan^{453}
闸口 tʂa$^{42-44}$kʰou^{213}
斗渠 tou$^{213-24}$tɕʰy^{42} 主水渠的支渠
清斗渠 tɕʰiŋ$^{42-44}$tou$^{213-24}$tɕʰy^{42} 清理斗渠
农渠 nəŋ$^{42-44}$tɕʰy^{42} 斗渠的支渠
清农渠 tɕʰiŋ$^{42-44}$nəŋ$^{42-44}$tɕʰy^{42} 清理农渠
丘 tɕʰiou^{42} 用埝分隔成的一块块田
用毛 iuŋ$^{453-44}$mɑu^{42} 灌溉时的进水口
　毛渠 mɑu$^{42-44}$tɕʰy^{42}
　毛渠沟儿 mɑu$^{42-44}$tɕʰy$^{42-44}$kour^{453}
排毛 pʰai$^{213-24}$mɑu^{42} 灌溉时的出水口
割稻子 kɤ$^{42-44}$tɑu$^{453-21}$tsɿ^{0}
捆稻子 kʰuən$^{213-24}$tɑu$^{453-21}$tsɿ^{0}
稻个儿 tɑu$^{453-42}$kɤr^{453} 成捆的稻子
打稻子 ta$^{213-24}$tɑu$^{453-21}$tsɿ^{0}
　落稻子 luo$^{453-42}$tɑu$^{453-21}$tsɿ^{0}
落子 luo$^{453-24}$tsɿ^{0} 打稻子的机器，共十八节儿，可供三十六个人共同使用
上落子的 ʂɑŋ$^{453-42}$luo$^{453-24}$tsɿ^{0}ti^{0} 使用落子的人
抱稻个儿的 pɑu$^{453-42}$tɑu$^{453-42}$kɤr$^{453-24}$ti^{0} 抱稻个儿的人
打粒儿的 ta$^{213-21}$liər$^{453-24}$ti^{0} 统称挑叉和拿耙子的人，挑叉的人将稻粒中长的杂草挑出去，拿耙子的人再将短的杂草挑出去
挑叉的 tʰiɑu$^{42-44}$tʂʰa^{42}ti^{0}
叉 tʂʰa^{42} 挑稻个儿的工具，一个木头

把儿，两根铁齿

拿耙子的 na$^{42-44}$pʰa^{42}tsɿ^{13}ti^{0}

拿刮板的 na$^{42-44}$kua$^{42-44}$pan$^{213-21}$ti^{13}

推粒儿的 tʰuei$^{42-21}$liər$^{453-24}$ti^{0} 将打下来的稻粒推离落子

稻谷堆 tɑu$^{453-42}$ku$^{213-24}$tuei^{42}

扛稻草的 kʰɑŋ$^{213-21}$tɑu$^{453-42}$tsʰɑu$^{213-21}$ti^{13}

乱稻草 lan$^{453-42}$tɑu$^{453-42}$tsʰɑu^{213} 打稻粒时挑出来的碎稻草

脱谷机 tʰuo$^{42-44}$ku$^{213-24}$tɕi^{42} 将乱稻草里的稻粒分离出来的机器

凭工记分 pʰiŋ$^{42-44}$kuŋ^{42}tɕi$^{453-44}$fən^{42}

分超产 fən$^{42-44}$tʂʰɑu$^{42-44}$tʂʰan^{213}

扬场 ʐɑŋ$^{42-44}$tʂʰɑŋ^{42} 把打下来的谷物、豆类等用机器、木锨等扬起，借风力吹掉壳和尘土，分离出干净的籽粒

扬场机 ʐɑŋ$^{42-44}$tʂʰɑŋ$^{42-44}$tɕi^{42}

扛 kʰɑŋ^{213}

扛麻袋 kʰɑŋ$^{213-24}$ma$^{42-44}$tai^{453}

打晚战 ta$^{213-24}$uan$^{213-21}$tʂan^{453} 加班加点干农活

机米厂 tɕi$^{42-44}$mi$^{213-24}$tʂʰɑŋ^{213}

估产量 ku$^{42-44}$tʂʰan$^{213-21}$liɑŋ^{13}

过磅 kuo$^{453-42}$pɑŋ^{453}

验质 ian$^{453-42}$tʂʅ^{213}

茓子 ɕye^{42}tsɿ^{13} 用高粱秆、芦苇等编制的狭而长的粗席子

茓茓子 ɕye$^{42-44}$ɕye^{42}tsɿ^{13} 将茓子围起来

粮食囤子 liɑŋ^{42}ʂʅ^{13}tuən$^{453-21}$tsɿ^{0} 囤粮食的茓子

茓上 ɕye^{42}ʂ（ɑŋ–əŋ）^{13}

囤上 tuən$^{453-21}$ʂ（ɑŋ–əŋ）^{0}

磕米 kʰɤ$^{42-44}$mi^{213}

磕米机 kʰɤ$^{42-44}$mi$^{213-24}$tɕi^{42}

稻皮儿 tɑu$^{453-42}$pʰiər^{213}

磨光机 muo$^{42-44}$kuɑŋ$^{42-44}$tɕi^{42}

上光 ʂɑŋ$^{453-44}$kuɑŋ^{42}

稻糠 tɑu$^{453-44}$kʰɑŋ^{42}

大庄稼 ta$^{453-42}$tʂuɑŋ$^{42-21}$tɕia^{0} 指玉米、大豆和高粱

刨埯儿 pʰɑu$^{42-44}$ŋɐr^{213}

种落花生 tʂuŋ$^{453-42}$lɑu$^{453-21}$x（ua–uo）^{0}ʂəŋ^{42}

出落花生 tʂʰu$^{42-44}$lɑu$^{453-21}$x(ua–uo)^{0}ʂəŋ^{42}

掉脚儿 tiɑu$^{453-42}$tɕiɑur^{213} 指花生果实掉落下来

栽土豆儿 tsai$^{42-44}$tʰu$^{213-21}$tour^{453} 种土豆

出土豆儿 tʂʰu$^{42-44}$tʰu$^{213-21}$tour^{453} 挖土豆

栽白薯 tsai$^{42-44}$pai$^{42-44}$ʂu^{213}

出白薯 tʂʰu$^{42-44}$pai$^{42-44}$ʂu^{213}

焖白薯 mən$^{453-44}$pai$^{42-44}$ʂu^{213}

种小葱儿 tʂuŋ$^{453-42}$ɕiɑu$^{213-24}$tsʰuɤr^{42}

栽葱 tsai^{42}tsʰuŋ^{0}

出葱 tʂʰu$^{42-44}$tsʰuŋ^{42}

开镐儿 kʰai$^{42-44}$kɑur^{213} 每年第一次用镐刨出植物，一般白露时节开镐儿

种高粱 tʂuŋ$^{453-44}$kɑu^{42}l（iɑŋ–iŋ）^{0}

砍高粱 kʰan$^{213-24}$kɑu^{42}l（iɑŋ–iŋ）^{0}

种棒子 tʂuŋ$^{453-42}$pɑŋ$^{453-21}$tsɿ^{0} 种玉米

劈棒子 pʰi$^{213-24}$pɑŋ$^{453-21}$tsɿ^{0} 掰玉米

种萝卜 tʂuŋ$^{453-44}$luo^{42}p（uo–u）^{13}

出萝卜 tʂʰu$^{42-44}$luo^{42}p（uo–u）^{13}

出白菜 tʂʰu$^{42-44}$pai^{42}tsʰ（ai–ei）^{13}

出姜 tʂʰu$^{42-44}$tɕiɑŋ^{42}

出蒜 tʂʰu$^{42-44}$suan^{453}

蹿节儿 tsʰuan$^{453-44}$tɕiɤr^{213} 芝麻等植物不断向上生长

拔草 pa$^{42-44}$tsʰɑu^{213}

碌碡 niou$^{453-24}$tʂ（ou–u）^{0}

碾场 nian$^{213-24}$tʂʰɑŋ^{42} 在场上轧谷物

　砸碾 tsa$^{42-44}$nian^{213}

碾盘 nian$^{213-24}$pʰan^{42}

碾磙子 nian$^{213-24}$kuən$^{213-21}$tsɿ^{13}

　碾轱辘 nian$^{213-21}$ku^{42}lu^{0}

碾框儿 nian$^{213-21}$kʰuar^{453} 碾磙子上的木框

碾不快咧 nian$^{213-21}$pu$^{42-44}$kʰuai$^{453-24}$liɛ^{0}

处$^{=}$子 tʂʰu$^{453-24}$tsɿ^{0} 打磨碾的工具

处$^{=}$处$^{=}$ tʂʰu$^{453-24}$tʂʰu^{0} 打磨碾

磕打芝麻 kʰɤ^{42}t（a–ə）^{0}tʂʅ$^{42-21}$m（a–ə）^{0}

刨地 pʰɑu$^{42-44}$ti^{453} 挖地

培土 pʰei$^{42-44}$tʰu^{213}

薅草 xɑu$^{42-44}$tsʰɑu^{213}

间苗儿 tɕian$^{453-42}$miɑur^{213}

畦耙子 tɕʰi$^{42-44}$pʰa^{42}tsɿ^{13}

刀 tɑu^{42}

镰刀 lian^{42}tɑu^{13} 割稻子的镰刀

大镰 ta$^{453-21}$lian^{0} 打草的镰刀

钐刀 ʂan$^{453-44}$tɑu^{42} 打草的大镰刀

钉耙 tiŋ$^{42-44}$pʰa^{42}

大耙 ta$^{453-44}$pʰa^{42} 比钉耙的齿更密、更长的耙子

耙钩子 pʰa$^{42-44}$kou^{42}tsɿ^{0} 配合大耙使用的铁钩，用来钩草

镐儿 kɑur^{213}

尖儿镐 tɕiɐr$^{42-44}$kɑu^{213} 两头尖的刨土工具

大镐 ta$^{453-42}$kɑu^{213}

镐楔子 kɑu$^{213-24}$ɕie^{42}tsɿ^{0} 镐上起固定作用的木头块

锹 tɕʰiɑu^{42}

平锹 pʰiŋ^{42}tɕʰiɑu^{0}

　铁锨 tʰie$^{213-24}$ɕian^{42}

尖儿锹 tɕiɐr^{42}tɕʰiɑu^{0}

挖锹 ua^{42}tɕʰiɑu^{0} 方形铁锹

扬锨 zɑŋ^{42}ɕian^{0}

木锨 mu$^{453-44}$ɕian^{42}

镩 tsʰuan^{42} 铲树枝的工具

火叉子 xuo$^{213-24}$tʂʰa^{42}tsɿ^{0} 拨火或添炭用的铁叉

锄 tʂʰu^{42}

薅锄 xɑu^{42}tʂʰu^{0} 除草用的短柄小锄

铡刀 tʂa^{42}tɑu^{13}

铡刀床子 tʂa^{42}tɑu^{13}tʂʰuɑŋ^{42}tsɿ^{13} 铡刀底槽

擩草 ʐu$^{213-24}$tsʰɑu^{213} 将草塞进铡刀床子上

铡草 tʂa$^{42-44}$tsʰɑu^{213}

草节儿 tsʰɑu$^{213-24}$tɕiɤr^{213} 铡成的一节一节的草

斧子 fu$^{213-21}$tsɿ^{13}

锛子 pən^{42}tsɿ^{0}

刨锛儿 pʰɑu$^{42-44}$pər^{42}

凿子 tsɑu^{42}tsɿ^{13}

公卯儿 kuŋ$^{42-44}$mɑur^{213} 榫

母卯儿 mu$^{213-24}$mɑur^{213} 卯

钉子 tiŋ^{42}tsɿ^{0}

钉钉子 tiŋ$^{453-44}$tiŋ^{42}tsɿ^{0}

折页 tʂɤ$^{42-44}$ie^{453} 合页

钳子 tɕʰian^{42}tsɿ^{13} ①用来夹住或夹断东西的器具②耳环

管儿钳 kuɐr$^{213-24}$tɕʰian^{42}

镊子 nie$^{453-24}$tsɿ^{0}

槌子 tʂʰuei^{42}tsɿ^{13}

夹子槌儿 tɕia^{42}tsɿ^{0}tʂʰuər^{42} 一头是槌子、一头是夹子的工具

铁锤儿 tʰie$^{213-24}$tʂʰuər^{42}

大锤 ta$^{453-44}$tʂʰuei^{42}

扳子 pan^{42}tsɿ^{0}

活扳子 xuo$^{42-44}$pan^{42}tsɿ^{0}

死扳子 sɿ$^{213-24}$pan^{42}tsɿ^{0}

腻子铲儿 ni$^{453-24}$tsɿ^{0}tʂʰɐr^{213} 铲腻子的铲子

尺 tʂʰʅ^{213}

卡尺 kʰa$^{213-24}$tʂʰʅ^{213}

格儿尺 kɤr$^{213-24}$tʂʰʅ^{213} 卷尺

电笔 tian$^{453-42}$pi^{213}

充气钻 tʂʰuŋ$^{42-44}$tɕʰi$^{453-42}$tsuan^{453}

钻头 tsuan$^{453-44}$tʰou^{42}

大锉 ta$^{453-42}$tsʰuo^{453}

锯 tɕy^{453}

手把锯 ʂou$^{213-24}$pa$^{213-21}$tɕy^{453}

梃子 tʰiŋ$^{453-24}$tsɿ^{0} 梃猪用的铁棍

扫帚 sɑu$^{453-24}$tʂ（ou-u）^{0}

笤帚 tʰiɑu^{42}tʂ（ou-u）^{13}

扫炕的笤帚 sɑu$^{213-21}$kʰɑŋ$^{453-24}$ti^{0}tʰiɑu^{42}tʂ（ou-u）^{13}

扫地 sɑu$^{213-21}$ti^{453}

笸箩 pʰuo$^{213-21}$l（uo-ə）^{13} 用柳条或篾条编成的器物，帮较浅，有圆形的，也有略呈长方形的，用来盛放粮

食、生活用品等

针线笸箩 tʂən$^{42-44}$ɕian$^{453-42}$pʰuo$^{213-21}$l（uo–ə）^{13} 针线筐

篮子 lan^{42}tsɿ^{13}

小篮子儿 ɕiɑu$^{213-24}$lan^{42}tsər^{13}

海篮子 xai$^{213-24}$lan^{42}tsɿ^{13} 装海货的大篮子

竹篮儿 tʂu$^{42-44}$lɐr^{42}

土篮儿 tʰu$^{213-24}$lɐr^{42}

浅子 tɕʰian$^{213-21}$tsɿ^{13} 一种盛东西的用具，一般是圆形，浅底

箩筐 luo$^{42-44}$kʰuɑŋ^{42}

抬筐 tʰai^{42}kʰuɑŋ^{13} 柳树条编的大筐

筐系 kʰuɑŋ$^{42-44}$ɕi^{453} 抬筐的系绳

挑担子 tʰiɑu$^{42-44}$tan$^{453-24}$tsɿ^{0}

鸡毛儿掸子 tɕi$^{42-44}$mɑur$^{213-24}$tan$^{213-21}$tsɿ^{13}

俊毛儿 tsuən$^{453-42}$mɑur^{213} 鸡身上好看的毛，用来做鸡毛儿掸子或毽子

牲口桩子 ʂəŋ^{42}kʰou^{0}tʂuɑŋ^{42}tsɿ^{0} 牲口棚里拴牲口的大木桩

牛桩子 niou$^{42-44}$tʂuɑŋ^{42}tsɿ^{0}

马桩子 ma$^{213-24}$tʂuɑŋ^{42}tsɿ^{0}

打桩 ta$^{213-24}$tʂuɑŋ^{42}

橛子 tɕye^{42}tsɿ^{13} 短木桩

凿个橛子 tsɑu^{42}kə^{13}tɕye^{42}tsɿ^{13}

　钉个橛子 tiŋ$^{453-24}$kə^{0}tɕye^{42}tsɿ^{13}

冰镩子 piŋ$^{42-44}$tsʰuan^{42}tsɿ^{0} 一种凿冰工具，头部尖，有倒钩

杈$^{=}$ tʂʰa^{453} 捕鱼穿的胶皮衣服

网缰绳 uɑŋ$^{213-24}$kɑŋ$^{42-21}$ʂəŋ^{0} 渔网上的绳子

梭子 suo^{42}tsɿ^{0}

撙子 tsuən$^{213-21}$tsɿ^{13} 量网眼尺寸的工具

死扣儿 sɿ$^{213-21}$kʰour^{453}

活扣儿 xuo$^{42-21}$kʰour^{0}

系死扣儿 tɕi$^{453-42}$sɿ$^{213-21}$kʰour^{453}

系活扣儿 tɕi$^{453-42}$xuo$^{42-21}$kʰour^{0}

农垦区 nəŋ$^{42-44}$kʰən$^{213-24}$tɕʰy^{42}

大坞 ta$^{453-42}$u^{453} 大水坑

掏大坞 tʰɑu$^{42-44}$ta$^{453-42}$u^{453} 清理大坞，以便抓鱼

摸鱼 muo$^{42-44}$y^{42}

出鱼 tʂʰu$^{42-44}$y^{42}

挖河 ua$^{42-44}$xuo^{42}

挖土 ua$^{42-44}$tʰu^{213}

五、植物

庄稼 tʂuɑŋ$^{42-21}$tɕia^{0}

粮食 liɑŋ^{42}ʂʅ^{13}

细粮 ɕi$^{453-44}$liɑŋ^{42}

粗粮 tsʰu^{42}liɑŋ^{0}

稻子 tɑu$^{453-21}$tsɿ^{0}

　水稻 ʂuei$^{213-21}$tɑu^{453}

稻穗儿 tɑu$^{453-42}$suər^{453}

高粱 kɑu^{42}l（iɑŋ–iŋ）^{0}

秫秸 ʂu^{42}k（ai–ei）^{13} 高粱秆

秫米 ʂu^{42}mi^{13} 高粱米

黏秫米 nian$^{42-44}$ʂu^{42}mi^{13} 黏高粱

糙米 tsʰɑu$^{453-42}$mi^{213}

黍子 ʂu$^{213-21}$tsɿ^{13}

黄米 xuɑŋ^{42}mi^{13} 黍子米

黏米 nian^{42}mi^{13}

　糯米 ŋɤ$^{453-21}$mi^{0}

稗子 pai$^{453-21}$tsɿ^{0}

稗子米 pai$^{453-21}$tsɿ^{0}mi^{213}

大米 ta$^{453-42}$mi^{213}

　粳米 tɕiŋ^{42}mi^{0}

谷子 ku$^{213-21}$tsɿ^{13}

小米儿 ɕiɑu$^{213-24}$miər^{213} 去壳的谷子

谷皮儿 ku$^{213-24}$pʰiər^{213}

糜子 mi^{42}tsɿ^{13}

糜子米 mi^{42}tsɿ^{13}mi^{213}

麦子 mai$^{453-21}$tsɿ^{0}

大麦 ta$^{453-21}$m（ai–ei）^{0}

麦麸子 mai$^{453-44}$fu^{42}tsɿ^{0}

麦秸子 mai$^{453-44}$tɕie^{42}tsɿ^{0}

　麦秆儿 mai$^{453-42}$kɐr^{213}

荞麦 tɕʰiɑu^{42}m（ai–ei）^{13}

荞麦皮儿 tɕʰiɑu^{42}m（ai–ei）^{13}pʰiər^{213}

麦芒儿 mai$^{453-42}$uar^{213}

麦穗儿 mai$^{453-42}$suər^{453} ①麦子穗②一种鱼

秕子 pi$^{213-21}$tsɿ^{13} 不饱满的稻谷

秕子皮儿 pi$^{213-21}$tsɿ^{13}pʰiər^{213}

成子 tʂʰəŋ^{42}tsɿ^{13}

芝麻 tʂʅ$^{42-21}$m（a–ə）^{0}

芝麻秸子 tʂʅ$^{42-21}$m（a–ə）^{0}tɕie^{42}tsɿ^{0}

棒子 pɑŋ$^{453-21}$tsɿ^{0} 玉米

早棒子 tsɑu$^{213-24}$pɑŋ$^{453-21}$tsɿ^{0} 惊蛰时种的玉米

晚棒子 uan$^{213-24}$pɑŋ$^{453-21}$tsɿ^{0} 麦收后种的玉米

大白牙 ta$^{453-42}$pai$^{42-44}$ia^{42} 白色的玉米

棒子粒儿 pɑŋ$^{453-21}$tsɿ^{0}liər^{453} 玉米粒

棒子渣子 pɑŋ$^{453-21}$tsɿ^{0}tʂa^{42}tsɿ^{0} 碎玉米粒

棒子胡子 pɑŋ$^{453-21}$tsɿ^{0}xu^{42}tsɿ^{13} 玉米须

棒子秸子 pɑŋ$^{453-21}$tsɿ^{0}tɕie^{42}tsɿ^{0} 玉米秆

棒子骨头 pɑŋ$^{453-21}$tsɿ^{0}ku$^{213-21}$tʰ（ou–u）^{13}

面豆子 mian$^{453-42}$tou$^{453-21}$tsɿ^{0} 做饭或馒头馅儿的豆子

烀豆子 xu$^{42-44}$tou$^{453-21}$tsɿ^{0} 煮豆子

糖瓷$^{=}$豆儿 tʰɑŋ$^{42-44}$tsʰɿ$^{42-44}$tour^{453} 将煮熟的面豆子剁碎，拌上红糖，可以

用来做馅儿

菜豆子 tsʰai$^{453-42}$tou$^{453-21}$tsɿ^{0} 豇豆

红饭豆儿 xuŋ$^{42-44}$fan$^{453-42}$tour^{453}

红小豆 xuŋ$^{42-44}$ɕiɑu$^{213-21}$tou^{453}

大豆 ta$^{453-42}$tou^{453}

绿豆 ly$^{453-42}$tou^{453}

黑豆儿 xei$^{42-21}$tour^{0}

豆角儿 tou$^{453-42}$tɕiɑur^{213} 四季豆

豆角儿籽儿 tou$^{453-42}$tɕiɑur$^{213-24}$tsər^{213}

洋洋儿豆儿 iɑŋ^{42}（iɑŋ–iŋ）^{13}tour^{453} 扁豆

嘣豆儿 pəŋ$^{42-44}$tour^{453} 蚕豆

豌豆 uan$^{42-21}$tou^{0}

蛇豆 ʂe$^{42-21}$tou^{0}

白爬豆儿 pai$^{42-44}$pʰa^{42}tour^{13}

豆踖儿 tou$^{453-42}$tʂʰɐr^{213} 碾碎了的豆子

花药儿 xua$^{42-44}$iɑur^{453} 花豆

豆秸子 tou$^{453-44}$tɕie^{42}tsɿ^{0}

白薯 pai$^{42-44}$ʂu^{213}

土豆儿 tʰu$^{213-21}$tour^{453}

山药 ʂan$^{42-21}$iɑu^{0}

藕 ŋou^{213}

莲蓬 lian^{42}pʰəŋ^{13}

莲蓬籽儿 lian^{42}pʰəŋ^{13}tsər^{213}

茄子 tɕʰie^{42}tsɿ^{13}

黄瓜 xuɑŋ^{42}k（ua–uo）^{13}

酥梢瓜 su$^{42-44}$ʂɑu$^{42-21}$k（ua–uo）^{0} 菜瓜

丝瓜 sɿ^{42}k（ua–uo）^{0}

西葫芦 ɕi$^{42-44}$xu^{42}lu^{13}

苦瓜 kʰu$^{213-24}$kua^{42}

倭瓜 uo^{42}k（ua–uo）^{0} 南瓜

南瓜 nan^{42}k（ua–uo）^{0} 金瓜

冬瓜 tuŋ$^{42-21}$k（ua–uo）^{0}

葫芦 xu^{42}lu^{13}

瓠子 xu$^{453-24}$tsɿ^{0}

葱 tsʰuŋ^{42}

小葱儿 ɕiɑu$^{213-24}$tsʰuɤr^{42}

大葱 ta$^{453-44}$tsʰuŋ^{42}

干葱 kan^{42}tsʰuŋ^{0} 过完年种的葱

倒期葱 tɑu$^{213-21}$tɕʰi^{13}tsʰuŋ^{42} 将干葱拔出来重新栽的葱

葱叶儿 tsʰuŋ$^{42-44}$iɤr^{453}

葱莛儿 tsʰuŋ$^{42-44}$tʰiɤr^{213} 葱白

葱胡子 tsʰuŋ$^{42-44}$xu^{42}tsɿ^{13} 葱根

葱头 tsʰuŋ$^{42-44}$tʰou^{42} 洋葱

蒜莛儿 suan$^{453-42}$tʰiɤr^{213}

蒜隔儿瓣儿 suan$^{453-42}$kɤr$^{42-21}$p（ɐr–ər）^{0} 蒜瓣儿

蒜辫子 suan$^{453-42}$pian$^{453-21}$tsɿ^{0}

蒜苗儿 suan$^{453-42}$miɑur^{213}

蒜黄 suan$^{453-44}$xuɑŋ^{42}

蒜薹 suan$^{453-44}$tʰai^{42}

抽蒜薹 tʂʰou$^{42-44}$suan$^{453-44}$tʰai^{42}

独头儿蒜 tu$^{42-44}$tʰour$^{213-21}$suan^{453}

韭菜 tɕiou$^{213-21}$tsʰ（ai–ei）^{13}

韭菜叶儿 tɕiou$^{213-21}$tsʰ（ai–ei）^{13}iɤr^{453}

韭菜莛儿 tɕiou$^{213-21}$tsʰ（ai–ei）^{13}tʰiɤr^{213}

打籽儿 ta$^{213-24}$tsər^{213} 结籽

韭菜花儿 tɕiou$^{213-21}$tsʰ（ai–ei）^{13}xuar^{42}

变叶儿菜 pian$^{453-42}$iɤr$^{453-42}$tsʰai^{453} 苋菜

洋柿子 iɑŋ$^{42-44}$ʂʅ$^{453-24}$tsɿ^{0} 西红柿

生姜 ʂəŋ$^{42-44}$tɕiɑŋ^{42}

酱母子 tɕiɑŋ$^{453-42}$mu$^{213-21}$tsɿ^{13} 辣椒 la$^{453-44}$tɕiɑu^{42}

尖儿椒 tɕiɐr$^{42-44}$tɕiɑu^{42}

狗尾巴尖儿 kou$^{213-24}$i$^{213-21}$p（a–ə）^{13}tɕiɐr^{42} 辣椒的一种，比尖儿椒大

白菜 pai^{42}tsʰ（ai–ei）^{13}

小白菜儿 ɕiɑu$^{213-24}$pai^{42}tsʰɐr^{13}

大头菜 ta$^{453-44}$tʰou$^{42-44}$tsʰai^{453} 卷心菜

趴了棵子白菜 pʰa$^{42-21}$lə^{0}kʰɤ^{42}tsɿ^{0}pai^{42}tsʰ（ai–ei）^{13} 菜心没长好的白菜

早白菜 tsɑu$^{213-24}$pai^{42}tsʰ（ai–ei）^{13}

晚白菜 uan$^{213-24}$pai^{42}tsʰ（ai–ei）^{13}

黄花儿菜 xuɑŋ$^{42-44}$xuar$^{42-44}$tsʰai^{453}

菜笋 tsʰai$^{453-42}$suən^{213} 莴笋

莴苣菜 uo$^{42-21}$tɕy^{0}tsʰai^{453} 生菜

芹菜 tɕʰin^{42}tsʰ（ai–ei）^{13}

菠菜 puo^{42}tsʰ（ai–ei）^{13}

香菜 ɕiɑŋ$^{42-44}$tsʰai^{453}

茼蒿 tʰuŋ^{42}xɑu^{0}

萝卜菜儿 luo^{42}p（uo–u）^{13}tsʰɐr^{453}

紫心儿萝卜 tsɿ$^{213-21}$ɕiər^{13}luo^{42}p（uo–u）^{13} 红心萝卜

青萝卜 tɕʰiŋ$^{42-21}$luo^{0}p（uo–u）^{0}

白萝卜 pai$^{42-44}$luo^{42}p（uo–u）^{13}

胡萝卜 xu^{42}l（uo–u）^{0}p（uo–u）^{13}

萝卜糠咧 luo^{42}p（uo–u）^{13}kʰɑŋ^{42}liɛ^{0} 萝卜空心了

萝卜缨子 luo^{42}p（uo–u）^{13}iŋ^{42}tsɿ^{0}

萝卜顶儿 luo^{42}p（uo–u）^{13}tiɤr^{213} 靠近萝卜缨子的一头

萝卜尾巴 luo^{42}p（uo–u）^{13}i$^{213-21}$p（a–ə）^{13} 远离萝卜缨子的一头

萝卜干儿 luo^{42}p（uo–u）^{13}kɐr^{42}

油菜 iou^{42}tsʰ（ai–ei）^{13}

油菜籽儿 iou^{42}tsʰ（ai–ei）^{13}tsər^{213}

转籽莲 tʂuan$^{453-42}$tsɿ$^{213-24}$lian^{42} 向日葵

转籽莲秆儿 tʂuan$^{453-42}$tsɿ$^{213-24}$lian^{42}kɐr^{213}

转籽莲籽儿 tʂuan$^{453-42}$tsɿ$^{213-24}$lian^{42}tsər^{213} 瓜子儿 kua$^{42-44}$tsər^{213}

转籽莲仁儿 tʂuan$^{453-42}$tsɿ$^{213-24}$lian^{42}

ʐər^{42}

转籽莲盘儿 tʂuan$^{453-42}$tsɿ$^{213-24}$ lian^{42} pʰɐr^{42}

转籽莲花儿 tʂuan$^{453-42}$tsɿ$^{213-24}$ lian^{42} xuar^{42}

转籽莲叶儿 tʂuan$^{453-42}$tsɿ$^{213-24}$ lian^{42} iɤr^{453}

棉花秸子 niɑu^{42}x（ua–uo）^{13} tɕie^{42} tsɿ^{0}

掐尖 tɕʰia$^{42-44}$tɕian^{42} 将棉花秆上多余的枝杈掐掉

圈尖 tɕʰyan$^{42-44}$tɕian^{42} 将棉花秆枝杈上多余的花蕾掐掉

棉花桃儿 niɑu^{42}x（ua–uo）^{13}tʰɑur^{213}

棉花 niɑu^{42}x（ua–uo）^{13}

籽棉 tsɿ$^{213-21}$mian^{13} 未加工的棉花

熟花 ʂou$^{42-44}$xua^{42} 加工过的棉花

大麻子 ta$^{453-44}$ma^{42}tsɿ^{13} 蓖麻

苘麻 tɕʰiŋ$^{213-21}$ma^{13}

麻秆儿 ma$^{42-44}$kɐr^{213} 苘麻秆

麻皮儿 ma$^{42-44}$pʰiər^{213} 苘麻皮

麻瓜 ma$^{42-44}$kua^{42} 苘麻的果实

麻瓜秧子 ma^{42}k（ua–uo）^{13}iɑŋ^{42}tsɿ^{0}

摘麻瓜 tʂai$^{42-44}$ma$^{42-44}$kua^{42}

谷子秧子 ku$^{213-21}$tsɿ^{13}iɑŋ^{42}tsɿ^{0}

树林子儿 ʂu$^{453-44}$lin^{42}tsər^{13}

树 ʂu^{453}

树秧子 ʂu$^{453-44}$iɑŋ^{42}tsɿ^{0}

树苗儿 ʂu$^{453-42}$miɑur^{213}

树莛儿 ʂu$^{453-42}$tʰiɤr^{213} 树干

树膀 ʂu$^{453-42}$pɑŋ^{213} 树主干分出来的枝杈

树杈儿 ʂu$^{453-42}$tʂʰar^{453}

树枝子 ʂu$^{453-44}$tʂʅ^{42}tsɿ^{0}

砍树枝子 kʰan$^{213-21}$ʂu$^{453-44}$tʂʅ^{42}tsɿ^{0}

树梢儿 ʂu$^{453-44}$ʂɑur^{42}

树叶儿 ʂu$^{453-42}$iɤr^{453}

树根儿 ʂu$^{453-44}$kər^{42}

树皮儿 ʂu$^{453-42}$pʰiər^{213}

木头 m$^{453-24}$tʰ（ou–u）^{0}

栽树 tsai$^{42-44}$ʂu^{453}

放树 fɑŋ$^{453-42}$ʂu^{453} 砍树

栽花儿 tsai$^{42-44}$xuar^{42}

种花儿 tʂuŋ$^{453-44}$xuar^{42}

花骨朵儿 xua$^{42-44}$ku^{42}t（uɤr–ur）^{0}

花瓣儿 xua$^{42-44}$pɐr^{453}

花心儿 xua$^{42-44}$ɕiər^{42}

浇花儿 tɕiɑu$^{42-44}$xuar^{42}

果儿树 kuɤr$^{213-21}$ʂu^{453}

水果儿 ʂuei$^{213-24}$kuɤr^{213}

松树 suŋ$^{42-21}$ʂu^{0}

松木 suŋ$^{42-21}$mu^{0}

松子儿 suŋ$^{42-44}$tsər^{213}

松香 suŋ^{42}ɕ（iɑŋ–iŋ）^{0}

柏树 pai$^{213-21}$ʂu^{13}

柏木 pai$^{213-21}$m^{13}

椿树 tʂʰuən$^{42-21}$ʂu^{0}

香椿 ɕiɑŋ^{42}tʂʰuən^{0}
臭椿 tʂʰou$^{453-44}$tʂʰuən^{42}
香椿芽儿 ɕiɑŋ^{42}tʂʰuən^{0}iar^{213}
榆树 y^{42}ʂu^{13}
榆木 y^{42}mu^{13}
榆树叶儿 y^{42}ʂu^{13}iɤr^{453}
榆果儿 y^{42}kuɤr^{13}
椴木 tuan$^{453-24}$mu^{0}
檀木 tʰan^{42}mu^{13}
枣儿 tsɑur^{213}
大枣儿 ta$^{453-42}$tsɑur^{213}
小枣儿 ɕiɑu$^{213-24}$tsɑur^{213}
枣树 tsɑu$^{213-21}$ʂu^{13}
枣木 tsɑu$^{213-21}$mu^{13}
毒金针 tu$^{42-21}$tɕin^{0}tʂən^{42} 枣树刺
酸枣儿 suan$^{42-44}$tsɑur^{213}
酸枣儿树 suan$^{42-44}$tsɑur$^{213-21}$ʂu^{453}
黑枣儿 xei^{42}ts（ɑur–our）^{0}
黑枣儿树 xei^{42}ts（ɑur–our）^{0}ʂu^{453}
核儿 x（ur–uɤr）^{213}
山里红 ʂan$^{42-44}$li$^{213-24}$xuŋ^{42} 山楂
山里红树 ʂan$^{42-44}$li$^{213-24}$xuŋ^{42}ʂu^{453}
花椒树 xua^{42}tɕiɑu^{0}ʂu^{453}
桑树 sɑŋ$^{42-21}$ʂu^{0}
桑木 sɑŋ$^{42-21}$mu^{0}
桑叶儿 sɑŋ$^{42-44}$iɤr^{453}
桑葚儿 sɑŋ$^{42-21}$ʐər^{0}
杨树 iɑŋ^{42}ʂu^{13}
杨木 iɑŋ^{42}mu^{13}
白杨 pai$^{42-44}$iɑŋ^{42}
柳树 liou$^{213-21}$ʂu^{13}
柳木 liou$^{213-21}$mu^{13}
柳树枝儿 liou$^{213-21}$ʂu^{13}tʂər^{42}
　柳树条子 liou$^{213-21}$ʂu^{13}tʰiɑu^{42}tsɿ^{13}
柳树叶儿 liou$^{213-21}$ʂu^{13}iɤr^{453}
柳树花儿 liou$^{213-21}$ʂu^{13}xuar^{42} 柳絮
梧桐树 u^{42}tʰuŋ^{13}ʂu^{453}
牡丹 m$^{213-21}$t（an–ən）^{13}
牡丹花儿 m$^{213-21}$t（an–ən）^{13}xuar^{42}
槐树 xuai^{42}ʂu^{13}
槐树花儿 xuai^{42}ʂu^{13}xuar^{42}
籽儿槐 tsər$^{213-24}$xuai^{42}
洋槐 iɑŋ$^{42-44}$xuai^{42}
绒花儿 ʐuŋ^{42}xuar^{0} 合欢花
绒花儿树 ʐuŋ^{42}xuar^{0}ʂu^{453}
桃树 tʰɑu^{42}ʂu^{13}
桃木 tʰɑu^{42}mu^{13}
桃儿 tʰɑur^{213}
毛桃儿 mɑu$^{42-44}$tʰaur^{213}
桃花儿 tʰɑu^{42}xuar^{13}
杏儿树 ɕiɤr$^{453-24}$ʂu^{0}
杏儿 ɕiɤr^{453}
梨树 li^{42}ʂu^{13}
梨儿 liər^{213}
梨花儿 li^{42}xuar^{13}
甜梨儿 tʰian$^{42-44}$liər^{213}

酸梨儿 suan$^{42-44}$liər^{213}
鸭儿梨 iar^{42}li^{0}
歪把儿 uai$^{42-44}$par^{453} 一种梨，把儿是歪的
樱桃儿树 iŋ^{42}tʰ（ɑur–our）^{0}ʂu^{453}
樱桃儿 iŋ^{42}tʰ（ɑur–our）^{0}
柿子 ʂʅ$^{453-24}$tsɿ^{0}
柿子树 ʂʅ$^{453-24}$tsɿ^{0}ʂu^{453}
柿饼子 ʂʅ$^{453-42}$piŋ$^{213-21}$tsɿ^{13}
柿饼子霜 ʂʅ$^{453-42}$piŋ$^{213-21}$tsɿ^{13}ʂuɑŋ^{42}
漤柿子 lan$^{213-21}$ʂʅ$^{453-24}$tsɿ^{0} 将柿子放在热水里泡，除去涩味
石榴儿 ʂʅ^{42}liour^{13}
石榴儿树 ʂʅ^{42}liour^{13}ʂu^{453}
石榴儿花儿 ʂʅ^{42}liour^{13}xuar^{42}
橘子 tɕy^{42}tsɿ^{13}
柚子 iou$^{453-24}$tsɿ^{0}
橙子 tʂʰəŋ^{42}tsɿ^{13}
桂圆儿 kuei$^{453-44}$yɐr^{42}
荔枝 li$^{453-44}$tʂʅ^{42}
橄榄 kan$^{213-24}$lan^{213}
栗子 li$^{453-24}$tsɿ^{0}
栗子树 li$^{453-24}$tsɿ^{0}ʂu^{453}
核桃 xɤ^{42}tʰ（ɑu–ou）^{13}
核桃树 xɤ^{42}tʰ（ɑu–ou）^{13}ʂu^{453}
核桃仁儿 xɤ^{42}tʰ（ɑu–ou）^{13}ʐər^{42}
核桃皮儿 xɤ^{42}tʰ（ɑu–ou）^{13}pʰiər^{213}
西瓜 ɕi$^{42-21}$k（ua–uo）^{0}
瓜瓤儿 kua$^{42-44}$ʐɑr^{213}
沙瓤儿 ʂa$^{42-44}$ʐɑr^{213}
甜瓜 tʰian^{42}k（ua–uo）^{13}
面瓜 mian$^{453-44}$kua^{42}
瓜藤 kua$^{42-44}$tʰəŋ^{42}
瓜蔓儿 kua$^{42-44}$uɐr^{453}
爬蔓儿 pʰa$^{42-44}$uɐr^{453}
菱角儿 liŋ^{42}tɕ（iɑur–iour）^{13}
菱角儿秧子 liŋ^{42}tɕ（iɑur–iour）^{13}iɑŋ^{42}tsɿ^{0}
甘蔗 kan^{42}tʂɤ^{0}
甜秆儿 tʰian^{42}k（ɐr–ər）^{13} 高粱秆儿
劈甜秆儿 pʰi$^{213-24}$tʰian^{42}k（ar–ər）^{13}
秸秆 tɕie^{42}k（an–ən）^{0}
竹子 tʂu^{42}tsɿ^{0}
竹竿儿 tʂu$^{42-44}$kɐr^{42}
竹叶儿 tʂu$^{42-44}$iɤr^{453}
竹坯子 tʂu$^{42-44}$pʰi^{42}tsɿ^{0}
笋 suən^{213}
玫瑰花儿 mei$^{42-21}$kuei^{0}xuar^{42}
月季花儿 ye$^{453-24}$tɕi^{0}xuar^{42}
海棠花儿 xai$^{213-21}$tʰɑŋ^{13}xuar^{42}
栀子花儿 tʂʅ^{42}tsɿ^{0}xuar^{42}
菊花儿 tɕy^{42}xuar^{0}
美人儿蕉 mei$^{213-21}$ʐər^{13}tɕiɑu^{42}
马蔺 ma$^{213-21}$lin^{13}
马蔺花儿 ma$^{213-21}$lin^{13}xuar^{42}
手筋$^{=}$花儿 ʂou$^{213-21}$tɕin^{13}xuar^{42} 凤

仙花
鸡冠子花儿 tɕi$^{42-44}$kuan^{42}tsɿ^{0}xuar^{42}
荷花儿 xɤ^{42}xuar^{13}
兰花儿 lan^{42}xuar^{0}
喇叭儿花儿 la$^{213-21}$par^{13}xuar^{42}
蒲子草 pʰu^{42}tsɿ^{13}tsʰɑu^{213} 菖蒲
蒲子秆儿 pʰu^{42}tsɿ^{13}kɐr^{213}
蒲子叶儿 pʰu^{42}tsɿ^{13}iɤr^{453}
蒲棒 pʰu^{42}p（ɑŋ–əŋ）^{13} 香蒲
车轱辘叶儿 tʂʰe$^{42-44}$ku^{42}lu^{0}iɤr^{453} 车前草
刺儿菜 tsʰər$^{453-42}$tsʰai^{453} 蓟菜
马苋儿菜 ma$^{213-21}$ɕ（iɐr–iər）^{13}tsʰai^{453} 马齿苋
苤蓝 pʰie$^{213-21}$l（an–ə）^{13}
蔓菁 man^{42}（tɕ–ɕ）iŋ^{13}
扫帚菜 sɑu$^{453-24}$tʂ（ou–u）^{0}tsʰai^{453} 地肤
婆婆英 pʰuo^{42}pʰuo^{13}iŋ^{42} 蒲公英
黄蓿 xuɑŋ^{42}ɕ（y–i）^{13}
毒蓿 tu^{42}ɕ（y–i）^{13}
落$^{=}$梨$^{=}$ lɑu$^{453-24}$li^{0} 一种喂猪的野菜
谢$^{=}$立$^{=}$萍 ɕie$^{453-42}$li$^{453-44}$pʰiŋ^{42} 紫萍
芦子 lu^{42}tsɿ^{13}
苇子 uei$^{213-21}$tsɿ^{13}
精苇 tɕiŋ$^{42-44}$uei^{213} 加工过的苇子
芦□儿 lu$^{42-44}$kər^{213} 芦根
苇子秆儿 uei$^{213-21}$tsɿ^{13}kɐr^{213}
放叶儿 fɑŋ$^{453-42}$iɤr^{453} 植物的叶子开始生长
芦锥儿锥儿 lu$^{42-44}$tʂuər^{42}tʂuər^{0} 芦芽
芦花 lu$^{42-44}$xua^{42}
仙人掌 ɕian^{42}ʐən^{0}tʂɑŋ^{213}
蒺藜狗儿 tɕi$^{42-21}$（l–n）（i–iŋ）^{13}kour^{213} 蒺藜的果实
蒺藜狗儿秧子 tɕi$^{42-21}$（l–n）（i–iŋ）^{13}kour^{213}iɑŋ^{42}tsɿ^{0}
地豆儿 ti$^{453-21}$tour^{0} 一种植物
狗奶儿 kou$^{213-24}$nɐr^{213} 龙葵果
磜$^{=}$刺儿 tsʰa$^{213-21}$tsʰər^{13} 苍耳
磜$^{=}$刺儿秧 tsʰa$^{213-21}$tsʰər^{13}iɑŋ^{42}
害羞草 xai$^{453-44}$ɕiou$^{42-44}$tsʰɑu^{213}
艾子 ŋai$^{453-21}$tsɿ^{0}
香菇 ɕiɑŋ$^{42-44}$ku^{42}
蘑菇 muo^{42}ku^{13} ①可食用的真菌②行动迟缓，拖延时间
蘑菇菌 muo^{42}ku^{13}tɕyn^{213} 菌种
绿苔 ly$^{453-44}$tʰai^{42} 青苔
杜梨儿 tu$^{453-21}$liər^{0}
杜梨儿树 tu$^{453-21}$liər^{0}ʂu^{453}
羊羊犄角儿 iɑŋ^{42}iɑŋ^{13}tɕi^{42}tɕ（iɑur–iour）^{0}
牛犄角儿 niou$^{42-44}$tɕi^{42}tɕ（iɑur–iour）^{0} ①一种野生植物②牛角
哈了巴根儿 xa$^{213-21}$lə^{13}pa^{0}kər^{42} 一种

野菜
苣菜 tɕʰy$^{213-24}$tsʰai^{453} 苣荬菜
水筋$^{=}$儿菜 ʂuei$^{213-21}$tɕiər^{13}tsʰai^{453} 一种野菜
老鸹瓢儿 lɑu$^{213-21}$k（ua–uo）^{13}pʰiɑur^{213} 萝藦
果干儿 kuo$^{213-24}$kɐr^{42}
葡萄 pʰu^{42}tʰ（ɑu–ou）^{13}
枸杞子 kou$^{213-24}$tɕʰi$^{213-24}$tsɿ^{213}

狗莠儿 kou$^{213-24}$iour^{213} ①狗尾草②小孩脑后留的一撮头发
　谷莠子 ku$^{213-24}$iou$^{213-21}$tsɿ^{13} 狗尾草
芥菜 tɕie$^{453-24}$tsʰai^{0}
窟$^{=}$抹$^{=}$子 kʰu^{42}muo^{0}tsɿ^{0} 苦菜
毛子草 mɑu^{42}tsɿ^{13}tsʰɑu^{213} 编蓑衣用的草
土栗$^{=}$子 tʰu$^{213-21}$li$^{453-24}$tsɿ^{0} 三棱草

六、动物

牲口 ʂəŋ^{42}kʰou^{0}
大牲畜 ta$^{453-44}$ʂəŋ^{42}ɕy^{0} 指牛、马、骡子、驴等
马 ma^{213} ①牲口②象棋棋子
公马 kuŋ$^{42-44}$ma^{213}
母马 mu$^{213-24}$ma^{213}
骟马 ʂan$^{453-42}$ma^{213}
马驹子 ma$^{213-24}$tɕy^{42}tsɿ^{0} 小马
　马驹儿 ma$^{213-24}$tɕyər^{42}
马鬃 ma$^{213-24}$tsuŋ^{42}
尥蹶儿 liɑu$^{453-42}$tɕyɤr^{213}
牛 niou^{42}
公牛 kuŋ$^{42-44}$niou^{42}
乳牛 zʅu$^{213-24}$niou^{42} 母牛
黄牛 xuɑŋ^{42}niou^{0}
牛犊子 niou$^{42-44}$tu^{42}tsɿ^{13} 小牛
骟牛 ʂan$^{453-44}$niou^{42}

杀牛 ʂa$^{42-44}$niou^{42}
倒嚼 tɑu$^{213-21}$tɕiɑu^{453} 牛反刍
驴 ly^{42}
叫驴 tɕiɑu$^{453-44}$ly^{42} 公驴
草驴 tsʰɑu^{42}ly^{0} 母驴
小驴儿 ɕiɑu$^{213-24}$lyər^{213}
骡子 luo^{42}tsɿ^{13}
小骡子儿 ɕiɑu$^{213-24}$luo^{42}tsər^{13}
骆驼 luo$^{453-24}$tʰuo^{0}
羊 iɑŋ^{42}
狗羊 kou$^{213-24}$iɑŋ^{42}
　山羊 ʂan^{42}iɑŋ^{0}
公羊 kuŋ^{42}iɑŋ^{0}
母羊 mu$^{213-21}$iɑŋ^{13}
羊崽子 iɑŋ$^{42-44}$tsai$^{213-21}$tsɿ^{13}
　羊羔儿 iɑŋ$^{42-44}$kɑur^{42}
杀羊 ʂa$^{42-44}$iɑŋ^{42}

开膛 kʰai$^{42-44}$tʰɑŋ^{42} 剖开猪、牛、羊的肚子

饮牲口 in$^{453-44}$ʂəŋ^{42}kʰou^{0} 给牲口喂水

饮马 in$^{453-42}$ma^{213}

饮牛 in$^{453-44}$niou^{42}

狗 kou^{213}

庄稼狗儿 tʂuɑŋ$^{42-21}$tɕia^{0}kour^{213}

　柴狗 tʂʰai^{42}kou^{13}

哈巴狗儿 xa^{42}pa^{0}kour^{213}

公狗 kuŋ$^{42-44}$kou^{213}

牙狗 ia^{42}kou^{13} 母狗

小狗儿 ɕiɑu$^{213-24}$kour^{213}

疯狗 fəŋ$^{42-44}$kou^{213}

狗疯咧 kou$^{213-24}$fəŋ^{42}liɛ^{0}

猫 mɑu^{42}

狸猫 li^{42}mɑu^{0} 公猫

牙猫 ia^{42}mɑu^{13} 母猫

野猫 ie$^{213-24}$mɑu^{42}

小猫儿 ɕiɑu$^{213-24}$mɑur^{213}

下小猫儿 ɕia$^{453-42}$ɕiɑu$^{213-24}$mɑur^{213}

猪 tʂu^{42}

□□ lɤ^{42}lɤ^{0} 小孩称呼猪

花儿花儿猪 xuar$^{42-21}$xuar^{0}tʂu^{42}

跑郎 pʰɑu$^{213-21}$l（aŋ–ə）^{13} ①公猪②种猪

老骒猪 lɑu$^{213-24}$kʰɤ$^{453-21}$tʂu^{0} 母猪

劁猪 tɕʰiɑu$^{42-44}$tʂu^{42}

肥猪 fei^{42}tʂu^{13} 劁了的猪

杀猪 ʂa$^{42-44}$tʂu^{42}

小猪儿 ɕiɑu$^{213-24}$tʂur^{42}

　猪崽子 tʂu$^{42-44}$tsai$^{213-21}$tsɿ^{13}

猪鬃 tʂu$^{42-44}$tsuŋ^{42}

猪毛 tʂu$^{42-44}$mɑu^{42}

猪尾巴 tʂu$^{42-44}$i$^{213-21}$p（a–ə）^{13}

群$^{=}$儿上咧 tɕʰyər^{42}ʂ（ɑŋ–əŋ）$^{213-21}$liɛ^{13} 给马、牛、羊配种

打圈 ta$^{213-21}$tɕyan^{453} 给猪配种

配上去咧 pʰei$^{453-24}$ʂ（ɑŋ–əŋ）^{0}tɕʰ（y–i）^{0}liɛ^{0} 给兔配种

鸡 tɕi^{42}

柴鸡 tʂʰai^{42}tɕi^{0}

咕咕大$^{=}$ ku^{42}ku^{0}ta^{453} 小孩称呼鸡

公鸡 kuŋ$^{42-21}$tɕi^{0}

草鸡 tsʰɑu$^{213-21}$tɕi^{13}

　母鸡 m$^{213-21}$tɕi^{13}

老草鸡 lɑu$^{213-24}$tsʰɑu$^{213-21}$tɕi^{13} 孵过小鸡的老母鸡

孵小鸡儿 fu$^{42-44}$ɕiɑu$^{213-24}$tɕiər^{42}

　菢蛋 pɑu$^{453-42}$tan^{453}

捣蛋 tɑu$^{213-21}$tan^{453} 孵小鸡时，母鸡用嘴翻弄鸡蛋

小鸡儿 ɕiɑu$^{213-24}$tɕiər^{42}

　鸡崽儿 tɕi$^{42-44}$tsɐr^{213}

鸡冠子 tɕi$^{42-44}$kuan^{42}tsɿ^{0}

鸡爪儿 tɕi$^{42-44}$tʂuar^{213}

下蛋 ɕia$^{453-42}$tan^{453}

鸡蛋 tɕi$^{42-44}$tan^{453}

鸡子儿 tɕi$^{42-44}$tsər^{213} 旧称

双黄儿蛋 ʂuɑŋ$^{42-44}$xuar$^{213-21}$tan^{453}

鸡蛋皮儿 tɕi$^{42-44}$tan$^{453-42}$pʰiər^{213} 蛋壳

蛋清儿 tan$^{453-44}$tɕʰiɤr^{42}

蛋黄儿 tan$^{453-42}$xuar^{213}

柴鸡蛋 tʂʰai^{42}tɕi^{0}tan^{453}

变蛋 pian$^{453-42}$tan^{453} ①没孵出小鸡的鸡蛋②松花蛋

毛儿蛋 mɑur$^{213-21}$tan^{453}

轰鸡上窝 xuŋ$^{42-44}$tɕi^{42}ʂɑŋ$^{453-44}$uo^{42}

杀鸡 ʂa$^{42-44}$tɕi^{42}

鸭子 ia^{42}tsɿ^{0} ①家禽的一种②两分的成绩

公鸭 kuŋ$^{42-44}$ia^{42}

母鸭 mu$^{213-24}$ia^{42}

小鸭子儿 ɕiɑu$^{213-24}$ia^{42}tsər^{0}

轰鸭子上窝 xuŋ$^{42-44}$ia^{42}tsɿ^{0}ʂɑŋ$^{453-44}$uo^{42}

杀鸭 ʂa$^{42-44}$ia^{42}

鹅 ŋɤ^{42}

母鹅 mu$^{213-24}$ŋɤ^{42}

公鹅 kuŋ^{42}ŋɤ^{0}

小鹅儿 ɕiɑu$^{213-24}$ŋɤr^{213}

牛棚 niou$^{42-44}$pʰəŋ^{42}

马棚 ma$^{213-24}$pʰəŋ^{42}

羊圈 iɑŋ$^{42-44}$tɕyan^{453}

猪圈 tʂu$^{42-44}$tɕyan^{453}

跑郎圈 pʰɑu$^{213-21}$l（ɑŋ–ə）^{13}tɕyan^{453}

肥猪圈 fei^{42}tʂu^{13}tɕyan^{453}

老骒猪圈 lɑu$^{213-24}$kʰɤ$^{453-21}$tʂu^{0}tɕyan^{453}

圈上 tɕyan$^{453-21}$ʂ（ɑŋ–əŋ）^{0}

鸡窝 tɕi$^{42-44}$uo^{42}

鸭窝 ia$^{42-44}$uo^{42}

鹅窝 ŋɤ$^{42-44}$uo^{42}

狗窝 kou$^{213-24}$uo^{42}

猫窝 mɑu$^{42-44}$uo^{42}

兔子窝 tʰu$^{453-24}$tsɿ^{0}uo^{42}

长虫窝 tʂʰɑŋ^{42}tʂʰuŋ^{0}uo^{42} 蛇洞

燕儿窝 iɐr$^{453-44}$uo^{42}

雀儿窝 tɕʰiɑur$^{213-24}$uo^{42}

老鸹窝 lɑu$^{213-21}$k（ua–uo）^{13}uo^{42} 乌鸦窝

马蜂窝 ma$^{213-21}$fəŋ^{13}uo^{42}

蚍蜉穴 pie^{42}fu^{13}ɕye^{453} 蚂蚁洞

野兽儿 ie$^{213-21}$ʂour^{453}

狮子 ʂʅ^{42}tsɿ^{0}

老虎 lɑu$^{213-24}$xu^{213}

母老虎 mu$^{213-21}$l（ɑu–ou）^{13}xu^{213} ①雌性老虎②很凶的女人

狼 lɑŋ^{42}

猴儿 xour^{213}

狗熊 kou$^{213-24}$ɕiuŋ^{42}

豹子 pɑu$^{453-24}$tsɿ^{0}

臊狗 sɑu^{42}kou^{0} 狐狸

黄鼬 xuaŋ^{42}iou^{13}

　黄鼠狼子 xuaŋ^{42}ʂu^{13}laŋ^{42}tsɿ^{13}

兔子 tʰu$^{453-24}$tsɿ^{0}

野兔子 ie$^{213-21}$tʰu$^{453-24}$tsɿ^{0}

耗子 xau$^{453-24}$tsɿ^{0}

蝲蝲蛄 la$^{453-24}$la^{0}ku^{213} 蝼蛄

长虫 tʂʰaŋ^{42}tʂʰuŋ^{0} 蛇

长虫皮 tʂʰaŋ^{42}tʂʰuŋ^{0}pʰi^{42}

红脖子绿 xuŋ$^{42-44}$puo^{42}tsɿ^{13}ly^{453} 一种蛇，脖子处有一片儿红色的印记

雀儿 tɕʰiaur^{213}

小雀儿 ɕiau$^{213-24}$tɕʰiaur^{213}

羽毛 y$^{213-24}$mau^{42}

膀儿 par^{213}

　膀子 paŋ$^{213-21}$tsɿ^{13}

爪儿 tʂuar^{213}

老鸹 lau$^{213-21}$k（ua–uo）^{13} 乌鸦

野鹊 ie$^{213-21}$tɕʰ（iau–iou）^{13} 喜鹊

鸽子 kɤ^{42}tsɿ^{0}

燕子 ian$^{453-24}$tsɿ^{0}

大雁 ta$^{453-42}$ian^{453}

斑雀 pan$^{42-21}$tɕʰ（iau–iou）^{0} 斑鸠

鹌鹑 ŋan$^{42-21}$tʂʰuən^{0}

鹌鹑蛋儿 ŋan$^{42-21}$tʂʰuən^{0}tɐr^{453}

公公 kuŋ$^{42-21}$kuŋ^{0} ①一种野生鸟，叫声似“公公”而得名②背称丈夫的父亲

公公蛋儿 kuŋ$^{42-21}$kuŋ^{0}tɐr^{453} 公公鸟下的蛋

雀头 tɕʰiau$^{213-21}$tʰou^{13} 捕捉动物的陷阱

下雀头 ɕia$^{453-42}$tɕʰiau$^{213-21}$tʰou^{13} 设计捕捉动物的陷阱

夹子 tɕia^{42}tsɿ^{0} 捕捉体型较大动物的陷阱

咕咕尿$^{=}$儿 ku$^{42-21}$ku^{0}niaur^{453} 猫头鹰

　鬼雀儿 kuei$^{213-24}$tɕʰiaur^{213}

鹐叨木子 tɕʰian^{42}t（au–ə）^{0}mu$^{453-24}$tsɿ^{0} 啄木鸟

仙鹤 ɕian$^{42-44}$xɤ^{453}

鹞子 iau$^{453-21}$tsɿ^{0} 鹰

野鸭子 ie$^{213-24}$ia^{42}tsɿ^{0}

鸳鸯 yan^{42}iaŋ^{0}

野鸡 ie$^{213-24}$tɕi^{42}

孔雀 kʰuŋ$^{213-21}$tɕʰye^{453}

刺猬儿猬儿 tsʰɿ$^{453-42}$uər$^{453-21}$uər^{0} 刺猬

叼鱼郎子 tiau$^{42-44}$y$^{42-44}$laŋ^{42}tsɿ^{13} 一种捕鱼的鸟

鱼鹰 y$^{42-44}$iŋ^{42} 鸬鹚

布儿谷 p（ur–ər）$^{453-24}$ku^{0} 布谷鸟

蛛蛛 tʂu$^{42-21}$tʂu^{0}

蛛蛛网儿 tʂu$^{42-21}$tʂu^{0}uar^{213}

屎郎该$^{=}$该$^{=}$ ʂɿ$^{213-21}$l（aŋ–əŋ）^{13}kai^{42}kai^{0}

香该$^{=}$该$^{=}$ ɕiaŋ$^{42-44}$kai^{42}kai^{0} 龙虱

水马儿 ʂuei$^{213-24}$mar^{213} 水黾
纺线虫儿 faŋ$^{213-21}$ɕian$^{453-42}$tʂʰuɤr^{213}
老牛 lau$^{213-24}$niou^{42} 天牛
蜗牛儿 uo$^{42-44}$niour^{213}
钱串子 tɕʰian$^{42-44}$tʂʰuan$^{453-24}$tsɿ^{0}
蚰蜒 iou$^{42-21}$ian^{0} 蜈蚣
蝎子 ɕie^{42}tsɿ^{0}
蝎子尾巴 ɕie^{42}tsɿ^{0}i$^{213-21}$p（a–ə）^{13}
蜇咧 tʂe$^{213-21}$liɛ^{13}
蝎虎儿 ɕie^{42}x（ur–uər）^{0} 壁虎
麻贴⁼毛子 ma^{42}tʰie^{13}mau^{42}tsɿ^{13} 杨瘌子
蛆 tɕʰy^{42}
地蛆 ti$^{42-44}$tɕʰy^{42}
生蛆 ʂəŋ$^{42-44}$tɕʰy^{42}
稻飞虱 tau$^{453-42}$fei$^{42-44}$ʂʅ^{42}
狍子 pʰau^{42}tsɿ^{13}
貂 tiau^{42}
瞎蝙蝠 ɕia$^{42-44}$pian^{42}fu^{0} 蝙蝠
曲车⁼ tɕʰy$^{42-21}$tʂʰe^{0} 蚯蚓
蚍蜉 pie^{42}fu^{13} 蚂蚁
蛐蛐儿 tɕʰy^{42}tɕʰyər^{0}
蠓虫儿 məŋ$^{213-21}$tʂʰuɤr^{13}
猴螂 xou^{42}l（aŋ–əŋ）^{13} 螳螂
卤虫儿 lu$^{213-24}$tʂʰuɤr^{213} 丰年虫
蟒 maŋ^{213}
狗蹦子 kou$^{213-21}$pəŋ$^{453-24}$tsɿ^{0} 狗身上的跳蚤
八哥儿 pa^{42}kɤr^{0}
老雕 lau$^{213-24}$tiau^{42}
蝇子 iŋ^{42}tsɿ^{13} 小苍蝇
苍蝇 tsʰaŋ$^{42-21}$iŋ^{0}
绿豆苍蝇 ly$^{453-42}$tou$^{453-42}$tsʰaŋ$^{42-21}$iŋ^{0}
大白鹳 ta$^{453-44}$pai$^{42-44}$kuan^{453}
牛儿 niour^{213} 黑色米虫
肉虫子 ʐou$^{453-44}$tʂʰuŋ^{42}tsɿ^{13} 白色米虫
大绿虫子 ta$^{453-42}$ly$^{453-44}$tʂʰuŋ^{42}tsɿ^{13} 绿色菜虫
小绿虫子儿 ɕiau$^{213-21}$ly$^{453-44}$tʂʰuŋ^{42}tsər^{13}
小蹦蹦虫儿 ɕiau$^{213-24}$pəŋ$^{453-42}$pəŋ$^{453-44}$tʂʰuɤr^{213} 喂鸭子的小虫
腻虫 ni$^{453-21}$tʂʰuŋ^{0} 黑色菜虫
长虫子咧 tʂaŋ$^{213-24}$tʂʰuŋ^{42}tsɿ^{13} liɛ^{0}
蚊子 uən^{42}tsɿ^{13}
叮 tiŋ^{42}
蚂螂 ma^{42}l（aŋ–əŋ）^{0} 蜻蜓
蚂螂狗儿 ma^{42}l（aŋ–əŋ）^{0}kour^{213} 蜻蜓幼虫
捂蚂螂 u$^{213-24}$ma^{42}l（aŋ–əŋ）^{0} 捕蜻蜓
蒲⁼蝶儿 pʰu^{42}tʰ（iɤr–our）^{13} 蝴蝶
蛾子 ŋɤ^{42}tsɿ^{13}
扑棱⁼歌⁼歌⁼ pʰu^{42}ləŋ^{0}kɤ^{42}kɤ^{0} 灯蛾
屁屁虫儿 pʰi$^{453-42}$pʰi$^{453-42}$tʂʰuɤr^{213}

椿象

虱子 ʂʅ^{42}tsɿ^{0}

虮子 tɕi$^{213-21}$tsɿ^{13} 虱卵

鸡虱子 tɕi$^{42-44}$ʂʅ^{42}tsɿ^{0}

狗鳖子 kou$^{213-24}$pie^{42}tsɿ^{0} 狗虱

鳌蝇 ŋɑu^{42}iŋ^{0}

蚂蚱 ma$^{453-24}$tʂ（a–ə）^{0} 蝗虫

油蚂蚱 iou^{42}m（a–ə）^{0}tʂ（a–ə）^{13} 形似蚂蚱，体型稍小

土蚂蚱 tʰu$^{213-21}$m（a–ə）^{0}tʂ（a–ə）^{13} 土蝗

叫蚂蚱 tɕiɑu$^{453-24}$m（a–ə）^{0}tʂ（a–ə）^{0}

担担钩儿 tan$^{453-42}$tan$^{453-44}$kour^{42} 绿色不会叫的大蚂蚱

即$^{=}$了儿 tɕi$^{42-21}$l（iɑur–iour）^{0} 知了

哑巴即$^{=}$了儿 ia$^{213-21}$p（a–ə）^{13}tɕi$^{42-21}$l（iɑur–iour）^{0}

即$^{=}$了儿姥姥 tɕi$^{42-21}$l（iɑur–iour）^{0}lɑu$^{213-21}$lɑu^{13} 蝉蜕

即$^{=}$即$^{=}$儿 tɕi^{42}tɕiər^{0} 声音尖，体型小的知了

粘即$^{=}$了儿 tʂan$^{42-44}$tɕi$^{42-21}$l（iɑur–iour）^{0} 粘知了

套即$^{=}$了儿 tʰɑu$^{453-42}$tɕi$^{42-21}$l（iɑur–iour）^{0} 套知了

蜜蜂 mi$^{453-44}$fəŋ^{42}

马蜂 ma$^{213-21}$fəŋ^{13}

土马蜂 tʰu$^{213-24}$ma$^{213-21}$fəŋ^{13}

臭大姐 tʂʰou$^{453-42}$ta$^{453-42}$tɕie^{213} 类似于七星瓢虫，但身上的黑点比较多

瓢虫 pʰiɑu^{42}tʂʰuŋ^{0}

瓜子 kua^{42}tsɿ^{0}

　鲫鱼 tɕ（i–y）$^{213-21}$y^{13}

鲇鱼 nian^{42}y^{13}

　胡子鲇 xu^{42}tsɿ^{13}nian^{42}

花鲢 xua$^{42-44}$lian^{42}

白鲢 pai^{42}lian^{0}

白鲳 pai$^{42-44}$tʂʰɑŋ^{42}

鱿鱼 iou^{42}y^{0}

鲤鱼 l（i–y）$^{213-21}$y^{13}

白飘儿 pai$^{42-44}$pʰiɑur^{453} 银飘鱼

噘嘴儿岛子 tɕye$^{42-44}$tʂuər^{213}tɑu$^{42-21}$tsɿ^{0} 岛子鱼

生$^{=}$鱼 ka$^{213-21}$y^{13} 黄辣丁

草包 tʂʰɑu$^{213-24}$pɑu^{42} 草鱼

大大眼儿 ta$^{453-42}$t（a–ə）$^{453-42}$iɐr^{213} 河里最小的鱼

苦莲子 kʰu$^{213-24}$lian^{42}tsɿ^{13}

泥鳅 ni^{42}tɕʰiou^{13}

鳝鱼 ʂan$^{453-21}$y^{0}

河鳝 xɤ^{42}ʂan^{0}

　白鳝 pai$^{42-44}$ʂan^{453}

黄鳝 xuɑŋ$^{42-44}$ʂan^{453}

黑鱼 xei$^{42-21}$y^{0}

　重$^{=}$鱼 tʂuŋ$^{453-21}$y^{0}

黄花儿鱼 xuɑŋ^{42}xuar^{0}y^{42}
虎头鱼 xu$^{213-21}$tʰou^{13}y^{42}
两合水儿 liɑŋ$^{213-21}$xuo^{13}ʂuər^{213} 河水和海水交界处
扔崩 ləŋ^{42}pəŋ^{0} 矛尾复虾虎鱼
　游公 iou^{42}kuŋ^{13}
鲈子 lu$^{42-21}$tsɿ^{0} 鲈鱼
梭鱼 suo$^{42-21}$y^{0}
白眼 pai^{42}ian^{13} 白眼珠梭鱼
红眼 xuŋ^{42}ian^{13} 红眼珠梭鱼
蜡头 la$^{453-24}$tʰou^{0} 河豚
黑头 xei$^{42-44}$tʰou^{42} 石斑鱼的一种
鲆儿鱼 pʰiɤr$^{213-24}$y^{42}
镜儿鱼 tɕiɤr$^{453-44}$y^{42}
鳎盆$^{=}$ tʰa$^{213-21}$pʰən^{13} 鳎目鱼
偏口 pʰian^{42}kʰou^{0} 比目鱼
铜罗 tʰuŋ^{42}l（uo–ou）^{13} 黄姑鱼
绿尾巴 ly$^{453-42}$i$^{213-21}$p（a–ə）^{13}
青条儿 tɕʰiŋ$^{42-21}$tʰiɑur^{0} 青鳞鱼
针扎子鱼 tʂən$^{42-44}$tʂa^{42}tsɿ^{0}y^{42} 针鱼
望海潮儿 uɑŋ$^{453-42}$xai$^{213-24}$tʂʰɑur^{213}
海蜇 xai$^{213-24}$tʂe^{42}
带鱼 tai$^{453-44}$y^{42}
洋鱼 iɑŋ^{42}y^{13} 鳐鱼
当当儿 tɑŋ^{42}t（ar–ɤr）^{0} 孔鳐
青蛤儿 tɕʰiŋ$^{42-44}$kɤr^{213}
花蛤儿 xua$^{42-44}$kɤr^{213}
文蛤儿 uən$^{42-44}$kɤr^{213}
白蚬子 pai$^{42-44}$ɕian$^{213-21}$tsɿ^{13}
蛤蜊 kɤ$^{213-21}$li^{13}
大蛤蜊 ta$^{453-42}$kɤ$^{213-21}$li^{13} 象拔蚌
蛤儿肉 kɤr$^{213-21}$ʐou^{453}
麻蚶子 ma$^{453-44}$xan^{42}tsɿ^{0}
蛏 tʂʰəŋ^{42}
单腿儿蛏 tan$^{42-44}$tʰuər$^{213-24}$tʂʰəŋ^{42}
双腿儿蛏 ʂuɑŋ$^{42-44}$tʰuər$^{213-24}$tʂʰəŋ^{42}
竹节儿蛏 tʂu$^{42-44}$tɕiɤr$^{213-24}$tʂʰəŋ^{42}
蛏肉儿 tʂʰəŋ$^{42-44}$ʐour^{453}
八带鱼 pa$^{42-21}$tai^{0}y^{42} 章鱼
沙八带 ʂa$^{42-44}$pa$^{42-21}$t（ai–ei）^{0} 短腿章鱼
墨鱼儿 mi$^{453-42}$yər^{213} 乌贼
蛎黄 li$^{453-24}$x（uɑŋ–uŋ）^{0} 牡蛎
奔儿楼儿 pər^{42}lour^{0} 海螺
海脐儿 xai$^{213-24}$tɕʰiər^{213} 扁玉螺
螺蛳 luo$^{42-44}$sɿ^{42}
鬼螃开$^{=}$ kuei$^{213-24}$pʰɑŋ^{42}（kʰ–k）（ai–ei）^{13} 鬼蟹
茉莉红 muo$^{453-24}$li^{0}xuŋ^{42} 形似鬼蟹，全身红色的一种蟹
黄螃开$^{=}$ xuɑŋ$^{42-44}$pʰɑŋ^{42}（kʰ–k）（ai–ei）^{13} 梭子蟹
　海螃开$^{=}$ xai$^{213-24}$pʰɑŋ^{42}（kʰ–k）（ai–ei）^{13}
河蟹 xɤ$^{42-21}$ɕie^{0}
螃开$^{=}$黄儿 pʰɑŋ^{42}（kʰ–k）（ai–ei）^{13}

xuar^{213}

螃开$^{=}$夹子 pʰɑŋ^{42}（kʰ–k）（ai–ei）^{13}tɕia^{42}tsɿ^{0} 螃蟹的两只大钳子

螃开$^{=}$爪儿 pʰɑŋ^{42}（kʰ–k）（ai–ei）^{13}tʂuar^{213} 螃蟹的小爪

蟛蟛月儿 pʰəŋ^{42}pʰəŋ^{13}yɤr^{453} 相手蟹

驴粪球儿 ly$^{42-44}$fən$^{453-42}$tɕʰiour^{213}

王八 uɑŋ^{42}p（a–ə）^{13} 鳖

皮皮虾 pʰi^{42}pʰi^{13}ɕia^{42}

元宝虾 yan^{42}pɑu^{13}ɕia^{42}

毛虾 mɑu^{42}ɕia^{0} 虾皮

海米 xai$^{213-24}$mi^{213}

狗虾 kou$^{213-24}$ɕia^{42}

鲍鱼 pɑu$^{453-44}$y^{42}

扔头 ləŋ$^{42-21}$tʰou^{0} 食物不能吃的部分

蛤蟆 xuo^{42}muo^{13} 青蛙

蛤蟆蝌子 xuo^{42}muo^{13}kʰɤ^{42}tsɿ^{0} 蝌蚪

蛤蟆贝$^{=}$ xuo^{42}muo^{13}pei^{453} 青蛙卵

疥大海子 tɕie$^{453-42}$ta$^{453-42}$xai$^{213-21}$tsɿ^{13} 癞蛤蟆

　疥蛤蟆 tɕie$^{453-24}$xuo^{0}muo^{0}

肉儿钻子 ʐour$^{453-44}$tsuan^{42}tsɿ^{0} 蚂蟥

鱼脑袋 y$^{42-44}$nɑu$^{213-21}$t（ai–ei）^{13}

颏鳃 kɤ$^{42-21}$suei^{0} 鱼鳃

鳞膀儿 lin^{42}p（ar–ɤr）^{13} 鱼鳍

鳞 lin^{42}

鱼尾巴 y$^{42-44}$i$^{213-21}$p（a–ə）^{13}

鱼泡儿泡儿 y$^{42-44}$pʰɑur$^{453-24}$pʰɑur^{0}

鱼刺 y$^{42-44}$tsʰɿ^{453}

鱼子 y$^{42-44}$tsɿ^{213}

鱼苗儿 y$^{42-44}$miɑur^{213}

钓鱼 tiɑu$^{453-44}$y^{42}

鱼竿儿 y$^{42-44}$kɐr^{42}

鱼钩儿 y$^{42-44}$kour^{42}

鱼线 y$^{42-44}$ɕian^{453}

鱼漂儿 y$^{42-44}$pʰiɑur^{42}

鱼笼子 y$^{42-44}$luŋ^{42}tsɿ^{13}

　鱼兜子 y$^{42-44}$tou^{42}tsɿ^{0}

　鱼篓儿 y$^{42-44}$lour^{213}

撒网 sa$^{213-24}$uɑŋ^{213}

晒网 ʂai$^{453-42}$uɑŋ^{213}

打鱼 ta$^{213-24}$y^{42}

搕嚓鳞 kʰa$^{42-44}$tʂʰa^{0}lin^{42} 刮鱼鳞

　打打鳞 ta$^{213-21}$ta^{13}lin^{42}

劐开 xuo$^{42-21}$kʰ（ai–ei）^{0} 劐开鱼肚子

鱼杂儿 y$^{42-44}$tsar^{213}

杀鱼 ʂa$^{42-44}$y^{42}

养鱼 iɑŋ$^{213-24}$y^{42}

渔苇队 y$^{42-44}$uei$^{213-21}$tuei^{453}

渔民 y$^{42-44}$min^{42}

七、房舍、器具

庄户 tʂuaŋ$^{42-21}$x（u–uo）^{0}

一处庄户 i$^{42-44}$tʂʰu$^{453-42}$tʂuaŋ$^{42-21}$x（u–uo）^{0} 正房和厢房的统称

死庄音⁼儿 ʂʅ$^{213-24}$tʂuaŋ^{42}iər^{0} 都是本地人、比较闭塞的村庄

当院儿 taŋ$^{42-44}$yɐr^{453} 正房与厢房间的空地

过道儿 kuo$^{453-42}$taur^{453} 房与房或屋中间的小路

院墙 yan$^{453-44}$tɕʰiaŋ^{42}

洋灰墙 iaŋ^{42}xuei^{0}tɕʰiaŋ^{42}

寨子 tʂai$^{453-21}$tsʅ^{0} 四周的栅栏或围墙

夹寨子 tɕia$^{42-44}$tʂai$^{453-21}$tsʅ^{0} 围栅栏

水道口儿 ʂuei$^{213-21}$tau$^{453-42}$kʰour^{213} 墙根上开的水道

路深 lu$^{453-24}$ʂən^{0} 屋子南、北之间的距离

间量儿 tɕian$^{453-21}$l（iar–iər）^{0} 屋子东、西之间的距离

正房 tʂəŋ$^{453-24}$f（aŋ–əŋ）^{0}

东屋儿 tuŋ$^{42-44}$ur^{42}

西屋儿 ɕi$^{42-44}$ur^{42}

过道儿屋儿 kuo$^{453-42}$taur$^{453-44}$ur^{42} 东、西屋之间的屋子

闸⁼深 tʂa^{42}ʂən^{13} 过道儿屋东、西边的两道墙

厢房 ɕiaŋ^{42}f（aŋ–əŋ）^{0}

东厢房 tuŋ$^{42-44}$ɕiaŋ$^{42-44}$faŋ^{42}

西厢房 ɕi$^{42-44}$ɕiaŋ$^{42-44}$faŋ^{42}

几间厢房 tɕi$^{213-24}$tɕian^{42}ɕiaŋ^{42}f（aŋ–əŋ）^{0}

土坯房 tʰu$^{213-21}$pʰi^{13}faŋ^{42}

坐地户儿 tsuo$^{453-42}$ti$^{453-42}$xur^{453}

　本地户儿 pən$^{213-21}$ti$^{453-42}$xur^{453}

坐地儿 tsuo$^{453-42}$tiər^{453}

当街 taŋ$^{42-44}$tɕie^{42} 道路南、北之间的一条主路

街 tɕie^{42}

栏杆儿 lan^{42}kɐr^{13}

伙房 xuo$^{213-24}$faŋ^{42}

饭橱儿 fan$^{453-42}$tʂʰur^{213}

茅司 mau^{42}sʅ^{13}

　茅房 mau^{42}f（aŋ–əŋ）^{13}

　厕所 tʂʰe$^{453-42}$ʂuɤr^{213}

茅房坑 mau^{42}f（aŋ–əŋ）^{13}kʰəŋ^{42}

磨 muo^{453} ①名词②动词

一盘磨 i$^{42-44}$pʰan$^{42-44}$muo^{453}

磨盘儿 muo$^{453-44}$pʰɐr^{42}

磨提⁼系⁼ muo$^{453-44}$tʰi^{42}ɕi^{13} 磨眼

注 tʂu^{453} 往磨眼里灌东西

磨槽儿 muo$^{453-42}$tsʰaur^{213}

筛子 ʂai^{42}tsʅ^{0}

箩子 luo^{42}tsɿ^{13}
箩帮 luo$^{42-44}$pɑŋ^{42}
箩底 luo$^{42-44}$ti^{213}
丝箩 sɿ^{42}luo^{0} 眼儿最细的箩子
簸箕 puo$^{453-24}$（tɕ–ɕ）i^{0} ①用竹篾或柳条编成的器具，三面有边沿，一面敞口，多用簸粮食等。也有用铁皮、塑料制成的，多用来清除垃圾②簸箕形指纹
撮子 tʂʰuo^{42}tsɿ^{0} 用竹篾或柳条编成的器具
沙米 ʂa$^{453-42}$mi^{213} 用簸箕簸米
牲口槽子 ʂəŋ^{42}kʰou^{0}tsʰɑu^{42}tsɿ^{13}
牛槽子 niou$^{42-44}$tsʰɑu^{42}tsɿ^{13}
猪食槽子 tʂu^{42}ʂʅ^{0}tsʰɑu^{42}tsɿ^{13}
马槽子 ma$^{213-24}$tsʰɑu^{42}tsɿ^{13}
鸡槽子 tɕi$^{42-44}$tsʰɑu^{42}tsɿ^{13}
　鸡槽儿 tɕi$^{42-44}$tsʰɑur^{213}
狗□子 kou$^{213-21}$tʂʰan$^{453-24}$tsɿ^{0}
　狗盆子 kou$^{213-24}$pʰən^{42}tsɿ^{13}
猫碗 mɑu$^{42-44}$uan^{213}
大门 ta$^{453-44}$mən^{42} 院墙门
南门 nan^{42}mən^{0}
北门 pei$^{213-24}$mən^{42}
二门 ər$^{453-44}$mən^{42} 院墙门与房屋门之间的一道小门，当中通常设猪圈和茅房
园子尾巴 yan^{42}tsɿ^{13}i$^{213-21}$p（a–ə）^{13} 菜园外的空地
门槛儿 mən$^{42-44}$kʰɐr^{213}
上门槛儿 ʂɑŋ$^{453-42}$mən$^{42-44}$kʰɐr^{213} 门楣
门插关儿 mən$^{42-44}$tʂʰa^{42}k（uɐr–uər）^{0} 木质门闩
吊死鬼儿插关儿 tiɑu$^{453-42}$sɿ$^{213-24}$kuər$^{213-24}$ tʂʰa^{42}k（uɐr–uər）^{0} 给木质门闩上保险的小木棍
门拉子 mən$^{42-44}$la^{42}tsɿ^{0}
门轴儿 mən$^{42-44}$tʂour^{213}
门窝石儿 mən$^{42-44}$uo$^{42-44}$ʂər^{213} 门轴下的石头
脚柱墩儿 tɕiɑu$^{213-21}$tʂu$^{453-44}$tuər^{42} 墙里面的石头
柱子 tʂu$^{453-24}$tsɿ^{0}
家具 tɕia^{42}tɕy^{0}
打家具 ta$^{213-24}$tɕia^{42}tɕy^{0}
地基 ti$^{453-44}$tɕi^{42}
打夯 ta$^{213-24}$xɑŋ^{42} 用夯把地基砸实
垒墙头儿 lei$^{213-24}$tɕʰiɑŋ$^{42-44}$tʰour^{213}
垒墙 lei$^{213-24}$tɕʰiɑŋ^{42}
洋灰地 iɑŋ$^{42-44}$xuei$^{42-44}$ti^{453}
锁头 suo$^{213-21}$tʰou^{13}
叉子锁 tʂʰa^{42}tsɿ^{0}suo^{213}
钥匙 iɑu$^{453-24}$tʂʰ（ʅ–ei）^{0}
偷簧的钥匙 tʰou$^{42-44}$xuɑŋ^{42}ti^{0} iɑu$^{453-24}$tʂʰ（ʅ–ei）^{0} 小偷专用开

锁的钥匙

插销 tʂʰa$^{42-44}$ɕiɑu^{42} 拴窗户的铁棍儿

雨搭 y$^{213-21}$t（a–ə）^{13} 房檐下引水的长竹管

潲雨 ʂɑu$^{453-42}$y^{213}

房顶 fɑŋ$^{42-44}$tiŋ^{213}

跑水 pʰɑu$^{213-21}$ʂuei^{13} 房坡，即屋顶最高处到最低处的坡度

房檐儿 fɑŋ$^{42-44}$iɐr^{42}

东山 tuŋ^{42}ʂan^{0} 房屋东边的墙

西山 ɕi^{42}ʂan^{0} 房屋西边的墙

南山 nan$^{42-44}$ʂan^{42} 房屋南边的墙

北山 pei$^{213-24}$ʂan^{42} 房屋北边的墙

柎 fu^{42} 梁

柎头 fu$^{42-44}$tʰou^{42}

檩 lin^{213}

中檩 tʂuŋ$^{42-44}$lin^{213} 最中间的一根檩

檐檩 ian$^{42-44}$lin^{213} 房檐上的檩

前檐 tɕʰian^{42}ian^{0} 靠南的一根檩

后檐 xou$^{42-44}$ian^{42} 靠北的一根檩

前下金 tɕʰian$^{42-44}$ɕia$^{453-44}$tɕin^{42} 挨着前檐的檩

后下金 xou$^{453-42}$ɕia$^{453-44}$tɕin^{42} 挨着后檐的檩

前上金 tɕʰian$^{42-44}$ʂɑŋ$^{453-44}$tɕin^{42} 挨着前下金的檩

后上金 xou$^{453-42}$ʂɑŋ$^{453-44}$tɕin^{42} 挨着后下金的檩

松木檩 suŋ$^{42-21}$mu^{0}lin^{213}

槐木檩 xuai^{42}mu^{13}lin^{213}

杨木檩 iɑŋ^{42}mu^{13}lin^{213}

椽子 tʂʰuan^{42}tsɿ^{13}

大椽子 ta$^{453-44}$tʂʰuan^{42}tsɿ^{13} 房屋南、北坡上前后出檐的椽子

连檐 lian^{42}ian^{13} 固定大椽子的横木

小椽子儿 ɕiɑu$^{213-24}$tʂʰuan^{42}tsər^{13} 除大椽子外的其他椽子

房帘子 fɑŋ$^{42-44}$lian^{42}tsɿ^{13} 苇子编成的帘子，盖在椽子上

笆 pa^{42}

擦笆泥 tsʰa$^{42-44}$pa$^{42-44}$ni^{42}

自$^{=}$缝儿 tsɿ$^{453-42}$fuɤr^{453} 填充缝隙

上干土 ʂɑŋ$^{453-42}$kan$^{42-44}$tʰu^{213} 填充完缝隙后，在屋顶铺一层干土

混子 xuən$^{453-21}$tsɿ^{0} 较小的碌碡

打房顶 ta$^{213-24}$fɑŋ$^{42-44}$tiŋ^{213}

灰浆 xuei$^{42-44}$tɕiɑŋ^{42} 白灰、生石块用水发酵而成的浆水

淋灰 lin$^{42-44}$xuei^{42} 制作灰浆

砟子 tʂa$^{213-21}$tsɿ^{13} 小石块、煤块等

蹭面儿 tsʰəŋ$^{453-42}$miɐr^{453} 打磨房顶平面，使之光滑

台阶儿 tʰai$^{42-44}$tɕiɤr^{42}

顶棚 tiŋ$^{213-21}$pʰəŋ^{13}

满$^{=}$子 man$^{213-21}$tsɿ^{13} 阁楼

楼房 lou$^{42-44}$fɑŋ^{42}

楼上 lou$^{42-44}$ʂɑŋ^{453}

楼下 lou$^{42-44}$ɕia^{453}

楼梯 lou$^{42-44}$tʰi^{42}

扶手儿 fu^{42}ʂour^{13}

梯子 tʰi^{42}tsɿ^{0}

梯子磴儿 tʰi^{42}tsɿ^{0}tɤr^{453} 楼梯的层级

脚磴 tɕiɑu$^{213-21}$təŋ^{453}

窗户 tʂʰuɑŋ^{42}x（u–uo）^{0}

窗帘儿 tʂʰuɑŋ$^{42-44}$liɐr^{42}

窗户台儿 tʂʰuɑŋ^{42}x（u–uo）^{0}tʰɐr^{42}

窗户磴儿 tʂʰuɑŋ^{42}x（u–uo）^{0}tɤr^{453} 窗格

阳台 iɑŋ$^{42-44}$tʰai^{42}

地板革 ti$^{453-42}$pan$^{213-24}$kɤ^{213}

床铺 tʂʰuɑŋ$^{42-44}$pʰu^{453}

床头儿 tʂʰuɑŋ$^{42-44}$tʰour^{213}

脚底下 tɕiɑu$^{213-24}$ti$^{213-21}$ɕia^{13}

打炕 ta$^{213-21}$kʰɑŋ^{453}

炕板儿 kʰɑŋ$^{453-42}$pɐr^{213}

炕坯子 kʰɑŋ$^{453-44}$pʰi^{42}tsɿ^{0}

炕席 kʰɑŋ$^{453-44}$ɕi^{42}

炕被 kʰɑŋ$^{453-42}$pei^{453}

炕单儿 kʰɑŋ$^{453-44}$tɐr^{42}

炕革 kʰɑŋ$^{453-42}$kɤ^{213}

炕沿 kʰɑŋ$^{453-42}$ian^{453}

炕沿儿套子 kʰɑŋ$^{453-42}$iɐr$^{453-42}$tʰɑu$^{453-24}$tsɿ^{0} 炕侧面

炕沿儿套子一边儿 kʰɑŋ$^{453-42}$iɐr$^{453-42}$tʰɑu$^{453-24}$tsɿ^{0}i$^{42-44}$piɐr^{42} 炕边上

炕洞 kʰɑŋ$^{453-42}$tuŋ^{453}

烧炕 ʂɑu$^{42-44}$kʰɑŋ^{453} ①将刚打的炕烧干②将炕烧热

火炕 xuo$^{213-21}$kʰɑŋ^{453} 设有烟道，可以烧火取暖的炕

暖气 nan$^{213-21}$tɕʰi^{453}

上炕 ʂɑŋ$^{453-42}$kʰɑŋ^{453}

床底下 tʂʰuɑŋ$^{42-44}$ti$^{213-21}$ɕia^{13}

倒着 tɑu$^{213-21}$tʂə^{13} 躺着

蚊帐 uən^{42}tʂ（ɑŋ–əŋ）^{13}

蚊帐苗$^{=}$子 uən^{42}tʂ（ɑŋ–əŋ）^{13}miɑu^{42}tsɿ^{13} 蚊帐的高度

蚊帐裙儿 uən^{42}tʂ（ɑŋ–əŋ）^{13}tɕʰyər^{42} 蚊帐边

独蚊帐 tu$^{42-44}$uən^{42}tʂ（ɑŋ–əŋ）^{13} 旧时自制的单人蚊帐

洋蚊帐 iɑŋ$^{42-44}$uən^{42}tʂ（ɑŋ–əŋ）^{13} 市场购买的蚊帐

幔遮儿 man$^{453-44}$tʂɤr^{42} 为遮挡而悬挂起来的布

毯子 tʰan$^{213-21}$tsɿ^{13}

被 pei^{453}

棉被 mian$^{42-44}$pei^{453}

夹被 tɕia$^{213-21}$pei^{453}

行李卷儿 ɕiŋ^{42}li^{13}tɕyɐr^{213} 统称褥子和被

铺盖卷儿 pʰu$^{42-44}$kai$^{453-42}$tɕyɐr^{213}

被表儿 pei$^{453-42}$piaur^{213}
被里儿 pei$^{453-42}$liər^{213}
被套 pei$^{453-42}$tʰau^{453}
被头 pei$^{453-44}$tʰou^{42} 被子贴近脸的一头
被罩儿 pei$^{453-42}$tʂaur^{453}
　床罩儿 tʂʰuaŋ$^{42-44}$tʂaur^{453}
褥子 ʐu$^{453-24}$tsɿ^{0}
褥表儿 ʐu$^{453-42}$piaur^{213}
褥里儿 ʐu$^{453-42}$liər^{213}
褥单子 ʐu$^{453-44}$tan^{42}tsɿ^{0}
大褥子 ta$^{453-42}$ʐu$^{453-24}$tsɿ^{0}
小褥子 ɕiau$^{213-21}$ʐu$^{453-24}$tsɿ^{0}
大小褥子儿 ta$^{453-42}$ɕiau$^{213-21}$ʐu$^{453-24}$tsər^{0} 女性例假专用的褥子
凉席儿 liaŋ$^{42-44}$ɕiər^{213}
枕头 tʂən$^{213-21}$tʰou^{13}
枕头笼布儿 tʂən$^{213-21}$tʰou^{13}luŋ^{42}pur^{13} 枕巾
枕套儿 tʂən$^{213-21}$tʰaur^{453}
枕芯儿 tʂən$^{213-24}$ɕiər^{42}
圆枕头 yan$^{42-44}$tʂən$^{213-21}$tʰou^{13}
枕头地儿 tʂən$^{213-21}$tʰou^{13}tiər^{453} 圆枕头的两边
洋枕儿 iaŋ$^{42-44}$tʂər^{213}
尿盆子 niau$^{453-44}$pʰən^{42}tsɿ^{13}
　尿罐子 niau$^{453-42}$kuan$^{453-24}$tsɿ^{0}
痰盂儿 tʰan$^{42-44}$yər^{213}

烙铁 lau$^{453-24}$tʰie^{0}
电烙铁 tian$^{453-42}$lau$^{453-24}$tʰie^{0}
暖壶 nan$^{213-24}$xu^{42}
闷子 mən$^{453-24}$tsɿ^{0} 茶壶
闷子嘴儿 mən$^{453-24}$tsɿ^{0}tsuər^{213}
闷子盖儿 mən$^{453-24}$tsɿ^{0}kɐr^{453}
闷子梁子 mən$^{453-24}$tsɿ^{0}liaŋ^{42}tsɿ^{13} 茶壶提手
　提溜儿 ti^{42}liour^{0}
闷子套儿 mən$^{453-24}$tsɿ^{0}tʰaur^{453}
洗脸盆 ɕi$^{213-24}$lian$^{213-24}$pʰən^{42}
瓷盔子 tsʰɿ$^{42\ 44}$kʰuei^{42}tsɿ^{0} 盛油盐等的罐子
　瓷缸子 tsʰɿ$^{42-44}$kaŋ^{42}tsɿ^{0}
盆架儿 pʰən$^{42-44}$tɕiar^{453}
洗脸水 ɕi$^{213-24}$lian$^{213-24}$ʂuei^{213}
胰子 i^{42}tsɿ^{13} ①肥皂②胰脏
捣胰子 tau$^{213-24}$i^{42}tsɿ^{13}
洋胰子 iaŋ$^{42-44}$i^{42}tsɿ^{13} 香皂
胰子泡儿 i^{42}tsɿ^{13}pʰaur^{453}
手巾 ʂou$^{213-21}$tɕin^{13}
大手巾 ta$^{453-42}$ʂou$^{213-21}$tɕin^{13}
小手巾儿 ɕiau$^{213-24}$ʂou$^{213-21}$tɕiər^{13}
羊肚儿手巾 iaŋ$^{42-44}$tur$^{213-24}$ʂou$^{213-21}$tɕin^{13}
洗澡盆 ɕi$^{213-24}$tsau$^{213-24}$pʰən^{42}
洗脚盆 ɕi$^{213-24}$tɕiau$^{213-24}$pʰən^{42}
擦脚手巾 tsʰa$^{42-44}$tɕiau$^{213-24}$ʂou$^{213-21}$

tɕin^{13}

柜子 kuei$^{453-24}$tsɿ^{0}

立柜 li$^{453-42}$kuei^{453}

大柜 ta$^{453-42}$kuei^{453}

箱 ɕiɑŋ^{42}

箱架儿 ɕiɑŋ$^{42-44}$tɕiar^{453} 摆放箱子的木头架

撩子儿 liɑu$^{42-21}$tsər^{0} 箱子盖上的铁片

衣裳架儿 i$^{42-21}$ʂ（ɑŋ–əŋ）^{0}tɕiar^{453}

桌子 tʂuo^{42}tsɿ^{0}

写字台 ɕie$^{213-21}$tsɿ$^{453-44}$tʰai^{42}

方桌儿 fɑŋ$^{42-44}$tʂuɤr^{42}

圆桌儿 yan$^{42-44}$tʂuɤr^{42}

抽匣 tʂʰou^{42}ɕ（ia–ie）^{0} 抽屉

台布 tʰai$^{42-44}$pu^{453}

茶几儿 tʂʰa$^{42-44}$tɕiər^{42}

椅子 i$^{213-21}$tsɿ^{13}

把手儿 pa$^{213-21}$ʂour^{13}

靠背 kʰɑu$^{453-42}$pei^{453}

掌儿 tʂʰɤr^{453} 桌、椅等腿中间的横木

板凳 pan$^{213-21}$（t–tʰ）əŋ^{13}

小板凳儿 ɕiɑu$^{213-24}$pan$^{213-21}$tɤr^{13}

马扎子 ma$^{213-24}$tʂa^{42}tsɿ^{13}

　马扎儿 ma$^{213-24}$tʂar^{213}

小方凳儿 ɕiɑu$^{213-24}$fɑŋ$^{42-44}$tɤr^{453}

梳妆台 ʂu$^{42-44}$tʂuɑŋ$^{42-44}$tʰai^{42}

电视柜儿 tian$^{453-42}$ʂʅ$^{453-42}$kuər^{453}

匣子 ɕia^{42}tsɿ^{13}

拢梳匣子 luŋ$^{213-21}$ʂu^{13}ɕia^{42}tsɿ^{13}

笊篱 tʂɑu$^{453-24}$li^{0}

炊帚 tʂʰuei^{42}（tʂ–tʂʰ）ou^{0}

擀面杖儿 kan$^{213-21}$mian$^{453-42}$tʂar^{453}

搪瓷盆儿 tʰɑŋ$^{42-44}$tsʰɿ$^{42-44}$pʰər^{42}

搭灶 ta$^{42-44}$tsɑu^{453}

锅台 kuo$^{42-44}$tʰai^{42}

灶火坑 tsɑu$^{453-42}$xuo$^{213-24}$kʰəŋ^{42}

灶火坑门儿 tsɑu$^{453-42}$xuo$^{213-24}$kʰəŋ^{42}mər^{42}

灶火坑里头 tsɑu$^{453-42}$xuo$^{213-24}$kʰəŋ^{42}li$^{213-21}$tʰou^{13}

锅 kuo^{42} ①煮饭的锅②玩游戏时在地上挖的小坑

六沿锅 liou$^{453-42}$ian$^{453-44}$kuo^{42} 直径六十公分的锅

八沿锅 pa$^{42-44}$ian$^{453-44}$kuo^{42} 直径八十公分的锅

十八沿锅 ʂʅ$^{42-44}$pa$^{42-44}$ian$^{453-44}$kuo^{42} 直径一百八十公分的锅

二十四沿锅 ər$^{453-24}$ʂʅ^{0}sɿ$^{453-42}$ian$^{453-44}$kuo^{42} 直径二百四十公分的锅

锅盖儿 kuo$^{42-44}$kɐr^{453}

锅沿儿 kuo$^{42-44}$iɐr^{453}

㧟米 kʰuai$^{213-24}$mi^{213} 舀米

㧟一舀儿 kʰuai$^{213-24}$i$^{42-44}$iɑur^{213} 舀一勺

掏缸 tʰɑu$^{42-44}$kɑŋ^{42} 清理水缸

浆米 tɕiɑŋ$^{42-44}$mi^{213} 用开水将米浸泡一会儿

稳上锅 uən$^{213-21}$ʂ（ɑŋ–əŋ）^{13}kuo^{42}

刷锅 ʂua$^{42-44}$kuo^{42}

坐水 tsuo$^{453-42}$ʂuei^{213} 烧水

抱$^{=}$儿锅咧 pɑur$^{453-44}$kuo^{42}liɛ^{0} 粘锅了

黑烟子 xei$^{42-44}$ian^{42}tsɿ^{0} 锅底灰

烟筒 ian^{42}tʰuŋ^{0} 烟囱

炉子 lu^{42}tsɿ^{13}

生炉子 ʂəŋ$^{42-44}$lu^{42}tsɿ^{13}

炉子旺上来咧 lu^{42}tsɿ^{13}uɑŋ$^{453-24}$ʂɑŋ^{0}lai^{42}liɛ^{13}

快壶 kʰuai$^{453-44}$xu^{42} 白洋铁皮的烧水壶

炉门儿 lu$^{42-44}$mər^{42}

炉台子 lu$^{42-44}$tʰai^{42}tsɿ^{13}

炉箅子 lu$^{42-44}$pi^{24}tsɿ^{0} 炉膛和炉底之间承煤漏灰的铁屉子

给炉子落儿它 kei$^{453-24}$lu^{42}tsɿ^{13}lɑur$^{453-24}$tʰ（a–ə）^{0}

榔头耙 lɑŋ^{42}tʰou^{13}pʰa^{42} ①掏灰耙 ②公公和儿媳妇有染

榔头耙掏的 lɑŋ^{42}tʰou^{13}pʰa^{42} tʰɑu^{42}ti^{0} 骂人话

掏火杖子 tʰɑu$^{42-44}$xuo$^{213-21}$tʂɑŋ$^{453-21}$tsɿ^{0}

火钳子 xuo$^{213-24}$tɕʰian^{42}tsɿ^{13}

炉钩子 lu$^{42-44}$kou^{42}tsɿ^{0}

炉条儿 lu$^{42-44}$tʰiɑur^{213}

煤铲儿 mei$^{42-44}$tʂʰɐr^{213}

漏子 lou$^{453-21}$tsɿ^{0} 漏斗

抿子 min$^{213-21}$tsɿ^{13} 抿刷，包饺子取馅料用

风匣 fəŋ^{42}ɕ（ia–ie）^{0} 风箱

拉风匣 la$^{42-44}$fəŋ^{42}ɕ（ia–ie）^{0}

水瓢 ʂuei$^{213-24}$pʰiɑu^{42}

葫芦瓢 xu^{42}lu^{13}pʰiɑu^{42}

鸡蛋瓢 tɕi$^{42-44}$tan$^{453-44}$pʰiɑu^{42} 装鸡蛋的葫芦瓢

粥瓢子 tʂou$^{42-44}$pʰiɑu^{42}tsɿ^{13} 舀粥的葫芦瓢

水舀子 ʂuei$^{213-24}$iɑu$^{213-21}$tsɿ^{13} 铁制水瓢

海碗 xai$^{213-24}$uan^{213}

大碗 ta$^{453-42}$uan^{213}

中碗 tʂuŋ$^{42-44}$uan^{213}

小碗儿 ɕiɑu$^{213-24}$uɐr^{213}

小洋碗儿 ɕiɑu$^{213-24}$iɑŋ$^{42-44}$uɐr^{213}

饭碗 fan$^{453-42}$uan^{213}

盐净碗 ian$^{42-21}$tɕiŋ^{0}uan^{213} 装咸菜和酱的小碗

筷子 kʰuai$^{453-24}$tsɿ^{0}

筷子篓儿 kʰuai$^{453-24}$tsɿ^{0}lour^{213}

　筷子箸里儿 kʰuai$^{453-24}$tsɿ^{0}tʂu$^{453-21}$liər^{0}

饭勺儿 fan$^{453-42}$ʂɑur^{213}

调羹儿 tʰiɑu^{42}kɤr^{13}

羹匙儿 kəŋ$^{42-44}$tʂʰər^{213}

铲刀子 tʂʰan$^{213-24}$tɑu^{42}tsɿ^{0} 锅铲

酱耙儿 tɕiɑŋ$^{453-42}$pʰar^{213}

茶缸子 tʂʰa$^{42-44}$kɑŋ^{42}tsɿ^{0}

酒盅子 tɕiou$^{213-24}$tʂuŋ^{42}tsɿ^{0} 小酒杯

酒盅儿 tɕiou$^{213-24}$tʂuɤr^{42}

铁锔子 tʰie$^{213-24}$tɕy$^{213-21}$tsɿ^{13}

锔锅 tɕy$^{213-24}$kuo^{42}

锢露锅 ku$^{453-24}$lu^{0}kuo^{42}

锔缸 tɕy$^{213-24}$kɑŋ^{42}

锔碗儿 tɕy$^{213-24}$uɐr^{213}

碟子 tie^{42}tsɿ^{13}

盘子 pʰan^{42}tsɿ^{13}

小盘儿 ɕiɑu$^{213-24}$pʰɐr^{42}

大盘子 ta$^{453-44}$pʰan^{42}tsɿ^{13}

瓶塞子 pʰiŋ$^{42-44}$suei^{42}tsɿ^{0}

玻璃瓶儿 puo^{42}li^{0}pʰiɤr^{213}

罐子 kuan$^{453-24}$tsɿ^{0}

醋坛子 tsʰu$^{453-44}$tʰan^{42}tsɿ^{13}

酒坛子 tɕiou$^{213-24}$tʰan^{42}tsɿ^{13}

酒瓶儿 tɕiou$^{213-24}$pʰiɤr^{213}

酒壶 tɕiou$^{213-24}$xu^{42}

墩布 tuən$^{42-44}$pu^{453} 拖把

抹布 ma$^{453-24}$pu^{0}

搌布儿 tʂan$^{213-21}$pur^{453}

抹桌子 ma$^{453-44}$tʂuo^{42}tsɿ^{0}

礤礤儿 tsʰa$^{213-21}$tsʰ(ar–ər)^{13} 把瓜、萝卜等擦成丝的器具

菜刀 tsʰai$^{453-44}$tɑu^{42}

刀刃儿 tɑu$^{42-44}$ʐər^{453}

刀背儿 tɑu$^{42-44}$pər^{453}

刀把儿 tɑu$^{42-44}$par^{453}

刀裤儿 tɑu$^{42-44}$kʰur^{453} 刀头上固定刀把儿的铁圈

菜板子 tsʰai$^{453-42}$pan$^{213-21}$tsɿ^{13}

菜墩子 tsʰai$^{453-44}$tuən^{42}tsɿ^{0}

案板 ŋan$^{453-42}$pan^{213} 捏饺子用的板

案子 ŋan$^{453-24}$tsɿ^{0}

平屉 pʰiŋ^{42}tʰ（i–ie）^{13} 高粱秆编的蒸具

盖添$^{=}$kai$^{453-24}$tʰian^{0} 草编的锅盖

水缸 ʂuei$^{213-24}$kɑŋ^{42}

缸沿儿 kɑŋ$^{42-44}$iɐr^{453}

猪食缸 tʂu^{42}ʂʅ^{0}kɑŋ^{42}

泔水缸 kan^{42}ʂuei^{0}kɑŋ^{42}

泔水桶 kan^{42}ʂuei^{0}tʰuŋ^{213}

推刨 tʰuei$^{42-21}$pʰ（ɑu–ou）^{0}

刨花儿 pɑu$^{453-44}$xuar^{42}

推刨花儿 tʰuei$^{42-44}$pɑu$^{453-44}$xuar^{42}

拉锯 la$^{42-44}$tɕy^{453}

拉上锯儿 la$^{42-44}$ʂɑŋ$^{453-42}$tɕyər^{453}

拉下锯儿 la$^{42-44}$ɕia$^{453-42}$tɕyər^{453}

面糊 mian$^{453-21}$xu^{0} ①糨糊②白面、糖和水搅拌成的糖水

盛钱的家伙 tʂʰəŋ$^{42-44}$tɕʰian^{42}ti^{13} tɕia^{42}xuo^{0} 存钱罐

攒钱 tsan$^{213-24}$tɕʰian^{42}

喷水壶 pʰən$^{42-44}$ʂuei$^{213-24}$xu^{42}

弹棉花 tʰan$^{42-44}$niau^{42}x（ua–uo）^{13}

轧棉花 ia$^{453-44}$niau^{42}x（ua–uo）^{13}

顶针儿 tiŋ$^{213-21}$tʂər^{13}

线板儿 ɕian$^{453-42}$pɐr^{213} 绕线板

线团儿 ɕian$^{453-44}$tʰuɐr^{42}

纫针 ʐən$^{453-44}$tʂən^{42} 穿针

大针 ta$^{453-44}$tʂən^{42} 䌥被、纳鞋底的针

针鼻儿 tʂən$^{42-44}$piər^{213}

针尖儿 tʂən$^{42-44}$tɕiɐr^{42}

绣花儿针 ɕiou$^{453-44}$xuar$^{42-44}$tʂən^{42}

剁儿花儿针 tuɤr$^{453-42}$xuar$^{42-44}$tʂən^{42}

锥子 tʂuei^{42}tsɿ^{0}

大针茬子 ta$^{453-44}$tʂən$^{42-44}$tʂʰa^{42}tsɿ^{13} 锥子上的针

针锥子棒儿 tʂən$^{42-44}$tʂuei^{42}tsɿ^{0}par^{453}

□□ tʂʰən$^{213-21}$tʂʰən^{13} 缝麻袋的大针

衬 tʂʰən^{453}

补丁儿 pu$^{213-21}$（t–tʰ）iɤr^{13}

补补丁 pu$^{213-24}$pu$^{213-21}$（t–tʰ）iɤr^{13}

搓板儿 tsʰuo^{42}p（ɐr–ər）^{0}

棒槌儿 paŋ$^{453-21}$tʂʰuər^{0}

槌布 tʂʰuei$^{42-44}$pu^{453}

槌板儿石 tʂʰuei$^{42-44}$pɐr$^{213-24}$ʂʅ^{42}

铁坛= tʰie$^{213-24}$tʰan^{42} 粗铁丝

伞 san^{213}

雨伞 y$^{213-24}$san^{213}

旱伞 xan$^{453-42}$san^{213} 旧时遮阳伞

桐油 tʰuŋ$^{42-44}$iou^{42}

钢= 靠= 色儿 kaŋ$^{42-44}$kʰau$^{453-42}$ʂɐr^{213} 旧时遮阳伞的颜色，接近湖蓝色

晒晒 ʂai$^{453-24}$ʂai^{0}

洗一回 ɕi$^{213-24}$i$^{42-44}$xuei^{42}

洗两回 ɕi$^{213-24}$liaŋ$^{213-24}$xuei^{42}

抽= tʂʰou^{42} 洗

揉搓 ʐou^{42}tsʰuo^{13}

涮涮 ʂuan$^{453-24}$ʂuan^{0}

敨敨 tʰou^{42}tʰou^{13} 将衣服上的肥皂水洗掉

摆摆 pai$^{213-21}$pai^{13}

期= 抽 tɕʰi^{42}tʂʰou^{0} 缩水

褪色 tʰuei$^{453-42}$ʂai^{213}

浆布 tɕiaŋ$^{42-44}$pu^{453} 把布放在面水里浸泡，使之变硬

熨衣裳 yn$^{453-42}$i$^{42-21}$ʂ（aŋ–əŋ）^{0}

做衣裳 tsou$^{453-42}$i$^{42-21}$ʂ（aŋ–əŋ）^{0}

织衣裳 tʂʅ$^{213-24}$i$^{42-21}$ʂ（aŋ–əŋ）^{0}

送缯 suŋ$^{453-42}$tsəŋ^{453}

扔梭 ləŋ$^{42-44}$suo^{42}

扯布 tʂʰe$^{213-21}$pu^{453}

布料儿 pu$^{453-42}$liaur^{453}

缝衣裳 fəŋ$^{42-44}$i$^{42-21}$ʂ（aŋ–əŋ）^{0}

缭衣裳 liɑu$^{42-44}$i$^{42-21}$ʂ（ɑŋ–əŋ）^{0}

撙撙 tsuən$^{213-21}$tsuən^{13} 衣裳太大，用线缝上一部分

□ nɑŋ^{453} 指衣裳缝起来时鼓出的包

缠毛线 tʂʰan$^{42-44}$mɑu$^{42-44}$ɕian^{453}

尺码儿 tʂʰʅ$^{213-24}$mar^{213}

量尺寸儿 liɑŋ$^{42-44}$tʂʰʅ$^{213-21}$tsʰuər^{13}

画粉 xua$^{453-42}$fən^{213}

做被 tsou$^{453-42}$pei^{453}

繶 in^{213} 大针脚线

繶线 in$^{213-21}$ɕian^{453}

八、人品

爷儿几个子 iɤr$^{213-21}$tɕi^{13}kə$^{453-24}$tsɿ^{0}

娘儿几个子 niar$^{213-21}$tɕi^{13}kə$^{453-24}$tsɿ^{0}

哥儿几个子 kɤr$^{453-42}$tɕi$^{213-21}$kə$^{453-24}$tsɿ^{0}

姐儿几个子 tɕiɤr$^{213-21}$tɕi^{13}kə$^{453-24}$tsɿ^{0}

小孩子儿 ɕiɑu$^{213-24}$xai^{42}tsər^{13}

宝贝儿 pɑu$^{213-21}$pər^{13}

小子 ɕie$^{213-21}$tsɿ^{13} ①男孩②未婚男子

丫头 ia^{42}tʰou^{0} ①小女孩②纸牌里的红中

先生 ɕian^{42}ʂəŋ^{0} 旧时称呼老师、大夫、算账的都叫先生

教书的先生 tɕiɑu$^{42-44}$ʂu^{42}ti^{0}ɕian^{42}ʂəŋ^{0}

  教私塾的 tɕiɑu$^{42-44}$sɿ$^{42-44}$ʂu^{42}ti^{0}

  老师 lɑu$^{213-24}$ʂʅ^{42}

看病的先生 kʰan$^{453-42}$piŋ$^{453-21}$ti^{0}ɕian^{42}ʂəŋ^{0}

  大夫 tai$^{453-24}$fu^{0}

看茔地的先生 kʰan$^{453-42}$iŋ$^{42-21}$ti^{0}ti^{0}ɕian^{42}ʂəŋ^{0}

老娘子 lɑu$^{213-24}$niɑŋ^{42}tsɿ^{13} ①老太太②老婆

老爷子 lɑu$^{213-24}$ie^{42}tsɿ^{13}

  老头儿 lɑu$^{213-24}$tʰour^{213}

同岁 tʰuŋ^{42}suei^{13}

老家儿 lɑu$^{213-24}$tɕiar^{42}

年纪人儿 nian^{42}tɕi^{13}ʐər^{42}

  老人们 lɑu$^{213-24}$ʐən^{42}m（ən–i）^{13}

我爸爸 uo$^{213-24}$pa^{42}pa^{0}

我妈 uo$^{213-24}$ma^{42}

你儿子 ni$^{213-24}$ər^{42}tsɿ^{13}

你儿子媳妇儿 ni$^{213-24}$ər^{42}tsɿ^{13}ɕi$^{213-21}$f（ur–ər）^{13}

你闺女儿 ni$^{213-24}$kuei^{42}nyər^{0}

你姑爷 ni$^{213-24}$ku^{42}ie^{0}

家儿大哥 tɕiar^{42}ta$^{453-42}$kɤ^{453} 问话人比答话人小一辈

家儿大嫂子 tɕiar^{42}ta$^{453-42}$sɑu$^{213-21}$

tsɿ^{13} 问话人比答话人小一辈

家儿兄弟 tɕiar^{42}ɕiuŋ$^{42-21}$ti^{0} 问话人比答话人小一辈

家儿兄弟媳妇儿 tɕiar^{42}ɕiuŋ$^{42-21}$ti^{0}ɕi$^{213-21}$f（ur–ər）^{13}

家儿妹子 tɕiar^{42}mei$^{453-21}$tsɿ^{0} 问话人比答话人小一辈

家儿妹夫子 tɕiar^{42}mei$^{453-24}$fu^{0}tsɿ^{0}

我儿子 uo$^{213-24}$ər^{42}tsɿ^{13}

我闺女 uo$^{213-24}$kuei^{42}ny^{0}

你家我侄儿 ni$^{213-21}$tɕia^{13}uo$^{213-24}$tʂər^{213} 问话人和答话人同辈

你家那个少的 ni$^{213-21}$tɕia^{13}nei$^{213-21}$kə^{13}ʂɑu$^{453-24}$ti^{0} 问儿子

你家我侄儿媳妇儿 ni$^{213-21}$tɕia^{13}uo$^{213-24}$tʂər$^{213-24}$ɕi$^{213-21}$f（ur–ər）^{13}

你家我侄女儿 ni$^{213-21}$tɕia^{13}uo$^{213-24}$tʂʅ^{42}nyər^{13}

你家我侄女儿女婿 ni$^{213-21}$tɕia^{13}uo$^{213-24}$tʂʅ^{42}nyər^{13}ny$^{213-21}$ɕy^{13}

我们你侄儿 uo^{42}m（ən–i）^{0}ni$^{213-24}$tʂər^{213}

我们你孙子 uo^{42}m（ən–i）^{0}ni$^{213-24}$suən^{42}tsɿ^{0}

我们你大哥 uo^{42}m（ən–i）^{0}ni$^{213-21}$ta$^{453-42}$kɤ^{453}

我们你兄弟 uo^{42}m（ən–i）^{0}ni$^{213-24}$ɕiuŋ$^{42-21}$ti^{0}

城里人儿 tʂʰəŋ^{42}li^{13}ʐər^{42}

庄里人儿 tʂuaŋ^{42}li^{0}ʐər^{42}

土鳖 tʰu$^{213-21}$pie^{13} 没见过世面的人

势利眼 ʂʅ$^{453-42}$li$^{453-42}$ian^{213}

另识旁人 liŋ$^{453-24}$ʂʅ^{0}pʰɑŋ^{42}ʐən^{0} 外人

外地人 uai$^{453-24}$ti^{0}ʐən^{42}

侉子 kʰua$^{213-21}$tsɿ^{13} 指口音跟本地语音不同的外乡人

老呔儿 lɑu$^{213-24}$tʰɐr^{213} 外地人称操唐山口音的人

内行 nei$^{453-44}$xɑŋ^{42}

外行 uai$^{453-44}$xɑŋ^{42}

怄＝眼儿急 ŋou^{42}iɐr$^{213-24}$tɕi^{42} 总跟别人说不到一起去

牛皮匠儿 niou$^{42-44}$pʰi$^{42-44}$tɕiar^{453} 说大话的人

吹牛皮 tʂʰuei$^{42-44}$niou$^{42-44}$pʰi^{42} 吹牛

日本子 ʐʅ$^{453-42}$pən$^{213-21}$tsɿ^{13} 日本人

外国人 uai$^{453-24}$kuo^{0}ʐən^{42}

死对头 sɿ$^{213-21}$tuei$^{453-24}$tʰou^{0}

大老粗儿 ta$^{453-42}$lɑu$^{213-24}$tsʰur^{42}

管家 kuan$^{213-21}$tɕia^{13}

伙计 xuo$^{213-21}$（tɕ–tɕʰ）i^{13} ①长工 ②关系好的朋友或夫妻间互称

大师傅 ta$^{453-24}$ʂʅ^{0}fu^{0} 厨师

伙事员 xuo$^{213-21}$ʂʅ^{0}yan^{42}

掌头勺儿的 tʂɑŋ$^{213-21}$tʰou$^{42-44}$ʂɑur$^{213-21}$ti^{13}

饲养员 sɿ$^{453-42}$iɑŋ$^{213-24}$yan^{42}

园头 yuan^{42}tʰou^{0} 管理菜园子的人

庄主 tʂuɑŋ$^{42-44}$tʂu^{213} 爱操持事、在庄里极受尊敬的人

奶妈子 nai$^{213-24}$ma^{42}tsɿ^{0}

老妈 lɑu$^{213-24}$ma^{42} 干妈

老鳖$^{=}$ lɑu$^{213-24}$pie^{42} 干爸

干亲家 kan$^{42-44}$tɕʰiŋ$^{453-24}$tɕia^{0}

过房 kuo$^{453-24}$f（ɑŋ–əŋ）^{0} 过继

抱养 pɑu$^{453-42}$iɑŋ^{213}

听差儿的 tʰiŋ$^{42-44}$tʂʰɐr^{42}ti^{0}

使唤丫头 ʂɿ$^{213-21}$x（uan–uən）^{13}ia^{42}tʰou^{0}

佣人 iuŋ$^{453-24}$ʐən^{0}

长工 tʂʰɑŋ$^{42-44}$kuŋ^{42}

打头的 ta$^{213-24}$tʰou^{42}ti^{13} 长工的工头

短工 tuan$^{213-24}$kuŋ^{42} 半年

干零活儿的 kan$^{453-44}$liŋ$^{42-44}$xuɤr$^{213-21}$ti^{13}

小工儿 ɕiɑu$^{213-24}$kuɤr^{42}

庄稼佬儿 tʂuɑŋ$^{42-21}$tɕia^{0}lɑur^{213}

庄稼人儿 tʂuɑŋ$^{42-21}$tɕia^{0}ʐər^{42}

农民 nəŋ^{42}min^{0}

使活 ʂɿ$^{213-24}$xuo^{42} 雇工人帮忙干活

手艺人 ʂou$^{213-21}$i^{13}ʐən^{42}

做买卖的 tsou$^{453-42}$mai$^{213-21}$mai^{13}ti^{0}

小贩儿 ɕiɑu$^{213-21}$fɐr^{453}

货郎 xuo$^{453-21}$l（ɑŋ–əŋ）^{0}

挑八根绳儿的 tʰiɑu$^{42-44}$pa$^{42-44}$kən$^{42-44}$ʂɤr$^{213-21}$ti^{13} 在海边挑运海货的人

活计 xuo$^{42-21}$tɕi^{0} 统称男人做的体力活儿和女人做的针线活

做活计 tsou$^{453-42}$xuo$^{42-21}$tɕi^{0}

庄稼活儿 tʂuɑŋ$^{42-21}$tɕia^{0}xuɤr^{213} 地里的活

营生 iŋ^{42}ʂəŋ^{13} 专指女人做的针线活

体己话儿 tʰi$^{213-21}$（tɕ–ɕ）i^{13}xuar^{453} 私房话

体己钱儿 tʰi$^{213-21}$（tɕ–ɕ）i^{13}tɕʰiɐr^{42} 私房钱

做营生 tsou$^{453-44}$iŋ^{42}ʂəŋ^{13}

学营生 ɕiɑu$^{42-44}$iŋ^{42}ʂəŋ^{13}

当兵的 tɑŋ$^{42-44}$piŋ^{42}ti^{0}

警察 tɕiŋ$^{213-24}$tʂʰa^{42}

学生 ɕiɑu^{42}ʂəŋ^{13}

小学生儿 ɕiɑu$^{213-24}$ɕiɑu^{42}ʂɤr^{13}

学生们 ɕiɑu^{42}ʂəŋ^{13}m（ən–i）^{0}

同学 tʰuŋ$^{42-44}$ɕiɑu^{42}

书香门第 ʂu$^{42-44}$ɕiɑŋ$^{42-44}$mən$^{42-21}$ti^{0}

大人家儿 ta$^{453-24}$ʐən^{42}tɕ（iar–iər）^{13} 有钱有势的人家

趁人家儿 tʂʰən$^{453-44}$ʐən^{42}tɕ（iar–iər）^{13} 有钱的人家

好人家儿 xɑu$^{213-24}$ʐən^{42}tɕ（iar–iər）^{13}

官宦人家儿 kuan$^{42-21}$xuan^{0}ʐən^{42}tɕ（iar–iər）^{13}

穷人 tɕʰiuŋ^{42}ʐən^{0}

暴发户儿 pɑu$^{453-44}$fa$^{42-44}$xur^{453}

老抠儿 lɑu$^{213-24}$kʰour^{42}

下小的 ɕia$^{453-42}$ɕiɑu$^{213-21}$ti^{13} 爱占便宜的人

人精 ʐən$^{42-44}$tɕiŋ^{42} 精明的人

急灵子 tɕi$^{42-44}$liŋ^{42}tsɿ^{13} 急性子

蘑菇将 muo^{42}ku^{13}tɕiɑŋ^{453} 行动迟缓，拖延时间的人

　大老慢儿 ta$^{453-42}$lɑu$^{213-21}$mɐr^{453}

柴头 tʂʰai^{42}tʰou^{13}

　窝囊废 uo^{42}nɑŋ^{0}fei^{453}

败儿家咧 pɐr$^{453-44}$tɕia^{42}liɛ^{0}

败家子儿 pai$^{453-44}$tɕia$^{42-44}$tsər^{213}

经纪 tɕiŋ^{42}tɕi^{0} 做生意

牲口经纪 ʂəŋ^{42}kʰou^{0}tɕiŋ^{42}tɕi^{0} 专做牲口买卖

吹不$^{=}$对$^{=}$儿凳$^{=}$儿的 tʂʰuei$^{42-44}$pu$^{42-44}$t（uər–ər）$^{42-44}$tɤr$^{453-24}$ti^{0}

拉花儿的 la$^{42-44}$xuar^{42}ti^{0} 扭秧歌时，拿着手巾和扇子在内圈跳的人，通常是女性

跳丑儿的 tʰiɑu$^{453-42}$tʂʰour$^{213-21}$ti^{13} 扭秧歌时，拿着烟袋在外圈跳的人，通常是男性

武丑儿 u$^{213-24}$tʂʰour^{213}

碾精 nian$^{213-24}$tɕiŋ^{42} 修碾的师傅

锔锅的 tɕy$^{213-24}$kuo^{42}ti^{0} 补锅的人

好处钱 xɑu$^{213-21}$tʂʰu^{13}tɕʰian^{42}

老娘 lɑu$^{213-21}$n（iɑŋ–iŋ）^{13} 接生婆

光棍儿 kuɑŋ$^{42-21}$kuər^{0} 单身汉

大闺女 ta$^{453-44}$kuei^{42}ny^{0} 大龄未婚女

　坐尽女儿 tsuo$^{453-42}$tɕ（in–yn）$^{453-42}$nyər^{213}

二婚 ər$^{453-44}$xuən^{42}

犯人 fan$^{453-44}$ʐən^{42}

班头儿 pan^{42}tʰour^{0} 管理囚犯的领头人

骗子 pʰian$^{453-24}$tsɿ^{0}

拍麻花儿的 pʰai$^{42-44}$ma$^{42-44}$xuar^{42}ti^{0}

　人贩子 ʐən$^{42-44}$fan$^{453-21}$tsɿ^{0}

二流子 ər$^{453-44}$liou^{42}tsɿ^{0}

土匪 tʰu$^{213-24}$fei^{213}

小偷儿 ɕiɑu$^{213-24}$tʰour^{42}

放风儿的 fɑŋ$^{453-44}$fuɤr$^{42-44}$ti^{0} 盗窃时负责观望周围环境的人

踩道儿呢 tʂʰai$^{453-42}$tɑur$^{453-21}$ni^{0} 盗窃之前的侦查行动

做贼 tsou$^{453-44}$tsei^{42}

逮小偷儿 tai$^{213-24}$ɕiɑu$^{213-24}$tʰour^{42}

劫道儿 tɕie$^{42-44}$tɑur^{453} 抢劫

　打杠子 ta$^{213-21}$kɑŋ$^{453-24}$tsɿ^{0}

窑子 iɑu^{42}tsɿ^{13}

窑子娘儿们儿 iɑu^{42}tsɿ^{13}niar$^{213-21}$

mər^{13}

逛窑子 kuɑŋ$^{453-44}$iɑu^{42}tsɿ^{13}

老鸨子 lɑu$^{213-24}$pɑu$^{213-21}$tsɿ^{13}

嫖客儿 pʰiɑu$^{42-21}$kʰɤr^{0}

胎里坏 tʰai^{42}li^{0}xuai^{453} 两面派

模样儿 mu$^{42-21}$（iar–iɤr）^{0}

人了个儿的 ʐən^{42}lə^{0}kɤr$^{453-24}$ti^{0} 统称相貌和体型

细高个儿 ɕi$^{453-44}$kɑu$^{42-44}$kɤr^{453}

岁数 suei$^{453-24}$ʂu^{0}

年纪儿 nian^{42}tɕiər^{13}

三十唧当岁儿 san^{42}ʂʅ^{0}l（ɑŋ–əŋ）$^{42-44}$t（ɑŋ–əŋ）$^{42-44}$suər^{453} 三十岁左右（二十、三十、四十岁后都可加“唧当岁儿”）

五十上下岁儿 u$^{213-21}$ʂʅ^{13}ʂɑŋ$^{453-42}$ɕia$^{453-42}$suər^{453} 五十岁左右

硬手儿 iŋ$^{453-42}$ʂour^{213} 熟练工

软手儿 ʐuan$^{213-24}$ʂour^{213} 非熟练工

九、亲属

爸爸 pa^{42}pa^{0}

妈 ma^{42}

大大 ta$^{453-24}$ta^{0} 伯父

大大大 ta$^{453-42}$ta$^{453-24}$ta^{0}

二大大 ər$^{453-42}$ta$^{453-24}$ta^{0}

大妈 ta$^{453-44}$ma^{42} 伯母

二妈 ər$^{453-44}$ma^{42}

叔 ʂou^{42}

二叔 ər$^{453-44}$ʂou^{42}

老叔 lɑu$^{213-24}$ʂou^{42}

婶儿 ʂər^{213}

姥爷 lɑu$^{213-21}$ie^{13}

姥姥 lɑu$^{213-21}$lɑu^{13}

爷 ie^{213}

　爷爷 ie^{42}ie^{13}

奶奶 nai$^{213-21}$nai^{13}

太姥爷 tʰai$^{453-42}$lɑu$^{213-21}$ie^{13} 曾外祖父

太姥姥 tʰai$^{453-42}$lɑu$^{213-21}$lɑu^{13} 曾外祖母

老太爷 lɑu$^{213-21}$tʰai$^{453-42}$ie^{213} 曾祖父

老太太 lɑu$^{213-21}$tʰai$^{453-24}$tʰai^{0} 曾祖母

大儿子 ta$^{453-44}$ər^{42}tsɿ^{13}

二儿子 ər$^{453-44}$ər^{42}tsɿ^{13}

三儿子 san$^{42-44}$ər^{42}tsɿ^{13}

老儿子 lɑu$^{213-24}$ər^{42}tsɿ^{13} 最小的儿子

　老生子 lɑu$^{213-24}$ʂəŋ$^{42-44}$tsɿ^{213}

　老疙瘩 lɑu$^{213-24}$ka^{42}t（a–ə）^{0}

儿子媳妇儿 ər^{42}tsɿ^{13}ɕi$^{213-21}$f（ur–ər）^{13}

闺女 kuei^{42}ny^{0}

老闺女儿 lɑu$^{213-24}$kuei^{42}nyər^{0} 最小的女儿

老小 lɑu$^{213-24}$ɕiɑu^{213} 最小的儿子或

女儿

姑爷 ku^{42}ie^{0}

丈人 tʂɑŋ$^{453-21}$ʐən^{0}

丈母娘 tʂɑŋ$^{453-21}$（m–p）（u–ə）^{0}niɑŋ^{42}

鳖$^{=}$ pie^{42} 背称丈夫的父亲

婆婆 pʰuo^{42}pʰuo^{13}

婶婆婆 ʂən$^{213-24}$pʰuo^{42}pʰuo^{13} 媳妇背称婆婆的弟妹

伯娘婆婆 pai$^{213-21}$niɑŋ^{13}pʰuo^{42} pʰuo^{13} 媳妇背称婆婆的大嫂

奶奶婆婆 nai$^{213-21}$nai^{13}pʰuo^{42} pʰuo^{13} 丈夫的奶奶

爷公公 ie$^{213-24}$kuŋ$^{42-21}$kuŋ^{0} 丈夫的爷爷

孙子 suən^{42}tsɿ^{0}

孙子媳妇儿 suən^{42}tsɿ^{0}ɕiː$^{213-21}$f（ur–ər）^{13}

孙女儿 suən^{42}nyər^{0}

孙女儿女婿 suən^{42}nyər^{0}ny$^{213-21}$ɕy^{13}

重孙子 tʂʰuŋ$^{42-44}$suən^{42}tsɿ^{0}

重孙子媳妇儿 tʂʰuŋ$^{42-44}$suən^{42}tsɿ^{0}ɕiː$^{213-21}$f（ur–ər）^{13}

重孙女儿 tʂʰuŋ$^{42-44}$suən^{42}nyər^{0}

重孙女儿女婿 tʂʰuŋ$^{42-44}$suən^{42}nyər^{0}ny$^{213-21}$ɕy^{13}

重外甥 tʂʰuŋ$^{42-44}$uaiː$^{453-21}$ʂəŋ^{0} 重外孙

重外甥媳妇儿 tʂʰuŋ$^{42-44}$uaiː$^{453-21}$ʂəŋ^{0}ɕiː$^{213-21}$f（ur–ər）^{13} 重外孙媳妇

重外甥女儿 tʂʰuŋ$^{42-44}$uaiː$^{453-21}$ʂəŋ^{0}nyər^{213} 重外孙女

重外甥女儿女婿 tʂʰuŋ$^{42-44}$uaiː$^{453-21}$ʂəŋ^{0}nyər$^{213-21}$ny$^{213-21}$ɕy^{13} 重外孙女婿

舅 tɕiou^{453}

妗子 tɕin$^{453-21}$tsɿ^{0}

外甥 uaiː$^{453-21}$ʂəŋ^{0} ①外甥②外孙

外甥女儿 uaiː$^{453-21}$ʂəŋ^{0}nyər^{213} ①外甥女②外孙女

外甥媳妇儿 uaiː$^{453-21}$ʂəŋ^{0}ɕiː$^{213-21}$f（ur–ər）^{13} ①外甥媳妇②外孙媳妇

外甥女儿女婿 uaiː$^{453-21}$ʂəŋ^{0}nyər$^{213-24}$ny$^{213-21}$ɕy^{13} ①外甥女女婿②外孙女女婿

儿子 ər^{42}tsɿ^{13}

姑 ku^{453}

姑父 ku$^{42-21}$fu^{0}

姨 i^{42}

大姨 ta$^{453-44}$iː^{42}

老姨 lɑu$^{213-24}$iː^{42}

姨父 i^{42}fu^{13}

哥儿几个 kɤr$^{453-42}$tɕi$^{213-21}$kə^{13}

姐儿几个 tɕiɤr$^{213-24}$tɕiː$^{213-21}$kə^{13}

哥 kɤ^{453}

大哥 ta$^{453-42}$kɤ^{453}

二哥 ər$^{453-42}$kɤ^{453}

嫂子 sɑu$^{213-21}$tsɿ^{13}

兄弟 ɕiuŋ$^{42-21}$ti^{0}

兄弟媳妇儿 ɕiuŋ$^{42-21}$ti^{0}ɕi$^{213-21}$f（ur–ər）^{13}

姐 tɕie^{213}

姐夫 tɕie$^{213-21}$fu^{13}

妹子 mei$^{453-21}$tsɿ^{0}

妹夫子 mei$^{453-24}$fu^{0}tsɿ^{0}

亲兄弟 tɕʰin$^{42-44}$ɕiuŋ$^{42-21}$ti^{0}

亲叔伯 tɕʰin$^{42-44}$ʂu^{42}pai^{0} 亲兄弟所生子女之间的关系

叔伯 ʂu^{42}pai^{0} 亲叔伯所生子女之间的关系

堂叔伯 tʰɑŋ$^{42-44}$ʂu^{42}pai^{0} 叔伯所生子女之间的关系

出五服咧 tʂʰu$^{42-44}$u$^{213-24}$fu^{42}liɛ^{13} 五代之外的关系

耷拉孙儿 ta^{42}l（ɑ–ə）^{0}suər^{42} 重孙子以下的辈分

亲姐妹儿 tɕʰin$^{42-44}$tɕie$^{213-21}$mər^{453}

姨娘亲 i^{42}niɑŋ^{13}tɕʰin^{42}

连姐妹 lian$^{42-44}$tɕie$^{213-21}$mei^{453} 表姐妹

连姐 lian$^{42-44}$tɕie^{213}

连妹 lian$^{42-44}$mei^{453}

连兄弟儿 lian$^{42-44}$ɕiuŋ$^{42-44}$tiər^{453} 表兄弟

连兄 lian$^{42-44}$ɕiuŋ^{42}

连弟 lian$^{42-44}$ti^{453}

老姑 lɑu$^{213-21}$ku^{453} 父母的姑

老姑父 lɑu$^{213-24}$ku$^{42-21}$fu^{0} 父母的姑父

姨姥姥 i$^{42-44}$lɑu$^{213-21}$lɑu^{13} 父母的姨

姨姥爷 i$^{42-44}$lɑu$^{213-21}$ie^{13} 父母的姨夫

老爷们儿 lɑu$^{213-24}$ie^{42}mər^{13} 丈夫

当家的 tɑŋ$^{42-44}$tɕia^{42}ti^{0}

老娘子 lɑu$^{213-24}$niɑŋ^{42}tsɿ^{13} 老婆

内人 nei$^{453-44}$ʐən^{42}

夫妻 fu$^{42-44}$tɕʰi^{42}

头房 tʰou$^{42-44}$fɑŋ^{42}

二房 ər$^{453-44}$fɑŋ^{42}

续闺女 ɕy$^{453-44}$kuei^{42}ny^{0} 亲闺女死了，姑爷又说一个媳妇，头房闺女的父母称这个闺女叫做“续闺女”

大伯儿伯儿 ta$^{453-44}$pɐr^{42}pɐr^{0} 夫哥

二大伯儿伯儿 ər$^{453-44}$ta$^{453-44}$pɐr^{42}pɐr^{0}

小叔儿 ɕiɑu$^{213-21}$ʂour^{13} 夫弟

二小叔儿 ər$^{453-42}$ɕiɑu$^{213-21}$ʂour^{13}

老叔儿 lɑu$^{213-21}$ʂour^{13}

大姑儿 ta$^{453-21}$k（ur–uər）^{0} 夫姐

小姑儿 ɕiɑu$^{213-21}$k（ur–uər）^{13} 夫妹

老嫂子 lɑu$^{213-24}$sɑu$^{213-21}$tsɿ^{13} 小叔对年纪大的嫂子的尊称

小舅子 ɕiɑu$^{213-21}$tɕiou$^{453-21}$tsɿ^{0} 妻弟

大舅子 ta$^{453-42}$tɕiou$^{453-21}$tsɿ^{0} 妻哥

二大舅子 ər$^{453-42}$ta$^{453-42}$tɕiou$^{453-21}$tsɿ^{0}

大姨子 ta$^{453-44}$i^{42}tsɿ^{13} 妻姐

二大姨子 ər$^{453-42}$ta$^{453-44}$i^{42}tsɿ^{13}

小姨子 ɕiau$^{213-24}$i^{42}tsɿ^{13} 妻妹

　小姨儿 ɕiau$^{213-24}$iər^{213}

二小姨子 ər$^{453-42}$ɕiau$^{213-24}$i^{42}tsɿ^{13}

妻侄 tɕʰi$^{42-44}$tʂʅ^{42}

妻侄女儿 tɕʰi$^{42-44}$tʂʅ^{42}nyər^{13}

一担挑 i$^{42-44}$tan$^{453-44}$tʰiau^{42} 姐姐的丈夫和妹妹的丈夫之间的亲戚关系

　挑担 tʰiau$^{42-21}$t（an–ən）^{0}

　一般沉儿 i$^{42-44}$pan$^{42-44}$tʂʰər^{42}

妯娌 tʂou^{42}li^{13}

排行 pʰai$^{42-44}$xaŋ^{42}

辈分 pei$^{453-24}$fən^{0}

长辈儿 tʂaŋ$^{213-21}$pər^{13}

小辈儿 ɕiau$^{213-21}$pər^{13}

　晚辈儿 uan$^{213-21}$pər^{13}

一个辈儿 i^{42}kə^{0}pər^{453}

孙子辈儿 suən^{42}tsɿ^{0}pər^{453}

爷爷辈儿 ie^{42}ie^{13}pər^{453}

亲家 tɕʰiŋ$^{453-24}$tɕia^{0} ①两家儿女相婚配的亲戚关系②亲家公

亲家母 tɕʰiŋ$^{453-24}$tɕia^{0}mu^{213}

亲戚 tɕʰin^{42}tɕʰi^{0}

串亲戚 tʂʰuan$^{453-44}$tɕʰin^{42}tɕʰi^{0}

后妈 xou$^{453-44}$ma^{42} 继母

后爸爸 xou$^{453-44}$pa$^{453-42}$pa^{0} 继父

　后鳖$^{=}$ xou$^{453-44}$pie^{42}

带葫芦儿 tai$^{453-42}$xu^{42}lur^{213} 父亲死了，母亲带着的孩子

先撇的 ɕian$^{42-44}$pʰie^{42}ti^{0} 母亲死了，由父亲带着的孩子

母生儿 mu$^{213-21}$ʂɤr^{13} 因父去世未曾见过父面的孩子

童养着 tʰuŋ$^{42-44}$iaŋ$^{213-21}$tʂə^{13}

童养媳妇儿 tʰuŋ^{42}iaŋ^{13}ɕi$^{213-21}$f（ur–ər）^{13}

养老婿 iaŋ$^{213-21}$lau^{13}ɕy^{453} 上门女婿

　养老女婿 iaŋ$^{213-21}$lau^{13}ny$^{213-21}$ɕy^{13}

寡妇 kua$^{213-21}$fu^{13}

守寡 ʂou$^{213-24}$kua^{213}

侄儿 tʂər^{213}

侄女儿 tʂʅ^{42}nyər^{13}

十、身体

身子 ʂən^{42}tsɿ^{0}

　身板儿 ʂən$^{42-44}$per^{213}

脑袋 nau$^{213-21}$t（ai–ei）^{13}

奔儿楼 pər$^{42-21}$lou^{0} 额头

奔儿楼头 pər$^{42-21}$lou^{0}tʰou^{42}

秃疮脑袋 tʰu$^{42-44}$tʂʰuaŋ$^{42-44}$nau$^{213-21}$

t（ai–ei）^{13}

秃疮 tʰu$^{42-44}$tʂʰuɑŋ^{42}

秃子 tʰu^{42}tsɿ^{0}

秃顶 tʰu$^{42-44}$tiŋ^{213}

鬓角儿 pin$^{453-42}$tɕiɑur^{213}

鬓角儿秃咧 pin$^{453-42}$tɕiɑur$^{213-24}$tʰu^{42}liɛ^{0}

鬼剃头 kuei$^{213-21}$tʰi$^{453-44}$tʰou^{42}

头顶 tʰou$^{42-44}$tiŋ^{213}

后脑勺儿 xou$^{453-42}$nɑu$^{213-24}$ʂɑur^{213}

脖子 puo^{42}tsɿ^{13}

脖颈子 puo$^{42-44}$kəŋ$^{213-21}$tsɿ^{13} 脖子后面

掴后脑勺儿 kuai$^{42-44}$xou$^{453-42}$nɑu$^{213-24}$ʂɑur^{213} 打后脑勺

馋窝儿 tʂʰan^{42}uɤr^{13} 颈窝

头发 tʰou^{42}f（a–ə）^{13}

头发梢儿 tʰou^{42}f（a–ə）^{13}ʂɑur^{42}

少白头 ʂɑu$^{453-44}$pai$^{42-44}$tʰou^{42}

脱头发 tʰuo$^{42-44}$tʰou^{42}f（a–ə）^{13}

　掉头发 tiɑu$^{453-44}$tʰou^{42}f（a–ə）^{13}

居$^{=}$留$^{=}$儿发 tɕy^{42}liour^{0}fa^{213} 卷发

鬏儿 tɕiour^{42}

纂儿 tsuɐr^{213} 挽在脑后的发髻

纂儿网儿 tsuɐr$^{213-24}$uar^{213} 绑头发的网

马尾辫子 ma$^{213-24}$uei$^{213-21}$pian$^{453-21}$tsɿ^{0}

胎毛儿 tʰai^{42}mɑur^{0}

麻$^{=}$麻$^{=}$苏$^{=}$儿 ma^{42}ma^{13}sur^{42} 刘海

开岔儿咧 kʰai$^{42-44}$tʂʰar$^{453-24}$liɛ^{0} 头发分岔

虎$^{=}$皮 xu$^{213-21}$pʰi^{13} 头皮屑

囟门子 ɕin$^{453-44}$mən^{42}tsɿ^{13}

脸 lian^{213}

脸蛋儿 lian$^{213-21}$tɐr^{453}

皮肤 pʰi^{42}fu^{13}

褶子 tʂe$^{213-21}$tsɿ^{13}

颧骨 tɕʰyan^{42}ku^{13}

酒坑儿 tɕiou$^{213-21}$kʰɤr^{453}

人中 ʐən$^{42-44}$tʂuŋ^{42}

腮帮子 sai$^{42-44}$pɑŋ^{42}tsɿ^{0}

眼 ian^{213}

眼眶儿 ian$^{213-21}$kʰuar^{453}

眼珠儿 ian$^{213-24}$tʂur^{42}

白眼珠儿 pai$^{42-44}$ian$^{213-24}$tʂur^{42}

黑眼珠儿 xei$^{42-44}$ian$^{213-24}$tʂur^{42}

瞳仁儿 tʰuŋ$^{42-44}$ʐər^{42}

眵目糊 tʂʰʅ^{42}m（u–ə）^{0}xu^{42} 眼屎

眼犄角儿 ian$^{213-24}$tɕi$^{42-44}$tɕiɑur^{213}

大眼角儿 ta$^{453-42}$ian$^{213-24}$tɕiɑur^{213} 内眼角

小眼角儿 ɕiɑu$^{213-24}$ian$^{213-24}$tɕiɑur^{213} 外眼角

眼泪窝儿 ian$^{213-21}$lei$^{453-44}$uɤr^{42}

泪窝儿浅 lei$^{453-44}$uɤr$^{42-44}$tɕʰian^{213}

泪窝儿深 lei$^{453-44}$uɤr$^{42-44}$ʂən^{42}

眼圈儿 ian$^{213-24}$tɕʰyɐr^{42}

眼泪儿 ian$^{213-21}$lər^{453}

眼皮儿 ian$^{213-24}$pʰiər^{213}

单眼皮儿 tan$^{42-44}$ian$^{213-24}$pʰiər^{213}

双眼皮儿 ʂuɑŋ$^{42-44}$ian$^{213-24}$pʰiər^{213}

上眼皮儿 ʂɑŋ$^{453-42}$ian$^{213-24}$pʰiər^{213}

下眼皮儿 ɕia$^{453-42}$ian$^{213-24}$pʰiər^{213}

肉眼泡子 ʐou$^{453-42}$ian$^{213-24}$pʰɑu^{42}tsɿ^{0}

　肉眼泡儿 ʐou$^{453-42}$ian$^{213-24}$pʰɑur^{42}

眍了眼儿 kʰou^{42}lə^{0}iɐr^{213} 眼睛凹陷

眼支$^{=}$毛儿 ian$^{213-21}$tʂʅ^{13}mɑur^{213} 睫毛

眼支$^{=}$眉 ian$^{213-21}$tʂʅ^{13}mei^{42} 眉毛

皱眉 tʂou$^{453-44}$mei^{42}

皱纹儿 tʂou$^{453-44}$uər^{42}

鼻子 pi^{42}tsɿ^{13}

鼻子梁儿 pi^{42}tsɿ^{13}liar^{213}

鼻子窝儿 pi^{42}tsɿ^{13}uɤr^{42}

脓带 nəŋ^{42}t（ai–ei）^{13} 鼻涕

脓带嘎渣儿 nəŋ^{42}t（ai–ei）^{13}ka$^{42-21}$tʂ（ar–ɤr）^{0} 干鼻涕

清脓带 tɕʰiŋ$^{42-44}$nəŋ^{42}t（ai–ei）^{13}

黄脓带 xuɑŋ$^{42-44}$nəŋ^{42}t（ai–ei）^{13}

□□脓带 la$^{453-24}$l（a–ə）^{0}nəŋ^{42}t（ai–ei）^{13} 流鼻涕

鼻子尖儿 pi^{42}tsɿ^{13}tɕiɐr^{42} 鼻尖儿

鼻子尖 pi^{42}tsɿ^{13}tɕian^{42} 嗅觉好

酒糟鼻子 tɕiou$^{213-24}$tsɑu$^{42-44}$pi^{42}tsɿ^{13} 鼻子上长疙瘩儿

红鼻子尖儿 xuŋ$^{42-44}$pi^{42}tsɿ^{13}tɕiɐr^{42} 鼻尖儿上红红的

鼻子眼儿 pi^{42}tsɿ^{13}iɐr^{213}

鼻孔 pi$^{42-44}$kʰuŋ^{213}

鼻毛 pi$^{42-44}$mɑu^{42}

齉齉儿鼻子 nɑŋ$^{453-42}$nar$^{453-44}$pi^{42}tsɿ^{13}

嘴 tsuei^{213}

打嘴巴 ta$^{213-24}$tsuei$^{213-21}$pa^{453}

嘴唇 tsuei$^{213-24}$ʂən^{42}

吐沫 tʰu$^{453-24}$m（uo–i）^{0}

吐沫星子 tʰu$^{453-24}$m（uo–i）^{0}ɕiŋ^{42}tsɿ^{0}

吐吐沫 tʰu$^{453-42}$tʰu$^{453-24}$m（uo–i）^{0}

□涎 ɕi^{42}ɕ（ian–in）^{13} 口水

□□□涎 la$^{453-24}$l（a–ə）^{0}ɕi^{42}ɕ（ian–in）^{13} 流口水

舌头 ʂe^{42}tʰou^{13}

舌头尖儿 ʂe^{42}tʰou^{13}tɕiɐr^{42}

舌苔 ʂe$^{42-44}$tʰai^{42}

大舌头儿 ta$^{453-44}$ʂe^{42}tʰour^{13}

咬舌子 iɑu$^{213-24}$ʂe^{42}tsɿ^{13}

小舌头儿 ɕiɑu$^{213-24}$ʂe^{42}tʰour^{13}

牙 ia^{42}

出牙咧 tʂʰu$^{42-44}$ia^{42}liɛ^{13}

宝牙 pɑu$^{213-24}$ia^{42} 虎牙

换牙 xuan$^{453-44}$ia^{42}

门牙 mən^{42}ia^{0}

大牙 ta$^{453-44}$ia^{42}

牙锈 ia$^{42-44}$ɕiou^{453}

芝麻牙 tʂʅ$^{42-21}$m（a–ə）^{0}ia^{42} 小而密的牙

狗吃牙 kou$^{213-24}$tʂʰʅ$^{42-44}$ia^{42} 不齐整的牙

牙床子 ia$^{42-44}$tʂʰuɑŋ^{42}tsɿ^{13}

牙口儿好 ia^{42}kʰour^{13}xɑu^{213}

牙好 ia$^{42-44}$xɑu^{213}

牙口儿不好 ia^{42}kʰour^{13}pu$^{42-44}$xɑu^{213}

牙坏咧 ia$^{42-44}$xuai$^{453-21}$liɛ^{0}

牙疼 ia$^{42-44}$tʰəŋ^{42}

拔牙 pa$^{42-44}$ia^{42}

牙掉咧 ia$^{42-44}$tiɑu$^{453-21}$liɛ^{0}

镶牙 ɕiɑŋ$^{42-44}$ia^{42}

剔牙 tʰi$^{453-44}$ia^{42}

虫子牙 tʂʰuŋ^{42}tsɿ^{13}ia^{42}

牙□儿 ia$^{42-44}$tʂʰɐr^{453} 牙齿掉下来的一块儿

牙齿炸开咧 ia$^{42-44}$tʂʰʅ$^{213-21}$tʂa$^{453-24}$kʰai^{0}liɛ^{0} 牙齿开裂了

大呲牙 ta$^{453-44}$tsʰɿ$^{42-44}$ia^{42} 龅牙

耳朵 ər$^{213-21}$t（uo–ou）^{13}

耳朵根儿 ər$^{213-21}$t（uo–ou）^{13}kər^{42}

耳朵眼儿 ər$^{213-21}$t（uo–ou）^{13}iɐr^{213}

耳朵边儿 ər$^{213-21}$t（uo–ou）^{0}piɐr^{42}

耳垂儿 ər$^{213-24}$tʂʰuər^{42}

扎耳朵眼儿 tʂa$^{42-44}$ər$^{213-21}$t（uo–ou）^{13}iɐr^{213}

肉揪儿 ʐou$^{453-44}$tɕiour^{42} 耳朵周围的小肉球儿

藏窝儿 tsʰɑŋ^{42}uɤr^{13} 耳垂上的小洞

耳残 ər$^{213-24}$tsʰan^{42} 耳屎

泞耳残 nəŋ$^{453-42}$ər$^{213-24}$tsʰan^{42}

干耳残 kan$^{42-44}$ər$^{213-24}$tsʰan^{42}

掏耳朵 tʰɑu$^{42-44}$ər$^{213-21}$t（uo–ou）^{13}

掴耳刮子 kuai$^{42-44}$ər$^{213-24}$kua^{42}tsɿ^{0} 打耳光

耳朵沉 ər$^{213-21}$t（uo–ou）^{13}tʂʰən^{42} 年轻人听力不好

耳朵聋 ər$^{213-21}$t（uo–ou）^{13}luŋ^{42} 老年人听力不好

下巴 ɕia$^{453-21}$p（a–ə）^{0}

嗓口眼儿 sɑŋ$^{213-21}$kʰ（ou–ə）^{13}iɐr^{213}

喉咙 xou^{42}luŋ^{13}

嗉子 su$^{453-24}$tsɿ^{0} ①喉结②鸡胗

胡子 xu^{42}tsɿ^{13}

连毛儿胡子 lian$^{42-44}$mɑur^{13}xu^{42}tsɿ^{13} 络腮胡

狗羊胡子 kou$^{213-21}$iɑŋ^{13}xu^{42}tsɿ^{13} 山羊胡

顶 tiŋ^{213} 头顶的旋

旋儿 ɕyɐr^{453} 头顶以外的其他旋

手纹 ʂou$^{213-24}$uən^{42}

斗 tou^{213} 斗形指纹

簸箕 puo$^{453-24}$（tɕ–ɕ）i^{0} 簸箕形指纹

寒毛 xan^{42}mɑu^{0}

寒毛眼儿 xan^{42}mɑu^{0}iɐr^{213}

肩膀 tɕian^{42}p（ɑŋ–ə）^{0}

　肩膀子 tɕian$^{42-44}$pɑŋ$^{213-21}$tsɿ^{13}

　肩膀儿 tɕian$^{42-44}$par^{213}

肩膀头儿窝 tɕian^{42}p（ɑŋ–ə）^{0}tʰour$^{213-24}$uo^{42}

梭子骨 suo^{42}tsɿ^{0}ku^{213} 锁骨

脊梁 tɕi$^{213-21}$（l–n）（iɑŋ–iŋ）^{13}

脊梁骨儿 tɕi$^{213-21}$（l–n）（iɑŋ–iŋ）^{13}kur^{213}

　脊梁骨子 tɕi$^{213-21}$（l–n）（iɑŋ–iŋ）^{13}ku$^{213-21}$tsɿ^{13}

大梁骨 ta$^{453-44}$liɑŋ$^{42-44}$ku^{213} 后背正中间的骨头

扇子骨 ʂan$^{453-24}$tsɿ^{0}ku^{213} 肋骨

咬 iɑu^{213} ①痒②狗吠③用嘴咬

　刺挠 tsʰɿ$^{453-24}$n（ɑu–ou）^{0} 痒

挠挠 nɑu^{42}nɑu^{13}

痒痒挠儿 iɑŋ$^{213-21}$iɑŋ^{13}nɑur^{213}

胳臂 kɤ^{42}pei^{0}

胳臂肘儿 kɤ^{42}pei^{0}tʂour^{213}

胳肢窝 ka^{42}tʂʅ^{0}uo^{42}

臭胳肢窝 tʂʰou$^{453-44}$ka^{42}tʂʅ^{0}uo^{42} 狐臭

胳肢 kɤ$^{42-21}$tɕi^{0} 以手探人腋下使发痒而笑

手腕儿 ʂou$^{213-21}$uɐr^{453}

　手腕子 ʂou$^{213-24}$uan$^{453-21}$tsɿ^{0}

正手 tʂəŋ$^{453-42}$ʂou^{213}

左手 tʂuo$^{213-24}$ʂou^{213}

巴掌 pa^{42}tʂ（ɑŋ–əŋ）^{0}

手指头 ʂou$^{213-24}$tʂʅ$^{213-21}$tʰou^{13}

指关节儿 tʂʅ$^{213-24}$kuan$^{42-44}$tɕiər^{213}

大拇手指头 ta$^{453-21}$m（u–ə）^{0}ʂou$^{213-24}$tʂʅ$^{213-21}$tʰou^{13}

二拇手指头 ər$^{453-21}$m（u–ə）^{0}ʂou$^{213-24}$tʂʅ$^{213-21}$tʰou^{13}

中指 tʂuŋ$^{42-44}$tʂʅ^{213}

小拇手指头 ɕiɑu$^{213-21}$m（u–ə）^{13}ʂou$^{213-24}$tʂʅ$^{213-21}$tʰou^{13}

手肌$^{=}$筋$^{=}$ ʂou$^{213-24}$tɕi^{42}tɕin^{0} 指甲

手肌$^{=}$筋$^{=}$缝儿 ʂou$^{213-24}$tɕi^{42}tɕin^{0}fuɤr^{453} 指甲和指头肚儿之间的缝

手指头肚儿 ʂou$^{213-24}$tʂʅ$^{213-21}$tʰou^{13}tur^{453}

倒了刺 tɑu$^{453-42}$lə^{0}tsʰɿ^{453} 倒刺

拳头 tɕʰyan^{42}tʰou^{13}

手掌 ʂou$^{213-24}$tʂɑŋ^{213}

掴一巴掌 kuai$^{42-44}$i$^{42-44}$pa^{42}tʂ（ɑŋ–əŋ）^{0} 打一巴掌

手心 ʂou$^{213-24}$ɕin^{42}

手背儿 ʂou$^{213-21}$pər^{453}

跰子 tɕi（an–ɑŋ）$^{213-21}$tsɿ^{13}
心口儿 ɕin$^{42-44}$kʰour^{213}
胸脯儿 ɕiuŋ$^{42-44}$pʰur^{213}
肋巴儿骨儿 lei$^{453-42}$p（ar–ər）^{0}kur^{213} 肋骨
肚子 tu$^{453-21}$tsɿ^{0}
小肚子儿 ɕiɑu$^{213-24}$tu$^{453-21}$tsər^{0}
肚脐儿 tu$^{453-42}$tɕʰiər^{213} ①人的肚脐②梭子鱼的肚脐
　肚脐眼儿 tu$^{453-42}$tɕʰi$^{213-44}$iɛr^{213} 人的肚脐
肚囊子 tu$^{453-44}$nɑŋ^{42}tsɿ^{0} ①人肚子上的肥肉②猪腹部又肥又松的肉
肚皮儿 tu$^{453-42}$pʰiər^{213}
腿 tʰuei^{213}
大腿 ta$^{453-42}$tʰuei^{213}
小腿儿 ɕiɑu$^{213-24}$tʰuər^{213}
腿肚子 tʰuei$^{213-21}$tu$^{453-21}$tsɿ^{0}
迎面骨 iŋ$^{42-44}$mian$^{453-42}$ku^{213} 小腿骨
波棱盖儿 puo^{42}ləŋ^{0}kɛr^{453} 膝盖
胯骨 kʰua$^{453-24}$ku^{0}
大胯 ta$^{453-42}$kʰua^{453}
屁股 pʰie$^{453-24}$（k–x）u^{0}
□儿 tər^{42} 男阴(成年男子)
小鸡鸡儿 ɕiɑu$^{213-24}$tɕi^{42}tɕiər^{0} 男阴（小男孩）
屄 pi^{42} 女阴
肏你妈屄 tsʰɑu$^{453-42}$ni$^{213-24}$ma$^{42-44}$pi^{42} 骂人话
左脚 tsuo$^{213-24}$tɕiɑu^{213}
右脚 iou$^{453-42}$tɕiɑu^{213}
核桃儿骨儿 xɤ^{42}tʰ（ɑur–our）^{13}kur^{213} 脚踝
脚脖子 tɕiɑu$^{213-24}$puo^{42}tsɿ^{13}
脚丫子 tɕiɑu$^{213-24}$ia^{42}tsɿ^{13}
　脚趾头 tɕiɑu$^{213-24}$tʂɿ$^{213-21}$tʰou^{13}
大脚趾头 ta$^{453-42}$tɕiɑu$^{213-24}$tʂɿ$^{213-21}$tʰou^{13}
小脚趾头 ɕiɑu$^{213-24}$tɕiɑu$^{213-24}$tʂɿ$^{213-21}$tʰou^{13}
脚底板儿 tɕiɑu$^{213-24}$ti$^{213-24}$pɛr^{213}
精着脚儿 tɕiŋ^{42}tʂə^{0}tɕiɑur^{213}
　光着脚儿 kuɑŋ^{42}tʂə^{0}tɕiɑur^{213}
脚背子 tɕiɑu$^{213-21}$pei$^{453-24}$tsɿ^{0}
　跗面 fu$^{213-21}$mian^{13}
脚掌 tɕiɑu$^{213-24}$tʂɑŋ^{213}
脚心 tɕiɑu$^{213-24}$ɕin^{42}
脚后跟 tɕiɑu$^{213-21}$xou$^{453-21}$kən^{0}
脚肌$^{=}$筋$^{=}$ tɕiɑu$^{213-24}$tɕi^{42}tɕin^{0} 趾甲
脚肌$^{=}$筋$^{=}$盖儿 tɕiɑu$^{213-24}$tɕi^{42}tɕin^{0}kɛr^{453}
脚肌$^{=}$筋$^{=}$缝儿 tɕiɑu$^{213-24}$tɕi^{42}tɕin^{0}fuɤr^{453}
脚印儿 tɕiɑu$^{213-21}$iər^{453}
脚丫子泥 tɕiɑu$^{213-24}$ia^{42}tsɿ^{13}ni^{42} 趾甲缝儿里的泥垢

皴 tsʰuən^{42} 皮肤上积存的泥垢

脚垫 tɕiɑu$^{213-21}$tian^{453}

鸡眼 tɕi$^{42-44}$ian^{213}

水泡儿 ʂuei$^{213-21}$pʰɑur^{453}

骨头 ku$^{213-21}$tʰ（ou–u）^{13}

筋 tɕin^{42}

青筋 tɕʰiŋ$^{42-44}$tɕin^{42}

懒筋 lan$^{213-24}$tɕin^{42}

精着杆子 tɕiŋ^{42}tʂə^{0}kan$^{213-21}$tsɿ^{13} 光膀子

光着杆子 kuɑŋ^{42}tʂə^{0}kan$^{213-21}$tsɿ^{13}

十一、病痛、医疗

有病咧 iou$^{213-24}$piŋ$^{453-21}$liɛ^{0}

不舒坦 pu$^{42-44}$ʂu^{42}tʰ（an–ən）^{0}

急性儿的 tɕi$^{42-21}$ɕiɤr^{0}ti^{0}

病重咧 piŋ$^{453-42}$tʂuŋ$^{453-21}$liɛ^{0}

拉稀 la$^{42-44}$ɕi^{42}

跑肚 pʰɑu$^{213-21}$tu^{453}

痢疾 li$^{453-21}$tɕi^{0}

拉痢疾 la$^{42-44}$li$^{453-21}$tɕi^{0}

泻药 ɕie$^{453-42}$iɑu^{453}

发烧 fa$^{42-44}$ʂɑu^{42}

打冷颤 ta$^{213-24}$ləŋ$^{213-21}$tʂ（an–ən）^{13}

受风咧 ʂou$^{453-44}$fəŋ^{42}liɛ^{0}

长风咧 tʂɑŋ$^{213-24}$fəŋ^{42}liɛ^{0}

着凉 tʂʰɑu$^{42-44}$liɑŋ^{42}

咳嗽 kʰɤ$^{42-21}$s（ou–ə）^{0}

哮喘 ɕiɑu$^{453-42}$tʂʰuan^{213}

气管儿炎 tɕʰi$^{453-42}$kuɐr$^{213-24}$ian^{42}

中暑 tʂuŋ$^{453-42}$ʂu^{213}

上火 ʂɑŋ$^{453-42}$xuo^{213}

存住食咧 tsʰuən^{42}tʂu^{13}ʂʅ^{42}liɛ^{13} 积食

肚子疼 tu$^{453-21}$tsɿ^{0}tʰəŋ^{42}

心口疼 ɕin$^{42-44}$kʰou$^{213-24}$tʰəŋ^{42} 胃疼

脑袋疼 nɑu$^{213-21}$t（ai–ei）^{13}tʰəŋ^{42}

脑袋迷昏 nɑu$^{213-21}$t（ai–ei）^{13}mi^{42}xuən^{13}

败$^{=}$脑袋 pai$^{453-42}$nɑu$^{213-21}$t（ai–ei）^{13} 吃了槐树花或杏仁等食物导致脑袋不舒服的感觉

晕车 yn$^{42-44}$tʂʰe^{42}

晕船 yn$^{42-44}$tʂʰuan^{42}

晕水 yn$^{42-44}$ʂuei^{213}

恶心 ŋɑu$^{213-21}$ɕin^{13}

哕 ye^{42} 吐

干哕 kan$^{42-44}$ye^{42}

痨病 lɑu^{42}piŋ^{13} 结核病

疝气 ʂan$^{453-42}$tɕʰi^{453}

肠子在肚子里套圈儿 tʂʰɑŋ^{42}tsɿ^{13}tsai$^{453-42}$tu$^{453-21}$tsɿ^{0}li$^{213-21}$tʰɑu$^{453-44}$tɕʰyɐr^{42} 绞肠痧

发疟子 fa$^{42-44}$iɑu$^{453-24}$tsɿ^{0} 疟疾

蛤蟆瘟 xuo^{42}muo^{13}uən^{42} 麻疹

出蛤蟆瘟 tʂʰu$^{42-44}$xuo^{42}muo^{13}uən^{42}

出水痘儿 tʂʰu$^{42-44}$ʂuei$^{213-21}$tour^{453}

肿痄腮咧 tʂuŋ$^{213-21}$tʂa$^{453-24}$sai^{0}liɛ^{0} 腮腺炎

黄疸 xuɑŋ$^{42-44}$tan^{213}

抽羊角儿风 tʂʰou$^{42-44}$iɑŋ^{42}tɕ(iɑur–iour)^{13}fəŋ^{42}

抽风 tʂʰou$^{42-44}$fəŋ^{42}

中风 tʂuŋ$^{453-44}$fəŋ^{42}

痛风 tʰuŋ$^{453-44}$fəŋ^{42}

半身不遂 pan$^{453-44}$ʂən$^{42-44}$pu$^{42-44}$suei^{42}

生疮 ʂəŋ$^{42-44}$tʂʰuɑŋ^{42}

长疔疮 tʂɑŋ$^{213-24}$tiŋ^{42}tʂʰuɑŋ^{0}

瘘 lou^{453}

蛇盘疮 ʂe$^{42-44}$pʰan$^{42-44}$tʂʰuɑŋ^{42}

长儿脓咧 tʂar$^{213-24}$nəŋ^{42}liɛ^{13}

化脓 xua$^{453-44}$nəŋ^{42}

熬$^{=}$□咧 ŋɑu^{42}fuo^{0}liɛ^{0}

流脓打水儿 liou$^{42-44}$nəŋ$^{42-44}$ta$^{213-24}$ʂuər^{213}

肿瘤儿 tʂuŋ$^{213-24}$liour^{213}

开刀 kʰai$^{42-44}$tɑu^{42}

蹭破了皮儿咧 tsʰəŋ$^{453-42}$pʰuo$^{453-24}$lə^{0}pʰiər$^{213-21}$liɛ^{13}

秃了皮嘞 tʰu^{42}lə^{0}pʰi^{42}liou^{13} 人脱皮

拉了个口子 la^{42}lə^{0}kə^{13}kʰou$^{213-21}$tsɿ^{13}

割 kɤ^{42}

片 pʰian^{453} 削脚垫、苹果等

削 ɕiɑu^{42} 削铅笔

疤瘌 pa$^{42-21}$l（a–ə）^{0} 疤痕

嘎渣儿 ka$^{42-21}$tʂ（ar–ɤr）^{0} ①痂②锅巴

定嘎渣儿 tiŋ$^{453-42}$ka$^{42-21}$tʂ（ar–ɤr）^{0} 结痂

记 tɕi^{453} 胎记

记脸儿 tɕi$^{453-42}$liɐr^{213} 长有大块胎记的脸

痦子 u$^{453-21}$tsɿ^{0}

雀子 tɕʰiɑu^{42}tsɿ^{0} 雀斑

鞭子印儿 pian^{42}tsɿ^{0}iər^{453}

痔疮 tʂʅ$^{453-24}$tʂʰuɑŋ^{0}

癣 ɕian^{213}

干癣 kan$^{42-44}$ɕian^{213}

泞癣 nəŋ$^{453-42}$ɕian^{213}

牛皮癣 niou^{42}pʰi^{13}ɕian^{213}

痱子 fei$^{453-24}$tsɿ^{0}

瘊子 xou^{42}tsɿ^{13}

粉刺 fən$^{213-21}$tsʰɿ^{453}

口臭 kʰou$^{213-21}$tʂʰou^{453}

大粗脖子 ta$^{453-44}$tsʰu$^{42-44}$puo^{42}tsɿ^{13}

六指手儿 liou$^{453-42}$tʂʅ$^{213-24}$ʂour^{213}

左了撇子 tʂuo$^{213-21}$lə^{13}pʰie$^{213-21}$tsɿ^{13}

一只手儿 i$^{42-44}$tʂʅ$^{42-44}$ʂour^{213}

错骨缝儿咧 tsʰuo$^{453-42}$ku$^{213-24}$fuɤr$^{453-21}$ liɛ^{0} 脱臼

挂钩儿掉咧 kua$^{453-44}$kour^{42}tiɑu$^{453-21}$ liɛ^{0} 下巴掉了

一条腿 i$^{42-44}$tʰiɑu$^{42-44}$tʰuei^{213}

罗锅子 luo$^{42-44}$kuo^{42}tsɿ^{0} 驼背

拐子 kuai$^{213-21}$tsɿ^{13} 瘸子

麻子脸儿 ma^{42}tsɿ^{13}liɐr^{213}

瞎子 ɕia^{42}tsɿ^{0}

聋巴 luŋ^{42}p（a–ə）^{13}

哑巴 ia$^{213-21}$p（a–ə）^{13}

磕巴 kʰɤ^{42}p（a–ə）^{0} 结巴

要饭的花子 iɑu$^{453-42}$fan$^{453-21}$ti^{0} xua^{42}tsɿ^{0} 乞丐

水蛇腰 ʂuei$^{213-21}$ʂe^{13}iɑu^{42} 指细长而腰部略弯的身材

公鸭嗓儿 kuŋ$^{42-44}$ia$^{42-44}$sar^{213} 嗓音发沙的人

一只眼儿 i^{42}tʂʅ^{0}iɐr^{213}

近视眼 tɕin$^{453-42}$ʂʅ$^{453-42}$ian^{213}

老花儿眼 lɑu$^{213-24}$xuar$^{42-44}$ian^{213}

蛤蟆眼 xuo^{42}muo^{13}ian^{213} 上眼皮鼓凸

对眼儿 tuei$^{453-42}$iɐr^{213} 患内斜视的眼睛

斜了眼儿 ɕie^{42}lə^{13}iɐr^{213}

三瓣子嘴儿 san$^{42-44}$pan$^{453-42}$tsɿ^{0} tsuər^{213} 唇裂

　豁子嘴儿 xuo^{42}tsɿ^{0}tsuər^{213}

豁牙子 xuo$^{42-44}$ia^{42}tsɿ^{13} 牙齿残缺

老婆嘴儿 lɑu$^{213-21}$pʰuo^{13}tsuər^{213} 成人不生须

傻子 ʂa$^{213-21}$tsɿ^{13}

接大夫 tɕie$^{42-44}$tai$^{453-24}$fu^{0}

治病 tʂʅ$^{453-42}$piŋ^{453}

好些儿咧 xɑu$^{213-21}$ɕiər^{13}liɛ^{0}

　病轻咧 piŋ$^{453-44}$tɕʰiŋ^{42}liɛ^{0}

号脉 xɑu$^{453-42}$mai^{453}

开方子 kʰai$^{42-44}$fɑŋ^{42}tsɿ^{0}

一副药 i$^{42-44}$fu$^{453-42}$iɑu^{453}

药引子 iɑu$^{453-42}$in$^{213-21}$tsɿ^{13}

药吊子 iɑu$^{453-42}$tiɑu$^{453-21}$tsɿ^{0} 药罐子

熬药 ŋɑu$^{42-44}$iɑu^{453}

抓药 tʂua$^{42-44}$iɑu^{453}

配药 pʰei$^{453-42}$iɑu^{453}

药铺 iɑu$^{453-42}$pʰu^{453}

药房 iɑu$^{453-44}$fɑŋ^{42}

偏方儿 pʰian^{42}far^{0}

发汗 fa$^{42-44}$xan^{453}

傻$^{=}$口儿 ʂa$^{213-24}$kʰour^{213} 吃清淡的食物以解腻

败火 pai$^{453-42}$xuo^{213}

消化消化食儿 ɕiɑu$^{42-21}$xua^{0}ɕiɑu$^{42-21}$xua^{0}ʂər^{213}

放针 fɑŋ$^{453-44}$tʂən^{42} 针灸

　针针 tʂən$^{453-44}$tʂən^{42}

拔火罐儿 pa$^{42-44}$xuo$^{213-21}$kuɐr^{13}

搽药 tʂʰa$^{42-44}$·iɑu^{453}

膏药儿 kɑu$^{42-21}$·iɑur^{0}

贴膏药儿 tʰie$^{42-44}$kɑu$^{42-21}$·iɑur^{0}

药膏儿 iɑu$^{453-44}$kɑur^{42}

搽药膏儿 tʂʰa$^{42-44}$·iɑu$^{453-44}$kɑur^{42}

刮痧 kua$^{42-44}$ʂa^{42}

老腰椎 lɑu$^{213-24}$·iɑu$^{42-44}$tʂuei^{42}

腰疼 iɑu$^{42-44}$tʰəŋ^{42}

腿疼 tʰuei$^{213-24}$tʰəŋ^{42}

阑尾炎 lan^{42}uei^{13}·ian^{42}

十二、衣服穿戴

衣裳 i$^{42-21}$ʂ（ɑŋ–əŋ）^{0}

打扮 ta$^{213-21}$p（an–ən）^{13}

纱布 ʂa$^{42-44}$pu^{453}

跳纱 tʰiɑu$^{453-44}$ʂa^{42}

棉袄 mian$^{42-44}$ŋɑu^{213}

棉大衣 mian$^{42-44}$ta$^{453-44}$·i^{42}

棉大氅 mian$^{42-44}$ta$^{453-42}$tʂʰɑŋ^{213}

夹袄 tɕia$^{213-24}$ŋɑu^{213}

服身儿 fu$^{42-44}$ʂər^{42} 合身

包身儿 pɑu$^{42-44}$ʂər^{42} 紧身

束得慌 ʂu$^{453-21}$·ti^{0}x（uɑŋ–əŋ）^{0}

棉袍儿 mian$^{42-44}$pʰɑur^{213}

夹袍儿 tɕia$^{213-24}$pʰɑur^{213}

夹大氅 tɕia$^{213-21}$ta$^{453-42}$tʂʰɑŋ^{213}

布衫 pu$^{453-24}$ʂ（an–ən）^{0}

大布衫 ta$^{453-42}$pu$^{453-24}$ʂ（an–ən）^{0}

小布衫 ɕiɑu$^{213-21}$pu$^{453-24}$ʂ（an–ən）^{0}

单布衫 tan$^{42-44}$pu$^{453-24}$ʂ（an–ən）^{0}

便衣儿 pian$^{453-44}$·iər^{42}

棉坎肩儿 mian$^{42-44}$kʰan$^{213-24}$tɕiɐr^{42}

夹坎肩儿 tɕia$^{213-24}$kʰan$^{213-24}$tɕiɐr^{42}

绒衣 ʐuŋ$^{42-44}$·i^{42}

　卫生衣 uei$^{453-44}$ʂəŋ$^{42-44}$·i^{42}

毛衣 mɑu$^{42-44}$·i^{42}

旗袍儿 tɕʰi$^{42-44}$pʰɑur^{213}

西服 ɕi$^{42-44}$fu^{42}

中山服 tʂuŋ$^{42-44}$ʂan$^{42-44}$fu^{42}

夹克儿（tɕ–tɕʰ）ia$^{42-21}$kʰɤr^{0} 夹克衫

斗篷 tou$^{213-21}$pʰəŋ^{13}

斗篷带儿 tou$^{213-21}$pʰəŋ^{13}tɐr^{453}

背心儿 pei$^{453-44}$ɕiər^{42}

跨栏儿背心儿 kʰua$^{453-44}$lɐr$^{42-44}$pei$^{453-44}$ɕiər^{42}

半截袖儿的背心儿 pan$^{453-44}$tɕie$^{42-44}$ɕiour$^{453-21}$·ti^{0}pei$^{453-44}$ɕiər^{42}

短袖儿 tuan$^{213-21}$ɕiour^{453}

肩垫儿 tɕian$^{42-44}$tiɐr^{453}

袄襟儿 ŋɑu$^{213-24}$tɕiər^{42}

前襟儿 tɕʰian^{42}tɕiər^{0}

后襟儿 xou$^{453-44}$tɕiər^{42}

后身儿 xou$^{453-44}$ʂər^{42} 指衣服的后襟
大襟儿 ta$^{453-44}$tɕiər^{42}
小襟儿 ɕiɑu$^{213-24}$tɕiər^{42}
　底襟儿 ti$^{213-24}$tɕiər^{42}
对襟儿 tuei$^{453-44}$tɕiər^{42}
褃里 kʰən$^{453-24}$li^{0} 上衣靠腋下的接缝部分
气⁼儿 tɕʰiər^{453} 衣服旁边开口的地方
开气⁼儿的 kʰai$^{42-44}$tɕʰiər$^{453-24}$ti^{0}
下奓 ɕia$^{453-42}$tʂa^{453} 上衣的下摆
下轮子儿 ɕia$^{453-44}$luən^{42}tsər^{13} 裙子的下摆
领儿 liɤr^{213}
领口儿 liŋ$^{213-24}$kʰour^{213}
栽麻⁼领儿 tsai$^{42-44}$ma$^{42-44}$liɤr^{213} 军大衣上的衣领
袖儿 ɕiour^{453}
袖口儿 ɕiou$^{453-42}$kʰour^{213}
贴边儿 tʰie$^{42-44}$piɐr^{42} 缝在衣服里子边上的窄条
沿上边儿 ian^{42}ʂ（ɑŋ–əŋ）^{13}piɐr^{42} 将窄条的布缝在衣物边上
缲带儿 tɕʰiɑu$^{42-44}$tɐr^{453} 做衣服带子时藏着针脚的缝法
缲边儿 tɕʰiɑu$^{42-44}$piɐr^{42} 做衣服边儿时藏着针脚的缝法
绣花儿 ɕiou$^{453-44}$xuar^{42}
针脚儿 tʂən^{42}tɕ（iɑur–iour）^{0}
布绫条儿 pu$^{453-24}$l（iŋ–əŋ）^{0}tʰiɑur^{213} 布条
鼻⁼儿 piər^{213} 衣服上打的褶子
打鼻⁼儿 ta$^{213-24}$piər^{213} 在衣服上打出褶子
兜儿 tour^{42}
　口袋 kʰou$^{213-21}$t（ai–ei）^{13}
小兜儿 ɕiɑu$^{213-24}$tour^{42} 衬衣胸口部位的口袋
大兜儿 ta$^{453-44}$tour^{42} 衣服、裤子两边的口袋
裤兜儿 kʰu$^{453-44}$tour^{42}
屁股兜儿 pʰie$^{453-24}$（k–x）u^{0}tour^{42} 裤子后边的口袋
裤子 kʰu$^{453-24}$tsɿ^{0}
前片儿 tɕʰian$^{42-21}$pʰiɐr^{0}
后片儿 xou$^{453-42}$pʰiɐr^{453}
裤脚儿 kʰu$^{453-42}$tɕiɑur^{213}
裤裆 kʰu$^{453-44}$tɑŋ^{42}
开裆裤 kʰai$^{42-44}$tɑŋ$^{42-44}$kʰu^{453}
死裆裤 sɿ$^{213-24}$tɑŋ$^{42-44}$kʰu^{453}
裤腰 kʰu$^{453-44}$iɑu^{42}
裤腰带 kʰu$^{453-44}$iɑu$^{42-44}$tai^{453}
裤襻儿 kʰu$^{453-42}$pʰɐr^{453} 裤腰上用小布条做的可以穿皮带的套
前开门儿 tɕʰian$^{42-44}$kʰai$^{42-44}$mər^{42} 裤前装拉链的地方
裤褶儿 kʰu$^{453-42}$tʂɤr^{213}

棉裤 mian$^{42-21}$kʰu^{0}

单裤 tan$^{42-21}$kʰu^{0}

裤衩儿 kʰu$^{453-42}$tʂʰar^{213} ①贴身穿的短裤②外穿的短裤

捂了脚儿裤 u$^{213-21}$lə^{13}tɕiɑur$^{213-21}$kʰu^{453} 婴儿穿的一种裤子，裤脚不开口，包住脚底

拧裆儿裤 niŋ$^{213-21}$tar^{13}kʰu^{453} 老人穿的一种裤子，不分前后

棉帽子 mian$^{42-44}$mɑu$^{453-21}$tsɿ^{0}

　栽麻$^{=}$帽子 tsai$^{42-44}$ma$^{42-44}$mɑu$^{453-21}$tsɿ^{0}

夹帽子 tɕia$^{213-24}$mɑu$^{453-21}$tsɿ^{0}

前进帽儿 tɕʰian$^{42-44}$tɕin$^{453-42}$mɑur^{453}

礼帽儿 li$^{213-21}$mɑur^{453}

草帽儿 tsʰɑu$^{213-21}$mɑur^{453}

酱笸箩儿 tɕiɑŋ$^{453-42}$pʰuo$^{213-24}$l(uɤr–ɤr)^{213} 斗笠

风帽儿 fəŋ$^{42-44}$mɑur^{453}

军帽儿 tɕyn$^{42-44}$mɑur^{453}

帽檐儿 mɑu$^{453-44}$iɐr^{42}

太阳遮儿 tʰai$^{453-44}$iɑŋ$^{42-44}$tʂɤr^{42} 帽的前缘

帽盔儿 mɑu$^{453-44}$kʰuər^{42} 帽子上除去帽檐的部分

领钩儿 liŋ$^{213-24}$kour^{42}

乳罩儿 ʐu$^{213-21}$tʂɑur^{453}

扣子 kʰou$^{453-24}$tsɿ^{0}

　扣儿 kʰour^{453}

蒜疙瘩 suan$^{453-44}$ka^{42}t（a–ə）^{0} 布扣，一般缀在旗袍上

扣鼻儿 kʰou$^{453-42}$piər^{213} 布做的扣住布扣的圈

掐鼻儿 tɕʰia$^{42-44}$piər^{213} 制作扣布扣的圈

扣门儿 kʰou$^{453-44}$mər^{42} 扣眼

扣门儿豁咧 kʰou$^{453-44}$mər$^{42-44}$xuo^{42}liɛ^{0} 扣眼因使用时间久变得大了

葫芦蔓儿 xu^{42}lu^{13}uɐr^{453} 旗袍上扣子和扣鼻连着的花式图案

缀扣儿 tʂuei$^{453-42}$kʰour^{453} 钉扣子

缀扣儿门儿 tʂuei$^{453-42}$kʰour$^{453-44}$mər^{42}

　缲扣儿门儿 tɕʰiɑu$^{42-44}$kʰour$^{453-44}$mər^{42}

锁扣门儿 suo$^{213-21}$kʰou$^{453-44}$mər^{42}

系扣儿 tɕi$^{453-42}$kʰour^{453}

围裙 uei^{42}tɕʰyn^{13}

裙子 tɕʰyn^{42}tsɿ^{13}

棉腰子 mian$^{42-44}$iɑu^{42}tsɿ^{0} 围在腰间起保暖作用的腰带

裹腿 kuo$^{213-21}$tʰuei^{13} 缠在裤子外边小腿部分的布条

腿带子 tʰuei$^{213-21}$tai$^{453-24}$tsɿ^{0} 束紧裤腿的布条

袜袋子 ua$^{453-42}$tai$^{453-24}$tsɿ^{0} 穿在袜子外面，以免草鞋扎脚，同时避免草鞋刮破袜子

兜兜 tou$^{42-21}$tou^{0} 肚兜

□了 ka$^{453-21}$lə^{0} 围嘴，通常由四到六块布拼缝而成

褯子 tɕie$^{453-21}$tsɿ^{0} 尿布

屎褯子 ʂʅ$^{213-24}$tɕie$^{453-21}$tsɿ^{0}

鞋 ɕie^{42}

趿拉板儿 tʰa$^{42-44}$la$^{42-44}$pɐr^{213}

　拖鞋 tʰuo$^{42-44}$ɕie^{42}

趿拉鞋 tʰa$^{42-44}$la$^{42-44}$ɕie^{42}

棉靴子 mian$^{42-44}$ɕye^{42}tsɿ^{0}

皮鞋 pʰi$^{42-44}$ɕie^{42}

草鞋 tsʰɑu$^{213-24}$ɕie^{42}

布鞋 pu$^{453-44}$ɕie^{42}

棉鞋 mian^{42}ɕie^{0}

夹鞋 tɕia$^{213-24}$ɕie^{42}

老头儿式 lɑu$^{213-24}$tʰour$^{213-21}$ʂʅ^{453} 老人穿的布鞋

双脸儿 ʂuɑŋ$^{42-44}$liɐr^{213} 用两块布缝合而成，中间有脊的鞋面

单脸儿 tan$^{42-44}$liɐr^{213} 用一块布制成，中间无脊的鞋面

沿条儿 ian^{42}tʰiɑur^{13} 缝衣物边的窄布条

白沿条儿 pai$^{42-44}$ian^{42}tʰiɑur^{13}

黑沿条儿 xei$^{42-44}$ian^{42}tʰiɑur^{13}

鞋底儿 ɕie$^{42-44}$tiər^{213}

黢眼儿 tɕʰy$^{42-44}$iɐr^{213} 鞋上用来穿鞋带的小洞

鞋帮儿 ɕie$^{42-44}$par^{453}

鞋楦子 ɕie$^{42-44}$ɕyan$^{453-21}$tsɿ^{0}

鞋拔子 ɕie$^{42-44}$pa^{42}tsɿ^{13}

鞋样儿 ɕie$^{42-44}$iar^{453}

荒子 xuɑŋ^{42}tsɿ^{0} 旧时做鞋帽等的原材料

袼褙儿 kɤ^{42}pər^{0} 荒子按鞋样剪成形后裱成的厚片

　夹$^{=}$支$^{=}$ tɕia^{42}tʂʅ^{0}

打袼褙儿 ta$^{213-24}$kɤ^{42}pər^{0}

　打夹$^{=}$支$^{=}$ ta$^{213-24}$tɕia^{42}tʂʅ^{0}

褟鞋脸儿 tʰa$^{42-44}$ɕie$^{42-44}$liɐr^{213} 将两张鞋脸缝在一起

鞔鞋面儿 man$^{42-44}$ɕie$^{42-44}$miɐr^{453} 将鞋脸缝在鞋帮上

纳鞋底儿 na$^{453-44}$ɕie$^{42-44}$tiər^{213}

沿鞋口儿 ian$^{42-44}$ɕie$^{42-44}$kʰour^{213} 用布将鞋边包上并缝好

缉后跟儿 tɕʰi$^{42-44}$xou$^{42-44}$kər^{42} 将两边的鞋后跟缝连在一起

扎鞋垫儿 tʂa$^{42-44}$ɕie$^{42-44}$tiɐr^{453}

袄样儿 ŋɑu$^{213-21}$iar^{453}

可脚儿 kʰɤ$^{213-24}$tɕiɑur^{213} 鞋的尺寸合脚

鞋带儿 ɕie$^{42-44}$tɐr^{453}

系鞋带儿 tɕi$^{453-44}$ɕie$^{42-44}$tɐr^{453}

鞋带儿开咧 ɕie$^{42-44}$tɐr$^{453-44}$kʰai^{42}liɛ^{0}

提鞋带儿 tʰi$^{42-44}$ɕie$^{42-44}$tɐr^{453} 鞋提跟

袜子 ua$^{453-24}$tsɿ^{0}

吊底儿袜 tiɑu$^{453-42}$tiər$^{213-21}$ua^{453} 脚掌和脚跟都很厚的一种袜子

袜底儿 ua$^{453-42}$tiər^{213}

夹袜子 tɕia$^{213-21}$ua$^{453-24}$tsɿ^{0}

棉袜子 mian$^{42-21}$ua$^{453-24}$tsɿ^{0}

乌拉鞋 u$^{42-21}$l（a–ə）^{0}ɕie^{42} 小孩子穿的草鞋

鞋套儿 ɕie$^{42-44}$tʰɑur^{453} 草鞋里的布鞋套，起到保护袜子的作用

咬袜子 iɑu$^{213-21}$ua$^{453-24}$tsɿ^{0} 袜子被鞋子磨坏了

裹脚布儿 kuo$^{213-24}$tɕiɑu$^{213-21}$pur^{453}

雨靴子 y$^{213-24}$ɕye^{42}tsɿ^{0}

高鞠儿 kɑu$^{42-44}$iɑur^{453}

矬鞠儿 tsʰuo$^{42-21}$iɑur^{0}

头巾 tʰou$^{42-44}$tɕin^{42}

围脖儿 uei$^{42-44}$puɤr^{213}

毛围脖儿 mɑu$^{42-44}$uei$^{42-44}$puɤr^{213}

线围脖儿 ɕian$^{453-44}$uei$^{42-44}$puɤr^{213}

手巴掌儿 ʂou$^{213-24}$pa^{42}tʂ（ar–ɤr）^{0} 五指手套

手闷子 ʂou$^{213-24}$mən^{42}tsɿ^{0} 除大拇指外，其他四个指头套在一起的手套

套袖儿 tʰɑu$^{453-24}$ɕiour^{0}

耳套儿 ər$^{213-21}$tʰɑur^{453}

行头 ɕiŋ^{42}tʰou^{13} 戏曲演员演出时用的服装道具，包括头面和披肩

头面 tʰou^{42}m（ian–in）^{13} 头部的各类道具

披肩 pʰi$^{42-44}$tɕian^{42}

镜子 tɕiŋ$^{453-24}$tsɿ^{0} 眼镜

风镜儿 fəŋ$^{42-21}$tɕiɤr^{0}

墨镜儿 muo$^{453-42}$tɕiɤr^{453}

千里眼 tɕʰian$^{42-44}$li$^{213-24}$ian^{213} 望远镜

钱叉$^{=}$子 tɕʰian$^{42-44}$tʂʰa^{42}tsɿ^{0} 长方形的小口袋，中央开口，两端各成一个袋子，装钱物用，一般挂在腰带上

钱夹儿 tɕʰian$^{42-44}$tɕiɐr^{42}

腰子 iɑu^{42}tsɿ^{0} 缝在衣服内侧腰处的小口袋，装钱物用

扇子 ʂan$^{453-24}$tsɿ^{0}

芭蕉叶子 pa^{42}tɕiɑu^{0}ie$^{453-24}$tsɿ^{0}

凉扇 liɑŋ$^{42-21}$ʂ（an–ən）^{0}

扇凉扇 ʂan$^{42-44}$liɑŋ$^{42-21}$ʂ（an–ən）^{0}

蒲扇 pʰu^{42}ʂ（an–ən）^{13}

折扇 tʂɤ$^{42-21}$ʂan^{0}

电风扇 tian$^{453-44}$fəŋ$^{42-44}$ʂan^{453}

扇叶儿 ʂan$^{453-42}$iɤr^{453}

手表 ʂou$^{213-24}$piɑu^{213}

座钟 tsuo$^{453-44}$tʂuŋ^{42}

首饰 ʂou$^{213-21}$ʂʅ^{13}

耳环 ər$^{213-24}$xuan^{42}

项链儿 ɕiɑŋ$^{453-42}$liɐr^{453}

百岁锁儿 pai$^{213-21}$suei$^{453-42}$suɤr^{213}

套包 tʰɑu$^{453-44}$pɑu^{42} 小孩子脖子上带的项圈

镯子 tʂuo^{42}tsɿ^{13}

戒指 tɕie$^{453-42}$tʂʅ^{213}

金镏儿 tɕin$^{42-44}$liour^{42}

手镏儿 ʂou$^{213-24}$liour^{42}

别针儿 pie$^{42-44}$tʂər^{42}

簪子 tsan^{42}tsɿ^{0}

耳朵眼儿 ər$^{213-21}$t（uo–ou）^{13}iɐr^{213}

胭脂 ian^{42}tʂʅ^{0}

扑粉 pʰu$^{42-44}$fən^{213}

蓑衣 suo$^{42-21}$i^{0}

拐棍儿 kuai$^{213-21}$kuər^{13}

拄拐棍儿 tʂʰu$^{213-24}$kuai$^{213-21}$kuər^{13}

烟卷儿 ian$^{42-44}$tɕyɐr^{213}

旱烟 xan$^{453-44}$ian^{42}

关东烟儿 kuan$^{42-44}$tuŋ$^{42-44}$iɐr^{42}

烟袋 ian$^{42-44}$tai^{453}

旱烟袋 xan$^{453-44}$ian$^{42-44}$tai^{453}

烟口袋儿 ian$^{42-44}$kʰou$^{213-21}$t（ɐr–ər）^{13} 盛烟丝的口袋

烟袋杆儿 ian$^{42-44}$tai$^{453-42}$kɐr^{213}

烟袋棍儿 ian$^{42-44}$tai$^{453-42}$kuər^{453}

烟袋坠儿 ian$^{42-44}$tai$^{453-42}$tʂuər^{453} 烟袋杆儿上石头或木头制成的装饰物

烟袋嘴儿 ian$^{42-44}$tai$^{453-42}$tsuər^{213}

烟袋锅儿 ian$^{42-44}$tai$^{453-42}$kuɤr^{42}

烟袋釉⁼子 ian$^{42-44}$tai$^{453-42}$iou$^{453-24}$tsɿ^{0} 烟袋锅过滤下来的烟油

烟纸儿 ian$^{42-44}$tʂər^{213} 包烟丝的纸

火镰 xuo$^{213-21}$l（ian–in）^{13} 取火的用具，用钢制成，形状像镰刀，打在火石上，发出火星，点着火绒

火石 xuo$^{213-24}$ʂʅ^{42}

引柴儿 in$^{213-21}$tʂʰ（ɐr–ɤr）^{13} 纸、稻草等易燃的东西

艾子草绳儿 ŋai$^{453-21}$tsɿ^{0}tsʰɑu$^{213-24}$ʂɤr^{213}

草纸 tsʰɑu$^{213-24}$tʂʅ^{213} 卫生纸

十三、饮食

伙食 xuo$^{213-21}$ʂʅ^{13}

家常饭 tɕia$^{42-44}$tʂʰɑŋ$^{42-44}$fan^{453}

早下饭 tsɑu$^{213-21}$ɕ（ia–i）^{13}fan^{453} 早饭

晌和⁼饭 ʂɑŋ$^{213-21}$xuo^{13}fan^{453} 午饭

后晌饭 xou$^{453-21}$ʂ（ɑŋ–əŋ）^{0}fan^{453} 晚饭

食儿 ʂər^{213} 食品

零食 liŋ$^{42-44}$ʂʅ^{42}

　零打嘴儿 liŋ$^{42-44}$ta$^{213-24}$tsuər^{213}

馃子 kuo$^{213-21}$tsɿ^{13} 点心

芝麻盐儿 tʂʅ$^{42-21}$m（a–ə）^{0}iɐr^{42}

　芝麻面儿 tʂʅ$^{42-21}$m（a–ə）^{0}miɐr^{453}

桃酥 tʰɑu$^{42-44}$su^{42}

霸$^{=}$裂饼 pa$^{453-24}$lie^{0}piŋ^{213} 一种表面开裂的酥饼

打腰尖儿 ta$^{213-24}$iɑu$^{42-44}$tɕiɐr^{42} 在正餐时间外吃东西

夜宵儿 ie$^{453-44}$ɕiɑur^{42}

干饭 kan$^{42-21}$f（an–ən）^{0} 米饭

二米饭 ər$^{453-42}$mi$^{213-21}$fan^{453} 大米和小米混在一起煮出来的饭

　两掺儿的饭 liɑŋ$^{213-24}$tʂʰɐr^{42}ti^{0}fan^{453}

豆儿干饭 tour$^{453-42}$kan$^{42-21}$f（an–ən）^{0}

黍米干饭 ʂu^{42}mi^{13}kan$^{42-21}$f（an–ən）^{0}

冷饭 ləŋ$^{213-21}$fan^{453}

剩饭 ʂəŋ$^{453-42}$fan^{453}

熥熥 tʰəŋ^{42}tʰəŋ^{0} 把凉了的熟食蒸热

　馏馏 liou$^{453-24}$liou^{0}

馏饭 liou$^{453-42}$fan^{453}

馏馒头 liou$^{453-44}$mɑn^{42}tʰou^{13}

糊咧 xu^{42}liɛ^{13}

酸咧 suan^{42}liɛ^{0} 馊了

白面 pai$^{42-44}$mian^{453} 面粉

面条儿 mian$^{453-42}$tʰiɑur^{213}

挂面 kua$^{453-24}$mian^{0}

过水面 kuo$^{453-42}$ʂuei$^{213-21}$mian^{453}

面汤 mian$^{453-44}$tʰaŋ^{42}

汤儿 tʰar^{453} 指罐头汤、米汤、菜汤、面汤等量较少的汤

打卤 ta$^{213-24}$lu^{213}

片儿汤 pʰiɐr$^{453-44}$tʰɑŋ^{42}

饺子 tɕiɑu$^{213-21}$tsɿ^{13}

捏饺子 nie$^{453-42}$tɕiɑu$^{213-21}$tsɿ^{13}

蒸饺儿 tʂəŋ$^{42-44}$tɕiɑur^{213}

煮饺儿 tʂu$^{213-24}$tɕiɑur^{213}

馄饨 xuən^{42}tuən^{13}

菜儿盒子 tsʰɐr$^{453-44}$xɤ^{42}tsɿ^{13}

包儿菜儿盒子 pɑur$^{42-44}$tsʰɐr$^{453-44}$xɤ^{42}tsɿ^{13}

馅儿 ɕiɐr^{453}

素馅儿 su$^{453-42}$ɕiɐr^{453}

肉馅儿 ʐou$^{453-42}$ɕiɐr^{453}

饹馇 kɤ^{42}tʂ（a–ə）^{0}

摊饹馇 tʰan$^{42-44}$kɤ^{42}tʂ（a–ə）^{0}

打面糊 ta$^{213-24}$mian$^{453-21}$xu^{0}

疙瘩儿汤 ka^{42}t（ar–ər）^{0}tʰɑŋ^{42}

菜儿蛋子 tsʰɐr$^{453-42}$tan$^{453-21}$tsɿ^{0} 将面粉（多）、菜（少）和水搅匀，搓成一个个圆球放入锅中蒸熟的一种食物

菜疙瘩 tsʰai$^{453-44}$ka^{42}t（a–ə）^{0} 将

面粉（少）、菜（多）和水搅匀，直接放入盘中蒸熟的一种食物

粥 tʂou^{42}

做粥 tsou$^{453-44}$tʂou^{42}

稀粥 ɕi$^{42-44}$tʂou^{42}

大米粥 ta$^{453-42}$mi$^{213-24}$tʂou^{42}

小米儿粥 ɕiɑu$^{213-24}$miər$^{213-24}$tʂou^{42}

秫米粥 ʂu^{42}mi^{13}tʂou^{42} 高粱米粥

破米粥 pʰuo$^{453-42}$mi$^{213-24}$tʂou^{42} 玉米碴子粥

粥米粒儿 tʂou$^{42-44}$mi$^{213-21}$liər^{453}

米粒儿 mi$^{213-21}$liər^{453}

饭粒儿 fan$^{453-42}$liər^{453}

糗 tɕʰiou^{213} 饭或面食成块状或糊状

米汤 mi$^{213-21}$tʰ（ɑŋ–əŋ）^{13}

饽饽 puo$^{213-21}$puo^{13}

卷子 tɕyan$^{213-21}$tsɿ^{13}

包子 pɑu^{42}tsɿ^{0}

包包子 pɑu$^{42-44}$pɑu^{42}tsɿ^{0}

豆儿包子 tour$^{453-44}$pɑu^{42}tsɿ^{0}

菜儿包子 tsʰɐr$^{453-44}$pɑu^{42}tsɿ^{0}

肉包子 ʐou$^{453-44}$pɑu^{42}tsɿ^{0}

馒头 man^{42}tʰou^{13}

发面 fa$^{42-44}$mian^{453}

蒸馒头 tʂəŋ$^{42-44}$man^{42}tʰou^{13}

饽面 puo^{42}mian^{13} 揉面时加入的干面

砍刀儿馒头 kʰan$^{213-21}$tɑur^{13}man^{42}tʰou^{13} 方形馒头

馒头片儿 man^{42}tʰou^{13}pʰiɐr^{453}

花卷儿 xua$^{42-44}$tɕyɐr^{213}

棒子饼子 pɑŋ$^{453-21}$tsɿ^{0}piŋ$^{213-21}$tsɿ^{13} 玉米面做的饼

烧饼儿 ʂɑu^{42}piɤr^{0}

火烧儿 xuo$^{213-21}$ʂ（ɑur–our）^{13}

烙火烧儿 lɑu$^{453-42}$xuo$^{213-21}$ʂ（ɑur–our）^{13}

□儿□儿 kar$^{453-21}$kar^{0} 一种甜脆薄饼，中间有一层芝麻馅儿

烙□儿□儿 lɑu$^{453-42}$kar$^{453-21}$kar^{0}

切糕 tɕʰie^{42}k（ɑu–ou）^{0}

麦乳精 mai$^{453-42}$ʐu$^{213-24}$tɕiŋ^{42}

菜 tsʰai^{453}

冷菜 ləŋ$^{213-21}$tsʰai^{453}

剩菜 ʂəŋ$^{453-42}$tsʰai^{453}

素菜 su$^{453-42}$tsʰai^{453}

青菜 tɕʰiŋ$^{42-21}$tsʰai^{0} 蔬菜

荤菜 xuən$^{42-21}$tsʰai^{0}

豆腐 tou$^{453-21}$fu^{0}

豆腐皮儿 tou$^{453-21}$fu^{0}pʰiər^{213}

豆腐渣儿 tou$^{453-21}$fu^{0}tʂar^{42}

干豆腐 kan$^{42-44}$tou$^{453-21}$fu^{0}

豆包儿 tou$^{453-44}$pɑur^{42} 豆泡

腐竹 fu$^{213-24}$tʂu^{42}

水豆腐 ʂuei$^{213-24}$tou$^{453-21}$fu^{0}

鸡刨豆腐 tɕi$^{42-44}$pʰɑu$^{42-44}$tou$^{453-21}$

fu^{0} 捣碎的水豆腐

豆腐脑儿 tou$^{453-21}$fu^{0}nɑur^{213}

浆子 tɕiɑŋ^{42}tsɿ^{0}

　豆浆 tou$^{453-44}$tɕiɑŋ^{42}

酱豆腐 tɕiɑŋ$^{453-42}$tou$^{453-21}$fu^{0}

　卤豆腐 lu$^{213-24}$tou$^{453-21}$fu^{0}

臭豆腐 tʂʰou$^{453-42}$tou$^{453-21}$fu^{0}

懒豆腐 lan$^{213-24}$tou$^{453-21}$fu^{0} 将蔬菜焯至七八成熟，撒上豆面，再炖一段时间而成的菜肴

粉皮儿 fən$^{213-24}$pʰiər^{213}

凉粉儿 liɑŋ^{42}fər^{13}

面筋 mian$^{453-44}$tɕin^{42}

香油馃子 ɕiɑŋ^{42}iou^{0}kuo$^{213-21}$tsɿ^{13}

　油条 iou$^{42-44}$tʰiɑu^{42}

炸油条 tʂa$^{453-44}$iou$^{42-44}$tʰiɑu^{42}

油炸饼 iou^{42}tʂ（a–ə）^{0}piŋ^{213} 油饼

油炸糕 iou^{42}tʂ（a–ə）^{0}kɑu^{42}

炸辣椒油 tʂa$^{453-42}$la$^{453-44}$tɕiɑu$^{42-44}$iou^{42}

麻花儿 ma$^{42-44}$xuar^{42}

蛋糕 tan$^{453-44}$kɑu^{42}

棉花糖 niɑu^{42}x（ua–uo）^{13}tʰɑŋ^{42}

爆花儿 pɑu$^{453-24}$x（uar–uər）^{0} 爆米花

嘣爆花儿 pəŋ$^{42-44}$pɑu$^{453-24}$x（uar–uər）^{0} 炸爆米花

炸嘣豆儿 tʂa$^{453-44}$pəŋ$^{42-44}$tour^{453} 炸蚕豆

落花生 lɑu$^{453-21}$x（ua–uo）^{0}ʂəŋ^{42}

落花生皮儿 lɑu$^{453-21}$x（ua–uo）^{0}ʂəŋ$^{42-44}$pʰiər^{213}

落花生粒儿 lɑu$^{453-21}$x（ua–uo）^{0}ʂəŋ$^{42-44}$liər^{453}

落花生仁儿 lɑu$^{453-21}$x（ua–uo）^{0}ʂəŋ$^{42-44}$ʐər^{42}

三合油儿 san^{42}xə^{0}iour^{213} 生抽、醋和香油调配成的蘸料

香油 ɕiɑŋ$^{42-44}$iou^{42} 芝麻油

大油 ta$^{453-44}$iou^{42} 猪油

落花生油 lɑu$^{453-21}$x(ua–uo)^{0}ʂəŋ$^{42-44}$iou^{42}

咸盐 ɕian$^{42-44}$ian^{42}

青酱 tɕʰiŋ$^{42-44}$tɕiɑŋ^{453} 酱油

醋 tsʰu^{453}

白醋 pai$^{42-44}$tʂʰu^{453}

料酒 liɑu$^{453-42}$tɕiou^{213}

白矾 pai^{42}f（an–ən）^{0}

白糖 pai^{42}tʰ（ɑŋ–əŋ）^{0}

红糖 xuŋ^{42}tʰ（ɑŋ–əŋ）^{0}

冰糖 piŋ^{42}tʰ（ɑŋ–əŋ）^{0}

糖瓜子 tʰɑŋ$^{42-44}$kua^{42}tsɿ^{0} 用麦芽糖制成的瓜状食品

糖球儿 tʰɑŋ$^{42-44}$tɕʰiour^{213} 水果糖

　糖甲$^{=}$儿 tʰɑŋ$^{42-44}$tɕiar^{213}

佐料儿 tsuo$^{213-21}$liɑur^{13}

五香 u$^{213-24}$ɕiaŋ^{42}

大料儿 ta$^{453-42}$liaur^{453}

花椒儿 xua^{42}tɕ（iaur–iour）^{0}

茴香 xuei^{42}ɕ（iaŋ–iŋ）^{13}

桂皮 kuei$^{453-44}$pʰi^{42}

五香面儿 u$^{213-21}$ɕiaŋ^{13}miɐr^{453}

胡椒粉 xu$^{42-44}$tɕiau$^{42-44}$fən^{213}

葱末儿 tsʰuŋ$^{42-44}$muɤr^{453}

葱段儿 tsʰuŋ$^{42-44}$tuɐr^{453}

姜末儿 tɕiaŋ$^{42-44}$muɤr^{453}

蒜末儿 suan$^{453-42}$muɤr^{453}

淀粉 tian$^{453-42}$fən^{213}

勾芡 kou$^{42-44}$tɕʰian^{453}

木耳 mu$^{453-42}$ər^{213}

银耳 in$^{42-44}$ər^{213}

海参 xai$^{213-24}$ʂən^{42}

海带 xai$^{213-21}$tai^{453}

海蜇皮 xai$^{213-21}$tʂe^{13}pʰi^{42}

海蜇头 xai$^{213-21}$tʂe^{13}tʰou^{42}

海蜇肉 xai$^{213-21}$tʂe^{13}zʅou^{453}

麻人 ma$^{42-44}$zʅən^{42} 海蜇咬人

矾咧 fan^{42}liɛ^{13} 新鲜的海蜇皮不能直接吃，需要用明矾处理

肉骨头 zʅou$^{453-42}$ku$^{213-21}$tʰ（ou–u）^{13}

骨髓 ku$^{453-24}$suən^{213}

肉块儿 zʅou$^{453-42}$kʰuɐr^{453}

肉片儿 zʅou$^{453-42}$pʰiɐr^{453}

肉条儿 zʅou$^{453-42}$tʰiaur^{213}

肉丁儿 zʅou$^{453-44}$tiɤr^{42}

肉丝儿 zʅou$^{453-44}$sər^{42}

肉沫儿 zʅou$^{453-42}$muɤr^{453}

肉膘儿 zʅou$^{453-44}$piaur^{42} 肥肉

　肥膘子 fei$^{42-44}$piau^{42}tsʅ^{0}

花椒肉 xua^{42}tɕiau^{0}zʅou^{453}

红烧肉 xuŋ^{42}ʂau^{0}zʅou^{453}

肘子 tʂou$^{213-21}$tsʅ^{13}

　髈蹄 pʰaŋ$^{213-21}$tʰ（i–ie）^{13}

猪蹄儿 tʂu$^{42-44}$tʰiər^{213}

　猪爪儿 tʂu$^{42-44}$tʂuar^{213}

里脊 li$^{213-24}$tɕi^{213}

外脊 uai$^{453-42}$tɕi^{213}

前槽 tɕʰian$^{42-44}$tsʰau^{42} 猪脖子以下、肚子以上部位的肉

腱子肉儿 tɕian$^{453-42}$tsʅ$^{213-21}$zʅour^{453}

肉皮儿 zʅou$^{453-42}$pʰiər^{213}

肉皮儿冻 zʅou$^{453-42}$pʰiər$^{213-24}$tuŋ^{453}

鱼冻儿 y$^{42-44}$tuɤr^{453}

肋板儿肉 lei$^{453-42}$pɐr$^{213-21}$zʅou^{453} 五花肉

排骨 pʰai^{42}ku^{13}

脆骨儿 tsʰuei$^{453-24}$kur^{0}

背腿 pei$^{453-42}$tʰuei^{213} 猪屁股和猪后腿的统称

肥肉 fei$^{42-21}$zʅou^{0}

蹄筋儿 tʰi$^{42-44}$tɕiər^{42}

五脏六腑 u$^{213-21}$tsaŋ$^{453-42}$liou$^{453-42}$

fu^{213}

下水 ɕia$^{453-24}$ʂuei^{0}

凉$^{=}$根$^{=}$ liɑŋ^{42}kən^{0}

红下水 xuŋ$^{42-21}$ɕia$^{453-24}$ʂuei^{0} 猪心、猪肺和猪肝

白下水 pai$^{42-21}$ɕia$^{453-24}$ʂuei^{0} 猪肠和猪肚

肝儿 kɐr^{42}

肺 fei^{453}

猪腰子 tʂu$^{42-44}$iɑu^{42}tsɿ^{0}

肠子 tʂʰɑŋ^{42}tsɿ^{13}

联贴 lian^{42}tʰie^{13} 脾

肚儿 tur^{213} 动物的胃

熬肉 ŋɑu$^{42-44}$ʐou^{453}

炒肉 tʂʰɑu$^{213-21}$ʐou^{453}

丸子 uan^{42}tsɿ^{13}

氽丸子 tsʰuan$^{42-44}$uan^{42}tsɿ^{13}

猪血 tʂu$^{42-44}$ɕye^{213}

鸡血 tɕi$^{42-44}$ɕye^{213}

炒鸡蛋 tʂʰɑu$^{213-24}$tɕi$^{42-44}$tan^{453}

摊鸡蛋 tʰan$^{42-44}$tɕi$^{42-44}$tan^{453}

烹鸡蛋 pʰəŋ$^{42-44}$tɕi$^{42-44}$tan^{453} 煎鸡蛋

荷包儿蛋 xuo^{42}pɑur^{13}tan^{453}

卧荷包儿蛋 uo$^{453-44}$xuo^{42}pɑur^{13}tan^{453}

整个儿着 tʂəŋ$^{213-21}$kɤr$^{453-24}$tʂə^{0} 一整个

炖鸡蛋 tuən$^{453-44}$tɕi$^{42-44}$tan^{453}

鸡蛋汤 tɕi$^{42-44}$tan$^{453-44}$tʰɑŋ^{42}

鸡蛋羹 tɕi$^{42-44}$tan$^{453-44}$kəŋ^{42}

松花儿蛋 suŋ^{42}xuar^{0}tan^{453}

鸭蛋 ia$^{42-44}$tan^{453}

咸鸭蛋 ɕian$^{42-44}$ia$^{42-44}$tan^{453}

咸鸡蛋 ɕian$^{42-44}$tɕi$^{42-44}$tan^{453}

腊肠儿 la$^{453-42}$tʂʰar^{213}

酸辣汤 suan$^{42-21}$la^{0}tʰɑŋ^{42}

木樨肉 mu$^{453-24}$ɕ（i–y）^{0}ʐou^{453}

干鱼儿 kan$^{42-44}$yər^{213}

酒 tɕiou^{213}

散白酒 san$^{213-24}$pai$^{42-44}$tɕiou^{213}

色酒 ʂai$^{213-24}$tɕiou^{213} 用葡萄或其他水果为原料制成的酒，一般带有颜色，酒精含量较低

茶水 tʂʰa$^{42-44}$ʂuei^{213}

茶叶 tʂʰa$^{42-21}$ie^{0}

茶叶末儿 tʂʰa$^{42-21}$ie^{0}muɤr^{453}

白开水 pai$^{42-44}$kʰai$^{42-44}$ʂuei^{213}

煮茶 tʂu$^{213-24}$tʂʰa^{42}

泡茶 pʰɑu$^{453-44}$tʂʰa^{42}

造厨 tsɑu$^{453-44}$tʂʰu^{42} 在酒席中做饭做菜

淘米 tʰɑu$^{42-44}$mi^{213}

做饭去 tsou$^{453-42}$fan$^{453-21}$tɕʰ（y–i）^{0}

做粥去 tsou$^{453-44}$tʂou$^{42-21}$tɕʰ（y–i）^{0}

做熟咧 tsou$^{453-44}$ʂou^{42}liɛ^{13}

做好咧 tsou$^{453-42}$xɑu$^{213-21}$liɛ^{13}

蒸饭 tʂəŋ$^{42-44}$fan^{453}

蒸干饭 tʂəŋ$^{42-44}$kan$^{42-21}$f（an–ən）^{0}

塌儿锅饭 tʰar$^{42-44}$kuo$^{42-44}$fan^{453} 大锅饭

烧火 ʂɑu$^{42-44}$xuo^{213}

熬菜 ŋɑu$^{42-44}$tsʰai^{453}

择菜 tʂai$^{42-44}$tsʰai^{453}

洗菜 ɕi$^{213-21}$tsʰai^{453}

切菜 tɕʰie$^{213-21}$tsʰai^{453}

放汤 fɑŋ$^{453-44}$tʰɑŋ^{42} 做汤

和面 xuo$^{42-44}$mian^{453}

揉面 ʐou$^{42-44}$mian^{453}

面剂子 mian$^{453-42}$tɕi$^{453-21}$tsɿ^{0}

面剂儿 mian$^{453-42}$tɕiər^{453}

揪面剂子 tɕiou$^{42-44}$mian$^{453-42}$tɕi$^{453-21}$tsɿ^{0}

揪剂儿 tɕiou$^{42-44}$tɕiər^{453}

擀剂子 kan$^{213-24}$tɕi$^{453-21}$tsɿ^{0}

擀片儿 kan$^{213-21}$pʰiɐr^{453}

刀切面 tɑu$^{42-44}$tɕʰie$^{42-44}$mian^{453}

下面条儿 ɕia$^{453-42}$mian$^{453-42}$tʰiɑur^{213}

搭$^{=}$出来 ta^{42}tʂʰu^{0}lai^{0} 盛面

捞出来 lɑu^{42}tʂʰu^{0}lai^{0}

酸菜 suan$^{42-44}$tsʰai^{453}

计$^{=}$酸菜 tɕi$^{453-42}$suan$^{42-44}$tsʰai^{453} 制作酸菜

吊干白菜 tiɑu$^{453-44}$kan$^{42-44}$pai^{42}tsʰ（ai–ei）^{13}

焙干儿萝卜 pei$^{453-44}$kɐr$^{42-44}$luo^{42}p（uo–u）^{13}

焙干 pei$^{453-44}$kan^{42}

萝卜碱$^{=}$儿 luo^{42}pu^{13}tɕiɐr^{213} 干萝卜片

盐净 ian$^{42-21}$tɕiŋ^{0} 咸菜

糖醋蒜 tʰɑŋ$^{42-44}$tsʰu$^{453-42}$suan^{453}

腌咸菜 ʐan$^{42-44}$ɕian^{42}tsʰ（ai–ei）^{13}

腌短菜 ʐan$^{42-44}$tuan$^{213-21}$tsʰai^{453} 腌制很快就能吃的菜，如芹菜等

红咸菜 xuŋ$^{42-44}$ɕian^{42}tsʰ（ai–ei）^{13} 腌制的大头菜根

腌鱼 ʐan$^{42-44}$y^{42}

做酱 tsou$^{453-42}$tɕiɑŋ^{453}

酱曲 tɕiɑŋ$^{453-24}$tɕʰiou^{0}

大酱 ta$^{453-42}$tɕiɑŋ^{453}

白殕 pai^{42}f（ou–u）^{13}

发酵 fa$^{42-44}$ɕiɑu^{453}

酵母 ɕiɑu$^{453-42}$mu^{213}

菜窖 tsʰai$^{453-42}$tɕiɑu^{453}

地窨子 ti$^{453-42}$in$^{453-24}$tsɿ^{0}

酒曲子 tɕiou$^{213-24}$tɕʰy^{42}tsɿ^{0}

十四、红白大事

提婚 tʰi$^{42-44}$xuən^{42} 提亲

媒人 mei^{42}ʐən^{13}

　保媒的 pɑu$^{213-24}$mei^{42}ti^{13}

　介绍人 tɕie$^{453-42}$ʂɑu$^{453-44}$ʐən^{42}

说媳妇儿 ʂuo$^{42-44}$ɕi$^{213-21}$f（ur–ər）^{13}

结婚 tɕie$^{213-24}$xuən^{42}

支家 tʂʅ$^{42-44}$tɕia^{42} 置办家当

打离婚 ta$^{213-24}$li$^{42-44}$xuən^{42}

成咧一家儿咧 tʂʰəŋ^{42}liɛ^{13}i$^{42-44}$tɕiar^{42}liɛ^{0}

陪送 pʰei^{42}suŋ^{13} 嫁妆

彩礼 tʂʰai$^{213-24}$li^{213}

出阁 tʂʰu$^{42-44}$kɤ^{42} 嫁人

聘闺女 pʰin$^{453-44}$kuei^{42}ny^{0} 女儿出嫁

娶媳妇儿 tɕʰy$^{213-24}$ɕi$^{213-21}$f（ur–ər）^{13}

相媳妇儿 ɕiɑŋ$^{42-44}$ɕi$^{213-21}$f（ur–ər）^{13}

拉个抽屉儿 la^{42}kə^{0}tʂʰou^{42}tʰiər^{0} 女方心里同意这门亲事，但嘴上却说要回家和父母商量的行为

走一个阶段 tsou$^{213-24}$i^{42}kə^{0}tɕie$^{42-21}$tuan^{0} 男女双方相处一段时间

订亲 tiŋ$^{453-44}$tɕʰin^{42} 订婚

嚼谷儿 tɕiɑu$^{213-21}$kuər^{13} 档次较高的餐食

好日 xɑu$^{213-21}$ʐʅ^{13} 结婚的日子

看好日 kʰan$^{453-42}$xɑu$^{213-21}$ʐʅ^{13} 请先生算结婚的吉日

定好日 tiŋ$^{453-42}$xɑu$^{213-21}$ʐʅ^{13}

给个信儿 kei$^{213-21}$kə^{13}ɕiər^{453}

上礼 ʂɑŋ$^{453-42}$li^{213} 给男方送礼

添箱 tʰian$^{42-44}$ɕiɑŋ^{42} 旧时女子出嫁时亲友所送的贺礼

实篓$^{=}$ ʂʅ^{42}lou^{13} 男方的姨、妗子上的礼

绞脸儿 tɕiɑu$^{213-24}$liɐr^{213} 开脸

吃筵席 tʂʰʅ$^{42-44}$ian^{42}ɕi^{13} 结婚前一天男方家办酒席宴请所有亲戚，尤其是女性亲戚当天必须到

　红棚 xuŋ$^{42-44}$pʰəŋ^{42}

双女儿进门 ʂuɑŋ$^{42-44}$nyər$^{213-21}$tɕin$^{453-44}$mən^{42} 男方家的女性亲戚未能在结婚前一天到新郎家，而是跟新娘一样，结婚当天到

吃酒席 tʂʰʅ$^{42-44}$tɕiou$^{213-21}$ɕi^{13}

　赴席 fu$^{453-44}$ɕi^{42}

吃喜饭儿 tʂʰʅ$^{42-44}$ɕi$^{213-21}$fɐr^{453}

八碟儿四海碗 pa$^{42-44}$tiɤr$^{213-21}$

sɿ$^{453-42}$xai$^{213-24}$uan^{213} 结婚当天的菜品。八碟儿包括凉菜、热菜各四碟，四海碗包括鸡、鱼、肉、肘各一海碗

挂门帘子 kua$^{453-44}$mən$^{42-44}$lian^{42}tsɿ^{13} 结婚前，新娘家的人到新郎家新房门口挂门帘

接媳妇儿 tɕie$^{42-44}$ɕi$^{213-21}$f(ur-ər)^{13}

蒙红的 məŋ$^{42-44}$xuŋ^{42}ti^{13} 陪新郎接亲的未婚小男孩儿

娶女儿客 tɕʰy$^{213-24}$nyər$^{213-24}$tɕʰie^{213} 陪新郎接亲的未婚小女孩儿

茶果 tʂʰa^{42}kuo^{13} 结婚当天，新娘家准备的待客食品，包括瓜果、烟卷、茶水等

压腰子的钱 ia$^{42-44}$iɑu^{42}tsɿ^{0}ti^{0}tɕʰian^{42} 旧时女子出嫁父母给的钱，通常放在贴身穿的衣服里

盖头 kai$^{453-24}$tʰou^{0}

搀媳妇儿的 tʂʰan$^{42-44}$ɕi$^{213-21}$f(ur-ər)^{13}ti^{0}

走茓子 tsou$^{213-24}$ɕye^{42}tsɿ^{13} 结婚当天，新娘下了轿子走到新房的这段路脚不能沾地，地面要铺上茓子，走在茓子上

撩门帘子 liɑu$^{42-44}$mən$^{42-44}$lian^{42}tsɿ^{13} 结婚当天，新娘进新房时，婆婆将新房的门帘子撩开

坐正 tsuo$^{453-42}$tʂəŋ^{453} 新娘进到新房后，要面朝北坐在炕的正中间

广席 kuɑŋ$^{213-24}$ɕi^{42} 结婚喝喜酒当天，新娘在的一桌，共八人。新娘面朝北坐，除新娘外，一般坐广席的是男方的姑、妗子、婶等。如果这类亲戚多，则分批吃

福饭 fu$^{213-21}$fan^{13} 结婚喝喜酒当天，新娘、新郎碗里的饭

圆饭的 yan$^{42-44}$fan$^{453-21}$ti^{0} 新娘父亲及父亲的兄弟或姐妹的丈夫（一般是男性），陪着新娘来到新郎家

圆饭的桌子 yan$^{42-44}$fan$^{453-21}$ti^{0}tʂuo^{42}tsɿ^{0} 结婚喝喜酒当天，新娘父亲及父亲的兄弟或姐妹的丈夫在的一桌

老家数儿 lɑu$^{213-21}$tɕia^{13}ʂur^{453} 年龄较长的长辈

全科儿 tɕʰyan^{42}kʰɤr^{0} 儿女双全的人

下车饭 ɕia$^{453-44}$tʂʰe$^{42-44}$fan^{453} 新媳妇下轿子时，摆在婆家门口的饭食，一般由新郎的姥姥家准备，包括 99 个包子和 2 斤肉

押家回儿 ia$^{42-44}$tɕia^{42}xuər^{0} 婆家给陪同新娘的娘家人准备的礼品，通常包括十个包子、一根肉骨头、一支挂面

新新姑爷 ɕin^{42}ɕin^{0}ku^{42}ie^{0} 新郎

新媳妇儿 ɕin$^{42-44}$ɕi$^{213-21}$f（ur–ər）^{13} 新娘

洞房 tuŋ$^{453-44}$fɑŋ^{42}

闹洞房 nɑu$^{453-42}$tuŋ$^{453-44}$fɑŋ^{42}

望家 uɑŋ$^{453-44}$tɕia^{42} 新婚第一天早晨，新娘面朝窗户坐在炕上，并将窗户纸挖两个小洞，望向娘家的方向，寓意“旺家”

回门 xuei$^{42-44}$mən^{42} 新婚第四天新娘回娘家

高人贵客 kɑu$^{42-44}$ʐən$^{42-44}$kuei$^{453-42}$tɕʰie^{213}

　客客儿 kʰɤ$^{453-42}$tɕʰiɤr^{213}

远客 yan$^{213-24}$tɕʰie^{213}

出门咧 tʂʰu$^{42-44}$mən^{42}liɛ^{13} 寡妇再嫁

又说一个媳妇儿 iou$^{453-44}$ʂuo$^{42-44}$i^{42}kə^{0}ɕi$^{213-21}$f（ur–ər）^{13} 续弦

怀身子咧 xuai$^{42-44}$ʂəŋ^{42}tsɿ^{0}liɛ^{0} 怀孕

　揣上咧 tʂʰuai$^{42-21}$ʂ（ɑŋ–əŋ）^{0}liɛ^{0}

害孩子 xai$^{453-44}$xai^{42}tsɿ^{13}

　害口 xai$^{453-42}$kʰou^{213}

掉咧 tiɑu$^{453-21}$liɛ^{0}

　小月儿咧 ɕiɑu$^{213-21}$yɤr^{13}liɛ^{0}

　小产咧 ɕiɑu$^{213-24}$tʂʰan$^{213-21}$liɛ^{13}

快养活咧 kʰuai$^{453-42}$iɑŋ$^{213-21}$xuo^{13}liɛ^{0}

　快猫屋儿咧 kʰuai$^{453-44}$mɑu$^{42-44}$ur^{42}liɛ^{0}

　该卸崽咧 kai$^{42-44}$ɕie$^{453-42}$tsai$^{213-21}$liɛ^{13}

养活咧 iɑŋ$^{213-21}$xuo^{13}liɛ^{0}

　猫儿屋儿咧 mɑur$^{42-44}$ur^{42}liɛ^{0}

　生咧 ʂəŋ^{42}liɛ^{0}

养活个小子 iɑŋ$^{213-21}$xuo^{13}kə^{0}ɕie$^{213-21}$tsɿ^{13} 生个男孩，旧时通常在门口挂上用高粱秆或竹子做的弓箭，并系一根红布条

养活个丫头 iɑŋ$^{213-21}$xuo^{13}kə^{0}ia^{42}tʰou^{0} 生个女孩，旧时通常只在门口挂一根红布条

看孩子 kʰan$^{42-44}$xai^{42}tsɿ^{13}

　累会儿累会儿 lei$^{453-24}$xuər^{0}lei$^{453-24}$xuər^{0}

懒月咧 lan$^{213-21}$ye$^{453-24}$liɛ^{0} 过产期不生

　懒日子咧 lan$^{213-21}$ʐʅ$^{453-24}$tsɿ^{0}liɛ^{0}

捏骨缝儿 nie$^{453-42}$ku$^{213-21}$fuɤr^{453} 产后第七天产妇要吃饺子，取饺子要捏之义，希望产妇的骨缝早日愈合

添小人儿咧 tʰian$^{42-44}$ɕiɑu$^{213-24}$ʐər^{42}liɛ^{13}

　得儿小人儿咧 tɤr$^{213-24}$ɕiɑu$^{213-24}$ʐər^{42}liɛ^{13}

接生 tɕie$^{42-44}$ʂəŋ^{42}

脐带儿 tɕʰi$^{42-44}$tɐr^{453}

铰脐带儿 tɕiɑu$^{213-24}$tɕʰi$^{42-44}$tɐr^{453}

泥胞 ni^{42}p（ɑu–ə）^{0} 胎盘

坐月子 tsuo$^{453-42}$ye$^{453-24}$tsɿ^{0}

满月儿咧 man$^{213-21}$yɤr$^{453-24}$liɛ^{0}

过满月儿 kuo$^{453-42}$man$^{213-21}$yɤr^{13}

过百岁儿 kuo$^{453-42}$pai$^{213-21}$suər^{13}

头生儿 tʰou^{42}ʂɤr^{13} 第一胎

第五生儿 ti$^{453-42}$u$^{213-21}$ʂɤr^{13} 第五胎

双胞儿 ʂuɑŋ$^{453-24}$p（ɑur–ər）^{0}

破花儿晚 pʰuo$^{453-44}$xuar$^{42-44}$uan^{213} 年纪很大才生第一个孩子

一辈子没破花儿 i$^{42-44}$pei$^{453-24}$tsɿ^{0}mei$^{42-44}$pʰuo$^{453-44}$xuar^{42} 一辈子未生养

绝户 tɕye^{42}xu^{13} 没有后代

吃奶儿 tʂʰʅ$^{42-44}$nɐr^{213}

裹 kuo^{42} 吸

妈妈 ma^{42}m（a–ə）^{0} 乳房

鞋底子妈妈 ɕie$^{42-44}$ti$^{213-21}$tsɿ^{13}ma^{42}m（a–ə）^{0}

肉妈妈 ʐou$^{453-44}$ma^{42}m（a–ə）^{0}

羊犄角儿妈妈 iɑŋ$^{42-44}$tɕi^{42}tɕ（iɑur–iour）^{0}ma^{42}m（a–ə）^{0}

平儿妈妈 pʰiɤr$^{213-24}$ma^{42}m（a–ə）^{0}

妈妈头儿 ma^{42}m（a–ə）^{0}tʰour^{213}

尿儿炕咧 niɑur$^{453-42}$kʰɑŋ$^{453-24}$liɛ^{0}

挪臊窝子 nuo$^{42-44}$sɑu$^{42-44}$uo^{42}tsɿ^{0} 婴儿满月到姥姥家去

认生 ʐən$^{453-44}$ʂəŋ^{42}

生日 ʂəŋ^{42}ʐʅ^{0}

过八十大寿 kuo$^{453-44}$pa^{42}ʂʅ^{0}ta$^{453-42}$ʂou^{453}

老寿星 lɑu$^{213-21}$ʂou$^{453-44}$ɕiŋ^{42}

防疫针儿 fɑŋ$^{42-44}$i$^{453-44}$tʂər^{42}

打针 ta$^{213-24}$tʂən^{42}

东家 tuŋ^{42}tɕia^{0}

丧事儿 ʂɑŋ$^{42-21}$ʂər^{0}

　白事儿 pai$^{42-21}$ʂər^{0}

　喜葬儿咧 ɕi$^{213-21}$tsar$^{453-24}$liɛ^{0}

老咧 lɑu$^{213-21}$liɛ^{13} 去世

花圈 xua$^{42-44}$tɕʰyan^{42}

叫魂 tɕiɑu$^{453-44}$xuən^{42}

丢儿魂咧 tiour$^{42-44}$xuən^{42}liɛ^{13}

光儿去咧 kuar^{42}tɕʰ（y–i）^{0}liɛ^{0} 人死时未穿好寿衣

魂灵儿 xuən^{42}liɤr^{13} 灵魂

□咧两声儿 kʰəŋ$^{213-21}$liɛ^{13}liɑŋ$^{213-24}$ʂɤr^{42} 人将死时哼哼两声

捯气呢 tɑu$^{42-44}$tɕʰi$^{453-24}$ni^{0} 指临死前急促、断续地呼吸

开眼光儿 kʰai$^{42-44}$ian$^{213-21}$kuar^{13} 死者的女儿或儿媳用湿棉花给死者擦眼睛

不空口 pu$^{42-44}$kuŋ$^{42-44}$kʰou^{213} ①人将死时，在其嘴里塞上大米或点心②人死后，有专人去死者的亲朋家送

信，至少喝口水再离开

不空手 pu$^{42-44}$kʰuŋ$^{42-44}$ʂou^{213} 人将死时，在其袖子里塞上大米或点心

床拍子 tʂʰuɑŋ$^{42-44}$pʰai^{42}tsɿ^{0} 灵床

　死人拍子 sɿ$^{213-21}$ʐən^{13}pʰai^{42}tsɿ^{0}

支道儿 tʂʅ$^{42-44}$tɑur^{453} 给逝者布置一条通向阴间的道路

纸杖 tsʅ$^{213-21}$tʂ（ɑŋ–əŋ）^{13} 用纸和竹篾扎成的冥器

扎纸杖 tʂa$^{42-44}$tʂʅ$^{213-21}$tʂ（ɑŋ–əŋ）^{13}

纸大钱儿 tʂʅ$^{213-21}$ta$^{453-44}$tɕʰiɐr^{42}

拖魂车 tʰuo$^{42-44}$xuən$^{42-44}$tʂʰe^{42}

九莲灯 tɕiou$^{213-24}$lian$^{42-44}$təŋ^{42}

莲花椅 lian$^{42-44}$xua$^{42-44}$i^{213}

金银双库 tɕin$^{42-44}$in$^{42-44}$ʂuɑŋ$^{42-44}$kʰu^{453}

倒头纸 tɑu$^{213-21}$tʰou^{13}tʂʅ^{213} 人刚死烧的纸

烧倒头纸 ʂɑu$^{42-44}$tɑu$^{213-21}$tʰou^{13}tʂʅ^{213} 第一次在灵床前为逝者烧纸

送倒头纸 suŋ$^{453-42}$tɑu$^{213-21}$tʰou^{13}tʂʅ^{213} 第一次在庙里为逝者烧纸

手灯 ʂou$^{213-24}$təŋ^{42} 马灯

电棒儿 tian$^{453-42}$par^{453}

啼呼 tʰi^{42}xu^{13} 吊孝

哀乐 ai$^{42-44}$ye^{453}

送信儿 suŋ$^{453-42}$ɕiɤr^{453}

应个令儿 iŋ^{42}kə^{0}liɤr^{453} 讨个好兆头

客到 tɕʰie$^{213-21}$tɑu^{453}

召客 tʂɑu$^{453-42}$tɕʰie^{213}

续材 ɕy$^{453-44}$tsʰai^{42} 关殓前，家人亲戚往棺材里放棉花，寓意“续财”

续棉花 ɕy$^{453-44}$niɑu^{42}x（ua–uo）^{13}

抱$^{=}$儿 pɑur^{453} 装衣服用的大包裹

续被 ɕy$^{453-42}$pei^{453}

清单 tɕʰiŋ$^{42-44}$tan^{42} 覆盖逝者的被单

压土的衣裳 ia$^{42-44}$tʰu$^{213-21}$ti^{13}i$^{42-21}$ʂ（ɑŋ–əŋ）^{0}

　送老的衣裳 suŋ$^{453-42}$lɑu$^{213-21}$ti^{13}i$^{42-21}$ʂ（ɑŋ–əŋ）^{0}

奠纸 tian$^{453-42}$tʂʅ^{213} 给逝者烧纸

请奠欠身 tɕʰiŋ$^{213-21}$tian$^{453-42}$tɕʰian$^{453-44}$ʂən^{42}

垫子 tian$^{453-21}$tsɿ^{0}

香碗儿 ɕiɑŋ$^{42-44}$uɐr^{213} 焚香的碗形用具

　香碗子 ɕiɑŋ$^{42-44}$uan$^{213-21}$tsɿ^{13}

供果儿 kuŋ$^{453-42}$kuɤr^{213}

磕头 kʰɤ$^{42-44}$tʰou^{42}

神三鬼四人两个 ʂən$^{42-44}$san$^{42-44}$kuei$^{213-21}$sɿ$^{453-42}$ʐən$^{42-44}$liɑŋ$^{213-21}$kɤ^{453} 给神磕头磕三个，给鬼磕四个，给人磕两个

脏盔子 tsɑŋ$^{42-44}$kʰuei^{42}tsɿ^{0} 烧纸用的盆

顶脏盔子 tiŋ$^{213-24}$tsɑŋ$^{42-44}$kʰuei^{42}

tsɿ^{0}

致悼词 tʂʅ$^{453-42}$tɑu$^{453-44}$tsʰɿ^{42}

哭灵的 kʰu$^{42-44}$liŋ^{42}ti^{13}

打墓 ta$^{213-21}$m^{453}

破土 pʰuo$^{453-42}$tʰu^{213}

下葬 ɕia$^{453-42}$tsɑŋ^{453}

福土 fu$^{213-24}$tʰu^{213} 逝者下葬后，其子从坟地带回的一把土，三天后再扔回坟地里

灵幡儿 liŋ$^{42-44}$fɐr^{42}

把灵幡儿的 pa$^{213-24}$liŋ$^{42-44}$fɐr^{42}ti^{0}

闺女叫门 kuei^{42}ny^{0}tɕiɑu$^{453-44}$mən^{42} 合葬前，逝者的女儿同先逝的亲人打招呼

并骨 piŋ$^{453-42}$ku^{213} 合葬

圆坟 yan$^{42-44}$fən^{42} 逝者下葬后三天，其家属到坟前培土

五七 u$^{213-21}$tɕʰi^{13}

百日 pai^{42}ʐʅ^{0} 逝世一百天

节坎儿 tɕie$^{213-21}$kʰ（ɐr–ɤr）^{13} 过年过节

孝布 ɕiɑu$^{453-42}$pu^{453}

　孝衣 ɕiau$^{453-44}$i^{42}

包头 pɑu$^{42-21}$tʰou^{0}

　勒头 lei$^{453-24}$tʰou^{0}

白孝衫子 pai$^{42-44}$ɕiɑu$^{42-44}$ʂan^{42}tsɿ^{0}

鞔鞋 man$^{42-44}$ɕie^{42}

落忙的 lɑu$^{453-44}$mɑŋ^{42}ti^{13} 红白事中帮忙的人

穿孝的 tʂʰuan$^{42-44}$ɕiɑu$^{453-24}$ti^{0}

孝带儿 ɕiɑu$^{453-42}$tɐr^{453} 头巾两边的带子，一边长一边短代表一位亲人逝世，两边一样长代表两位亲人逝世

老人咧 lɑu$^{213-24}$ʐən^{42}liɛ^{13}

　死咧 sɿ$^{213-21}$liɛ^{13}

　走咧 tsou$^{213-21}$liɛ^{13}

帐子 tʂɑŋ$^{453-24}$tsɿ^{0} 死者原单位送的蓝布或黑布

刻碑 kʰɤ$^{453-44}$pei^{42}

灵柩 liŋ^{42}tɕiou^{13}

摆路街 pai$^{213-21}$lu$^{453-24}$tɕie^{0} 大执宾带着逝者家属沿路向村里人招呼致谢

榜 pɑŋ^{213}

毛头纸 mɑu^{42}tʰou^{0}tʂʅ^{213} 写榜用的白纸

打洋$^{=}$盅$^{=}$ ta$^{213-24}$iɑŋ^{42}tʂuŋ^{13} 在一块儿大方纸上写“公故先考，某门某氏，生于……死于……”，贴在门口，出灵时贴于棺材后面

发送人 fa$^{42-21}$suŋ^{0}ʐən^{42}

烧纸 ʂɑu^{42}tʂʅ^{0} 专烧给逝者的纸

包货纸 pɑu$^{42-21}$xuo^{0}tʂʅ^{213}

大操 ta$^{453-44}$tsʰɑu^{42} 红白大事中最主要的负责人

大执宾 ta$^{453-42}$tʂʅ$^{213-24}$pin^{42} 红白

大事中最主要的操办人

忌日 tɕi$^{453-24}$ʐʅ^{0}

孝子 ɕiɑu$^{453-42}$tsɿ^{213}

孝孙 ɕiɑu$^{453-44}$suən^{42}

倒儿头儿咧 tɑur$^{213-24}$tʰou^{42}liɛ^{13} 断气

蒙脸布儿 məŋ$^{42-44}$lian$^{213-21}$pur^{453} 覆盖逝者脸部的布

棺子 kuan^{42}tsɿ^{0} 棺材

材 tsʰai^{42}

攒棺子 tsʰuan$^{42-44}$kuan^{42}tsɿ^{0} 制作棺材

材料子 tsʰai$^{42-44}$liɑu$^{453-24}$tsɿ^{0} 用于制作棺材的木料

棺罩 kuan$^{42-21}$tʂɑu^{0}

棺盖 kuan$^{42-44}$kai^{453}

棺底 kuan$^{42-44}$ti^{213}

棺帮儿 kuan$^{42-44}$par^{42} 棺材两侧的木板

堵头儿 tu$^{213-21}$tʰour^{13} 棺材前后的木板

棺头 kuan$^{42-44}$tʰou^{42}

棺尾 kuan$^{42-44}$uei^{213}

三儿五的 sɐr$^{42-44}$u$^{213-21}$ti^{13} 底三寸、帮四寸、盖五寸的棺材

四五六的 sɿ$^{453-42}$u$^{213-21}$liou$^{453-24}$ti^{0} 底四寸、帮五寸、盖六寸的棺材

入殓 ʐu$^{453-42}$lian^{453}

超殃 tʂʰɑu$^{42-44}$iɑŋ^{42} 在逝者入殓后，关殓前，用棍子将逝者稍微捣动一下

殃打咧 iɑŋ$^{42-44}$ta$^{213-21}$liɛ^{13} 超殃时，逝者口中的气喷到人身上

关殓 kuan$^{42-44}$lian^{453}

赁杠 lin$^{453-42}$kɑŋ^{453} 租杠

抬杠 tʰai$^{42-44}$kɑŋ^{453}

棺钉 kuan$^{42-44}$tiŋ^{42} 钉棺材的钉子

立碑 li$^{453-44}$pei^{42}

守灵 ʂou$^{213-24}$liŋ^{42}

灵棚子 liŋ$^{42-44}$pʰəŋ^{42}tsɿ^{13}

守孝 ʂou$^{213-21}$ɕiɑu^{453}

戴孝 tai$^{453-42}$ɕiɑu^{453}

穿孝 tʂʰuan$^{42-21}$ɕiɑu^{0}

远一坎儿的 yan$^{213-24}$i$^{42-44}$kʰɐr$^{213-21}$ti^{13} 关系疏远一些的人

谢孝 ɕie$^{453-42}$ɕiɑu^{453}

喇叭 la$^{213-21}$p（a–ə）^{13} 吹喇叭的乐队

喇叭头儿 la$^{213-21}$p（a–ə）^{13}tʰour^{213}

喇叭坐夜 la$^{213-21}$p（a–ə）^{13}tsuo$^{453-42}$ie^{453} 出殡前日，请吹喇叭的乐队整晚演奏

喇叭台 la$^{213-21}$p（a–ə）^{13}tʰai^{42}

出灵 tʂʰu$^{42-44}$liŋ^{42}

起灵 tɕʰi$^{213-24}$liŋ^{42}

送殡 suŋ$^{453-42}$pin^{453}

横死的 xəŋ$^{453-42}$sɿ$^{213-21}$ti^{13}

上吊 ʂɑŋ$^{453-42}$tiɑu^{453}

验尸 ian$^{453-44}$ʂʅ^{42}

骨灰 ku$^{213-24}$xuei^{42}

骨灰盒儿 ku$^{213-24}$xuei$^{42-44}$xɤr^{213}

骨殖 ku$^{213-21}$ʂʅ^{13}

搬坟 pan$^{42-44}$fən^{42}

骨殖匣子 ku$^{213-21}$ʂʅ^{13}ɕia^{42}tsɿ^{13}

捡骨殖 tɕian$^{213-24}$ku$^{213-21}$ʂʅ^{13}

十五、迷信

老天爷 lɑu$^{213-21}$tʰian$^{42-44}$ie^{42}

庙 miɑu^{453}

和尚 xuo^{42}ʂ（ɑŋ–əŋ）^{13}

尼姑 ni^{42}ku^{0}

佛 fuo^{42}

仙 ɕian^{42}

大仙儿 ta$^{453-44}$ɕiɐr^{42}

掐算 tɕʰia$^{42-21}$s（uan–uən）^{0}

堂子 tʰɑŋ^{42}tsɿ^{13} 供奉仙位的香案

掌堂子的 tʂɑŋ$^{213-24}$tʰɑŋ^{42}tsɿ^{13}ti^{13} 附在人身上的大仙

众仙之位 tʂuŋ$^{453-44}$ɕian$^{42-44}$tʂʅ$^{42-44}$uei^{453}

掌香碗子的 tʂɑŋ$^{213-24}$ɕiɑŋ$^{42-44}$uan$^{213-21}$tsɿ^{13}ti^{0} 大仙所附身的人

　香主 ɕiɑŋ$^{42-44}$tʂu^{213}

保家仙 pɑu$^{213-24}$tɕia$^{42-44}$ɕian^{42}

　看家仙 kʰan$^{42-44}$tɕia$^{42-44}$ɕian^{42}

保身仙 pɑu$^{213-24}$ʂən$^{42-44}$ɕian^{42}

道行 tɑu$^{453-24}$x（ɑŋ–əŋ）^{0}

受好罪咧 ʂou$^{453-42}$xɑu$^{213-21}$tsuei$^{453-24}$liɛ^{0}

癔病 i$^{453-42}$piŋ^{453}

占刻儿 tʂan$^{453-42}$kʰɤr^{453} 占卦

符 fu^{42}

附身咧（f–x）u$^{453-44}$ʂən^{42}liɛ^{0}

仙位 ɕian$^{42-21}$uei^{0}

长仙 tʂʰɑŋ^{42}ɕian^{0} 蛇

狐仙 xu^{42}ɕian^{0} 狐狸

黄仙 xuɑŋ^{42}ɕian^{0} 黄鼠狼

白仙 pai^{42}ɕian^{0} 刺猬

蟾仙 tʂʰan^{42}ɕian^{0} 癞蛤蟆

董仙 tuŋ$^{213-21}$ɕian^{13} 老鼠

花仙 xua^{42}ɕian^{0} 猫

鹤仙 xɤ$^{453-44}$ɕian^{42} 仙鹤

鹏仙 pʰəŋ^{42}ɕian^{0} 大鹏鸟

龟仙 kuei^{42}ɕian^{0} 乌龟

蟒仙 mɑŋ$^{213-21}$ɕian^{13} 蟒蛇

碾仙 nian$^{213-21}$ɕian^{13}

生古仙 ka$^{213-21}$ku^{13}ɕian^{42} 坏仙

好仙 xɑu$^{213-24}$ɕian^{42}

得咧外科 tei$^{213-21}$liɛ^{13}uai$^{453-44}$kʰɤ^{42}

得儿病咧 tɤr$^{213-21}$piŋ$^{453-21}$liɛ^{0}

看大仙 kʰan$^{453-42}$ta$^{453-44}$ɕian^{42}

念诵 nian$^{453-21}$suŋ^{0}
动坑儿 tuŋ$^{453-21}$kʰɤr^{0} 动弹
出马 tʂʰu$^{42-44}$ma^{213}
折腾 tʂe^{42}tʰəŋ^{0}
佛山老祖 fuo$^{42-44}$ʂan$^{42-44}$lɑu$^{213-24}$tsu^{213}
菩萨 pʰu^{42}sa^{13}
如来 ʐu$^{42-44}$lai^{42}
观世音菩萨 kuan$^{42-21}$ʂʅ^{0}·in$^{42-44}$pʰu^{42}sa^{13}
地藏王菩萨 ti$^{453-42}$tsɑŋ$^{453-44}$uɑŋ$^{42-44}$pʰu^{42}sa^{13}
保佑 pɑu$^{213-21}$iou^{453}
佛龛 fuo$^{42-44}$kʰan^{42}
佛像 fuo$^{42-44}$ɕiɑŋ^{453}
佛案 fuo$^{42-44}$ŋan^{453}
斋饭 tʂai$^{42-44}$fan^{453}
吃斋 tʂʰʅ$^{42-44}$tʂai^{42}
上供 ʂɑŋ$^{453-42}$kuŋ^{453}
香 ɕiɑŋ^{42}
点香 tian$^{213-24}$ɕiɑŋ^{42}
　烧香 ʂɑu$^{42-44}$ɕiɑŋ^{42}
信服 ɕin$^{453-24}$fu^{0}
还愿 xuan$^{42-44}$yan^{453}
许愿 ɕ（y–i）$^{213-21}$yan^{453}
财神爷 tsʰai^{42}ʂən^{13}·ie^{42}
关老爷 kuan$^{42-44}$lɑu$^{213-21}$·ie^{13}
土地佬儿 tʰu$^{213-21}$ti$^{453-42}$lɑur^{213}
灶王爷 tsɑu$^{453-44}$uɑŋ$^{42-44}$·ie^{42}
阎王爷（ian–iaŋ）^{42}uɑŋ^{13}·ie^{42}
判官儿 pʰan$^{453-44}$kuɐr^{42}
小鬼儿 ɕiɑu$^{213-24}$kuər^{213}
勾魂鬼儿 kou$^{42-44}$xuən$^{42-44}$kuər^{213}
勾魂杖 kou$^{42-44}$xuən$^{42-44}$tʂɑŋ^{453}
生死簿 ʂəŋ$^{42-44}$sʅ$^{213-21}$pu^{453}
奈河桥 nai$^{453-44}$xɤ$^{42-44}$tɕʰiɑu^{42}
忘姓台 uɑŋ$^{453-21}$ɕiŋ^{0}tʰai^{42}
迷魂汤 mi^{42}xuən^{13}tʰɑŋ^{42}
鬼门关 kuei$^{213-21}$mən$^{42-44}$kuan^{42}
算卦的 suan$^{453-42}$kua$^{453-24}$ti^{0}
相面的 ɕiɑŋ$^{453-42}$mian$^{453-24}$ti^{0}
教堂 tɕiɑu$^{453-44}$tʰɑŋ^{42}
耶稣 ie^{42}su^{0}
信教的 ɕin$^{453-42}$tɕiɑu$^{453-24}$ti^{0}
教徒 tɕiɑu$^{453-44}$tʰu^{42}

十六、讼事

打官司 ta$^{213-24}$kuan^{42}sʅ^{0}
原告儿 yan$^{42-44}$kɑur^{453}
　告状的 kɑu$^{453-42}$tʂuɑŋ$^{453-24}$ti^{0}
被告儿 pei$^{453-42}$kɑur^{453}
呈子 tʂʰəŋ^{42}tsʅ^{13}
状子 tʂuɑŋ$^{453-24}$tsʅ^{0}

惊堂木 tɕiŋ$^{42-44}$tʰɑŋ$^{42-44}$mu^{453}
坐堂 tsuo$^{453-44}$tʰɑŋ^{42}
审 ʂən^{213}
过堂 kuo$^{453-44}$tʰɑŋ^{42}
证人 tʂəŋ$^{453-44}$ʐən^{42}
对证 tuei$^{453-42}$tʂəŋ^{453}
退堂 tʰuei$^{453-44}$tʰɑŋ^{42}
案儿 ŋɐr^{453}
律师 ly$^{453-44}$ʂʅ^{42}
家务事 tɕia$^{42-44}$u$^{453-42}$ʂʅ^{453}
上告 ʂɑŋ$^{453-42}$kɑu^{453}
宣判 ɕyan$^{42-21}$pʰan^{0}
判决 pʰan$^{453-44}$tɕye^{42}
招供 tʂɑu$^{42-44}$kuŋ^{453}
画供 xua$^{453-42}$kuŋ^{453}
　画押 xua$^{453-42}$ia^{213}
　摁手押 ŋən$^{453-42}$ʂou$^{213-24}$ia^{213}
手押 ʂou$^{213-24}$ia^{213}
　手印儿 ʂou$^{213-21}$iər^{453}
供词 kuŋ$^{453-44}$tsʰɿ^{42}
供出来 kuŋ$^{453-24}$tʂʰu^{0}l（ai-ei）^{0}
同案犯 tʰuŋ$^{42-44}$ŋan$^{453-42}$fan^{453}
犯儿法咧 fɐr$^{453-42}$fa$^{213-21}$liɛ^{13}
犯儿事儿咧 fɐr$^{453-42}$ʂər$^{453-24}$liɛ^{0}
犯罪 fan$^{453-42}$tsuei^{453}
诬告 u$^{42-44}$kɑu^{453}
保人 pɑu$^{213-21}$ʐən^{13}
押监 ia$^{42-44}$tɕian^{42}
提出来 tʰi^{42}tʂʰu^{13}l（ai-ei）^{0}
衙役 ia$^{42-21}$i^{0}
押送 ia$^{42-21}$suŋ^{0}
囚车儿 tɕʰiou$^{42-44}$tʂʰɤr^{42}
清官儿 tɕʰiŋ$^{42-44}$kuɐr^{42}
赃官 tsɑŋ$^{42-44}$kuan^{42}
受贿 ʂou$^{453-42}$xuei^{453}
贪赃 tʰan$^{42-44}$tsɑŋ^{42}
送钱 suŋ$^{453-44}$tɕʰian^{42}
罚款 fa$^{42-44}$kʰuan^{213}
枪毙 tɕʰiɑŋ$^{42-44}$pi^{453}
　崩咧 pəŋ^{42}liɛ^{0}
刽子手 kuei$^{453-24}$tsɿ^{0}ʂou^{213}
靶台 pa$^{213-24}$tʰai^{42}
上刑 ʂɑŋ$^{453-44}$ɕiŋ^{42}
夹板儿 tɕia$^{42-44}$pɐr^{213}
上枷 ʂɑŋ$^{453-44}$tɕia^{42}
带手捧子 tai$^{453-42}$ʂou$^{213-24}$pʰəŋ$^{213-21}$tsɿ^{13}
脚镣子 tɕiɑu$^{213-21}$liɑu$^{453-24}$tsɿ^{0}
吊起来 tiɑu$^{453-24}$tɕʰie^{0}l（ai-ei）^{0}
背绑 pei$^{453-42}$pɑŋ^{213} 两手绑在背后
坐牢 tsuo$^{453-44}$lɑu^{42}
探监 tʰan$^{453-44}$tɕian^{42}
砸监 tsa^{42}tɕian^{0}
反狱 fan$^{213-21}$y^{453}
立字据 li$^{453-42}$tsɿ$^{453-24}$tɕy^{0}
分庄户 fən$^{42-44}$tʂuɑŋ$^{42-21}$x（u-uo）^{0}

分家

分担 fən^{42}tan^{0}

中证人 tʂuŋ$^{42-21}$tʂəŋ^{0}ʐən^{42}

房租 fɑŋ$^{42-44}$tsu^{42}

地契 ti$^{453-42}$tɕʰi^{453}

房契 fɑŋ$^{42-44}$tɕʰi^{453}

房照儿 fɑŋ$^{42-44}$tʂɑur^{453}

上税 ʂɑŋ$^{453-42}$ʂuei^{453}

车牌子 tʂʰe$^{42-44}$pʰai^{42}tsɿ^{13}

告示 kɑu$^{453-24}$ʂʅ^{0}

路条儿 lu$^{453-42}$tʰiɑur^{213} 通行证

命令 miŋ$^{453-24}$liŋ^{0}

笔体 pi$^{213-21}$tʰi^{13}

私访 sɿ$^{42-44}$fɑŋ^{213}

交代 tɕiɑu$^{42-21}$tai^{0}

上任 ʂɑŋ$^{453-42}$ʐən^{453}

免 mian^{213}

衙门 ia^{42}mən^{13}

县太爷 ɕian$^{453-42}$tʰai$^{453-44}$ie^{42}

重审 tʂʰuŋ$^{42-44}$ʂən^{213}

案卷儿 ŋan$^{453-42}$tɕyɐr^{453}

传票 tʂʰuan$^{42-44}$pʰiɑu^{453}

十七、日常生活

起来 tɕʰie$^{213-21}$l（ai–ei）^{13}

穿上裤袄 tʂʰuan$^{42-21}$ʂ（ɑŋ–əŋ）^{0} kʰu$^{453-42}$ŋɑu^{213}

洗脸 ɕi$^{213-24}$lian^{213}

刷牙 ʂua$^{42-44}$ia^{42}

漱嘴 ʂu$^{453-42}$tsuei^{213}

拢梳儿 luŋ$^{213-21}$ʂur^{13} 梳子

梳脑袋 ʂu$^{42-44}$nɑu$^{213-21}$t（ai–ei）^{13}

梳辫子 ʂu^{42}pian$^{453-21}$tsɿ^{0}

编辫子 pian$^{42-44}$pian$^{453-21}$tsɿ^{0}

通通脑袋 tʰuŋ^{42}tʰuŋ^{0}nɑu$^{213-21}$t（ai–ei）^{13}

拢拢头发 luŋ$^{213-21}$luŋ^{13}tʰou^{42}f（a–ə）^{13}

篦子 pi$^{453-21}$tsɿ^{0}

刮虱子 kua$^{42-44}$ʂʅ^{42}tsɿ^{0}

扎虱子 tsa$^{213-24}$ʂʅ^{42}tsɿ^{0}

勒虮子 lei$^{453-42}$tɕi$^{213-21}$tsɿ^{13}

挤虮子 tɕi$^{213-24}$tɕi$^{213-21}$tsɿ^{13}

铰手肌= 筋= tɕiɑu$^{213-24}$ʂou$^{213-24}$tɕi^{42} tɕin^{0} 剪指甲

铰脚肌= 筋= tɕiɑu$^{213-24}$tɕiɑu$^{213-24}$ tɕi^{42} tɕin^{0} 剪趾甲

铰脸儿 tɕiɑu$^{213-24}$liɐr^{213}

刮胡子 kua$^{42-44}$xu^{42}tsɿ^{13}

捋胡子 ly$^{213-24}$xu^{42}tsɿ^{13}

下地 ɕia$^{453-42}$ti^{453} 干活

上班儿 ʂɑŋ$^{453-44}$pɐr^{42}

替班儿 tʰi$^{453-44}$pɐr^{42}

下班儿 ɕia$^{453-44}$pɐr^{42}

收工 ʂou$^{42-44}$kuŋ^{42}

出去咧 tʂʰu$^{42-21}$tɕʰ（y–i）^{0}liɛ^{0}

出门儿咧 tʂʰu$^{42-44}$mər^{42}liɛ^{13}

家去咧 tɕia^{42}tɕʰ（y–i）^{0}liɛ^{0} 回家去了

家来咧 tɕia^{42}lai^{0}liɛ^{0} 回家来了

耍着玩儿 ʂua$^{213-21}$tʂə^{13}uɐr^{42}

走步 tsou$^{213-21}$pu^{453} 散步

溜达溜达 liou^{42}t（a–ə）^{0}liou^{42}t（a–ə）^{0}

走遛儿 tsou$^{213-24}$liour^{213}

饿咧 ŋɤ$^{453-21}$liɛ^{0}

没味儿 mei$^{42-44}$uər^{453}

吃早下饭 tʂʰʅ$^{42-44}$tsɑu$^{213-21}$ɕ（ia–i）^{13}fan^{453}

吃晌和⁼饭 tʂʰʅ$^{42-44}$ʂɑŋ$^{213-21}$xuo^{13}fan^{453}

吃后晌饭 tʂʰʅ$^{42-44}$xou$^{453-21}$ʂ（ɑŋ–əŋ）^{0}fan^{453}

吃零打嘴儿 tʂʰʅ$^{42-44}$liŋ$^{42-44}$ta$^{213-24}$tsuər^{213}

开饭 kʰai$^{42-44}$fan^{453}

起饭 tɕʰi$^{213-21}$fan^{453} 盛饭

掏粥 tʰau$^{42-44}$tʂou^{42} 将粥从锅里盛到盆里

盛粥 tʂʰəŋ$^{42-44}$tʂou^{42} 将粥从盆里盛到碗里

拨点儿 puo^{42}tiɐr^{0} 将食物从碗里拨出来一些

盛汤 tʂʰəŋ$^{42-44}$tʰɑŋ^{42} 将汤从锅里盛到盆里

掏汤 tʰɑu$^{42-44}$tʰɑŋ^{42}

舀汤 iɑu$^{213-24}$tʰɑŋ^{42} 将汤从盆里盛到碗里

抄⁼酱 tʂʰɑu$^{42-44}$tɕiɑŋ^{453} 将酱从酱缸里盛到碗里

㧟酱 kʰuai$^{213-21}$tɕiɑŋ^{453} 因酱比较稠,需要用力舀

剜酱 uan$^{42-21}$tɕiɑŋ^{0}

㧟猪油 kʰuai$^{213-24}$tʂu$^{42-44}$iou^{42}

舀水 iɑu$^{213-24}$ʂuei^{213}

舀鸡蛋羹 iɑu$^{213-24}$tɕi$^{42-44}$tan$^{453-44}$kəŋ^{42}

耗⁼油 xɑu$^{453-44}$iou^{42} 熬猪油

吃饭 tʂʰʅ$^{42-44}$fan^{453}

吃粥 tʂʰʅ$^{42-44}$tʂou^{42}

吃面 tʂʰʅ$^{42-44}$mian^{453}

吃豆腐脑儿 tʂʰʅ$^{42-44}$tou$^{453-21}$fu^{0}nɑur^{213}

喝汤 xuo$^{42-44}$tʰɑŋ^{42}

喝水 xuo$^{42-44}$ʂuei^{213}

喝浆子 xuo$^{42-44}$tɕiɑŋ^{42}tsʅ^{0}

喝豆浆 xuo$^{42-44}$tou$^{453-44}$tɕiɑŋ^{42}

喝茶 xuo$^{42-44}$tʂʰa^{42}

喝酒 xuo$^{42-44}$tɕiou^{213}

烫酒 tʰɑŋ$^{453-42}$tɕiou^{213}

倒酒 tɑu$^{453-42}$tɕiou^{213}

抽烟 tʂʰou$^{42-44}$ian^{42}

抽着吧 tʂʰou$^{42-21}$tʂ（au–ou）^{0}pa^{0}

忌烟 tɕi$^{453-44}$ian^{42} 戒烟

洗手 ɕi$^{213-24}$ʂou^{213}

洗脚 ɕi$^{213-24}$tɕiɑu^{213}

洗澡儿 ɕi$^{213-24}$tsɑur^{213} ①洗澡②游泳

擦擦身上 tsʰa^{42}tsʰ（a–ə）^{0}ʂən$^{42-21}$ʂ（ɑŋ–əŋ）^{0}

放屁 fɑŋ$^{453-42}$pʰi^{453}

拉屎 la$^{42-44}$ʂʅ^{213}

尿尿 niɑu$^{453-42}$niɑu^{453}

尿炕 niɑu$^{453-42}$kʰɑŋ^{453}

擦屁股 tsʰa$^{42-44}$pʰie$^{453-24}$（k–x）u^{0}

夹菜 tɕia$^{42-44}$tsʰai^{453}

使筷子 ʂʅ$^{213-21}$kʰuai$^{453-24}$tsɿ^{0} 使用筷子

没煮熟 mei$^{42-44}$tʂu$^{213-24}$ʂou^{42}

生米星子 ʂəŋ$^{42-44}$mi$^{213-24}$ɕiŋ^{42}tsɿ^{0}

咬不动 iɑu$^{213-24}$pu$^{42-44}$tuŋ^{453}

噎住咧 ie$^{42-21}$tʂu^{0}liɛ^{0}

噎杀我咧 ie^{42}ʂ（a–ə）^{0}uo$^{213-21}$liɛ^{13} 噎死我了

抢着吃 tɕʰiɑŋ$^{213-21}$tʂə^{13}tʂʰʅ^{42}

慢慢儿吃 man$^{453-42}$mɐr$^{213-24}$tʂʰʅ^{42}

吃撑咧 tʂʰʅ$^{42-44}$tʂʰəŋ^{42}liɛ^{0}

乘凉 tʂʰəŋ$^{42-44}$liɑŋ^{42}

晒阳儿 ʂai$^{453-42}$iar^{213} 冬天晒太阳

烤火 kʰɑu$^{213-24}$xuo^{213}

掌灯 tʂɑŋ$^{213-24}$təŋ^{42}

点灯 tian$^{213-24}$təŋ^{42}

给灯拉着 kei$^{213-24}$təŋ$^{42-44}$la$^{42-21}$tʂ（au–ou）^{0}

给灯吹死 kei$^{213-24}$təŋ$^{42-44}$tʂʰuei^{42}sɿ^{0}

给灯拉死 kei$^{213-24}$təŋ$^{42-44}$la^{42}sɿ^{0}

盹咧 tuən$^{213-21}$liɛ^{13}

打盹儿咧 ta$^{213-24}$tuər$^{213-21}$liɛ^{13}

发盹咧 fa$^{42-44}$tuən$^{213-21}$liɛ^{13}

不太盹 pu$^{42-44}$tʰai$^{453-42}$tuən^{213}

张哇 tʂɑŋ$^{42-44}$ua^{42} 打哈欠

脱袄 tʰuo$^{42-44}$ŋɑu^{213}

脱裤 tʰuo$^{42-44}$kʰu^{453}

脱鞋 tʰuo$^{42-44}$ɕie^{42}

温被 uən$^{42-44}$pei^{453} ①新郎的嫂子将新房中的被子铺好②平常睡前将叠好的褥子和被子摊开

倒下 tɑŋ$^{213-21}$ɕia^{13} 躺下

睡着咧 ʂuei$^{453-21}$tʂ（ɑu–ou）^{0}liɛ^{0}

打呼噜 ta$^{213-24}$xu^{42}lu^{0}

睡五迷咧 ʂuei$^{453-42}$u$^{213-21}$mi^{13}liɛ^{0} 睡糊涂了

睡不着 ʂuei$^{453-44}$pu$^{42-44}$tʂɑu^{42}

歇会儿 ɕie^{42}xuər^{0}

歇晌 ɕie$^{42-44}$ʂɑŋ^{213} 午休

浑着个儿的 xuən^{42}tʂə^{0}kɤr^{453-}

^{24}ti^{0} 和衣而睡

仰八着睡 niɑŋ$^{213-21}$p（a–ə）^{13}tʂə^{0} ʂuei^{453}

侧棱着睡 tʂai$^{42-21}$ləŋ^{0}tʂə^{0}ʂuei^{453}

趴着睡 pʰa^{42}tʂə^{0}ʂuei^{453}

戳着腿儿睡 tʂʰuo^{42}tʂə^{0}tʰuər$^{213-21}$ ʂuei^{453}

蜷着腿儿睡 tɕʰyan^{42}tʂə^{13}tʰuər$^{213-21}$ ʂuei^{453}

枕枕头 tʂən$^{453-42}$tʂən$^{213-21}$tʰou^{13}

落儿枕咧 lɑur$^{453-42}$tʂən$^{213-21}$liɛ^{13}

抽筋儿咧 tʂʰou$^{42-44}$tɕiər^{42}liɛ^{0}

抽紧筋儿的 tʂʰou$^{42-44}$tɕin$^{213-24}$tɕiər^{42} ti^{0} 骂人话

做梦 tsou$^{453-42}$məŋ^{453}

说梦话 ʂuo$^{42-44}$məŋ$^{453-42}$xua^{453}

梦游 məŋ$^{453-44}$iou^{42}

睡压咧 ʂuei$^{453-44}$ia^{42}liɛ^{0} 睡梦中，因受惊吓而喊叫，或觉得有东西压在身上，不能动弹

熬眼儿 ŋɑu$^{42-44}$iɐr^{213} 熬夜

一宿没睡 i$^{42-44}$ɕiou$^{213-24}$mei$^{42-44}$ ʂuei^{453}

十八、交际

有事儿 iou$^{213-21}$ʂər^{453}

传和儿 tʂʰuan$^{42-21}$xuɤr^{0} 互相有联系

看看 kʰan$^{453-24}$kʰan^{0}

男客 nan$^{42-44}$tɕʰie^{213}

女客 ny$^{213-24}$tɕʰie^{213}

名片儿 miŋ$^{42-44}$pʰiɐr^{453}

给名片 kei$^{213-24}$miŋ$^{42-44}$pʰian^{453}

出桌 tʂʰu$^{42-44}$tʂuo^{42} 给人家办酒席

送礼 ʂuŋ$^{453-42}$li^{213}

打人情儿 ta$^{213-21}$zən$^{42-44}$tɕʰiɤr^{213} 送人情

接客 tɕie$^{42-44}$tɕʰie^{213}

你来咧 ni$^{213-24}$lai^{42}liɛ^{13}

待客 tai$^{453-42}$tɕʰie^{213}

让客 zɑŋ$^{453-42}$tɕʰie^{213}

屋儿来 ur^{42}lai^{0}

坐那儿咧 tsuo$^{453-21}$mər^{0}liɛ^{0}

送客 suŋ$^{453-42}$tɕʰie^{213}

慢慢儿走，别着急 man$^{453-42}$mɐr$^{213-24}$ tsou^{213}，pie$^{42-44}$tʂɑu$^{42-44}$tɕi^{42}

别走咧 pie$^{42-44}$tsou$^{213-21}$liɛ^{13}

招待 tʂɑu$^{42-21}$tai^{0}

待见 tai$^{453-24}$tɕ（ian–in）^{0}

慢待噹 man$^{453-42}$tai$^{453-24}$liou^{0} 怠慢

待见的不跟原先咧 tai$^{453-24}$ tɕ（ian–in）^{0}ti^{0}pu$^{42-44}$kən$^{42-44}$（yan–ian）$^{42-44}$ɕian^{42}liɛ^{0}

待了会儿 tai^{42}lə^{0}xuər^{213}

得咧你咧 tei$^{213-21}$liɛ^{13}ni$^{213-21}$liɛ^{13} 多亏你了

多亏咧你咧 tuo$^{42-44}$kʰuei^{42}liɛ^{0}ni$^{213-21}$liɛ^{13}

谢候⁼谢候⁼ ɕie$^{453-24}$xou^{0}ɕie$^{453-24}$xou^{0} 感谢

没事儿 mei$^{42-21}$ʂər^{0}

有酒席 iou$^{213-24}$tɕiou$^{213-24}$ɕi^{42}

一桌儿酒席 i$^{42-44}$tʂuɤr$^{42-44}$tɕiou$^{213-24}$ɕi^{42}

叫 tɕiɑu^{453} 催请客人

主客 tʂu$^{213-24}$tɕʰie^{213}

陪客 pʰei$^{42-44}$tɕʰie^{213}

拉嗑儿 la$^{213-24}$kʰɤr^{42} 聊天

打唠儿 ta$^{213-21}$lɑur^{453}

开席 kʰai$^{42-44}$ɕi^{42}

上菜 ʂɑŋ$^{453-42}$tsʰai^{453}

倒茶 tɑu$^{453-44}$tʂʰa^{42}

倒酒 tɑu$^{453-42}$tɕiou^{213}

敬酒 tɕiŋ$^{453-42}$tɕiou^{213}

敬杯 tɕiŋ$^{453-44}$pei^{42} 干杯

让着吃菜 ʐɑŋ$^{453-21}$tʂə^{0}tʂʰʅ$^{42-44}$tsʰai^{453} 代别人夹菜请别人吃

假惺惺的 tɕia$^{213-24}$ɕiŋ$^{42-44}$ɕiŋ^{42}ti^{0}

拘束 tɕy$^{42-21}$ʂu^{0}

别拘着 pie$^{42-44}$tɕy^{42}tʂə^{0} 别拘束

捎个信儿 ʂɑu^{42}kə^{0}ɕiər^{453}

捎儿去 ʂɑur^{42}tɕʰ（y–i）^{0}

装扮 tʂuɑŋ$^{42-21}$pan^{0}

装病 tʂuɑŋ$^{42-44}$piŋ^{453}

装傻 tʂuɑŋ$^{42-44}$ʂa^{213}

装疯 tʂuɑŋ$^{42-44}$fəŋ^{42}

臭咧 tʂʰou$^{453-24}$liɛ^{0} 关系不和睦

背黑锅 pei$^{42-44}$xei$^{42-44}$kuo^{42}

笑话人儿 ɕiɑu$^{453-24}$xua^{0}ʐər^{42}

挑刺儿 tʰiɑu$^{42-44}$tsʰər^{453}

摆架子 pai$^{213-21}$tɕia$^{453-24}$tsɿ^{0}

摆谱儿 pai$^{213-24}$pʰur^{213}

出洋相 tʂʰu$^{42-44}$iɑŋ$^{42-44}$ɕiɑŋ^{453}

十九、商业

老字号 lɑu$^{213-21}$tsɿ$^{453-42}$xɑu^{453}

招牌 tʂɑu^{42}pʰ（ai–ei）^{0}

招工 tʂɑu$^{42-44}$kuŋ^{42}

雇人儿 ku$^{453-44}$ʐər^{42}

开小铺儿 kʰai$^{42-44}$ɕiɑu$^{213-21}$pʰur^{453}

生意 ʂəŋ$^{42-21}$i^{0}

小铺儿 ɕiɑu$^{213-21}$pʰur^{453}

小卖点儿 ɕiɑu$^{213-21}$mai$^{453-42}$tiɐr^{213}

小卖部儿 ɕiɑu$^{213-21}$mai$^{453-42}$pur^{453}

海货铺 xai$^{213-21}$xuo$^{453-42}$pʰu^{453}

粮店儿 liɑŋ$^{42-44}$tiɐr^{453}

裁缝铺 tsʰai^{42}fəŋ^{13}pʰu^{453}

铁匠铺 tʰie$^{213-21}$tɕ（iɑŋ–iŋ）^{13}pʰu^{453}

洋货铺 iɑŋ$^{42-21}$xuo^{0}pʰu^{453}

纸杖铺 tʂʅ$^{213-21}$tʂ（ɑŋ–əŋ）^{13}pʰu^{453}

包子铺 pɑu^{42}tsɿ^{0}pʰu^{453}

烧饼铺 ʂɑu^{42}piŋ^{0}pʰu^{453}

点心铺 tian$^{213-21}$ɕin^{13}pʰu^{453}

打馃子 ta$^{213-24}$kuo$^{213-21}$tsɿ^{13}

铺面儿 pʰu$^{453-42}$miɐr^{453} 铺子

打地摊儿 ta$^{213-21}$ti$^{453-44}$tʰɐr^{42}

做买卖 tsou$^{453-42}$mai$^{213-21}$m（ai–ei）^{13}

伙买卖 xuo$^{213-24}$mai$^{213-21}$m（ai–ei）^{13}

不开咧 pu$^{42-44}$kʰai^{42}liɛ^{0}

下市咧 ɕia$^{453-42}$ʂʅ$^{453-21}$liɛ^{0} 商店到时间关门了

关板儿 kuan$^{42-44}$pɐr^{213}

买卖好 mai$^{213-21}$m（ai–ei）^{13}xɑu^{213}

买卖不跟原先旺咧 mai$^{213-21}$m（ai–ei）^{13}pu$^{42-44}$kən$^{42-44}$（yan–ian）$^{42-44}$ɕian$^{42-44}$uɑŋ$^{453-24}$liɛ^{0}

买卖黄咧 mai$^{213-21}$m（ai–ei）^{13}xuɑŋ^{42}liɛ^{13}

丁$^{=}$出去 tiŋ^{42}tʂʰu^{0}tɕʰ（y–i）^{0} 抵押出去

丁$^{=}$账 tiŋ$^{42-44}$tʂɑŋ^{453} 账目一笔勾销

拢账 luŋ$^{213-21}$tʂɑŋ^{453} 盘货

栏柜 lan$^{42-44}$kuei^{453} 柜台

账房 tʂɑŋ$^{453-44}$fɑŋ^{42}

会计 kʰuai$^{453-24}$tɕi^{0}

站栏柜的 tʂan$^{453-42}$lan$^{42-44}$kuei$^{453-21}$ti^{0} 负责卖货的人

学买卖的 ɕiɑu$^{42-44}$mai$^{213-21}$m（ai–ei）^{13}ti^{0}

学徒的 ɕiɑu$^{42-44}$tʰu^{42}ti^{13}

卖水的 mai$^{453-42}$ʂuei$^{213-21}$ti^{13}

买啥儿的 mai$^{213-21}$ʂ（ar–ɤr）^{13}ti^{0} 买东西的人

买点儿啥儿 mai$^{213-21}$tiɐr^{13}ʂ（ar–ɤr）^{0} 买点东西

要价儿 iɑu$^{453-42}$tɕiar^{453}

讲价儿 tɕiɑŋ$^{213-21}$tɕiar^{453}

不抹钱 pu$^{42-44}$muo$^{213-24}$tɕʰian^{42}

付钱 fu$^{453-44}$tɕʰian^{42}

有⿰缶只儿咧 iou$^{213-24}$tʂɐr$^{213-21}$liɛ^{13} 有残缺损伤的痕迹

贱 tɕian^{453}

便宜 pʰian^{42}i^{13}

贵 kuei^{453}

赔 pʰei^{42}

包 pɑu^{42}

包圆儿 pɑu$^{42-44}$yɐr^{42} 将货物全部买下

账本儿 tʂɑŋ$^{453-42}$pər^{213}

旧账 tɕiou$^{453-42}$tʂɑŋ^{453}

陈账 tʂʰən$^{42-21}$tʂɑŋ^{0}

流水账 liou$^{42-44}$ʂuei$^{213-21}$tʂɑŋ^{453}

来往帐 lai$^{42-44}$uɑŋ$^{213-21}$tʂɑŋ^{453}

记账 tɕi$^{453-42}$tʂɑŋ^{453}

赊账 ʂe$^{42-21}$tʂɑŋ^{0}

讨账 tʰɑu$^{213-21}$tʂɑŋ^{453}

黄账 xuɑŋ$^{42-44}$tʂɑŋ^{453} 收不回来的账

存钱 tsʰuən$^{42-44}$tɕʰian^{42}

零花钱 liŋ^{42}xua^{0}tɕʰian^{42}

发票 fa$^{42-44}$pʰiɑu^{453}

字据 tsɿ$^{453-24}$tɕy^{0}

　收据 ʂou$^{42-21}$tɕy^{0}

提货单 tʰi$^{42-21}$xuo^{0}tan^{42}

算子 suan$^{453-24}$tsɿ^{0} 算盘

扒拉算子 pa^{42}l（a–ə）^{0}suan$^{453-24}$tsɿ^{0} 打算盘

戥子 təŋ$^{213-21}$tsɿ^{13}

盘秤 pʰan$^{42-21}$tʂʰəŋ^{0}

秤盘子 tʂʰəŋ$^{453-44}$pʰan^{42}tsɿ^{13}

秤砣 tʂʰəŋ$^{453-44}$tʰuo^{42}

秤提系 tʂʰəŋ$^{453-44}$tʰi^{42}ɕi^{13}

大秤 ta$^{453-42}$tʂʰəŋ^{453} 杆秤

秤钩子 tʂʰəŋ$^{453-44}$kou^{42}tsɿ^{0}

秤杆儿 tʂʰəŋ$^{453-42}$kɐr^{213}

秤给够咧 tʂʰəŋ$^{453-42}$kei$^{213-21}$kou$^{213-24}$liɛ^{0}

斗 tou^{213} ①称粮食的容器②斗形指纹

食费 ʂʅ$^{42-21}$fei^{0}

　饭费 fan$^{453-42}$fei^{453}

工钱 kuŋ^{42}tɕʰian^{0}

盘缠 pʰan^{42}tʂʰ（an–ən）^{13}

本钱 pən$^{213-21}$tɕʰian^{13}

利 li^{453}

大利 ta$^{453-42}$li^{453}

小利 ɕiɑu$^{213-21}$li^{453}

驴打滚儿的利 ly$^{42-44}$ta$^{213-24}$kuər$^{213-21}$ti^{13}li^{453} 高利贷的一种，到期不还，利息加倍，利上加利，越滚越多

　利滚利，本滚本 li$^{453-42}$kuən$^{213-21}$li^{453}，pən$^{213-24}$kuən$^{213-24}$pən^{213}

走运 tsou$^{213-21}$yn^{453}

该 kai^{42} 欠

拉饥荒 la$^{42-44}$tɕi^{42}x（uɑŋ–uŋ）^{0} 欠债

挣钱 tʂəŋ$^{453-44}$tɕʰian^{42}

赔咧 pʰei^{42}liɛ^{13}

铜子儿 tʰuŋ$^{42-44}$tsər^{213} 铜钱

麻⁼子 ma^{42}tsɿ^{13} 铜钱有字的一面

慢⁼儿 mɐr^{453} 铜钱无字的一面

大钱儿 ta$^{453-44}$tɕʰiɐr^{42}

大洋钱 ta$^{453-44}$iɑŋ$^{42-44}$tɕʰian^{42}

票子 pʰiɑu$^{453-24}$tsɿ^{0}

元宝 yan^{42}pɑu^{13}

一张票子 i$^{42-44}$tʂɑŋ$^{42-44}$pʰiɑu$^{453-24}$tsɿ^{0}

一块钱 i$^{42-21}$kʰuai^{0}tɕʰian^{42}

一毛钱 i^{42}mɑu^{0}tɕʰian^{42}

两毛钱 liɑŋ$^{213-21}$mɑu^{13}tɕʰian^{42}

二分钱 ər$^{453-24}$fən^{0}tɕʰian^{42}

一个铜子儿 i^{42}kə^{0}tʰuŋ$^{42-44}$tsər^{213}

一块儿大洋钱 i$^{42-44}$kʰuɐr$^{453-42}$ta$^{453-44}$iɑŋ$^{42-44}$tɕʰian^{42}

一个大钱儿 i^{42}kə^{0}ta$^{453-44}$tɕʰiɐr^{42}

钢墩儿 kɑŋ$^{42-44}$tuər^{42} 硬币

赁房子 lin$^{453-44}$fɑŋ^{42}tsɿ^{13}

　租房子 tsu$^{42-44}$fɑŋ^{42}tsɿ^{13}

下馆子 ɕia$^{453-42}$kuan$^{213-21}$tsɿ^{13}

跑堂儿的 pʰɑu$^{213-24}$tʰar$^{213-21}$ti^{13} 旧时称酒、饭馆中的服务员

副业 fu$^{453-42}$ie^{453}

油坊 iou^{42}f（ɑŋ–əŋ）^{13}

打油儿 ta$^{213-24}$iour^{213}

焊洋铁壶的 xan$^{453-44}$iɑŋ^{42}tʰie^{13}xu^{42}ti^{13}

拐尺 kuai$^{213-24}$tʂʰʅ^{213} 曲尺

墨线儿斗子 mi$^{453-42}$ɕiɐr$^{453-42}$tou$^{213-21}$tsɿ^{13} 墨斗

线坠儿 ɕian$^{453-42}$tʂuər^{453} 测量物体垂直度的工具

抹子 muo$^{213-21}$tsɿ^{13}

托泥板儿 tʰuo$^{42-44}$ni$^{42-44}$pɐr^{213}

瓦刀 ua$^{213-21}$tɑu^{13}

灰斗子 xuei$^{42-44}$tou$^{213-21}$tsɿ^{13}

刨根儿 pʰɑu$^{42-44}$kər^{42}

焊工 xan$^{453-44}$kuŋ^{42}

焊帽子 xan$^{453-42}$mɑu$^{453-21}$tsɿ^{0} 焊工护脸用具

瓦工 ua$^{213-21}$kuŋ^{13}

挂瓦 kua$^{453-42}$ua^{213}

剃脑袋的 tʰi$^{453-42}$nɑu$^{213-21}$t（ai–ei）^{13}ti^{13}

剃头棚儿 tʰi$^{453-44}$tʰou$^{42-44}$pʰuɤr^{213}

剃头的挑子 tʰi$^{453-44}$tʰou^{42}ti^{13}tʰiɑu^{42}tsɿ^{0}

串街 tʂʰuan$^{453-44}$tɕie^{42} 走街串巷

剃头刀子 tʰi$^{453-44}$tʰou$^{42-44}$tɑu^{42}tsɿ^{0}

剃脑袋 tʰi$^{453-42}$nɑu$^{213-21}$t（ai–ei）^{13}

　剪脑袋 tɕian$^{213-24}$nɑu$^{213-21}$t（ai–ei）^{13}

推平头 tʰuei$^{42-44}$pʰiŋ$^{42-44}$tʰou^{42}

推子 tʰuei^{42}tsɿ^{0}

正缝儿 tʂəŋ$^{453-42}$fuɤr^{453}

偏缝儿 pʰian$^{42-21}$fuɤr^{0}

头发渣子 tʰou^{42}f（a–ə）^{13}tʂa^{42}tsɿ^{0}

洗脑袋 ɕi$^{213-24}$nɑu$^{213-21}$t（ai–ei）^{13}

刮脸 kua$^{42-44}$lian^{213}

刮脸刀儿 kua$^{42-44}$lian$^{213-24}$tɑur^{42}

铰鼻毛 tɕiɑu$^{213-24}$pi$^{42-44}$mɑu^{42}

修脚 ɕiou$^{42-44}$tɕiɑu^{213}

木匠 m$^{453-24}$tɕ（iɑŋ–iŋ）^{0}

掌作的 tʂɑŋ$^{213-24}$tsuo^{42}ti^{0} 工头

瓦匠 ua$^{213-21}$tɕ（iɑŋ–iŋ）^{13}

石匠 ʂʅ^{42}tɕ（iɑŋ–iŋ）^{13}

铁匠 tʰie$^{213-21}$tɕ（iaŋ–iŋ）^{13}

小炉匠 ɕiau$^{213-24}$lu$^{42-44}$tɕiaŋ^{453}

师傅 ʂʅ^{42}fu^{0}

徒弟 tʰu^{42}ti^{13}

裁缝 tsʰai^{42}fəŋ^{13}

二十、文化、教育

草稿儿 tsʰau$^{213-24}$kaur^{213}

落么后尾儿 la$^{453-21}$mə^{0}xou$^{453-42}$iər^{213} 倒数

落么嘟嘟 la$^{453-21}$mə^{0}tu^{42}tu^{0} 倒数第一

将了麻$^{=}$几$^{=}$儿的 tɕiaŋ^{42}lə^{0}ma$^{42-44}$tɕiər$^{213-21}$ti^{13} 刚好能凑合着

留作业 liou$^{42-44}$tsuo$^{453-42}$ie^{453}

透蓝纸 tʰou$^{453-44}$lan$^{42-44}$tʂʅ^{213} 复写纸

姓儿 ɕiɤr^{453}

名儿 miɤr^{213}

小名儿 ɕiau$^{213-24}$miɤr^{213}

外号儿 uai$^{453-42}$xaur^{453}

入伍 ʐu$^{453-42}$u^{213}

退伍 tʰuei$^{453-42}$u^{213}

退休 tʰuei$^{453-44}$ɕiou^{42}

错误 tʂʰuo$^{453-24}$u^{0}

算岔咧 suan$^{453-42}$tʂʰa$^{453-24}$liɛ^{0} 算错了

户口本儿 xu$^{453-42}$kʰou$^{213-24}$pər^{213}

五保户儿 u$^{213-24}$pau$^{213-21}$xur^{453}

开除 kʰai$^{42-44}$tʂʰu^{42}

除法 tʂʰu^{42}fa^{13}

初中 tʂʰu$^{42-44}$tʂuŋ^{42}

语文 y$^{213-24}$uən^{42}

复习 fu$^{213-21}$ɕi^{13}

蹲级 tuən$^{42-44}$tɕi^{42} 留级

及格儿 tɕi$^{453-42}$kɤr^{213}

罚立正 fa$^{42-44}$li$^{453-42}$tʂəŋ^{453} 罚站

手戳儿 ʂou$^{213-24}$tʂʰuɤr^{213} 印章

抠戳儿 kʰou$^{42-44}$tʂʰuɤr^{213} 刻章

抠个印儿 kʰou^{42}kə^{0}iər^{453} 做个记号

逃学 tʰau$^{42-44}$ɕiau^{42}

敲铃儿 tɕʰiau$^{42-44}$liɤr^{213} 敲上课铃

考功名 kʰau$^{213-24}$kuŋ^{42}miŋ^{0}

规矩 kuei^{42}tɕy^{0}

比方 pi$^{213-21}$f（aŋ–əŋ）^{13}

打比方 ta$^{213-24}$pi$^{213-21}$f（aŋ–əŋ）^{13}

顺序 ʂuən$^{453-24}$ɕy^{0}

能耐 nəŋ$^{42-21}$n（ai–ei）^{0}

制度儿 tʂʅ$^{453-24}$tur^{0}

世道儿 ʂʅ$^{453-42}$taur^{453}

念书的 nian$^{453-44}$ʂu^{42}ti^{0}

上学的 ʂaŋ$^{453-44}$ɕiau^{42}ti^{13}

识字儿的 ʂʅ$^{213-24}$tsər$^{453-21}$ti^{0}

识字儿 ʂʅ$^{213-21}$tsər^{453}

睁眼儿瞎 tʂəŋ$^{42-44}$iɐr$^{213-24}$ɕia^{42}

　一个大字儿不识 i^{42}kə^{0}ta$^{453-42}$tsər$^{453-44}$pu$^{42-44}$ʂʅ^{213}

　文盲 uən$^{42-44}$mɑŋ^{42}

学校 ɕye$^{42-44}$ɕiɑu^{453}

私塾 sɿ$^{42-44}$ʂu^{42}

上学去 ʂɑŋ$^{453-44}$ɕiɑu^{42}tɕʰ（y-i）^{13}

招生 tʂɑu$^{42-44}$ʂəŋ^{42}

考场 kʰɑu$^{213-24}$tʂʰɑŋ^{213}

入场 ʐu$^{453-42}$tʂʰɑŋ^{213}

喊号儿 xan$^{213-21}$xɑur^{453}

考试卷子 kʰɑu$^{213-21}$ʂʅ^{13}tɕyan$^{453-24}$tsɿ^{0}

　卷子 tɕyan$^{453-24}$tsɿ^{0}

交卷子 tɕiɑu$^{42-44}$tɕyan$^{453-24}$tsɿ^{0}

第一个交的卷子 ti$^{453-44}$i^{42}kə^{0}tɕiɑu^{42}ti^{0}tɕyan$^{453-24}$tsɿ^{0}

交的白卷儿 tɕiɑu^{42}ti^{0}pai$^{42-44}$tɕyɐr^{453}

判卷子 pʰan$^{453-42}$tɕyan$^{453-24}$tsɿ^{0}

判作业 pʰan$^{453-42}$tsuo$^{453-42}$ie^{453}

榜贴出来咧 pɑŋ$^{213-24}$tʰie^{42}tʂʰu^{0}lai^{42}liɛ^{13}

状元 tʂuɑŋ$^{453-24}$yan^{0}

　第一名 ti$^{453-44}$i^{42}miŋ^{0}

扛榜的 kʰɑŋ$^{213-24}$pɑŋ$^{213-21}$ti^{13} 最后一名

考上咧 kʰɑu$^{213-21}$ʂ（ɑŋ-əŋ）^{13}liɛ^{0}

没考上 mei$^{42-44}$kʰɑu$^{213-21}$ʂ（ɑŋ-əŋ）^{13}

毕业 pi$^{453-42}$ie^{453}

毕业证儿 pi$^{453-42}$ie$^{453-42}$tʂɤr^{453}

念私塾 nian$^{453-44}$sɿ$^{42-44}$ʂu^{42}

上学 ʂɑŋ$^{453-44}$ɕiɑu^{42}

散学 san$^{453-44}$ɕiɑu^{42}

寒假 xan$^{42-44}$tɕia^{213}

暑假 ʂu$^{213-24}$tɕia^{213}

放假 fɑŋ$^{453-42}$tɕia^{213}

放寒假 fɑŋ$^{453-44}$xan$^{42-44}$tɕia^{213}

放暑假 fɑŋ$^{453-42}$ʂu$^{213-24}$tɕia^{213}

小长假 ɕiɑu$^{213-24}$tʂʰɑŋ$^{42-44}$tɕia^{453}

请假 tɕʰiŋ$^{213-24}$tɕia^{213}

百家姓儿 pai$^{213-21}$tɕia^{13}ɕiɤr^{453}

三字经 san$^{42-21}$tsɿ^{0}tɕiŋ^{42}

千字文儿 tɕʰian$^{42-21}$tsɿ^{0}uər^{42}

念书 nian$^{453-44}$ʂu^{44}

背书 pei$^{453-44}$ʂu^{42}

背写 pei$^{453-42}$ɕie^{213}

听写 tʰiŋ$^{42-44}$ɕie^{213}

　默写 muo$^{453-42}$ɕie^{213}

描红 miɑu$^{42-44}$xuŋ^{42}

打格儿 ta$^{213-24}$kɤr^{213}

样儿 iar^{453}

判样儿 pʰan$^{453-42}$iar^{453}

写作文儿 ɕie$^{213-21}$tsuo$^{453-44}$uər^{42}

草稿儿 tsʰɑu$^{213-24}$kɑur^{213}

打个草稿儿 ta$^{213-21}$kə^{13}tsʰɑu$^{213-24}$

kɑur^{213}

誊下来 tʰəŋ^{42}ɕia^{0}l（ai–ei）^{0}

抄下来 tʂʰɑu$^{42-21}$ɕia^{0}l（ai–ei）^{0}

擦擦 tsʰa^{42}tsʰa^{0}

勾咧 kou^{42}liɛ^{0}

勾儿去 kour^{42}tɕʰ（y–i）^{0}

改文章 kai$^{213-21}$uən^{42}tʂɑŋ^{13}

改卷子 kai$^{213-21}$tɕyan$^{453-24}$tsɿ^{0}

写白字儿 ɕie$^{213-24}$pai$^{42-44}$tsər^{453}

漏字儿 lou$^{453-42}$tsər^{453}

落字儿 la$^{453-42}$tsər^{453}

五分儿 u$^{213-24}$fər^{42}

二分儿 ər$^{453-44}$fər^{42}

考个鸭子 kʰɑu$^{213-21}$kə^{13}ia^{42}tsɿ^{0}

一百分儿 i$^{42-44}$pai$^{213-24}$fər^{42}

零蛋 liŋ$^{42-44}$tan^{453}

鸡蛋 tɕi$^{42-44}$tan^{453}

鸭蛋 ia$^{42-44}$tan^{453}

打板子 ta$^{213-24}$pan$^{213-21}$tsɿ^{13}

楷笔 kʰai$^{213-24}$pi^{213}

水笔 ʂuei$^{213-24}$pi^{213}

写楷笔 ɕie$^{213-24}$kʰai$^{213-24}$pi^{213}

写水笔 ɕie$^{213-24}$ʂuei$^{213-24}$pi^{213}

蘸水儿笔 tʂan$^{453-42}$ʂuər$^{213-24}$pi^{213}

自来水儿笔 tsɿ$^{453-44}$lai$^{42-44}$ʂuər$^{213-24}$pi^{213} 圆珠笔

笔帽儿 pi$^{213-21}$mɑur^{453}

笔尖儿 pi$^{213-24}$tɕiɐr^{42}

笔杆儿 pi$^{213-24}$kɐr^{213}

笔筒 pi$^{213-24}$tʰuŋ^{213}

墨水儿 muo$^{453-42}$ʂuər^{213} 钢笔水

打水儿 ta$^{213-24}$ʂuər^{213} 上钢笔水

砚台 ian$^{453-21}$tʰ（ai–ei）^{0}

墨台 muo$^{453-44}$tʰai^{42}

研墨 ian$^{42-44}$muo^{453}

墨研好咧 muo$^{453-44}$ian$^{42-44}$xɑu$^{213-21}$liɛ^{13}

墨没研好 muo$^{453-44}$mei$^{42-44}$ian$^{42-44}$xɑu^{213}

蘸蘸 tʂan$^{453-24}$tʂan^{0}

抿抿 min$^{213-21}$min^{13}

课堂 kʰɤ$^{453-44}$tʰɑŋ^{42}

教室 tɕiɑu$^{453-42}$ʂɿ^{213}

讲台 tɕiɑŋ$^{213-24}$tʰai^{42}

第一排 ti$^{453-44}$i$^{42-44}$pʰai^{42}

前排 tɕʰian^{42}pʰai^{0}

末一排 muo$^{453-44}$i$^{42-44}$pʰai^{42}

教鞭儿 tɕiɑu$^{453-44}$piɐr^{42}

黑板 xei$^{42-44}$pan^{213}

黑板擦儿 xei$^{42-44}$pan$^{213-24}$tsʰar^{42}

粉笔 fən$^{213-24}$pi^{213}

课本儿 kʰɤ$^{453-42}$pər^{213}

笔记本儿 pi$^{213-21}$tɕi$^{453-42}$pər^{213}

笔记 pi$^{213-21}$tɕi^{453}

点名册儿 tian$^{213-24}$miŋ$^{42-44}$tʂʰɐr^{213}

点名 tian$^{213-24}$miŋ^{42}

紧着跑 tɕin$^{213-21}$tʂə^{13}pʰɑu^{213}
吓杀咧 ɕia$^{453-24}$ʂ（a–ə）^{0}liɛ^{0} 吓死了
到 tɑu^{453}
起立 tɕʰi$^{213-21}$li^{453}
打立正 ta$^{213-21}$li$^{453-42}$tʂəŋ^{453}
上课 ʂɑŋ$^{453-42}$kʰɤ^{453}
下课 ɕia$^{453-42}$kʰɤ^{453}
考试 kʰɑu$^{213-21}$ʂʅ^{453}
抽考 tʂʰou$^{42-44}$kʰɑu^{213}
期中考试 tɕʰi$^{42-44}$tʂuŋ$^{42-44}$kʰɑu$^{213-21}$ʂʅ^{13}
期末考试 tɕʰi$^{42-44}$muo$^{453-42}$kʰɑu$^{213-21}$ʂʅ^{13}
几笔画儿 tɕi$^{213-24}$pi$^{213-21}$xuar^{13}
点儿 tiɐr^{213}
点一个点儿 tian$^{213-24}$i^{42}kə^{0}tiɐr^{213}
一横儿 i$^{42-44}$xɤr^{213}
一竖儿 i$^{42-44}$ʂur^{453}
一撇儿 i$^{42-44}$pʰiɤr^{213}
一捺儿 i$^{42-44}$nar^{453}
一钩儿 i$^{42-44}$kour^{42}
一提儿 i$^{42-44}$tʰiɤr^{213}
人字头儿 ʐən$^{42-21}$tsɿ^{0}tʰour^{213}
单立人儿 tan$^{42-21}$li^{0}ʐər^{42}
双立人儿 ʂuɑŋ$^{42-21}$li^{0}ʐər^{42}
口字旁儿 kʰou$^{213-21}$tsɿ^{13}pʰar^{213}
病字旁儿 piŋ$^{453-42}$tsɿ$^{453-44}$pʰar^{213}
米字旁儿 mi$^{213-21}$tsɿ^{13}pʰar^{213}
弓字旁儿 kuŋ$^{42-21}$tsɿ^{0}pʰar^{213}
尸字旁儿 ʂʅ$^{42-21}$tsɿ^{0}pʰar^{213}
酉字旁儿 iou$^{213-21}$tsɿ^{13}pʰar^{213}
舟字旁儿 tʂou$^{42-21}$tsɿ^{0}pʰar^{213}
虫子旁儿 tʂʰuŋ^{42}tsɿ^{13}pʰar^{213}
身字旁儿 ʂən$^{42-21}$tsɿ^{0}pʰar^{213}
青字旁儿 tɕʰiŋ$^{42-21}$tsɿ^{0}pʰar^{213}
鸟字旁儿 niɑu$^{213-21}$tsɿ^{13}pʰar^{213}
布字旁儿 pu$^{453-24}$tsɿ^{0}pʰar^{213}
木字旁儿 mu$^{453-24}$tsɿ^{0}pʰar^{213}
土字边儿 tʰu$^{213-21}$tsɿ^{13}piɐr^{42}
火字边儿 xuo$^{213-21}$tsɿ^{13}piɐr^{42}
王字边儿 uɑŋ$^{42-21}$tsɿ^{0}piɐr^{42}
广字边儿 kuɑŋ$^{213-21}$tsɿ^{13}piɐr^{42}
厂字边儿 tʂʰɑŋ$^{213-21}$tsɿ^{13}piɐr^{42}
言字边儿 ian$^{42-21}$tsɿ^{0}piɐr^{42}
食字边儿 ʂʅ$^{42-21}$tsɿ^{0}piɐr^{42}
车字边儿 tʂʰe^{42}tsɿ^{0}piɐr^{42}
宝盖儿 pɑu$^{213-21}$kɐr^{453}
秃宝盖 tʰu$^{42-44}$pɑu$^{213-21}$kɐr^{453}
竹字头 tʂu$^{42-21}$tsɿ^{0}tʰou^{42}
草字头 tsʰɑu$^{213-21}$tsɿ^{13}tʰou^{42}
雨字头儿 y$^{213-21}$tsɿ^{13}tʰour^{213}
竖心儿 ʂu$^{453-44}$ɕiər^{42}
狗犹儿 kou$^{213-24}$iour^{213} 反犬旁
软耳 ʐuan$^{213-24}$ər^{213} 双耳旁
硬耳 iŋ$^{453-42}$ər^{213} 单耳旁
反文儿 fan$^{213-24}$uər^{42}

衣补儿 i$^{42-44}$pur^{213}
两点儿水儿 liɑŋ$^{213-24}$tiɐr$^{213-24}$ʂuər^{213}
三点儿水儿 san$^{42-44}$tiɐr$^{213-24}$ʂuər^{213}
四点儿水儿 sɿ$^{453-42}$tiɐr$^{213-24}$ʂuər^{213}
火字头儿 xuo$^{213-21}$tsɿ^{13}tʰour^{213}
走之儿 tsou$^{213-24}$tʂər^{42}
提手儿 tʰi$^{42-44}$ʂour^{213}
血盆儿 ɕye$^{213-24}$pʰər^{42} 皿字底
肉月儿 ʐou$^{453-42}$yɤr^{453}
禾木 xɤ$^{42-21}$mu^{0}
乱绞丝儿 lan$^{453-42}$tɕiɑu$^{213-24}$sər^{42}

二十一、游戏

耍玩儿 ʂua$^{213-21}$uɐr^{13} 玩具
绊不倒儿 pan$^{453-44}$pu$^{42-44}$tɑur^{213} 不倒翁
风筝 fəŋ^{42}tʂəŋ^{0}
放风筝 fɑŋ$^{453-44}$fəŋ^{42}tʂəŋ^{0}
打呔⁼ ta$^{213-24}$tʰai^{213} 一种儿童游戏。先在地上画一条线，A 在线的一侧靠近线的位置放一根树枝，B 在线的同一侧稍远处，将自己的树枝掷向 A 的树枝，若 A 的树枝被掷到线的另一侧，则 B 胜
呔⁼ tʰai^{213} 打呔⁼时用的树枝
记儿 tɕiər^{453} 游戏时画的界限
来猫儿猫儿 lai$^{42-44}$mɑur^{42}mɑur^{0} 捉迷藏
抬⁼ tʰai^{42} 把东西藏起来
猫嘴 mɑu^{42}liou^{0} 人躲起来
　躲咧 tuo$^{213-21}$liɛ^{13}
拔河 pa$^{42-44}$xɤ^{42}
摔跤 ʂuai$^{42-44}$tɕiɑu^{42}
毽儿 tɕʰiɐr^{453} 毽子
踢毽儿 tʰi$^{42-44}$tɕʰiɐr^{453}
跳皮筋儿 tʰiɑu$^{453-44}$pʰi$^{42-44}$tɕiər^{42}
□儿大把 tʂʰuar$^{213-21}$ta$^{453-42}$pa^{213} 一种儿童游戏。分为两种：一种使用猪后爪上的大骨头，大骨头共有四个面（分别是光儿、肚儿、坑儿和耳），选定一个面后，将手中的一个大骨头向上抛起，然后依次将桌上另外三个大骨头全部翻至选定的面，最后同时将桌上三个大骨头一把抓起为胜；另一种使用猪前爪上的小骨头，先将手中的一个小骨头向上抛起，然后依次将桌上另外三个小骨头抓起，最后将手中的四个小骨头一把抛起，并用手背接住为胜
大把儿 ta$^{453-42}$par^{213} 猪爪上的骨头
光儿 kuar^{42} 猪后爪大骨头上光滑的一面
肚儿 tur^{453} 猪后爪大骨头上凸起的一面
坑儿 kʰɤr^{453} 猪后爪大骨头上凹陷的一面

耳 ər^{213} 猪后爪大骨头上形似耳朵的一面

□菱角儿 tʂʰua$^{213-24}$liŋ^{42}tɕ（iaur-iour）^{13} 一种儿童游戏。先将手中的一个玻璃球向上抛起，接着依次抓起桌上的四个菱角，直至四个菱角都被抓在手上，然后将四个菱角全部放下，重复这个过程十次，若每次都成功则为胜

吹泡儿 tʂʰuei$^{42-44}$pʰaur^{453}

吹不=对=儿凳=儿 tʂʰuei$^{42-44}$pu$^{42-44}$t（uər-ər）$^{42-44}$tɤr^{453} 用一根管子吹出球形泡泡

不=对=儿凳=儿 pu$^{42-44}$t（uər-ər）$^{42-44}$tɤr^{453} 吹成的球形泡泡

打漂儿瓦 ta$^{213-24}$pʰiaur$^{42-44}$ua^{213} 打水漂

跳瓦= tʰiau$^{453-42}$ua^{213} 一种儿童游戏。先在地上画一个五方格，将布口袋从第一格依次运往最后一格再依次运回至第一格。运送布口袋时可选择脚踢，也可选择脚或腿夹的方式

瓦= ua^{213} 跳瓦=时画的五方格

瓦=口袋儿 ua$^{213-24}$kʰou$^{213-21}$t（ɐr-ər）^{13} 用六块布缝制的方形口袋

冲瓦=口袋儿 tʂʰuŋ$^{453-42}$ua$^{213-24}$kou$^{213-21}$t（ɐr-ər）^{13} 一种儿童游戏。先在地上画两条相隔较远的线，每条线上站两人，组成A队，两条线中间站四个人，组成B队，A队任意一人拿布口袋砸向B队的人，若砸中则B队得一分，若未砸中且被A队接住了，则A队得一分，得分者继续游戏，先得四分的一队为胜

　打包儿 ta$^{213-24}$paur^{42}

腾细粉儿 tʰəŋ$^{42-44}$ɕi$^{453-42}$fər^{213} 翻花绳

瞎疙瘩 ɕia$^{42-44}$ka^{42}t（a-ə）^{0} 花绳翻成了死疙瘩

　瞎掰扯疙瘩 ɕia$^{42-44}$pai^{42}tʂʰə^{0}ka^{42}t（a-ə）^{0}

扳手腕儿 pan$^{42-44}$ʂou$^{213-21}$uɐr^{453}

　掰手腕儿 pai$^{42-44}$ʂou$^{213-21}$uɐr^{453}

打悠千儿 ta$^{213-24}$iou^{42}tɕʰiɐr^{13} 荡秋千

弹球儿 tʰan$^{42-44}$tɕʰiour^{213} 一种儿童游戏。先在地上画一条线，在线的一侧靠近线的位置挖一个小圆坑，人在坑的同一侧稍远处，将手中的玻璃球弹进坑里则为胜

扔刻=儿 ləŋ$^{42-44}$kʰɤr^{453} 一种儿童游戏。先在地上画一条线，在线的一侧靠近线的地方挖一个小坑，人站在线的另一侧稍远处，将手中的金属片扔向小坑，离坑最近者获得优先权，他拿着事先准备好的公用短木棍测量其他人的金属片与他的金属片之间

的距离，若距离小于该木棍的长度，则他赢得该金属片，若距离大于该树枝的长度，则未能赢得该金属片

刻$^{=}$儿 kʰɤr^{453} 扔刻$^{=}$儿时使用的圆形金属薄片，可以是大钱、硬币或锡壳子等

置$^{=}$子 tʂʅ$^{453-24}$tsʅ^{0} 扔刻$^{=}$儿时使用的短木棍

置$^{=}$上咧 tʂʅ$^{453-24}$ʂ（ɑŋ–əŋ）^{0}liɛ^{0} 扔刻$^{=}$儿时，两个金属片之间的距离小于短木棍的长度

置$^{=}$不上 tʂʅ$^{453-44}$pu$^{42-44}$ʂɑŋ^{453} 扔刻$^{=}$儿时，两个金属片之间的距离大于短木棍的长度

锡壳子 ɕi$^{213-24}$kʰɤ^{42}tʂʅ^{13} 锡做成的圆形薄片

来输赢儿 lai$^{42-44}$ʂu$^{42-44}$iɤr^{213} 玩钱的游戏，输者给赢者钱

来咕咚 lai$^{42-44}$ku^{42}tuŋ^{13} 不玩钱的游戏，输者要接受赢者的惩罚，让赢者锤他的脊梁骨

凿咕咚 tsɑu$^{42-44}$ku^{42}tuŋ^{13}

来脑壳儿 lai$^{42-44}$nɑu$^{213-24}$kʰɤr^{213} 不玩钱的游戏，输者要接受赢者的惩罚，让赢者弹他的脑门

扔件$^{=}$儿件$^{=}$儿 ləŋ$^{42-44}$tɕiɐr$^{453-24}$tɕiɐr^{0} 一种儿童游戏。将布口袋装上黍米或高粱并缝好，抛着玩

扔件$^{=}$儿 ləŋ$^{42-44}$tɕiɐr^{453}

扇画片儿 ʂan$^{42-44}$xua$^{453-42}$pʰiɐr^{453}

码积木 ma$^{213-24}$tɕi$^{42-44}$mu^{453}

拨浪鼓儿 puo$^{42-44}$lɑŋ$^{453-42}$kur^{213}

拉练$^{=}$狗儿 la$^{213-21}$lian$^{453-42}$kour^{213} 老鹰抓小鸡

跷板儿 tɕʰiɑu$^{42-44}$pɐr^{213} 跷跷板

压跷板儿 ia$^{42-44}$tɕʰiɑu$^{42-44}$pɐr^{213}

弹弓子 tan$^{453-44}$kuŋ^{42}tsʅ^{0}

丢手巾儿 tiou$^{42-44}$ʂou$^{213-21}$tɕiər^{13} 丢手绢

扔沙包儿 ləŋ$^{42-44}$ʂa$^{42-44}$pɑur^{42}

鼻$^{=}$儿 piər^{213} 口哨

吹鼻$^{=}$儿 tʂʰuei$^{42-44}$piər^{213}

横鼻$^{=}$儿 xəŋ$^{42-44}$piər^{213} 笛子

挤油油儿 tɕi$^{213-24}$iou^{42}iour^{13} 一种儿童游戏。冬天大家一起挤在墙角，谁被挤出去，谁就输

锤子剪刀布 tʂʰuei^{42}tsʅ^{13}tɕian$^{213-21}$tɑu^{13}pu^{453}

□□□ tsʰei$^{453-42}$pəŋ$^{213-24}$tsʰei^{213}

耍猴儿的 ʂua$^{213-24}$xour$^{213-21}$ti^{13}

耍着玩儿去 ʂua$^{213-21}$tʂə^{13}uɐr^{42}tɕʰ（y–i）^{13}

耍洋戏法儿的 ʂua$^{213-24}$iɑŋ$^{42-44}$ɕi$^{453-44}$far^{42}ti^{0} 变魔术的人

变洋戏法儿的 pian$^{453-44}$iɑŋ$^{42-44}$ɕi$^{453-44}$far^{42}ti^{0}

耍影人儿 ʂua$^{213-24}$iŋ$^{213-24}$zər^{42} 表演

皮影戏

唱影的 tʂʰɑŋ$^{453-42}$iŋ$^{213-21}$ti^{13} 唱皮影的人

唱影 tʂʰɑŋ$^{453-42}$iŋ^{213}

影 iŋ^{213} 皮影

影人儿 iŋ$^{213-24}$ʐər^{42}

说瞎话儿 ʂuo$^{42-44}$ɕia^{42}x（uar-uər）^{0} 讲故事

阒阒话儿 tɕʰy$^{453-24}$tɕʰy^{0}xuɐr^{453} 悄悄话

破谜 pʰuo$^{453-42}$mei^{453} 打谜语

猜谜 tsʰai$^{42-44}$mei^{453}

水浒 ʂuei$^{213-21}$xu^{13}

溜冰 liou$^{42-44}$piŋ^{42}

下棋 ɕia$^{453-44}$tɕʰi^{42}

象棋 ɕiɑŋ$^{453-44}$tɕʰi^{42}

棋盘儿 tɕʰi$^{42-44}$pʰɐr^{42}

　棋盘子 tɕʰi$^{42-44}$pʰan^{42}tsɿ^{13}

棋子儿 tɕʰi$^{42-44}$tsər^{213}

将 tɕiɑŋ^{453}

帅 ʂuai^{453}

士 ʂʅ^{453}

象 ɕiɑŋ^{453}

车 tɕy^{42}

炮 pʰɑu^{453}

卒儿 tsur^{213}

拱卒儿 kuŋ$^{213-24}$tsur^{213}

上马 ʂɑŋ$^{453-42}$ma^{213}

回马 xuei$^{42-44}$ma^{213}

出车 tʂʰu$^{42-44}$tɕy^{42}

回车 xuei$^{42-44}$tɕy^{42}

支士 tʂʅ$^{42-21}$ʂʅ^{0}

　上士 ʂɑŋ$^{453-42}$ʂʅ^{453}

下士 ɕia$^{453-42}$ʂʅ^{453}

　落士 lɑu$^{453-42}$ʂʅ^{453}

上象 ʂɑŋ$^{453-42}$ɕiɑŋ^{453}

　飞象 fei$^{42-44}$ɕiɑŋ^{453}

回象 xuei$^{42-21}$ɕiɑŋ^{0}

　落象 lɑu$^{453-42}$ɕiɑŋ^{453}

外将儿 uai$^{453-21}$tɕiar^{0} 将在左右两边走

老将舔咧 lɑu$^{213-21}$tɕiɑŋ$^{453-42}$tʰian$^{213-21}$liɛ^{13} 一方棋子走到另一方的田字格中而被老将吃掉

将死咧 tɕiɑŋ^{42}sɿ^{0}liɛ^{0} 照将无法应将，意即将或帅被对方逼入绝境而输棋

吃 tʂʰʅ^{42} 车吃卒

踩 tʂʰai^{213} 马吃卒

飞 fei^{42} 象吃卒

打 ta^{213} 炮吃卒

勒马车 lei$^{453-42}$ma$^{213-24}$tɕy^{42} 用马和车一齐将对方

马后炮儿 ma$^{213-21}$xou$^{453-42}$pʰɑur^{453} 一方的马与对方的将处于同一直线或同一横线，中间隔一步，再用炮在马后将军

双车错 ʂuɑŋ$^{42-44}$tɕy$^{42-44}$tsʰuo^{453} 双车交替占据两条线路将死对方

平棋 pʰiŋ$^{42-44}$tɕʰi^{42}

扭秧歌儿 niou$^{213-24}$iɑŋ^{42}kɤr^{0}

闹秧歌儿 nɑu$^{453-44}$iɑŋ^{42}kɤr^{0}

拉旱车儿 la$^{42-44}$xan$^{453-44}$tʂʰɤr^{42} 撑旱船

拉花儿 la$^{42-44}$xuar^{42} 扭秧歌时，女性拿着扇子和手绢边走边跳

跳丑儿 tʰiɑu$^{453-42}$tʂʰour^{213} 扭秧歌时，男性拿着旱烟袋边走边跳

乞钱 tɕʰi$^{213-24}$tɕʰian^{42} 扭秧歌前，挨家挨户去筹置办行头的钱

打鼓儿的 ta$^{213-24}$kur$^{213-21}$ti^{13}

敲镲儿的 tɕʰiɑu$^{42-44}$tʂʰar$^{213-21}$ti^{13}

捧笙的 pʰəŋ$^{213-24}$ʂəŋ^{42}ti^{0} 吹笙的人

欢欢儿扭着 xuan$^{42-44}$xuɐr^{42}niou$^{213-21}$tʂə^{13} 高兴地扭着

一水儿的 i$^{42-44}$ʂuər$^{213-21}$ti^{13} 全部

落子 lɑu$^{453-24}$tsɿ^{0}

评剧 pʰiŋ$^{42-44}$tɕy^{453}

戏棚 ɕi$^{453-44}$pʰəŋ^{42}

戏台子 ɕi$^{453-44}$tʰai^{42}tsɿ^{13}

前台 tɕʰian$^{42-44}$tʰai^{42}

后台 xou$^{453-44}$tʰai^{42}

锣鼓家伙 luo^{42}ku^{13}tɕia^{42}xuo^{0} 乐器总称

主戏 tʂu$^{213-21}$ɕi^{453}

垫戏 tian$^{453-42}$ɕi^{453} 在原定的演出剧目外，由于误场、等人或演出时间不足等原因而临时增加的剧目

帽儿戏 mɑur$^{453-42}$ɕi^{453} 主戏不能及时上演时临时加演的小戏

开台咧 kʰai$^{42-44}$tʰai^{42}liɛ^{13}

散儿戏咧 ʂɐr$^{453-42}$ɕi$^{453-24}$liɛ^{0}

挂幕咧 kua$^{453-42}$mu$^{453-21}$liɛ^{0} 闭幕

演员 ian$^{213-24}$yan^{42}

戏子 ɕi$^{453-42}$tsɿ^{213}

唱戏的 tʂʰɑŋ$^{453-42}$ɕi$^{453-24}$ti^{0}

老旦 lɑu$^{213-21}$tan^{453}

小生 ɕiɑu$^{213-24}$ʂəŋ^{42}

大青衣 ta$^{453-44}$tɕʰiŋ$^{42-44}$i^{42}

花旦 xua$^{42-44}$tan^{453}

打旗儿的 ta$^{213-24}$tɕʰiər$^{213-21}$ti^{13} 跑龙套

打把式 ta$^{213-24}$pa$^{213-21}$ʂɿ^{13} 翻跟头

折跟头 tʂe$^{213-24}$kən^{42}tʰou^{0}

前滚翻 tɕʰian$^{42-44}$kuən$^{213-24}$fan^{42}

后滚翻 xou$^{453-42}$kuən$^{213-24}$fan^{42}

拿大顶 na$^{42-44}$ta$^{453-42}$tiŋ^{213} 倒立

说书的 ʂuo$^{42-44}$ʂu^{42}ti^{0}

放炮仗 fɑŋ$^{453-42}$pʰɑu$^{453-24}$tʂ(ɑŋ–uŋ)^{0}

炮仗 pʰɑu$^{453-24}$tʂ（ɑŋ–uŋ）^{0} 爆竹

二踢脚儿 ər$^{453-44}$tʰi$^{42-44}$tɕiɑur^{213} 双响炮

小洋鞭儿 ɕiɑu$^{213-24}$iɑŋ$^{42-44}$piɐr^{42} 小鞭炮

炮仗药 pʰɑu$^{453-24}$tʂ（ɑŋ–uŋ）^{0}iɑu^{453}

呲花儿 tsʰɿ$^{42-44}$xuar^{42} 点炮仗药

戏迷 ɕi$^{453-44}$mi^{42}

棋油子 tɕʰi$^{42-44}$iou^{42}tsɿ^{13} 喜欢围观别人下棋的人

支步儿 tʂʅ$^{42-44}$pur^{453} 别人下棋时在一旁指指点点

牌油子 pʰai$^{42-44}$iou^{42}tsɿ^{13} 喜欢围观别人打牌的人

长巴条儿胡 tʂʰɑŋ^{42}p（a–ə）^{13}tʰiɑur$^{213-24}$xu^{42} 一种纸牌

游胡 iou$^{42-44}$xu^{42} 打牌

梭儿胡 suɤr$^{42-44}$xu^{42}

散儿胡 sɐr$^{453-44}$xu^{42} 结束打牌

抽红 tʂʰou$^{42-44}$xuŋ^{42} 打牌时，赢家拿出一小部分钱用来付牌钱

胡 xu^{42}

满胡 man$^{213-24}$xu^{42} 胡牌

血⁼咧 ɕye$^{213-21}$liɛ^{13}

梭儿 suɤr^{42} 梭字牌

饼儿 piɤr^{213} 饼字牌

万儿 uɐr^{453} 万字牌

丫头 ia^{42}tʰou^{0} 红中牌

白菜儿 pai^{42}tsʰɐr^{13} 白板牌

老盖儿 lɑu$^{213-21}$kɐr^{453} 千万牌

大喜 ta$^{453-42}$ɕi^{213} 喜字牌

死会⁼儿 sɿ$^{213-21}$xuər^{453}

会⁼儿 xuər^{453} 万能牌，可充当任意一张牌

票胡 pʰiɑu$^{453-44}$xu^{42} 赢钱最多的一种胡牌方式

单定的票胡 tan$^{42-21}$tiŋ^{0}ti^{0}pʰiɑu$^{453-44}$xu^{42}

双堆的票胡 ʂuɑŋ$^{42-44}$tuei^{42}ti^{0}pʰiɑu$^{453-44}$xu^{42}

三堆的票胡 san$^{42-44}$tuei^{42}ti^{0}pʰiɑu$^{453-44}$xu^{42}

四大堆儿的票胡 sɿ$^{453-44}$ta$^{453-44}$tuər^{42}ti^{0}pʰiɑu$^{453-44}$xu^{42}

有鱼自摸卡 iou$^{213-24}$y$^{42-44}$tsɿ$^{453-44}$muo$^{42-44}$kʰa^{213} 自摸一梭、二梭、三梭或一万、一饼、一梭中的任意一组牌

臭鱼 tʂʰou$^{453-44}$y^{42} 两张或三张梭牌

一万 i$^{42-21}$uan^{0}

汤⁼头儿 tʰɑŋ$^{42-44}$tʰour^{213} 一饼

幺鱼 iɑu$^{42-44}$y^{42} 一梭

幺喜儿 iɑu$^{42-44}$ɕiər^{213} 指一万、一饼、一梭三张牌

九喜儿 tɕiou$^{213-24}$ɕiər^{213} 指九万、九饼、九梭三张牌

红喜儿 xuŋ$^{42-44}$ɕiər^{213} 指红中、白板和千万三张牌

红的串门儿 xuŋ^{42}ti^{13}tʂʰuan$^{453-44}$mər^{42} 指红中、白板和千万中任意一张牌可充当一万、一饼、一梭、九万、

九饼、九梭中的任意一张牌

短牌 tuan$^{213-24}$pʰai^{42} 牌不够数

来牌 lai$^{42-44}$pʰai^{42} 打扑克牌

大鬼 ta$^{453-42}$kuei^{213} 扑克牌里的大王

小鬼儿 ɕiɑu$^{213-24}$kuər^{213} 扑克牌里的小王

钩子 kou^{42}tsɿ^{0} 扑克牌里的 J

疙瘩 ka^{42}t（a–ə）^{0} 扑克牌里的 Q

□ kʰei^{42} 扑克牌里的 K

幺 iɑu^{42} 扑克牌里的 A

红桃 xuŋ$^{42-44}$tʰɑu^{42}

黑桃 xei$^{42-44}$tʰau^{42}

片儿 pʰiɐr^{453} 扑克牌里的方块

花儿 xuar^{453} 扑克牌里的梅花

顺的 ʂuən$^{453-24}$tə^{0} 顺子

打跃进 ta$^{213-21}$iɑu$^{453-42}$tɕin^{453} 扑克牌的玩法之一

打白分儿 ta$^{213-24}$pai$^{42-44}$fər^{42} 扑克牌的玩法之一

斗地主儿 tou$^{453-42}$ti$^{453-42}$tʂur^{213} 扑克牌的玩法之一

跑得快 pʰɑu$^{213-21}$ti^{13}kuai^{453} 扑克牌的玩法之一

打娘娘 ta$^{213-24}$niɑŋ^{42}niɑŋ^{13} 扑克牌的玩法之一

麻将 ma$^{42-44}$tɕiɑŋ^{453}

打麻将 ta$^{213-24}$ma$^{42-44}$tɕiɑŋ^{453}

掷色子 tʂʅ$^{453-42}$ʂai$^{213-21}$tsɿ^{13}

幺鸡 iɑu$^{42-44}$tɕi^{42}

兴 ɕiŋ^{453} 手气好

搁宝 kɑu$^{42-44}$pɑu^{213} 一种赌博游戏。一共三方：做宝的人，看宝的人，搁宝的人。做宝的人拿四根小棍子，在其中三根小棍子上分别割一、二、三个缺口，另一根不割缺口，然后将其中一根用手巾盖上交给看宝的人守着，搁宝的人猜是哪一根，猜中则胜

渠⁼儿 tɕʰyər^{213} 搁宝游戏时，做宝的人在小棍子上割的缺口

做宝的 tsou$^{453-42}$pɑu$^{213-21}$ti^{13}

看宝的 kʰan$^{42-44}$pɑu$^{213-21}$ti^{13}

搁宝的 kɑu$^{42-44}$pɑu$^{213-21}$ti^{13}

揭宝 tɕie$^{42-44}$pɑu^{213} 搁宝游戏时，揭开盖在小棍子上的手巾

闹本儿 nɑu$^{453-42}$pər^{213} 不赔不赚

走儿红 tsour$^{213-24}$xuŋ^{42} 做宝的人和搁宝的人串通

抽阄 tʂʰou$^{42-44}$kou^{42}

二十二、动作

摇脑袋儿 iɑu$^{42-44}$nɑu$^{213-21}$t（ɐr–ər）^{13}

摇头 iɑu$^{42-44}$tʰou^{42}

点头 tian$^{213-24}$tʰou^{42}

扬脑袋 iɑŋ$^{42-44}$nɑu$^{213-21}$t（ai–ei）^{13}

低头 ti$^{42-44}$tʰou^{42}

回头 xuei$^{42-44}$tʰou^{42}

摇头尾巴晃 iɑu$^{42-44}$tʰou$^{42-44}$i$^{213-21}$p（a–ə）^{13}xuɑŋ^{453}

张嘴 tʂɑŋ$^{42-44}$tsuei^{213}

饭来张口，衣来伸手 fan$^{453-44}$lai$^{42-44}$tʂɑŋ$^{42-44}$kʰou^{213}，i$^{42-44}$lai$^{42-44}$ʂən$^{42-44}$ʂou^{213}

抿上嘴 min$^{213-21}$ʂ（ɑŋ–əŋ）^{13}tsuei^{213}

噘嘴 tɕye$^{42-44}$tsuei^{213}

撇嘴 pʰie$^{213-24}$tsuei^{213}

咧嘴 lie$^{213-24}$tsuei^{213}

脸扭过去 lian$^{213-24}$niou$^{213-21}$kuo^{13}tɕʰ（y–i）^{0}

绷着脸儿 pəŋ$^{213-21}$tʂə^{13}liɐr^{213}

　□□脸儿 la$^{453-24}$la^{0}liɐr^{213}

脸儿红咧 liɐr$^{213-24}$xuŋ^{42}liɛ^{13}

上脸 ʂɑŋ$^{453-42}$lian^{213}

颜色儿落咧 ian^{42}ʂɐr^{13}lɑu$^{453-24}$liɛ^{0} 脸色发白

睁开眼 tʂəŋ$^{42-21}$kʰ（ai–ei）^{0}ian^{213}

瞪着眼 təŋ$^{453-24}$tʂə^{0}ian^{213}

　瞠着眼 tʂʰəŋ^{42}tʂə^{0}ian^{213}

吹胡子瞪眼 tʂʰuei$^{42-44}$xu^{42}tsɿ^{13}təŋ$^{453-42}$ian^{213}

合上眼 xuo^{42}ʂ（ɑŋ–əŋ）^{13}ian^{213}

使眼色儿 ʂʅ$^{213-24}$ian$^{213-21}$ʂɐr^{13}

转眼 tʂuan$^{453-42}$ian^{213}

　眼珠子乱转 ian$^{213-24}$tʂu^{42}tsɿ^{0}lan$^{453-42}$tʂuan^{453}

斜么掉眼儿 ɕie^{42}mə^{13}tiɑu$^{453-42}$iɐr^{213}

齐缝眼看 tɕʰi$^{42-21}$fəŋ^{0}ian$^{213-21}$kʰan^{453} 眯着眼看

眨巴眼儿 tʂa$^{213-21}$p（a–ə）^{13}iɐr^{213}

眼打架咧 ian$^{213-24}$ta$^{213-21}$tɕia$^{453-24}$liɛ^{0} 眼皮跳

迷眼 mi$^{42-44}$ian^{213}

眼里冒蓝花儿 ian$^{213-21}$li^{13}mɑu$^{453-44}$lan$^{42-44}$xuar^{42} 眼冒金星

含着眼泪儿 xan^{42}tʂə^{13}ian$^{213-21}$lər^{453}

流眼泪儿 liou$^{42-44}$ian$^{213-21}$lər^{453}

　掉眼泪儿 tiɑu$^{453-42}$ian$^{213-21}$lər^{453}

抹眼泪儿 muo$^{213-24}$ian$^{213-21}$lər^{453}

拉耷耳朵 la^{42}t（a–ə）^{0}ər$^{213-21}$t（uo–ou）^{13}

侧着耳朵 tʂai^{42}tʂə^{0}ər$^{213-21}$t（uo–ou）^{13}

举手 tɕy$^{213-24}$ʂou^{213}

摆手儿 pai$^{213-24}$ʂour^{213}

晃手儿 xuɑŋ$^{453-42}$ʂour^{213} 打招呼

撒手 sa$^{42-44}$ʂou^{213}

松手 suŋ$^{42-44}$ʂou^{213}

伸手 ʂən$^{42-44}$ʂou^{213}

打架 ta$^{213-21}$tɕia^{453} 包括打架和吵架

动手儿 tuŋ$^{453-42}$ʂour^{213}

□ luo^{213} 打架时互相抓挠
拍髈$^{=}$儿 pʰai$^{42-44}$pʰar^{213} 鼓掌
背着手儿 pei$^{453-24}$tʂə^{0}ʂour^{213}
抱着胛儿 pɑu$^{453-24}$tʂə^{0}tɕiar^{213}
舒着手儿 ʂu^{42}tʂə^{0}ʂour^{213} 闲待着
捂着眼 u$^{213-21}$tʂə^{13}·ian^{213}
摩挲 ma^{42}s（a–ə）^{0}
搊着 tʂou^{42}tʂə^{0}
搊起来 tʂʰou^{42}tɕʰi^{0}lai^{0}
托着 tʰuo^{42}tʂə^{0}
把屎 pa$^{213-24}$ʂʅ^{213}
把尿 pa$^{213-21}$niɑu^{453}
搀着 tʂʰan^{42}tʂə^{0}
踩 tʂʰai^{453}
踩咧 tʂʰai$^{453-24}$liɛ^{0}
弹指头 tʰan$^{42-44}$tʂʅ$^{213-21}$tʰou^{13}
伸指头 ʂən$^{42-44}$tʂʅ$^{213-21}$tʰou^{13}
攥拳头 tsuan$^{453-44}$tɕʰyan^{42}tʰou^{13}
跺脚 tuo$^{453-42}$tɕiɑu^{213}
翘脚儿 tɕʰiɑu$^{453-42}$tɕiɑur^{213} 踮脚
搭腿儿 ta$^{42-44}$tʰuər^{213} 跷二郎腿
骗腿儿 pʰian$^{453-42}$tʰuər^{213}
颠搭着脚儿 tian^{42}t（a–ə）^{0}tʂə^{0} tɕiɑur^{213} 抖腿
扔腿儿 ləŋ$^{42-44}$tʰuər^{213} 踢脚
掖起腿 ie$^{453-21}$tɕʰi^{0}tʰuei^{213} 撒开腿
叉腰 tʂʰa$^{42-44}$·iɑu^{42}
猫着腰 mɑu^{42}tʂə^{13}iɑu^{42}
哈腰 xa$^{42-44}$·iɑu^{42}
伸腰 ʂən$^{42-44}$·iɑu^{42}
伸懒腰 ʂən$^{42-44}$lan$^{213-24}$·iɑu^{42}
端肩膀儿 tuan$^{42-44}$tɕian$^{42-44}$par^{213} 耸肩膀
拉耷膀子 la^{42}t（a–ə）^{0}pɑŋ$^{213-21}$tsɿ^{13}
　溜肩儿 liou$^{42-44}$tɕiɐr^{42}
挺胸 tʰiŋ$^{213-24}$ɕiuŋ^{42}
凿凿脊梁骨子 tʂɑu^{42}tʂɑu^{13}tɕi$^{213-21}$（l–n）（iɑŋ–iŋ）^{13}ku$^{213-21}$tsɿ^{13}
　捶背 tʂʰuei$^{42-44}$pei^{453}
抄袄袖儿 tʂʰɑu$^{42-44}$ŋɑu$^{213-21}$ɕiour^{453} 两手在胸前相互插在袖筒里
擤 ɕiŋ^{213}
打嚏喷 ta$^{213-21}$tʰi$^{453-24}$（pʰ–f）ən^{0}
打嗝噔儿 ta$^{213-24}$kɤ$^{42-21}$tɤr^{0} 打嗝
打饱嗝 ta$^{213-24}$pɑu$^{213-24}$kai^{42}
蹲 tuən^{42}
摔咧 tʂuai^{42}liɛ^{0}
　摔个跟头 tʂuai^{42}kə^{0}kən^{42}tʰou^{0}
爬起来 pʰa^{42}tɕʰi^{0}l（ai–ei）^{13}
立着 li$^{453-24}$tʂə^{0} 人站着
戳着 tʂʰuo$^{213-21}$tʂə^{13} 东西立着
倒栽葱 tɑu$^{453-42}$tsai$^{42-44}$tsʰuŋ^{42}
　狗吃屎 kou$^{213-24}$tʂʰʅ$^{42-44}$ʂʅ^{213}
仰八脚儿 niɑŋ$^{213-21}$p（a–ə）^{13} tɕiɑur^{213}
搭趁 ta^{42}tʂʰən^{0} 搭理

理乎 li$^{213-21}$xu^{13}

不吱得 pu$^{42-44}$tʂʅ$^{42-21}$ti^{0}

不做声儿 pu$^{42-44}$tsou$^{453-44}$ʂɤr^{42}

待搭不理儿的 tai$^{453-24}$t（a–ə）^{0}pu$^{42-44}$liər$^{213-21}$ti^{13} 爱答不理

吵吵 tʂʰɑu^{42}tʂʰɑu^{0}

糊弄 xu$^{453-24}$n（uŋ–əŋ）^{0}

学学 ɕiɑu^{42}ɕiɑu^{13}

说给 ʂuo$^{42-21}$kei^{0} 告诉

叫阵 tɕiɑu$^{453-24}$tʂən^{0} 挑衅

捅咕 tʰuŋ$^{213-21}$ku^{13} 从旁鼓动人做某种事

数叨 ʂu$^{213-21}$t（ɑu–ə）^{13} 数落

吩咐 fən^{42}fu^{0}

嘱咐 tʂu$^{213-21}$fu^{13}

碰上咧 pʰəŋ$^{453-24}$ʂ（ɑŋ–əŋ）^{0}liɛ^{0}

招呼 tʂɑu^{42}x（u–uo）^{0}

作揖 tsuo$^{453-44}$i^{42}

串门子 tʂʰuan$^{453-44}$mən^{42}tsɿ^{13}

拉近乎儿 la$^{42-44}$tɕin$^{453-24}$xur^{0}

担待 tan$^{42-21}$t（ai–ei）^{0}

巴结 pa^{42}tɕie^{0}

溜须捧声 liou$^{42-44}$ɕy$^{42-44}$pʰəŋ$^{213-24}$ʂəŋ^{0}

拍马屁 pʰai$^{42-44}$ma$^{213-21}$pʰi^{13}

昧良心 mi$^{453-44}$liɑŋ^{42}ɕin^{13}

不作兴 pu$^{42-44}$tsuo$^{453-24}$ɕiŋ^{0} 瞧不起

作兴 tsuo$^{453-24}$ɕiŋ^{0}

瞧得起 tɕʰiɑu^{42}ti^{13}tɕʰi^{213}

搭伙计 ta$^{42-44}$xuo$^{213-21}$（tɕ–tɕʰ）i^{13}

搭帮儿 ta$^{42-44}$par^{42}

娇 tɕiɑu^{42}

惯 kuan^{453}

上轮扶持 ʂɑŋ$^{453-44}$luən$^{42-44}$fu^{42}tʂʰʅ^{13} 兄弟姐妹各家轮流照顾老人

让着些儿 ʐɑŋ$^{453-21}$tʂə^{0}ɕiɤr^{0}

不依着 pu$^{42-44}$i^{42}tʂə^{0}

轰出去 xuŋ^{42}tʂʰu^{0}tɕʰ（y–i）^{0}

搁 kɑu^{42}

撂 liɑu^{453}

掺 tʂʰan^{42}

滴巴 ti^{42}p(a–ə)^{0} 滴

归落归落 kuei$^{42-21}$l（uo–ə）^{0}kuei$^{42-21}$l（uo–ə）^{0}

料理料理 liɑu$^{453-21}$li^{0}liɑu$^{453-21}$li^{0}

挑挑 tʰiɑu^{42}tʰiɑu^{0}

提溜 ti^{42}liou^{0}

捡起来 tɕian$^{213-21}$tɕʰi^{13}lai^{42}

丢咧 tiou^{42}liɛ^{0}

找着咧 tʂɑu$^{213-21}$tʂ（ɑu–u）^{13}liɛ^{0}

摞起来 luo$^{453-21}$tɕʰi^{0}l（ai–ei）^{0}

知道 tʂʅ$^{42-21}$tɑu^{0}

知不道 tʂʅ$^{42-44}$pu$^{42-44}$tɑu^{453}

明白咧 miŋ^{42}pai^{0}liɛ^{13}

会咧 xuei$^{453-21}$liɛ^{0}

认得 ʐən$^{453-21}$ti^{0}

不认得 pu$^{42-44}$ʐən$^{453-21}$ti^{0}

认亲 ʐən$^{453-44}$tɕʰin^{42}

商量商量 ʂɑŋ$^{42-21}$l（iɑŋ–iŋ）^{0}ʂɑŋ$^{42-21}$l（iɑŋ–iŋ）^{0}

合计合计 xɤ$^{42-21}$tɕi^{0}xɤ$^{42-21}$tɕi^{0}

个$^{=}$对 kɤ$^{453-21}$tuei^{0} 提前商量好

掂掇掂掇 tian^{42}t（uo–ə）^{0}tian^{42}t（uo–ə）^{0}

掂掂 tian^{42}tian^{0}

寻思 ɕin^{42}（s–tsʰ）ɿ^{13}

估摸着 ku^{42}muo^{0}tʂə^{0}

动脑筋 tuŋ$^{453-42}$nɑu$^{213-21}$tɕin^{13}

出主意 tʂʰu$^{42-44}$tʂu$^{213-21}$i^{13}

打主意 ta$^{213-24}$tʂu$^{213-21}$i^{13}

肯定 kʰən$^{213-21}$tiŋ^{453}

信 ɕin^{453}

疑会 i^{42}xuei^{13}

怀疑 xuai^{42}i^{13}

拿不定主意 na^{42}pu^{0}tiŋ^{13}tʂu$^{213-21}$i^{13}

看着点儿 kʰan$^{453-24}$tʂə^{0}tiɐr^{213}

害怕 xai$^{453-42}$pʰa^{453}

吓一跳 ɕia$^{453-44}$i$^{42-44}$tʰiɑu^{453}

吃惊 tʂʰʅ$^{42-44}$tɕiŋ^{42}

着急忙慌 tʂɑu^{42}tɕi^{0}mɑŋ$^{42-44}$xuɑŋ^{42}

手忙脚乱 ʂou$^{213-24}$mɑŋ$^{42-44}$tɕiɑu$^{213-21}$luan^{453}

操心 tsʰɑu$^{42-44}$ɕin^{42}

惦着 tian$^{453-21}$tʂə^{0}

放心 fɑŋ$^{453-44}$ɕin^{42}

盼着 pʰan$^{453-24}$tʂə^{0}

记着 tɕi$^{453-24}$tʂə^{0}

记住咧 tɕi$^{453-24}$tʂu^{0}liɛ^{0}

忘咧 uɑŋ$^{453-21}$liɛ^{0}

不记得咧 pu$^{42-44}$tɕi$^{453-24}$ti^{0}liɛ^{0}

想不起来咧 ɕiɑŋ$^{213-21}$pu^{13}tɕʰi$^{213-24}$lai^{42}liɛ^{13}

眼儿热 iɐr$^{213-21}$ʐe^{453} 羡慕或嫉妒

烦气 fan$^{42-21}$tɕʰi^{0} 讨厌

怄气 ŋou$^{453-42}$tɕʰi^{453}

憋气 pie^{42}tɕʰi^{0}

生气 ʂəŋ$^{42-44}$tɕʰi^{453}

心疼 ɕin$^{42-21}$tʰəŋ^{0}

稀罕 ɕie^{42}x（an–ən）^{0} 喜欢

欢气 xuan^{42}tɕʰi^{0} 高兴

向着 ɕiɑŋ$^{453-24}$tʂə^{0}

抱怨 pɑu$^{453-24}$yan^{0}

耍赖脚儿 ʂua$^{213-21}$lai$^{453-42}$tɕiɑur^{213} 赖皮

占香应$^{=}$ tʂan$^{453-44}$ɕiɑŋ^{42}iŋ^{0}

占便宜 tsan$^{453-44}$pʰian^{42}i^{13}

糟践人 tsɑu$^{42-21}$tɕ（ian–in）^{0}ʐən^{42}

革$^{=}$ kɤ^{213} 邀请

抖$^{=}$着 tou$^{213-21}$tʂə^{13} 跟着

抖$^{=}$着学 tou$^{213-21}$tʂə^{13}ɕiɑu^{42} 跟着别人学

搅毛子 tɕiɑu$^{213-24}$mɑu^{42}tsɿ^{13} 找茬

犟嘴 tɕiɑŋ$^{453-42}$tsuei^{213}

嗑牙儿 kʰɤ$^{42-44}$iar^{213} 拌嘴

抹抹 muo$^{213-21}$muo^{13}

盘算 pʰan$^{42-21}$s（uan–uən）^{0}

叹气 tʰan$^{453-42}$tɕʰi^{453}

蹦过去 pəŋ$^{453-24}$kuo^{0}tɕʰ（y–i）^{0}

爬过去 pʰa^{42}kuo^{0}tɕʰ（y–i）^{13}

迈过去 mai$^{453-24}$kuo^{0}tɕʰ（y–i）^{0}

割舍 kɤ^{42}ʂ（ɤ–ou）^{0} 舍得

割不舍 kɤ^{42}pu^{0}ʂ（ɤ–ou）^{0} 不舍得

叫唤 tɕiɑu$^{453-24}$x（uan–uən）^{0}

瞎掰 ɕia$^{42-44}$pai^{42} 撒谎

嘬气儿 tsuo$^{42-44}$tɕʰiər^{453} 吸气

连累 lian$^{42-21}$lei^{0}

偷着张张 tʰou^{42}tʂə^{0}tʂɑŋ^{42}tʂɑŋ^{0} 偷看

吃亏 tʂʰʅ$^{42-44}$kʰuei^{42}

造谣 tsɑu$^{453-44}$iɑu^{42}

刁难 tiɑu^{42}n（an–ən）^{0}

挨打 ŋai$^{42-44}$ta^{213}

抖搂 tou$^{213-21}$l（ou–ə）^{13}

参谋 tsʰan^{42}mou^{0}

□的那儿 tʂʰan$^{453-24}$ti^{0}mər^{0} 堆放在那里

揪住 tɕiou$^{42-21}$tʂu^{0}

纠正 tɕiou$^{42-21}$tʂəŋ^{0}

答应 ta$^{42-21}$iŋ^{0}

勘探 kʰan$^{42-21}$tʰan^{0}

撼动 xan$^{453-21}$t（uŋ–ə）^{0}

漏咧 lou$^{453-21}$liɛ^{0}

撅折嗰 tɕye$^{42-44}$ʂe^{42}liou^{13} 折断

掖上门 ie$^{453-21}$ʂ（ɑŋ–əŋ）^{0}mən^{42}

转悠 tʂuan$^{453-24}$iou^{0}

冒咧 mɑu$^{453-21}$liɛ^{0} 水溢出

拾掇 ʂʅ^{42}t（uo–ou）^{13} 修理

灌水 kuan$^{453-42}$ʂuei^{213}

剜出来 uan^{42}tʂʰu^{0}lai^{0}

拧螺丝 niŋ$^{213-24}$luo$^{42-44}$sɿ^{42}

扁 pian^{213} 卷（袖子或裤脚）

卷 tɕyan^{213}

经着过 tɕiŋ$^{42-21}$tʂə^{0}kuo^{0} 经历过

图希 tʰu$^{42-21}$ɕi^{0} 希望

打听 ta$^{213-21}$tʰiŋ^{13}

抓心挠肺 tʂua$^{42-44}$ɕin$^{42-44}$nɑu$^{42-44}$fei^{453}

好喜 xɑu$^{453-24}$ɕi^{0} 喜爱

冻得直颤 tuŋ$^{453-24}$ti^{0}tʂʅ$^{42-44}$tʂan^{453}

褪进去 tʰuən$^{453-24}$tɕin^{0}tɕʰ（y–i）^{0}

挎着 kʰua$^{453-24}$tʂə^{0}

端详 tuan$^{42-21}$ɕ（iɑŋ–iŋ）^{0}

号 xɑu^{42} 哭

把土攒起来 pa$^{213-24}$tʰu$^{213-24}$tsʰuan^{42}tɕʰi^{0}l（ai–ei）^{13}

㩳 suŋ^{213} 推

发霉 fa$^{42-44}$mei^{42}

褒斥 pɑu^{42}tʂʰʅ^{0} 讽刺

伺候 tsʰɿ$^{453-24}$xou^{0}

扶持 fu^{42}tʂʰʅ^{13}
操持 tsʰɑu^{42}tʂʰʅ^{0}
欺负 tɕʰi$^{42-21}$fu^{0}
随和着 suei^{42}xuo^{0}tʂə^{13} 应和、附和
劳动 lɑu$^{42-21}$tuŋ^{0}
蹦把$^{=}$儿把$^{=}$儿 pəŋ$^{453-42}$par$^{213-21}$par^{13} 跳脚
落南 lɑu$^{453-44}$nan^{42} 靠南
倒灶 tɑu$^{213-21}$tsɑu^{453} 倒霉
摔霸$^{=}$儿咧 tʂuai$^{42-44}$par$^{453-24}$liɛ^{0} 摔裂了
错腾着 tsʰuo$^{453-24}$tʰəŋ^{0}tʂə^{0}
发呆 fa$^{42-44}$tai^{42}
澥 ɕie^{453} 加水使糊状物或胶状物变稀
咕嘟 kʰu^{42}t（u–ə）^{0} 长时间煮
祸了嘞 xuo$^{453-21}$lə^{0}liou^{0} 祸害了
使乏咧 ʂʅ$^{213-24}$fa^{42}liɛ^{13} 特别累
使得慌 ʂʅ$^{213-21}$ti^{13}x（uɑŋ–əŋ）^{0} 累得慌
不太使得慌 pu$^{42-44}$tʰai$^{453-42}$ʂʅ$^{213-21}$ti^{13}x（uɑŋ–əŋ）^{0} 不太累
串着庄儿的 tʂʰuan$^{453-24}$tʂə^{0}tʂuar^{42}ti^{0}
上载去 ʂɑŋ$^{453-42}$tsai$^{213-21}$tɕʰ（y–i）^{13} 下海干活
打岔 ta$^{213-21}$tʂʰa^{453}
倒解倒解 tɑu$^{453-24}$tɕie^{0}tɑu$^{453-24}$tɕie^{0} 诉苦
摽 piɑu^{453} 捆绑物体使相连接
固定 ku$^{453-42}$tiŋ^{453}
耽误 t（an–ɑŋ）$^{42-21}$u^{0}
护犊子 xu$^{453-44}$tu^{42}tsɿ^{13}
帮助 pɑŋ$^{42-21}$tʂu^{0}
起乐儿 tɕʰi$^{213-21}$lɤr^{453} 开玩笑
逗乐儿 tou$^{453-42}$lɤr^{453}
逗笑儿 tou$^{453-42}$ɕiɑur^{453}
打对 ta$^{213-21}$tuei^{13} ①提前预备好一会儿要用的东西②用零食安顿小孩儿
凑热闹儿 tsʰou$^{453-42}$ʐe$^{453-24}$n（ɑur–our）^{0}
划拉 xua$^{453-21}$l（a–ə）^{0}
别过来 pie$^{453-42}$kuo$^{453-44}$lai^{42} 改变别人坚持的意见或习性
撤兑 tʂʰe$^{453-24}$tuei^{0} 将东西往边上挪挪
□ kʰei^{213} 用手指或细小的东西挖
㨃 tuei^{213} 用手撞
□饭吃 tʂʰɑu$^{453-42}$fan$^{453-44}$tʂʰʅ^{42} 混吃混喝
□来□去 ʐou$^{213-21}$lai^{13}ʐou$^{213-21}$tɕʰy^{453} 翻来覆去
看见 kʰan$^{453-24}$tɕian^{0}
楼$^{=}$ lou^{42} ①走远道儿②小孩儿跑③鸡、鸭跑
□住咧 ka$^{453-24}$tʂu^{0}liɛ^{0} 夹在中间，不能活动

活动 xuo$^{42-21}$tuŋ^{0} 不稳固

□□ xən^{42}tə^{0} 训斥

二十三、位置

上头 ʂɑŋ$^{453-21}$tʰou^{0}

下头 ɕia$^{453-21}$tʰou^{0}

左边儿 tsuo$^{213-21}$piɐr^{13}

右边儿 iou$^{453-44}$piɐr^{42}

当巴间儿 tɑŋ^{42}p（a–ə）^{0}tɕiɐr^{453}

　当间儿 tɑŋ$^{42-44}$tɕiɐr^{453}

里头 li$^{213-21}$tʰou^{13}

外头 uai$^{453-21}$tʰou^{0}

前头 tɕʰian^{42}tʰou^{13}

后头 xou$^{453-21}$tʰou^{0}

旁边儿 pʰɑŋ$^{42-44}$piɐr^{42}

跟前儿 kən$^{42-44}$tɕʰiɐr^{42}

隔壁儿 tɕie$^{453-42}$piər^{213}

啥地方儿 ʂa$^{42-44}$ti$^{453-24}$f（ar–ər）^{0}

　啥地界儿 ʂa$^{42-44}$ti$^{453-24}$tɕ（iɤr–iour）^{0}

　哪儿 nar^{213}

地下 ti$^{453-21}$ɕia^{0}

掉儿地下咧 tiɑur$^{453-42}$ti$^{453-21}$ɕia^{0}liɛ^{0}

天上 tʰian$^{42-21}$ʂ（ɑŋ–əŋ）^{0}

山上 ʂan$^{42-21}$ʂ（ɑŋ–əŋ）^{0}

道儿上 tɑur$^{453-21}$ʂ（ɑŋ–əŋ）^{0}

街上 tɕie$^{42-21}$ʂ（ɑŋ–əŋ）^{0}

墙上 tɕʰiɑŋ^{42}ʂ（ɑŋ–əŋ）^{13}

门上 mən^{42}ʂ（ɑŋ–əŋ）^{13}

桌子上 tʂuo^{42}tsɿ^{0}ʂ（ɑŋ–əŋ）^{0}

椅子上 i$^{213-21}$tsɿ^{13}ʂ（ɑŋ–əŋ）^{0}

手儿里 ʂour$^{213-21}$li^{13}

腰里 iɑu^{42}li^{0}

怀里 xuai^{42}li^{13}

嘴里 tsuei$^{213-21}$li^{13}

心里 ɕin^{42}li^{0}

家里 tɕia^{42}li^{0}

屋里 u^{42}li^{0}

水里 ʂuei$^{213-21}$li^{13}

河里 xuo^{42}li^{13}

井里 tɕiŋ$^{213-21}$li^{13}

沟儿里 kour^{42}li^{0}

乡里 ɕiɑŋ^{42}li^{0} 乡镇府

乡下 ɕiɑŋ$^{42-21}$ɕia^{0} 农村

庄里 tʂuaŋ^{42}li^{0}

城里 tʂʰəŋ^{42}li^{13}

镇里 tʂən$^{453-24}$li^{0}

市里 ʂɿ$^{453-24}$li^{0}

荒凉的地界儿 xuɑŋ^{42}liɑŋ^{0}ti^{0}ti$^{453-24}$tɕ（iɤr–iour）^{0}

大门外头 ta$^{453-44}$mən$^{42-44}$uai$^{453-21}$tʰou^{0}

墙外头 tɕʰiɑŋ$^{42-44}$uai$^{453-21}$tʰou^{0}

窗户外头 tʂʰuɑŋ^{42}xu^{0}uai$^{453-21}$

tʰou^{0}
东边儿 tuŋ^{42}piɐr^{0}
东头儿 tuŋ$^{42-44}$tʰour^{213}
西边儿 ɕi^{42}piɐr^{0}
西头儿 ɕi$^{42-44}$tʰour^{213}
南边儿 nan^{42}piɐr^{13}
南头儿 nan$^{42-44}$tʰour^{213}
北边儿 pei$^{213-21}$piɐr^{13}
北头儿 pei$^{213-24}$tʰour^{213}
望东走 uɑŋ$^{453-44}$tuŋ$^{42-44}$tsou^{213}
望西走 uɑŋ$^{453-44}$ɕi$^{42-44}$tsou^{213}
望回里走 uɑŋ$^{453-44}$xuei^{42}li^{13} tsou^{213}
道儿东里 tɑur$^{453-44}$tuŋ^{42}li^{0}
道儿西里 tɑur$^{453-44}$ɕi^{42}li^{0}
道儿南里 tɑur$^{453-44}$nan^{42}li^{13}
道儿北里 tɑur$^{453-42}$pei$^{213-21}$li^{13}
道儿边上 tɑur$^{453-44}$piɐr$^{213-21}$ʂ(ɑŋ–əŋ)^{0}
车里 tʂʰe^{42}li^{0}
车外头 tʂʰe$^{42-44}$uai$^{453-21}$tʰou^{0}
车前头 tʂʰe$^{42-44}$tɕʰian^{42}tʰou^{13}
车后头 tʂʰe$^{42-44}$xou$^{453-21}$tʰou^{0}
边儿上 piɐr$^{42-21}$ʂ（ɑŋ–əŋ）^{0}
角儿上 tɕiɑur$^{213-21}$ʂ（ɑŋ–əŋ）^{13}
房后头 fɑŋ$^{42-44}$xou$^{453-21}$tʰou^{0}
床铺底下 tʂʰuɑŋ$^{42-44}$pʰu$^{453-42}$ti$^{213-21}$ɕia^{13}
楼底下 lou$^{42-44}$ti$^{213-21}$ɕia^{13}
碗底儿 uan$^{213-24}$tiər^{213}
锅底儿 kuo$^{42-44}$tiər^{213}
水缸底儿 ʂuei$^{213-24}$kɑŋ$^{42-44}$tiər^{213}
底下 ti$^{213-21}$ɕia^{13}
大底下 ta$^{453-42}$ti$^{213-21}$ɕia^{13}

二十四、代词等

我 uo^{213}
你 ni^{213}
他 tʰa^{42}
我们 uo^{42}m（ən–i）^{0}
文= uən^{42} “我们”的合音
咱们 tsan^{42}m（ən–i）^{0}
你们 ni^{42}m（ən–i）^{0}
他们 tʰa^{42}m（ən–i）^{0}
你们家儿 ni^{42}m（ən–i）^{0}tɕiar^{42}
我们家儿 uo^{42}m（ən–i）^{0}tɕiar^{42}
他们家儿 tʰa^{42}m（ən–i）^{0}tɕiar^{42}
他老 tʰa^{42}l（ɑu–ou）^{0} 他，他们（含敬意）
你老 n^{42}l(ɑu–ou)^{0} 你，你们（含敬意）
大伙儿 ta$^{453-42}$xuɤr^{213}
尽= 各儿 tɕin$^{453-42}$kɤr^{213} 自己

哪也 na$^{213-21}$ie^{13} 谁
啥 ʂa^{42}
师徒 ʂʅ$^{42-44}$tʰu^{42}
师生 ʂʅ$^{42-44}$ʂəŋ^{42}
妈家 ma^{42}tɕia^{0}
婆家 pʰuo^{42}tɕia^{13}
　婆婆家 pʰuo^{42}pʰuo^{0}tɕia^{13}
姥儿家 lɑur$^{213-21}$tɕia^{13}
男方 nan^{42}fɑŋ^{0}
女方 ny$^{213-24}$fɑŋ^{42}
丈人家 tʂɑŋ$^{453-21}$ʐən^{0}tɕia^{0}
我们俩 uo^{42}m（ən–i）^{0}lia^{213}
咱们俩 tsan^{42}m（ən–i）^{0}lia^{213}
你们俩 ni^{42}m（ən–i）^{0}lia^{213}
他们俩 tʰa^{42}m（ən–i）^{0}lia^{213}
一家子 i$^{42-44}$tɕia^{42}tsɿ^{0}
娘儿俩 niar$^{213-24}$lia^{213}
爷儿俩 iɤr$^{213-24}$lia^{213}
爷孙俩儿 ie$^{213-24}$suən$^{42-44}$liar^{213}
妯娌俩 tʂou^{42}li^{13}lia^{213}
哥儿俩 kɤr$^{42-44}$lia^{213}
哥儿们 kɤr^{42}m（ən–i）^{0}
姐儿俩 tɕiɤr$^{213-24}$lia^{213}
主仆俩 tʂu$^{213-24}$pʰu$^{42-44}$lia^{213}
这 tʂuo^{213}
　这一 tʂei^{453}
　这一个 tʂei$^{453-21}$kə^{0}
　这一个这 tʂei$^{453-21}$kə^{0}tʂuo^{213}
那 muo^{213}
　那一 mei^{213}
那一个 mei$^{213-21}$kə^{13}
　那一个那 mei$^{213-21}$kə^{13}muo^{213}
□ nɤ^{213} 那
　□一 nei^{213} 那一
□一个 nei$^{213-21}$kə^{13} 那一个
　□一个□ nei$^{213-21}$kə^{13}nɤ^{213} 那一个
一个俩的 i^{42}kə^{0}lia$^{213-21}$ti^{13} 个把两个
百十号人 pai$^{213-21}$ʂʅ^{13}xɑu$^{453-44}$ʐən^{42} 一百人左右
上百人 ʂɑŋ$^{453-42}$pai$^{213-24}$ʐən^{42} 一百多人
百数来人 pai$^{213-21}$ʂu^{13}lai$^{42-44}$ʐən^{42} 不到一百人
上千人 ʂɑŋ$^{453-44}$tɕʰian$^{42-44}$ʐən^{42} 一千多人
千数来人 tɕʰian$^{42-21}$ʂu^{0}lai$^{42-44}$ʐən^{42} 不到一千人
万数块钱 uan$^{453-24}$ʂu^{0}kʰuai$^{453-44}$tɕʰian^{42} 不到一万元
一万硬些儿 i$^{42-44}$uan$^{453-42}$iŋ$^{453-24}$ɕiɤr^{0} 一万多块
一二里路 i$^{42-44}$ər$^{453-42}$li$^{213-21}$lu^{453}
一二亩地 i$^{42-44}$ər$^{453-42}$mu$^{213-21}$ti^{453}
没啥看头儿 mei^{42}ʂa^{0}kʰan$^{453-24}$

tʰour^{0}

没啥干头儿 mei^{42}ʂa^{0}kan$^{453-24}$tʰour^{0}

奔头儿 pən$^{453-24}$tʰour^{0}

苦头儿 kʰu$^{213-21}$tʰour^{13}

甜头儿 tʰian^{42}tʰour^{13}

二十五、形容词

好 xɑu^{213}

不好 pu$^{42-44}$xɑu^{213}

　　乍古 ka$^{213-21}$ku^{13}（人的脾气、东西的质量、事情的结局等）不好

不大离儿 pu$^{42-21}$t（a–ə）^{0}liər^{213}

　　差不离 tʂʰa$^{453-44}$pu$^{42-44}$li^{42}

　　差不哪儿去 tʂʰa$^{453-44}$pu$^{42-44}$nar$^{213-21}$tɕʰ（y–i）^{13}

　　差不多 tʂʰa$^{453-44}$pu$^{42-44}$tuo^{42}

择细毛儿找呢 tʂai$^{42-44}$ɕi$^{453-42}$mɑur$^{213-24}$tʂɑu$^{213-21}$ni^{13} 吹毛求疵

就付 tɕiou$^{453-24}$fu^{0}

　　凑合 tsʰou$^{453-24}$xuo^{0}

俊 tsuən^{453}

　　好看 xɑu$^{213-21}$kʰan^{453}

　　□ ŋɑu^{453}

磕碜 kʰɤ^{42}tʂʰən^{0}

　　丑 tʂʰou^{213}

热闹儿 zʐe$^{453-24}$n（ɑur–our）^{0}

结实 tɕie^{42}ʂʅ^{13}

皮尺$^{=}$ pʰi^{42}tʂʰʅ^{13} 身体结实

发实 fa^{42}ʂʅ^{0} 小孩身体健康

硬朗 iŋ$^{453-21}$l（ɑŋ–əŋ）^{0}

壮实 tʂuɑŋ$^{453-24}$ʂʅ^{0}

奘 tʂuɑŋ^{213} 粗而大

干净 kan$^{42-21}$tɕiŋ^{0}

腌臜 ŋa^{42}ts（a–ə）^{0} 脏

　　邋遢 la^{42}tʰ（a–ei）^{0}

咸 ɕian^{42}

淡 tan^{453}

口重 kʰou$^{213-21}$tʂuŋ^{453}

口轻 kʰou$^{213-24}$tɕʰiŋ^{42}

　　口淡 kʰou$^{213-21}$tan^{453}

酽 nian^{453}（汁液）浓，味厚

稀 ɕi^{42}

糨 tɕiɑŋ^{453}

密 mi^{453}

厚敦 xou$^{453-24}$tuən^{0} 头发厚

瘦 ʂou^{453} 指动物、人瘦

肥 fei^{42} 指动物肥

胖 pʰɑŋ^{453} 指人胖

舒坦 ʂu^{42}tʰ（an–ən）^{0}

心窄 ɕin$^{42-44}$tʂai^{213} 伤心

费事 fei$^{453-42}$ʂʅ^{453}

轻省 tɕʰiŋ^{42}ʂəŋ^{0}

听说 tʰiŋ$^{42-44}$ʂuo^{42} 听话

不听说 pu$^{42-44}$tʰiŋ$^{42-44}$ʂuo^{42}
　搓脚儿 tsʰuo$^{42-44}$tɕiɑur^{213}
中用 tʂuŋ$^{42-44}$iuŋ^{453}
柴 tʂʰai^{42} 形容人不中用
缺德 tɕʰye$^{42-44}$tɤ^{42}
缺电 tɕʰye$^{42-44}$tian^{453} 脑子缺根筋
灵性 liŋ^{42}ɕiŋ^{13} 机灵
　精 tɕiŋ^{42}
鬼 kuei^{213}
尖 tɕian^{42} 聪明
巧 tɕʰiɑu^{213}
　灵巧 liŋ^{42}tɕʰiɑu^{13}
糊涂 xu^{42}（tʰ–t）u^{13}
抠性 kʰou^{42}ɕiŋ^{0} 小气
爱小儿 ŋai$^{453-42}$ɕiɑur^{213} 爱占小便宜
爱学舌 ŋai$^{453-44}$ɕiɑu$^{42-44}$ʂe^{42} 爱嚼舌
　嘴忒浅 tsuei$^{213-24}$tʰuei$^{42-44}$tɕʰian^{213}
啰唆 luo^{42}suo^{0}
聒耳朵 kuo$^{42-44}$ər$^{213-21}$t（uo–ou）^{13}
耍大□儿 ʂua$^{213-21}$ta$^{453-42}$ɕiar^{453} 逞能
大方 ta$^{453-24}$f（ɑŋ–əŋ）^{0}
鼓 ku^{213}
肿 tʂuŋ^{213}
洼 ua^{42}
凉快 liɑŋ^{42}kʰuai^{13}
肃静 su$^{453-24}$tɕiŋ^{0}
　安静 ŋan$^{42-21}$tɕiŋ^{0}
稳当 uən$^{213-21}$t（ɑŋ–əŋ）^{13}

走道儿没准儿 tsou$^{213-21}$tɑur$^{453-44}$mei$^{42-44}$tʂuər^{213} 走路不稳当
地道 ti$^{453-24}$t（ɑu–ou）^{0}
中 tʂuŋ^{42}
四致 sɿ$^{453-24}$tʂʅ^{0} ①屋子收拾得整齐②活儿干得漂亮
齐结= tɕʰi^{42}tɕie^{13} 整齐
利索 li$^{453-24}$s（uo–u）^{0}
随心 suei^{42}ɕin^{0}
　可心眼儿 kʰɤ$^{213-24}$ɕin$^{42-44}$iɐr^{213}
　忒从心里来 tʰuei$^{42-44}$tsʰuŋ$^{42-44}$ɕin^{42}li^{0}lai^{42}
晚 uan^{213}
涩巴 ʂʅ^{42}p（a–ə）^{0} ①像明矾或不熟的柿子那样使舌头感到麻木干涩的味道②眼睛不润滑的感觉
匀挺 yn^{42}tʰiŋ^{13} 粗细均匀
板伸 pan$^{213-21}$ʂən^{13} 笔直
适=肘=咧 ʂʅ$^{453-42}$tʂou$^{213-21}$liɛ^{13} ①食物脱水②人由胖变瘦，但结实
煲 pɑu^{42}
凉干嚠 liɑŋ^{42}k（an–ən）^{0}liou^{13}
凉洋干嚠 liɑŋ$^{42-44}$iɑŋ^{42}k（an–ən）^{0}liou^{13} 半干
油□ iou^{42}tʰiou^{13} 鱼肉晒成半干的状态
干愣= kan$^{42-21}$ləŋ^{0} 干爽
干愣=愣=儿的 kan$^{42-44}$ləŋ$^{453-42}$

lɤr^{213}ti^{13} 食物、衣服晒得很干的状态
妖里妖气 iɑu$^{42-44}$li$^{213-24}$·iɑu$^{42-44}$tɕʰi^{453}
勤俭 tɕʰin^{42}tɕ（ian–in）^{13}
葬⁼性 tsɑŋ$^{453-24}$ɕiŋ^{0} 脾气不好
火星子乱爆 xuo$^{213-24}$ɕiŋ^{42}tsɿ^{0} luan$^{453-42}$pɑu^{453}
张狂 tʂɑŋ^{42}kʰuɑŋ^{0}
光滑 kuɑŋ$^{42-21}$x（ua–uo）^{0}
光滑滑儿的 kuɑŋ$^{42-21}$x（ua–uo）^{0} xuar$^{213-21}$ti^{13}
滑溜儿 xua^{42}liour^{13}
乱积⁼ lan$^{453-24}$tɕi^{0} 乱七八糟
清亮 tɕʰiŋ$^{42-21}$l（iɑŋ–iŋ）^{0} 清澈
浑 xuən^{42}
匀和 yn^{42}xuo^{13} 均匀
间断 tɕian$^{453-21}$t（uan–uən）^{0}
闲在 ɕian^{42}ts（ai–ei）^{13} 悠闲
肉头 ʐou$^{453-24}$tʰou^{0} 软
□ kən^{453} 指水果或蔬菜因久置而失去水分
面□ mian$^{453-21}$kən^{0} 脾气好，不爱说话
热乎 ʐɛ$^{453-24}$xu^{0}
味儿长 uər$^{453-44}$tʂʰɑŋ^{42} 汤味鲜美
鲜灵 ɕian^{42}liŋ^{0}
味儿不好 uər$^{453-44}$pu$^{42-44}$xɑu^{213}
宽绰 kʰuan^{42}tʂʰ（ɑu–ou）^{0}
窄 tʂai^{213}

弯巴 uan^{42}p（a–ə）^{0}
直溜 tʂʅ^{42}liou^{13}
快 kʰuai^{453} 锋利
不快 pu$^{42-44}$kʰuai^{453} 钝
贤惠 ɕian$^{42-21}$xuei^{0}
顺当 ʂuən$^{453-24}$t（ɑŋ–əŋ）^{0} 顺利
心小 ɕin$^{42-44}$ɕiɑu^{213}
小心眼儿 ɕiɑu$^{213-24}$ɕin$^{42-44}$·iɐr^{213}
心宽 ɕin$^{42-44}$kʰuan^{42}
嫩抽⁼ nən$^{453-21}$tʂʰou^{0} 嫩
膀咧 pʰɑŋ^{42}liɛ^{0} 浮肿
死心眼儿 sɿ$^{213-24}$ɕin$^{42-44}$·iɐr^{213}
轴 tʂou^{42} 脾气犟
拧 niŋ^{453}
倔咧去咧 tɕye$^{453-21}$liɛ^{0}tɕʰ（y–i）^{0} liɛ^{0}
⿰米恋糊 lyan$^{453-21}$xu^{0} 形容米汤或粥不稀不稠的状态
掐⁼可 tɕʰia^{42}kʰə^{0} 恰当
香喷 ɕiɑŋ$^{42-21}$pʰən^{0}
清个□儿水的 tɕʰiŋ$^{42-21}$kə^{0}lɤr^{0} ʂuər$^{213-21}$ti^{13} 形容煮饭时米是米、水是水的状态
心快 ɕin$^{42-44}$kʰuai^{453} 悟性好
心眼儿快 ɕin$^{42-44}$·iɐr$^{213-21}$kʰuai^{453}
笨 pən^{453}
来的慢 lai^{42}ti^{13}man^{453} 反应慢
苶些⁼ nie^{42}ɕie^{13}

傻 ʂa^{213}
说话占地界儿 ʂuo$^{42-44}$xua$^{453-42}$tʂan$^{453-42}$ti$^{453-24}$tɕ（iɤr–iour）^{0} 言辞有威望
快当 kʰuai$^{453-24}$t（ɑŋ–əŋ）^{0} 爽快
说的忒溜儿 ʂuo^{42}ti^{0}tʰuei$^{42-21}$liour^{453}
贼眉鼠眼 tsei^{42}m（ei–ə）^{0}ʂu$^{213-24}$ian^{213}
鬼头 kuei$^{213-21}$tʰou^{13}
心眼儿多 ɕin$^{42-44}$iɐr$^{213-24}$tuo^{42}
奸猾 tɕian^{42}x（ua–uo）^{0}
拉$^{=}$巴 la^{42}p（a–ə）^{13} 粗糙
　粗了 tsʰu$^{42-21}$lə^{0}
粗了说 tsʰu$^{42-21}$lə^{0}ʂuo^{42}
　说粗了话 ʂuo$^{42-44}$tsʰu$^{42-21}$lə^{0}xua^{453}
细发 ɕi$^{453-24}$f（a–ə）^{0} 细致、不粗糙
慢性 man$^{453-24}$ɕiŋ^{0}
不合群儿 pu$^{42-44}$xɤ$^{42-44}$tɕʰyər^{42}
　各色 kɤ$^{453-21}$sɤ^{0} 性格特别，难以相处
　革$^{=}$路$^{=}$ kɤ$^{213-21}$lu^{453}
软乎乎儿的 ʐuan$^{213-24}$xu$^{42-44}$xur$^{213-21}$ti^{13}
对对儿的 tuei$^{453-42}$tuər$^{213-21}$ti^{13}
长长儿的 tʂʰɑŋ$^{42-44}$tʂʰar$^{213-21}$ti^{13}
精神神儿的 tɕiŋ$^{42-44}$ʂən$^{42-44}$ʂɤr$^{213-21}$ti^{13}
亮嫂$^{=}$嫂$^{=}$儿的 liɑŋ$^{453-42}$sɑu$^{213-24}$sɑur$^{213-21}$ti^{13} 很亮
深道 ʂən$^{42-21}$tɑu^{0} 深入
邪乎 ɕie$^{42-21}$xu^{0}
邪性 ɕie$^{42-21}$ɕiŋ^{0}
严紧 ian^{42}tɕin^{13}
手巧 ʂou$^{213-24}$tɕʰiɑu^{213}
手拙 ʂou$^{213-24}$tʂuo^{213}
又拙又笨 iou$^{453-42}$tʂuo$^{213-21}$iou$^{453-42}$pən^{453}
又傻又茶 iou$^{453-42}$ʂa$^{213-21}$iou$^{453-44}$nie^{42}
歪巴 uai^{42}p（a–ə）^{0}
孤单 ku^{42}tan^{0}
虚腾 ɕy$^{42-21}$tʰəŋ^{0} 松软而有弹性
死死巴巴 sɿ$^{213-21}$sɿ^{13}p（a–ə）^{0}p（a–ə）^{0}
趁 tʂʰən^{453} 富有
趁钱 tʂʰən$^{453-44}$tɕʰian^{42} 有钱
新鲜 ɕin^{42}ɕ（ian–in）^{0}
脆生 tsʰuei$^{453-24}$ʂəŋ^{0}
蔫巴咧 nian^{42}p（a–ə）^{0}liɛ^{0}
朽 tɕʰiou^{213} 腐烂（多指木头）
软乎 ʐuan$^{213-21}$xu^{13}
粘软 nian^{42}ʐ（uan–uən）^{13}
死硬咧 sɿ$^{213-21}$iŋ^{13}liɛ^{0} 形容面食久置后硬邦邦的状态
势利 ʂʅ$^{453-24}$li^{0}
实惠 ʂʅ$^{42-21}$xuei^{0} 老实、实在

不实惠 pu$^{42-44}$ʂʅ$^{42-21}$xuei^{0} 不老实、不实在

膈应 kɤ$^{453-24}$iŋ^{0}

委屈 uei$^{213-21}$tɕʰy^{13}

心烦 ɕin$^{42-44}$fan^{42}

掉碴儿咧 tiɑu$^{453-42}$tʂʰar$^{213-21}$liɛ^{13}

裂璺儿咧 lie$^{453-42}$uər$^{453-21}$liɛ^{0}

昏花 xuən^{42}x（ua–uo）^{0}

没头没脑儿 mei$^{42-44}$tʰou$^{42-44}$mei$^{42-44}$nɑur^{213}

禁掁 tɕin$^{42-44}$tʂan^{213} 耐脏

不禁掁 pu$^{42-44}$tɕin$^{42-44}$tʂan^{213}

跩 tʂuai^{213} 身体不灵活，走路摇晃

害臊 xai$^{453-42}$sɑu^{453}

  面矮 mian$^{453-42}$ŋai^{213}

冲动 tʂʰuŋ$^{42-21}$t（uŋ–əŋ）^{0}

清楚 tɕʰiŋ^{42}tʂʰu^{0}

调皮捣蛋儿的 tʰiɑu$^{42-44}$pʰi^{42}tɑu$^{213-21}$tɐr$^{453-24}$ti^{0}

寻$^{=}$映$^{=}$儿 ɕin$^{42-21}$iɤr^{0} 蹊跷

  意应$^{=}$ i$^{453-24}$iŋ^{0}

倒清咧 tɑu$^{453-24}$tɕʰiŋ^{0}liɛ^{0} 指年纪大了健忘

棉$^{=}$□ niɑu^{42}nei^{0} 胡搅蛮缠

自觉 tsʅ$^{453-42}$tɕiɑu^{213}

不自觉 pu$^{42-44}$tsʅ$^{453-42}$tɕiɑu^{213}

  没六儿 mei$^{42-44}$liour^{453}

亲戚黄咧 tɕʰin^{42}tɕʰi^{0}xuɑŋ^{42}liɛ^{13}

  断嚠 tuan$^{453-21}$liou^{0}

  不走动儿咧 pu$^{42-44}$tsou$^{213-21}$tuɤr^{13}liɛ^{0}

没管儿咧 mei$^{42-44}$kuɐr$^{213-21}$liɛ^{13} 无法无天

不跟别人 pu$^{42-44}$kən$^{42-44}$pie^{42}ʐən^{13} 不如别人

跟上人家嚠哎 kən$^{42-21}$ʂəŋ^{0} ʐən^{42}tɕia^{13}liou^{0}ɛ^{0}

横着 xəŋ^{42}tʂə^{13}

竖着 ʂu$^{453-21}$tʂə^{0}

不与我事 pu$^{42-44}$y$^{213-24}$uo$^{213-21}$ʂʅ^{453} 不关我事

二十六、副词等

刚 kɑŋ^{42}

正好儿 tʂəŋ$^{453-42}$xɑur^{213}

  正合适儿 tʂəŋ$^{453-44}$xɤ$^{42-44}$ʂər^{453}

碰巧 pʰəŋ$^{453-42}$tɕʰiɑu^{213}

光 kuɑŋ^{42}

有点儿 iou$^{213-21}$tiɐr^{13}

霸道 pa$^{453-24}$tɑu^{0} 非常

兴 ɕiŋ^{42} 也许

差点儿 tʂʰa$^{453-42}$tiɐr^{213}

非……不 fei^{42}……pu^{42}

就手儿 tɕiou$^{453-42}$ʂour^{213} ①马上②顺便

趱早儿 tʂʰən$^{453-42}$tsɑur^{213}

　赶早儿 kan$^{213-24}$tsɑur^{213}

早会儿晚会儿 tsɑu$^{213-21}$xuər^{13} uan$^{213-21}$xuər^{13}

眼头儿 ian$^{213-24}$tʰour^{213} 眼看

得嚠 tei$^{213-21}$liou^{13} 幸亏

当面儿 tɑŋ$^{42-44}$miɐr^{453}

背地里 pei$^{453-42}$ti$^{453-21}$li^{0}

一块儿 i$^{42-44}$kʰuɐr^{453}

　一道儿 i$^{42-44}$tɑur^{453}

净⁼有⁼儿的 tɕiŋ$^{453-42}$iour$^{213-21}$ti^{13} 故意

到底 tɑu$^{453-42}$ti^{213}

　究竟 tɕiou$^{42-21}$tɕiŋ^{0}

压根儿 ia$^{42-44}$kər^{42}

　根本 kən$^{42-44}$pən^{213}

实在 ʂʅ$^{42-21}$tsai^{0}

　忒 tʰuei^{42}

快四十 kʰuai$^{453-42}$sɿ$^{453-44}$ʂʅ^{42}

一共 i$^{42-44}$kuŋ^{453}

不用 pu$^{42-21}$iuŋ^{0}

猴⁼ xou^{42} 不要

　别 pie^{42}

白 pai^{42}

偏 pʰian^{42}

瞎做 ɕia$^{42-21}$tsou^{0}

　乱做 lan$^{453-42}$tsou^{453}

瞎说 ɕia$^{42-44}$ʂuo^{42}

　乱说 lan$^{453-44}$ʂuo^{42}

瞎吃 ɕia$^{42-44}$tʂʰʅ^{42}

　乱吃 lan$^{453-44}$tʂʰʅ^{42}

插着花儿的 tʂʰa$^{213-21}$tʂə^{13}xuar^{42} ti^{0} 夹杂、交错

先 ɕian^{42}

起头儿 tɕʰi$^{213-24}$tʰour^{213} 起先

另外 liŋ$^{453-42}$uai^{453}

　替另 tʰi$^{453-42}$liŋ^{453}

多余 tuo$^{213-21}$（y–i）^{0} ～搭趱他：别搭理他

抽个冷儿 tʂʰou$^{42-21}$kə^{0}lɤr^{213} ①突然②偶尔

　□家伙 lie^{42}tɕia^{0}xuo^{0} 突然

非得 fei$^{42-44}$tei^{213}

跟时 kən^{42}ʂʅ^{0} 刚才

　刚时 kɑŋ^{42}ʂʅ^{0}

轻会儿 tɕʰiŋ$^{42-21}$xuər^{0} 轻易

大约 ta$^{453-44}$iɑu^{42}

头一道儿 tʰou$^{42-44}$i$^{42-44}$tɑur^{453} 头一回

赶上 kan$^{213-21}$ʂ（ɑŋ–əŋ）^{13} 有时候

不了 pu^{42}lə^{0} 不然

蹑悄儿蹑悄儿地 nie$^{453-24}$tɕʰiour^{0} nie$^{453-24}$tɕʰiour^{0}ti^{0} 悄悄地

慢慢儿地 man$^{453-42}$mɐr$^{213-21}$ti^{13}

轻轻儿地 tɕʰiŋ$^{42-44}$tɕʰiɤr$^{213-21}$ti^{13}

二十七、次动词等

挨 ŋai^{42} 被
　叫 tɕiɑu^{453}
给 kei^{213}
对 tuei^{453}
　跟 kən^{42}
冲着 tʂʰuŋ$^{453-24}$tʂə^{0}
　瞅着 tʂʰou$^{213-21}$tʂə^{13}
上 ʂɑŋ^{453}
到 tɑu^{453}
头 tʰou^{42} 在……之前
在 tsai^{453}
　在 tai^{453}
打 ta^{213}
　从 tsʰuŋ^{42}
照着 tʂɑu$^{453-24}$tʂə^{0}
依 i^{42}
　叫 tɕiɑu^{453}
使 ʂʅ^{213}
顺着 ʂuən$^{453-24}$tʂə^{0}
靠着 kʰɑu$^{453-24}$tʂə^{0}
替 tʰi^{453}
够$^{=}$ kou^{453} 和
　回$^{=}$ xuei^{42}
　跟 kən^{42}
不够$^{=}$ pu$^{42-44}$kou^{453}
　不回$^{=}$ pu$^{42-44}$xuei^{42}
　不跟 pu$^{42-44}$kən^{42}
给……叫 kei^{213}……tɕiɑu^{453}
拿……当 na^{42}……tɑŋ^{42}
从小小儿 tsʰuŋ$^{42-44}$ɕiɑu$^{213-21}$ɕiɑur^{13}
　从小儿 tsʰuŋ$^{42-44}$ɕiɑur^{213}
　起小儿 tɕʰi$^{213-24}$ɕiɑur^{213}
往外 uɑŋ$^{213-21}$uai^{453}

二十八、量词

一盒儿（粉笔、烟）i$^{42-44}$xɤr^{213}
一把（椅子、刀、笤帚、炊帚、钥匙、栗子、枣儿、糖球儿、瓜子儿、铁锨）i$^{42-44}$pa^{213}
一个（土垃疙瘩儿、庄儿、花儿、壶、锁头、牲口、板凳、灯、被、褥子、簪子、米粒儿、饭粒儿、粥米粒儿、客、馒头、包子）i$^{42-44}$kɤ^{453}
一本儿（书）i$^{42-44}$pər^{213}
一笔（账、钱）i$^{42-44}$pi^{213}
一□子（钱）i$^{42-44}$tʂa^{42}tsɿ^{13}

一匹（马、骡子）i$^{42-44}$pʰi^{213}

一封（信）i$^{42-44}$fəŋ^{42}

一副（中药、镜子、手套）i$^{42-44}$fu^{453}

一匣儿（西药、洋火）i$^{42-44}$ɕiar^{213}

一条（烟、河、沟、印儿、手巾、腿、裤、鱼、道儿、命、绳儿、线、枪、毯子）i$^{42-44}$tʰiɑu^{42}

一道（题）i$^{42-44}$tɑu^{453}

一盘儿（菜、棋、钢丝、麻将、香蕉）i$^{42-44}$pʰɐr^{42}

一顶（帽子）i$^{42-44}$tiŋ^{213}

一瓶（墨水）i$^{42-44}$pʰiŋ^{42}

一件（事、棉袄）i$^{42-44}$tɕian^{453}

一朵儿（花儿）i$^{42-44}$tʰuɤr^{213}

一顿（饭、打、揍、骂）i$^{42-44}$tuən^{453}

一头（牛、猪）i$^{42-44}$tʰou^{42}

一辆（车）i$^{42-44}$liɑŋ^{453}

一炷（香）i$^{42-44}$tʂu^{453}

一子儿（挂面）i$^{42-44}$tsər^{213}

一箸子（面条）i$^{42-44}$tʂu$^{453-21}$tsɿ^{0}

一支（笔）i$^{42-44}$tʂʅ^{42}

一只（手、眼、鸡、鸭）i$^{42-44}$tʂʅ^{42}

一双（手、手套、袜子、脚、鞋、筷子）i$^{42-44}$ʂuɑŋ^{42}

一张（桌儿、纸儿、炕席、票、嘴）i$^{42-44}$tʂɑŋ^{42}

一领（苇席）i$^{42-44}$liŋ^{213}

一桌儿（酒席、菜）i$^{42-44}$tʂuɤr^{42}

一场（病、雨、戏）i$^{42-44}$tʂʰɑŋ^{213}

一台（戏、机器）i$^{42-44}$tʰai^{42}

一出儿（戏）i$^{42-44}$tʂʰur^{42}

一套儿（服装、家具、衣裳）i$^{42-44}$tʰɑur^{453}

一根儿（头发、棍子、大梁）i$^{42-44}$kər^{42}

一颗（烟、珠子、橡子）i$^{42-44}$kʰɤ^{42}

一棵（树、白菜）i$^{42-44}$kʰɤ^{42}

一粒（米、沙子）i$^{42-44}$li^{453}

一块（砖、豆腐、肉、钱、土坯、石头、门窗石、布料、白薯）i$^{42-44}$kʰuai^{453}

一片（瓦、姜、肉、好心）i$^{42-44}$pʰian^{453}

一疙瘩儿（白薯）i$^{42-44}$ka^{42}t（ar–ər）^{13}

一口（缸、锅、井、棺材、气儿、饭、水）i$^{42-44}$kʰou^{213}

两口子 liɑŋ$^{213-24}$kʰou$^{213-21}$tsɿ^{13}

两口儿 liɑŋ$^{213-24}$kʰour^{213}

一架（飞机）i$^{42-44}$tɕia^{453}

一间（正房）i$^{42-44}$tɕian^{42}

一处儿（庄户）i$^{42-44}$tʂʰur^{453}

一行（字、树）i$^{42-44}$xɑŋ^{42}

一篇儿（文章、稿子）i$^{42-44}$pʰiɐr^{42}

一节儿（竹子、甜秆儿）i$^{42-44}$tɕiɤr^{213}

一面（旗子、镜子）i$^{42-44}$mian^{453}
一层（纸）i$^{42-44}$tsʰəŋ^{42}
一股（味儿）i$^{42-44}$ku^{213}
一座（桥）i$^{42-44}$tsuo^{453}
一桩（亲事）i$^{42-44}$tʂuɑŋ^{42}
一缸（水、酒、醋、鱼）i$^{42-44}$kɑŋ^{42}
一桶（油）i$^{42-44}$tʰuŋ^{213}
一碗（饭、水、米、汤、菜、肉）i$^{42-44}$ uan^{213}
一杯（水、酒）i$^{42-44}$pei^{42}
一把儿（芹菜）i$^{42-44}$par^{213}
一捆（柴火、草）i$^{42-44}$kʰuən^{213}
一包（落花生、火柴）i$^{42-44}$pɑu^{42}
一卷儿（纸、布）i$^{42-44}$tɕyɐr^{213}
一担（水、米）i$^{42-44}$tan^{42}
一排（桌儿、椅子、座位儿）i$^{42-44}$ pʰai^{42}
一鞭（鞭炮）i$^{42-44}$pian^{42}
一墩（二踢脚）i$^{42-44}$tuən^{42}
一句（话）i$^{42-44}$tɕy^{453}
一对儿（花瓶、鸳鸯、蝴蝶、虾、镯子）i$^{42-44}$tuər^{453}
一冲（游湖的牌）i$^{42-44}$tʂʰuŋ^{453}
一阵儿（风、雨）i$^{42-44}$tʂər^{453}
这一种（人、东西）tʂei$^{453-21}$tʂuŋ^{0}
　这一份儿 tʂei$^{453-21}$fər^{0}
一拨儿 i$^{42-44}$puɤr^{42}
　一伙儿 i$^{42-44}$xuɤr^{213}

一个鼻子眼儿通气儿 i^{42}kə^{0}pi^{42} tsɿ^{13} iɐr^{213}tʰuŋ$^{42-44}$tɕʰiər^{453}
一窝（蜜蜂、狗、猪、猫）i$^{42-44}$ uo^{42}
一嘟噜儿（葡萄、香蕉、钥匙）i$^{42-44}$ tu^{42}lur^{13}
　一串 i$^{42-44}$tʂʰuɐr^{453}
一角儿（香蕉）i$^{42-44}$tɕiɑur^{213} 一根
一册$^{=}$ i$^{42-44}$tʂʰai^{213} 大拇指与中指张开的长度
一豁口 i$^{42-44}$xuo^{42}kʰou^{0} 大拇指与食指张开的长度
　一卡 i$^{42-44}$kʰa^{213}
一讨$^{=}$ i$^{42-44}$tʰɑu^{213} 成人两臂左右平伸时两手之间的距离
一个手指头 i^{42}kə^{0}ʂou$^{213-24}$tʂʅ$^{213-21}$ tʰou^{13} 一个手指头的长度
一指厚 i$^{42-44}$tʂʅ$^{213-21}$xou^{453}
两指厚 liɑŋ$^{213-24}$tʂʅ$^{213-21}$xou^{453}
三指厚 san$^{42-44}$tʂʅ$^{213-21}$xou^{453}
一巴掌□一么厚 i$^{42-44}$pa^{42}tʂ（ɑŋ-əŋ）^{0}nei$^{213-21}$mə^{13}xou^{453} 四指厚
一指硬些儿 i$^{42-44}$tʂʅ$^{213-21}$iŋ$^{453-24}$ ɕiɤr^{0} 比一指厚
一指软些儿 i$^{42-44}$tʂʅ$^{213-24}$ʐuan$^{213-21}$ ɕiɤr^{13} 不到一指
一斤软些儿 i$^{42-44}$tɕin$^{42-44}$ʐuan$^{213-21}$ ɕiɤr^{13} 不到一斤
一斤硬些儿 i$^{42-44}$tɕin$^{42-44}$iŋ$^{453-24}$

ɕiɤr^{0} 一斤多

一勾儿 i$^{42-44}$kour^{453} 一部分。三勾儿使了～，还剩两勾儿

满脸（土、汗）man$^{213-24}$lian^{213}

一脸 i$^{42-44}$lian^{213}

满身（土、汗）man$^{213-24}$ʂən^{42}

一身 i$^{42-44}$ʂən^{42}

浑身（劲儿）xuən^{42}ʂən^{0}

一肚子（气、墨水儿、坏水）i$^{42-44}$tu$^{453-21}$tsɿ^{0}

一趟（走～、来～、去～）i$^{42-44}$tʰɑŋ^{453}

一回 i$^{42-44}$xuei^{42}

一下（打～、看～、敲～）i$^{42-44}$ɕia^{453}

一眼（看～、瞅～）i$^{42-44}$ian^{213}

一会儿（歇～、玩～、待～、坐～、等～）i$^{42-44}$xuər^{213}

一面（见～）i$^{42-44}$mian^{453}

一口（吃～、喝～、尝～）i$^{42-44}$kʰou^{213}

二十九、数字等

一号儿 i$^{42-21}$xɑur^{0}

二号儿 ər$^{453-24}$xɑur^{0}

三号儿 san$^{42-21}$xɑur^{0}

四号儿 sɿ$^{453-24}$xɑur^{0}

五号儿 u$^{213-21}$xɑur^{13}

六号儿 liou$^{453-24}$xɑur^{0}

七号儿 tɕʰi$^{42-21}$xɑur^{0}

八号儿 pa$^{42-21}$xɑur^{0}

九号儿 tɕiou$^{213-21}$xɑur^{13}

十号儿 ʂʅ^{42}xɑur^{13}

初一 tʂʰu$^{42-44}$i^{42}

初二 tʂʰu$^{42-44}$ər^{453}

初三 tʂʰu$^{42-44}$san^{42}

初四 tʂʰu$^{42-44}$sɿ^{453}

初五 tʂʰu$^{42-44}$u^{213}

初六 tʂʰu$^{42-44}$liou^{453}

初七 tʂʰu$^{42-44}$tɕʰi^{42}

初八 tʂʰu$^{42-44}$pa^{42}

初九 tʂʰu$^{42-44}$tɕiou^{213}

初十 tʂʰu$^{42-44}$ʂʅ^{42}

老大 lɑu$^{213-21}$ta^{453}

老二 lɑu$^{213-21}$ər^{453}

老三 lɑu$^{213-24}$san^{42}

老四 lɑu$^{213-21}$sɿ^{453}

老五 lɑu$^{213-24}$u^{213}

老六 lɑu$^{213-21}$liou^{453}

老七 lɑu$^{213-24}$tɕʰi^{42}

老八 lɑu$^{213-24}$pa^{42}

老九 lɑu$^{213-24}$tɕiou^{213}

一个 i^{42}kə^{0}

俩么 lia$^{213-21}$mə^{13}

仨么 sa^{42}mə^{0}

四阿 sɿ$^{453-24}$ə^{0}
五阿 u$^{213-21}$ə^{13}
六阿 liou$^{453-24}$ə^{0}
七个 tɕʰi$^{42-21}$kə^{0}
八个 pa$^{42-21}$kə^{0}
九阿 tɕiou$^{213-21}$ə^{13}
十个 ʂʅ^{42}kə^{13}
十一个 ʂʅ$^{42-44}$i$^{42-21}$kə^{0}
二□ ər$^{453-21}$ʂə^{0}（□是“十个”的合音）
三□ san^{42}ʂə^{0}（□是“十个”的合音）
四□ sɿ$^{453-24}$ʂə^{0}（□是“十个”的合音）
五□ u$^{213-21}$ʂə^{13}（□是“十个”的合音）
六□ liou$^{453-24}$ʂə^{0}（□是“十个”的合音）
七□ tɕʰi^{42}ʂə^{0}（□是“十个”的合音）
八□ pa^{42}ʂə^{0}（□是“十个”的合音）
九□ tɕiou$^{213-21}$ʂə^{13}（□是“十个”的合音）
第一 ti$^{453-44}$i^{42}
第二 ti$^{453-42}$ər^{453}
第三 ti$^{453-44}$san^{42}
第四 ti$^{453-42}$sɿ^{453}
第五 ti$^{453-42}$u^{213}
第六 ti$^{453-42}$liou^{453}
第七 ti$^{453-44}$tɕʰi^{42}
第八 ti$^{453-44}$pa^{42}
第九 ti$^{453-42}$tɕiou^{213}
第十 ti$^{453-44}$ʂʅ^{42}
第一个 ti$^{453-44}$i^{42}kə^{0}
　头一个 tʰou$^{42-44}$i^{42}kə^{0}
第二个 ti$^{453-42}$ər$^{453-24}$kə^{0}
第三个 ti$^{453-44}$san$^{42-21}$kə^{0}
第四个 ti$^{453-42}$sɿ$^{453-24}$kə^{0}
第五个 ti$^{453-42}$u$^{213-21}$kə^{13}
第六个 ti$^{453-42}$liou$^{453-24}$kə^{0}
第七个 ti$^{453-44}$tɕʰi$^{42-21}$kə^{0}
第八个 ti$^{453-44}$pa$^{42-21}$kə^{0}
第九个 ti$^{453-42}$tɕiou$^{213-21}$kə^{13}
第十个 ti$^{453-44}$ʂʅ^{42}kə^{13}
一 i^{42}
二 ər^{453}
三 san^{42}
四 sɿ^{453}
五 u^{213}
六 liou^{453}
七 tɕʰi^{42}
八 pa^{42}
九 tɕiou^{213}
十 ʂʅ^{42}
十一 ʂʅ$^{42-44}$i^{42}
十二 ʂʅ$^{42-44}$ər^{453}
十三 ʂʅ$^{42-44}$san^{42}
十四 ʂʅ$^{42-44}$sɿ^{453}

十五 ʂʅ$^{42-44}$u^{213}
十六 ʂʅ$^{42-44}$liou^{453}
十七 ʂʅ$^{42-44}$tɕʰi^{42}
十八 ʂʅ$^{42-44}$pa^{42}
十九 ʂʅ$^{42-44}$tɕiou^{213}
二十 ər$^{453-44}$ʂʅ^{42}
二十一 ər$^{453-24}$ʂʅ^{0}i^{42}
三十 san$^{42-44}$ʂʅ^{42}
三十一 san^{42}ʂʅ^{0}i^{42}
四十 sɿ$^{453-24}$ʂʅ^{0}
四十一 sɿ$^{453-24}$ʂʅ^{0}i^{42}
五十 u$^{213-21}$ʂʅ^{13}
五十一 u$^{213-21}$ʂʅ^{13}i^{42}
六十 liou$^{453-24}$ʂʅ^{0}
六十一 liou$^{453-24}$ʂʅ^{0}i^{42}
七十 tɕʰi^{42}ʂʅ^{0}
七十一 tɕʰi^{42}ʂʅ^{0}i^{42}
八十 pa^{42}ʂʅ^{0}
八十一 pa^{42}ʂʅ^{0}i^{42}
九十 tɕiou$^{213-21}$ʂʅ^{13}
九十一 tɕiou$^{213-21}$ʂʅ^{13}i^{42}
一百 i$^{42-44}$pai^{213}
二百 ər$^{453-42}$pai^{213}
三百 san$^{42-44}$pai^{213}
四百 sɿ$^{453-42}$pai^{213}
五百 u$^{213-24}$pai^{213}
六百 liou$^{453-42}$pai^{213}
七百 tɕʰi$^{42-44}$pai^{213}
八百 pa$^{42-44}$pai^{213}
九百 tɕiou$^{213-24}$pai^{213}
一千 i$^{42-44}$tɕʰian^{42}
一百一 i$^{42-44}$pai$^{213-24}$i^{42}
一百一十个 i$^{42-44}$pai$^{213-24}$i^{42}ʂʅ^{0}kə^{0}
一百一十一 i$^{42-44}$pai$^{213-24}$i^{42}ʂʅ^{0}i^{42}
一百一十二 i$^{42-44}$pai$^{213-24}$i^{42}ʂʅ^{0}ər^{453}
一百二 i$^{42-44}$pai$^{213-21}$ər^{453}
　一百二十 i$^{42-44}$pai$^{213-21}$ər$^{453-24}$ʂʅ^{0}
一百三 i$^{42-44}$pai$^{213-24}$san^{42}
　一百三十 i$^{42-44}$pai$^{213-24}$san^{42}ʂʅ^{0}
一百五 i$^{42-44}$pai$^{213-24}$u^{213}
　一百五十 i$^{42-44}$pai$^{213-24}$u$^{213-21}$ʂʅ^{13}
一百五十个 i$^{42-44}$pai$^{213-24}$u$^{213-21}$ʂʅ^{13}kə^{0}
二百五 ər$^{453-42}$pai$^{213-24}$u^{213}
二百五十个 ər$^{453-42}$pai$^{213-24}$u$^{213-21}$ʂʅ^{13}kə^{0}
三百一 san$^{42-44}$pai$^{213-24}$i^{42}
三百三 san$^{42-44}$pai$^{213-24}$san^{42}
三百六 san$^{42-44}$pai$^{213-21}$liou^{453}
三百八 san$^{42-44}$pai$^{213-24}$pa^{42}
一千一 i$^{42-44}$tɕʰian$^{42-44}$i^{42}
　一千一百 i$^{42-44}$tɕʰian$^{42-44}$i$^{42-44}$pai^{213}
一千一百个 i$^{42-44}$tɕʰian$^{42-44}$i$^{42-44}$pai$^{213-21}$kə^{13}
一千九 i$^{42-44}$tɕʰian$^{42-44}$tɕiou^{213}
　一千九百 i$^{42-44}$tɕʰian$^{42-44}$tɕiou$^{213-24}$

pai^{213}

一千九百个 i$^{42-44}$tɕʰian$^{42-44}$tɕiou$^{213-24}$pai$^{213-21}$kə^{13}

三千 san^{42}tɕʰian^{0}

五千 u$^{213-24}$tɕʰian^{42}

八千 pa^{42}tɕʰian^{0}

一万 i$^{42-44}$uan^{453}

一万二 i$^{42-44}$uan$^{453-42}$ər^{453}

一万两千个 i$^{42-44}$uan$^{453-42}$liɑŋ$^{213-21}$tɕʰian^{13}kə^{0}

三万五 san$^{42-21}$uan^{0}u^{213}

三万五千个 san$^{42-21}$uan^{0}u$^{213-24}$tɕʰian^{42}kə^{0}

零 liŋ^{42}

一百零一 i$^{42-44}$pai$^{213-24}$liŋ$^{42-44}$i^{42}

一百零九 i$^{42-44}$pai$^{213-24}$liŋ$^{42-44}$tɕiou^{213}

一千零二 i$^{42-44}$tɕʰian$^{42-44}$liŋ$^{42-44}$ər^{453}

一千零俩 i$^{42-44}$tɕʰian$^{42-44}$liŋ$^{42-44}$lia^{213}

一千零二□ i$^{42-44}$tɕʰian$^{42-44}$liŋ$^{42-44}$ər$^{453-24}$ʂə^{0}（□是“十个”的合音）

一万零二 i$^{42-21}$uan^{0}liŋ$^{42-44}$ər^{453}

一万零二十 i$^{42-21}$uan^{0}liŋ$^{42-44}$ər$^{453-44}$ʂʅ^{42}

一万零二百 i$^{42-21}$uan^{0}liŋ$^{42-44}$ər$^{453-42}$pai^{213}

二斤 ər$^{453-44}$tɕin^{42}

二斤半 ər$^{453-44}$tɕin$^{42-44}$pan^{453}

二两 ər$^{453-42}$liɑŋ^{213}

二钱儿 ər$^{453-44}$tɕʰiɐr^{42}

二分 ər$^{453-44}$fən^{42}

二厘 ər$^{453-44}$li^{42}

两丈 liɑŋ$^{213-21}$tʂɑŋ^{453}

二尺 ər$^{453-42}$tʂʰʅ^{213}

二寸 ər$^{453-42}$tsʰuən^{453}

两丈二 liɑŋ$^{213-21}$tʂɑŋ$^{453-42}$ər^{453}

二尺二 ər$^{453-42}$tʂʰʅ$^{213-21}$ər^{453}

二寸二 ər$^{453-42}$tsʰuən$^{453-42}$ər^{453}

二里 ər$^{453-42}$li^{213}

两担 liɑŋ$^{213-21}$tan^{453}

两斗 liɑŋ$^{213-24}$tou^{213}

两升 liɑŋ$^{213-24}$ʂəŋ^{42}

两亩 liɑŋ$^{213-24}$mu^{213}

两千 liɑŋ$^{213-24}$tɕʰian^{42}

两千二 liɑŋ$^{213-24}$tɕʰian$^{42-44}$ər^{453}

两万 liɑŋ$^{213-21}$uan^{453}

两万二 liɑŋ$^{213-21}$uan$^{453-42}$ər^{453}

两万两千二 liɑŋ$^{213-21}$uan$^{453-42}$liɑŋ$^{213-21}$tɕʰian^{13}ər^{453}

几个 tɕi$^{213-21}$kə^{13}

十好几个 ʂʅ^{42}xɑu^{13}tɕi$^{213-21}$kə^{13} 比十个多

十多个 ʂʅ$^{42-44}$tuo$^{42-21}$kə^{0}

十来个 ʂʅ$^{42-44}$lai$^{42-44}$kɤ^{453} 比十个少

好几个 xɑu$^{213-21}$tɕi^{0}kə^{13}

好几十个 xɑu$^{213-24}$tɕi$^{213-21}$ʂʅ^{13}kə^{0} 二十以上

二百来个 ər$^{453-42}$pai$^{213-21}$lai^{13}kə^{0} 比二百少

二百多个 ər$^{453-42}$pai$^{213-24}$tuo$^{42-21}$kə^{0} 比二百多

百十来个 pai$^{213-21}$ʂʅ^{13}lai$^{42-44}$kɤ^{453} 比一百少

　一百来个 i$^{42-44}$pai$^{213-24}$lai$^{42-44}$kɤ^{453}

　百来十个 pai$^{213-21}$lai^{13}ʂʅ^{42}kə^{13}

一百好几十个 i$^{42-44}$pai$^{213-24}$xɑu$^{213-24}$tɕi$^{213-21}$ʂʅ^{13}kə^{0} 比一百多

千数个 tɕʰian$^{42-21}$ʂu^{0}kə^{0} 不到一千个

万数个 uan$^{453-24}$ʂu^{0}kə^{0} 不到一万个

一两个 i$^{42-44}$liɑŋ$^{213-21}$kə^{13}

两三个 liɑŋ$^{213-24}$san$^{42-21}$kə^{0}

半儿拉 pɐr$^{453-42}$la^{213} 一半

两半儿 liɑŋ$^{213-21}$pɐr^{453}

多半儿拉 tuo$^{42-21}$pɐr^{0}la^{213}

少半儿拉 ʂɑu$^{213-21}$pɐr$^{453-42}$la^{213}

一个半 i^{42}kə^{0}pan^{453}

俩半 lia$^{213-21}$pan^{453}

仨半 sa$^{42-21}$pan^{0}

斤半 tɕin$^{42-21}$p（an–ən）^{0} 一斤半

翻翻儿 fan$^{42-44}$fɐr^{42} 翻倍

翻一翻儿 fan$^{42-44}$i$^{42-44}$fɐr^{42}

翻两翻儿 fan$^{42-44}$liɑŋ$^{213-24}$fɐr^{42}

甲 tɕia^{213}

乙 i^{213}

丙 piŋ^{213}

丁 tiŋ^{42}

戊 u^{453}

己 tɕi^{213}

庚 kəŋ^{42}

辛 ɕin^{42}

壬 ʐən^{42}

癸 kuei^{213}

子 tsɿ^{213}

丑 tʂʰou^{213}

寅 in^{213}

卯 mɑu^{213}

辰 tʂʰən^{42}

巳 sɿ^{453}

午 u^{213}

未 uei^{453}

申 ʂən^{44}

西 iou^{213}

戌 ɕy^{42}

亥 xai^{453}

三十、方言地名

曹妃甸 tsʰɑu^{42}fei^{0}tian^{453}

唐海县 tʰɑŋ$^{42-44}$xai$^{213-21}$ɕian^{453}

唐海镇 tʰɑŋ$^{42-44}$xai$^{213-21}$tʂən^{453}

艾庄子 ŋai$^{453-44}$tʂuɑŋ^{42}tsɿ^{0}

西南庄儿 ɕi^{42}nan^{0}tʂuar^{42}

崔木坨 tsʰuei$^{42-21}$mu^{0}tʰuo^{42}

周各庄 tʂou$^{42-21}$kə^{0}tʂ（uɑŋ–əŋ）^{42}

柏各庄 pai$^{213-21}$kə^{13}tʂuɑŋ^{42}

安子上 ŋan^{42}tsɿ^{0}ʂ（ɑŋ–əŋ）^{0} 安子庄

曾各庄 tsəŋ$^{42-21}$kə^{0}tʂ（uɑŋ–əŋ）^{42}

孙家林 suən^{42}tɕ（ia–ie）^{0}lin^{42}

堡上 pʰu$^{453-24}$ʂ（ɑŋ–əŋ）^{0}

南堡 nan$^{42-44}$pʰu^{453}

北堡 pei$^{213-21}$pʰu^{453}

西新庄子 ɕi$^{42-44}$ɕin$^{42-44}$tʂuɑŋ^{42}tsɿ^{0}

东新庄子 tuŋ$^{42-44}$ɕin$^{42-44}$tʂuɑŋ^{42}tsɿ^{0}

梁儿厂儿 liar$^{213-24}$tʂʰar^{213} 梁家厂（原晾甲厂）

瞿阝里 tɕʰyan^{42}li^{0}

柳树底下 liou$^{213-21}$ʂu^{13}ti$^{213-21}$ɕia^{13} 柳树庄

芦井儿上 lu$^{42-44}$tɕiɤr$^{213-21}$ʂ（ɑŋ–əŋ）^{13} 芦井庄

常儿灶 tʂʰar$^{213-21}$tsɑu^{13} 常灶村

小厫儿上 ɕiɑu$^{213-24}$ŋɑur$^{213-21}$ʂ（ɑŋ–əŋ）^{13}

黄米厫儿 xuɑŋ^{42}mi^{13}ŋɑur^{213}

青年坨 tɕʰiŋ$^{42-21}$nian^{0}tʰuo^{42}

王凤坨 uɑŋ$^{42-21}$fəŋ^{0}tʰuo^{42}

自然村儿 tsɿ$^{453-44}$ʐan$^{42-44}$tsʰuər^{42}

阴阳村儿 in^{42}iɑŋ^{0}tsʰuər^{42}

南常坨 nan$^{42-44}$tʂʰɑŋ^{42}tʰuo^{13}

北常坨 pei$^{213-24}$tʂʰɑŋ^{42}tʰuo^{13}

秋老堡 tɕʰiou^{42}l（ɑu–ou）^{0}pʰ（u–uo）^{0}

小斗坨儿 ɕiɑu$^{213-24}$tou$^{213-21}$tʰuɤr^{13}

大斗坨儿 ta$^{453-42}$tou$^{213-21}$tʰuɤr^{13}

大坨 ta$^{453-44}$tʰuo^{42}

杜林儿 tu$^{453-21}$liər^{0}

陡坨儿 tou$^{213-21}$tʰuɤr^{13}

林里 lin^{42}li^{13}

曾儿湾 tsɤr$^{42-21}$uan^{0} 曾家湾

大张庄儿 ta$^{453-44}$tʂɑŋ^{42}tʂ（uar–uər）^{0}

营城儿 iŋ^{42}tʂʰɤr^{13}

网庄儿 uɑŋ$^{213-21}$tʂuar^{13}

曾新村儿 tsəŋ$^{42-44}$ɕin$^{42-44}$tsʰuər^{42}

猪食坨 tʂu$^{42-44}$ʂʅ$^{42-44}$tʰuo^{42}

韩庄子 xan$^{42-44}$tʂuɑŋ^{42}tsɿ^{0}

尚庄子 ʂɑŋ$^{453-44}$tʂuɑŋ^{42}tsɿ^{0}

前李庄儿 tɕʰian$^{42-44}$li$^{213-24}$tʂuar^{42}
后李庄儿 xou$^{453-42}$li$^{213-24}$tʂuar^{42}
朝武庄儿 tʂʰɑu^{42}u^{13}tʂuar^{42}
南田庄儿 nan$^{42-44}$tʰian^{42}tʂ（uar–uər）^{13}
李家沙坨 li$^{213-21}$tɕia^{13}ʂa$^{42-21}$tʰuo^{0}
太平庄儿 tʰai$^{453-44}$pʰiŋ$^{42-44}$tʂuar^{42}
东木庄儿 tuŋ$^{42-21}$mu^{0}tʂuar^{42}
西木庄儿 ɕi$^{42-21}$mu^{0}tʂuar^{42}
高城子 kɑu$^{42-44}$tʂʰəŋ^{42}tsɿ^{13}
男庄户儿 nan$^{42-44}$tʂuɑŋ$^{42-21}$x（ur–uɤr）^{0}
南郑庄儿 nan$^{42-44}$tʂəŋ$^{453-21}$tʂ（uar–uər）^{0}
南小庄儿 nan$^{42-44}$ɕiɑu$^{213-24}$tʂuar^{42}
南新庄儿 nan$^{42-44}$ɕin$^{42-44}$tʂuar^{42}
新河头 ɕin$^{42-44}$xɤ$^{42-44}$tʰou^{42}
东桑坨 tuŋ$^{42-44}$sɑŋ$^{42-21}$tʰuo^{0}
西桑坨 ɕi$^{42-44}$sɑŋ$^{42-21}$tʰuo^{0}
王庄子 uɑŋ$^{42-44}$tʂuɑŋ^{42}tsɿ^{0}
刘庄子 liou$^{42-44}$tʂuɑŋ^{42}tsɿ^{0}
郭庄子 kuo$^{42-44}$tʂuɑŋ^{42}tsɿ^{0}
东港 tuŋ$^{42-44}$kɑŋ^{213}
乌儿家蓝坨儿 ur$^{42-44}$tɕia$^{42-44}$ lan$^{42-44}$ tʰuɤr^{213}
东城子 tuŋ$^{42-44}$tʂʰəŋ^{42}tsɿ^{13}
西城子 ɕi$^{42-44}$tʂʰəŋ^{42}tsɿ^{13}
刘家铺 liou^{42}tɕia^{13}pʰu^{453}
邱家铺 tɕʰiou^{42}tɕia^{0}pʰu^{453}
李家房子 li$^{213-21}$tɕia^{13}fɑŋ^{42}tsɿ^{13}
东青坨 tuŋ$^{42-44}$tɕʰiŋ$^{42-21}$tʰuo^{0}
西青坨 ɕi$^{42-44}$tɕʰiŋ$^{42-21}$tʰuo^{0}
桑庄子 sɑŋ$^{42-44}$tʂuɑŋ^{42}tsɿ^{0}
新立庄儿 ɕin$^{42-21}$li^{0}tʂuar^{42}
张海庄儿 tʂɑŋ$^{42-44}$xai$^{213-24}$tʂuar^{42}
三家子 san$^{42-44}$tɕia^{42}tsɿ^{0}
老营上 lɑu$^{213-24}$iŋ^{42}ʂ（ɑŋ–əŋ）^{13}
孙坨 suən$^{42-44}$tʰuo^{42}
李八厫 li$^{213-21}$p（a–ə）^{13}ŋɑu^{42}
玉官庄儿 y$^{453-44}$kuan$^{42-44}$tʂuar^{42}
一面灶 i$^{42-21}$mian^{0}tsɑu^{453}
两面灶 liɑŋ$^{213-21}$mian^{13}tsɑu^{453}
三面灶 san$^{42-21}$mian^{0}tsɑu^{453}
大村庄 ta$^{453-44}$tsʰuən^{42}tʂuɑŋ^{0}
大灶 ta$^{453-42}$tsɑu^{453}
小东灶 ɕiɑu$^{213-24}$tuŋ$^{42-44}$tsɑu^{453}
大灶上 ta$^{453-42}$tsɑu$^{453-21}$ʂ（ɑŋ–əŋ）^{0}
　大东灶
沽南灶 ku$^{42-21}$nan^{0}tsɑu^{453}
孙家灶 ʂuən^{42}tɕia^{0}tsɑu^{453}
李家灶 li$^{213-21}$tɕia^{13}tsɑu^{453}
稻地 tɑu$^{453-21}$ti^{0}

第四章　曹妃甸方言语法

第一节　词法特点

一、代词系统

1. 人称代词

曹妃甸方言的三身人称代词系统见表 4–1。

表 4–1　曹妃甸方言人称代词表

	单　数	复　数
第一人称	uo^{213}	$uo^{42}m(ən\text{–}i)^{0}$
第二人称	ni^{213}	$ni^{42}m(ən\text{–}i)^{0}$
第三人称	$t^{h}a^{42}$	$t^{h}a^{42}m(ən\text{–}i)^{0}$

曹妃甸方言中人称代词的复数形式都是由相应的单数形式加上词尾“们”[mən] 构成。词尾“们”[mən] 是轻声，其韵母与单念时不同，弱化成 [i]。“我们”“你们”的连调调式受到“他们”连调调式的影响，连调调式都是“42+0”。

第二、三人称均有敬称形式。敬称形式由相应的单数形式加上词尾“老”[lɑu] 构成。词尾“老”[lɑu] 是轻声，其韵母与单念时不同，弱化成 [ou]。“你老”的连调调式受到“他老”连调调式的影响，连调调式都是“42+0”，“他老”读成 $t^{h}a^{42}lou^{0}$，“你老”读成 $n^{42}lou^{0}$。

2. 指示代词

曹妃甸方言的主要指示代词见表 4–2。

表 4–2　曹妃甸方言指示代词表

近　指	远　指	旁　指
这	那	□
tʂuo^{213}	muo^{213}	nɤ^{213}

曹妃甸方言的指示代词三分，分别是近指、远指和旁指，近指用"这"[tʂuo^{213}]，远指和旁指一般分别用"那"[muo^{213}]和"□"[nɤ^{213}]，同时，远指和旁指可互换使用。指示代词的具体用法如下：

tʂuo$^{213-21}$ ʂʅ$^{453-24}$ kə^{0} ʂa^{42}？
这　是　个　啥？
这是什么？

muo$^{213-21}$ ʂʅ$^{453-24}$ kə^{0} ʂa^{42}？/ nɤ$^{213-21}$ ʂʅ$^{453-24}$ kə^{0} ʂa^{42}？
那　是　个　啥？/ □　是　个　啥？
那是什么？

此外，"这是什么""那是什么"以及"□是什么"分别还有另外两种表达方式。

"这是什么"可以说成：

tʂei$^{213-21}$ kə^{13} ʂʅ$^{453-24}$ kə^{0} ʂa^{42}？
这一　个　是　个　啥？

tʂei$^{213-21}$ kə^{13} tʂuo^{213} ʂʅ$^{453-24}$ kə^{0} ʂa^{42}？
这一　个　这　是　个　啥？

"那 / □是什么"可以说成：

mei$^{213-21}$ kə^{13} ʂʅ$^{453-24}$ kə^{0} ʂa^{42}？/ nei$^{213-21}$ kə^{13} ʂʅ$^{453-24}$ kə^{0} ʂa^{42}？
那一　个　是　个　啥？/ □一　个　是　个　啥？

mei$^{213-21}$ kə^{13} muo^{213} ʂʅ$^{453-24}$ kə^{0} ʂa^{42}？ / nei$^{213-21}$ kə^{13} nɤ^{213} ʂʅ$^{453-24}$
那一 个 那 是 个 啥？ /□一 个 □ 是
kə^{0} ʂa^{42}？
个 啥？

"这儿""那儿""□儿"分别用"tʂər^{453}""mər^{453}""nər^{453}"表示。例如：

tʂei$^{213-21}$ kə^{13} tuŋ$^{42-21}$ ɕi^{0}pu$^{42-44}$ tsai$^{453-42}$ tʂər^{453}, ie$^{213-24}$ mei$^{42-44}$ tsai$^{453-42}$
这一 个 东 西不 在 这儿，也 没 在
nər^{453}, tsai$^{453-42}$ mər$^{453-24}$ ni^{0}。
□儿，在 那儿 呢。

这个东西不在这儿，也不在那儿，在那儿呢。

二、程度表示法

曹妃甸方言中常用的程度副词有五个，分别是"更"[kəŋ^{453}]、"忒"[tʰuei^{42}]、"霸道"[pa$^{453-24}$tɑu^{0}]、"额$^{=}$"[ŋɤ^{42}]、"慌"[xuɑŋ^{42}]。

其中，"更"[kəŋ^{453}]、"忒"[tʰuei^{42}]前置，"霸道"[pa^{24}tɑu^{0}]、"额$^{=}$"[ŋɤ^{42}]、"慌"[xuɑŋ^{42}]后置。例如：更不累不太累 kəŋ$^{453-44}$ pu$^{42-44}$lei^{453}，忒甜很甜 tʰuei$^{42-44}$tʰian^{42}，好吃得霸道很好吃 xɑu$^{213-24}$ tʂʰʅ^{42}ti^{0}pa$^{453-24}$tɑu^{0}，香得额$^{=}$很香 ɕiɑŋ^{42}ti^{0}ŋɤ^{42}，使得慌累得慌 ʂʅ$^{213-21}$ ti^{13}x（uɑŋ–əŋ）^{0}。

第二节 句法特点

一、被字句

普通话口语中的被字句用"主＋被＋宾 +V+ 补"格式，例如：大驴子被小老虎吃掉了。曹妃甸方言表示被动、遭受的意思，不用"被"，用"让"或"叫"，形成"主＋让 / 叫＋宾 +V+ 补"格式。例如：

tʰa$^{42-44}$ ʐɑŋ$^{453-44}$ / tɕiɑu$^{453-44}$ tʰa$^{42-44}$ ma$^{42-44}$ ʂuo$^{42-44}$ xɑu^{42} liɛ^{13}。
他 让 /叫 他 妈 说 号 咧。
他被妈妈说哭了。

suo$^{213-24}$ iou$^{213-21}$ ti^{13} ʂu$^{42-44}$ ɕin$^{453-42}$ tou$^{42-44}$ ʐɑŋ$^{453-42}$ / tɕiɑu$^{453-42}$
所 有 的 书 信 都 让 /叫
xuo$^{213-24}$ ʂɑu^{42} liɛ^{0}, i$^{42-44}$ tiɐr$^{213-24}$ tou$^{42-44}$ mei$^{42-44}$ ʂəŋ$^{453-21}$ɕia^{0}。
火 烧 咧，一 点儿 都 没 剩 下。
所有的书信都被火烧了，一点儿剩的都没有。

ʐɑŋ$^{453-44}$ / tɕiɑu$^{453-44}$ tʰa$^{42-44}$ tʂʰ an^{42} liɛ^{13} i$^{42-44}$ xou$^{453-42}$ mə^{0} ʂar^{213},
让 /叫 他 缠 咧 一 后 半 晌儿，
ʂa$^{42-44}$ ie$^{213-24}$ mei$^{42-44}$ tsou^{453}。
啥 也 没 做。
被他缠了一下午，什么都没做成。

ʐɑŋ$^{453-44}$ / tɕiɑu$^{453-44}$ n^{42} tɕia^{13} kei$^{213-24}$ ta$^{213-24}$ məŋ^{42} liɛ^{0}, i$^{42-44}$
让 /叫 人家 给 打 懵 咧，一
xuei$^{453-21}$ tsɿ^{0} mei$^{42-44}$ miŋ^{42} pai^{13} kuo$^{453-44}$ lai^{0}。
会 子 没 明 白 过 来。
让人给打懵了，一下子没明白过来。

ʐɑŋ$^{453-42}$ / tɕiɑu$^{453-42}$ y$^{213-24}$ pʰ ai^{42} liɛ^{0} kə^{0} tʰou$^{453-44}$ ɕin$^{42-44}$ liɑŋ^{42}。
让 /叫 雨 拍 咧 个 透 心 凉。
被雨淋了个浑身湿透。

二、反复问句

普通话中的反复问句一般用“V+ 不 / 没 +V”表示，曹妃甸方言中的反复问句用“V+（补 / 宾）+ 语气助词”表示。例如：

tʂʰər^{42} tɕʰ i^{0} tʂuŋ^{42} ŋa^{0}？
吃儿 去 中 啊？
吃了饭再去好不好？

ni$^{213-24}$ tʰiŋ^{42} tʰiŋ^{0} tʂei$^{453-21}$ kə^{0} xuar$^{42-44}$ ɕiɑŋ^{42} ŋa^{0}？

你 听 听 这一 个 花儿 香 啊？

你闻闻这朵花香不香？

tʂei$^{213-21}$ kə^{13} ʂər$^{453-44}$ tʰa$^{42-44}$ tʂʅ$^{42-21}$ tɑu^{0} ua^{0}？

这一 个 事儿 他 知 道 哇？

这件事他知道不知道？

ni$^{213-24}$ xai$^{42-44}$ tɕi$^{453-24}$ ti^{0} uo$^{213-21}$ ia^{13}？

你 还 记 得我 呀？

你还记得不记得我了？

xai$^{42-44}$ iou$^{213-21}$ fan$^{453-24}$ na^{0}？

还 有 饭 呐？

还有没有饭吃？

tʰa$^{42-44}$ tɑu$^{453-42}$ ti$^{213-21}$ yan$^{453-24}$ i^{0} ʂuo^{42} pei^{0}？

他 到 底 愿 意说 呗？

他到底愿不愿意说？

ni$^{213-24}$ nəŋ$^{42-44}$ lai^{42} liou^{13} a^{0}？

你 能 来 嚼 啊？

你能不能来？

三、可能补语

普通话中的可能补语肯定式用“V+得+补”的形式，否定式用“V+不+补”的形式。曹妃甸方言可能补语的肯定式用“V+(补)+嚼”，否定式跟普通话相同，用“V+不+补”。例如：

tsou$^{453-44}$ uan^{42} liou^{13}，tsou$^{453-44}$ pu$^{42-44}$ uan^{42}。

做 完 嚼，做 不 完。

做得完，做不完。

tʂʰʅ^{42} ti^{0} liou^{0}，tʂʰʅ$^{42-44}$ pu$^{42-44}$ liɑu^{213}。

吃 得嚼，吃 不 了。

吃得了，吃不了。

lai^{42}liou^{13}, lai$^{42-44}$ pu$^{42-44}$ liɑu^{213}。
来 嘚，来 不 了。
来得了，来不了。

na$^{42-44}$ tuŋ$^{453-21}$ liou^{0}, na$^{42-44}$ pu$^{42-44}$ tuŋ^{453}。
拿 动 嘚，拿 不 动。
拿得动，拿不动。

曹妃甸方言中还有一种特殊的可能补语，其格式为“V+儿+不+宾”，表示没有做某事。例如：

tʰa$^{42-44}$ kʰən$^{213-21}$ tiŋ^{453} tʂʰər^{42} pu^{0} fan$^{453-24}$ ni^{0}。
他 肯 定 吃儿 不 饭 呢。
他肯定没吃饭。

tʂʰər^{42} pu^{0} kʰuei^{42}。
吃儿 不 亏。
肯定不吃亏。

与可能补语有关的还有一种反复问句，普通话用“V+得+补+V+不+补”表示，曹妃甸方言用可能补语的肯定式后加语气助词来表示，即“V+（补）+嘚+语气助词”。例如：

kei$^{213-24}$ ni$^{213-24}$ san^{42} tʰian^{0} ʂʅ^{42} tɕian^{0} tsou$^{453-44}$ uan^{42} liou^{13} ɛ^{0}？
给 你 三 天 时 间 做 完 嘚 哎？
给你三天时间做得了做不了？

tʂei$^{213-21}$ ɕie^{13} kuo$^{213-21}$ tsɿ^{13} tʂʰʅ^{42} ti^{0} liou^{0} ua^{0}？
这一 些 果 子 吃 得嘚 哇？
这些果子吃得吃不得？

ni^{42} mi^{0} lai^{42} liou^{13} ua^{0}？
你 们 来 嘚 哇？
你们来得了来不了？

tʂei$^{213-21}$ kə^{13} tuŋ$^{42-21}$ ɕi^{0} tʰuei$^{42-44}$ tʂʰən^{42}, na$^{42-44}$ tuŋ$^{453-21}$ liou^{0} ua^{0}？
这一 个 东 西 忒 沉，拿 动 嘚 哇？

这个东西很重，拿得动拿不动？

四、儿化的作用

曹妃甸方言的儿化除了可以加在名词后面，还可以加在动词、形容词后面。

部分名词的儿化有表示体积小、可爱的意思，例如：大米 ta$^{453-42}$mi^{213}| 小米儿 ɕiɑu$^{213-24}$miər^{213}；酱笸箩 tɕiɑŋ$^{453-24}$ pʰuo^{0}ləŋ^{0}| 酱笸箩儿 tɕiɑŋ$^{453-42}$pʰuo$^{213-24}$lɤr^{213}，“酱笸箩”指高粱秆编的盖酱缸的盖子，而“酱笸箩儿”指斗笠。大部分名词的儿化已经看不出表小指爱的意思了。

小部分名词表小的方式不仅要儿化，而且还要变调。例如：坑 kʰəŋ^{42}| 坑儿 kʰɤr^{453}；汤 tʰɑŋ^{42}| 汤儿 tʰar^{453}。“坑”指正常大小的水坑，而“坑儿”指比较小的坑，如酒窝、猪后爪大骨头上凹陷的一面等；“汤”指正常喝的汤，而“汤儿”指的是菜肴里的汤汁，量比正常的汤要少很多。

动词儿化，一般说成“V+ 儿 + 宾 / 补”，这里的“儿”相当于“了”。例如：道儿喜 tɑur$^{453-42}$ɕi^{213} 道喜；中儿暑 中暑 tʂuɤr$^{453-42}$ ʂu^{213}；上儿医院 上医院 ʂar$^{453-42}$i$^{42-21}$yuan^{0}；结儿婚 结婚 tɕiɤr$^{213-24}$ xuən^{42}；闪儿腰 闪腰 ʂɐr$^{213-24}$iɑu^{42}；拿儿来 拿来 nar^{42}lei^{13}；扔儿去 扔去 lɤr^{42}tɕʰi^{0}；听儿去 听去 tʰiɤr^{42}tɕʰi^{0}；拐儿去 拐去 kuɐr$^{213-21}$tɕʰi^{13}；搬儿来 搬来 pɐr^{42}lei^{0}。

形容词儿化，一般用在“形 + 儿 + 去咧”的格式里，“儿”相当于“了”。例如：好儿去咧 xɑur$^{213-21}$tɕʰi^{13}liɛ^{0}；美儿去咧 mər$^{213-21}$ tɕʰi^{13}liɛ^{0}；多儿去咧 tuɤr^{42}tɕʰi^{0}liɛ^{0}；远儿去咧 yɐr$^{213-21}$tɕʰi^{13}liɛ^{0}。

五、过去经历体

曹妃甸方言中“V+(补)+(的)+着”表示曾经发生过的动作。例如：

uo$^{213-24}$ kan$^{213-24}$ tɕi^{42} tɕ^{h}i^{0} tʂə^{0}。
我　赶　集　去　着。
我赶集去了。

yɐr$^{453-42}$ mɐr$^{213-21}$ lai^{13} ti^{0} tʂə^{0}。
艳儿　买儿　来　的着。
艳儿买来的。

iɤr$^{453-24}$ kɤ^{0} tʂuai^{42} ti^{0} tʂə^{0}。
夜儿　个　摔　的着。
昨天摔的。

uo$^{213-24}$ kɑŋ^{42} ʂʅ^{0} xuo^{42} tʂə^{0}。
我　刚　时　喝　着。
我刚才喝了。

第三节　语法例句

001 这句话用唐海话怎么说?
tʂei$^{453-21}$ tɕy^{0} xua^{453} iuŋ$^{453-44}$ t^{h}ɑŋ$^{42-44}$ xai$^{213-21}$ xua$^{453-42}$ tsa$^{213-24}$ ʂuo^{42}?
这一　句　话　用　唐　海　话　咋　说?

002 你还会说别的地方的话吗?
ni$^{213-24}$ xai^{42} xuei^{13} ʂuo$^{42-44}$ pie^{42} ti^{13} ti$^{453-24}$ tɕiour^{0} ti^{0} xua$^{453-24}$ ia^{0}?
你　还　会　说　别　的　地　界儿　的话　呀?

003 不会了,我从小就没出过门,只会说唐海话。
pu$^{42-44}$ xuei$^{453-44}$ ʂuo^{42}, uo$^{213-24}$ tʂ^{h}uŋ$^{42-44}$ ɕiɑu$^{213-21}$ tsou$^{453-44}$ mei$^{42-44}$
不　会　说,我　从　小　就　没
tʂ^{h}u$^{42-21}$ kuo^{0} mər^{42}, tsou$^{453-42}$ xuei$^{453-44}$ ʂuo$^{42-44}$ t^{h}ɑŋ$^{42-44}$ xai$^{213-21}$ xua^{453}。
出　过　门儿,就　会　说　唐　海　话。

004 会,还会说唐山话、普通话,不过说得不怎么好。

xuei^{453}，xai$^{42-21}$ xuei^{0} ʂuo$^{42-44}$ tʰɑŋ$^{42-44}$ ʂan$^{42-44}$ xua^{453}、pʰu$^{213-21}$
会， 还 会 说 唐 山 话、 普
tʰuŋ^{13} xua^{453}，ʂuo^{42} ti^{0}pu$^{42-44}$ tʰuei$^{42-44}$ xɑu^{213}。
通 话 ， 说 得不 忒 好。

005 会说普通话吗？
xuei$^{453-44}$ ʂuo$^{42-44}$ pʰu$^{213-21}$ tʰuŋ^{13} xua$^{453-24}$ ia^{0}？
会 说 普 通 话 呀？

006 不会说，没有学过。
pu$^{42-21}$ xuei^{0}，mei$^{42-44}$ ɕiɑu^{42} kuo^{13}。
不 会， 没 学 过。

007 会说一点儿，不标准就是了。
ʂuo$^{42-44}$ i$^{42-44}$ tiɐr^{213}，ʂuo^{42} pu^{0} tʰuei$^{42-44}$ xɑu^{213}。
说 一 点儿，说 不 忒 好。

008 在什么地方学的普通话？
tai$^{453-44}$ ʂa$^{42-44}$ ti$^{453-24}$ tɕiour^{0} ɕiɑu^{42} ti^{13} pʰu$^{213-21}$ tʰuŋ^{13} xua$^{453-24}$ ie^{0}？
在 啥 地 界儿 学 的普 通 话 耶？

009 上小学、中学都学普通话。
ʂɑŋ$^{453-42}$ ɕiɑu$^{213-24}$ ɕiɑu^{42}、tʂuŋ^{42} ɕiɑu^{0} tou$^{42-44}$ ɕiɑu$^{42-44}$ pʰu$^{213-21}$
上 小 学、 中 学 都 学 普
tʰuŋ^{13} xua^{453}。
通 话。

010 谁呀？我是老王。
na$^{213-21}$ ie^{13}？uo$^{213-21}$ ʂʅ^{13} lɑu$^{213-24}$ uɑŋ^{42}。
哪 耶？ 我 是 老 王。

011 您贵姓？我姓王，您呢？
ni$^{213-21}$ ɕiŋ$^{453-44}$ ʂa^{42} ie^{13}？uo$^{213-21}$ ɕiŋ$^{453-44}$ uɑŋ^{42}，ni$^{213-21}$ ni^{13}？
你 姓 啥 耶？ 我 姓 王， 你 呢？

012 我也姓王，咱俩都姓王。

uo$^{213-24}$ ie$^{213-21}$ ɕiŋ$^{453-44}$ uɑŋ^{42}, tsan$^{42-44}$ lia$^{213-24}$ i^{42} kə^{0} ɕiɤr$^{453-24}$ liɛ^{0}。
我 也 姓 王，咱 俩 一个 姓儿 咧。

013 巧了，他也姓王，本来是一家嘛。

pʰəŋ$^{453-42}$ tɕʰiɑu$^{213-21}$ liɛ^{13}, tʰa$^{42-44}$ ie$^{213-21}$ ɕiŋ$^{453-44}$ uɑŋ^{42}, tsan^{42}
碰 巧 咧，他 也 姓 王，咱
mi^{0} ʂɿ$^{453-44}$ i$^{42-44}$ tɕia^{42} tsɿ^{0}。
们 是 一 家 子。

014 老张来了吗？说好他也来的！

lɑu$^{213-24}$ tʂɑŋ^{42} lai^{42} liɛ^{13} mei^{0}？ ʂuo$^{42-44}$ xɑu$^{213-21}$ liɛ^{13} tʰa$^{42-44}$ ie$^{213-24}$
老 张 来 咧 没？ 说 好 咧 他 也
lai^{42} ia^{13}！
来 呀！

015 他没来，还没到吧。

tʰa$^{42-44}$ mei$^{42-44}$ lai^{42} ni^{13}, xai$^{42-44}$ mei$^{42-44}$ tɑu$^{453-24}$ ni^{0}。
他 没 来 呢，还 没 到 呢。

016 他上哪儿了？还在家里呢。

tʰa$^{42-44}$ ʂɑŋ$^{453-42}$ nar$^{213-21}$ tɕʰi^{13} liɛ^{0}？ pu$^{42-44}$ tʂʰəŋ$^{42-44}$ xai$^{42-21}$ tei^{0}
他 上 哪儿 去 咧？ 不 成 还 在
tɕiɐr^{42} ni^{0}。
家儿 呢。

017 在家做什么？在家吃饭呢。

tai$^{453-44}$ tɕiɐr$^{42-44}$ tsou$^{453-44}$ ʂa^{42} tʂə^{13} ɛ^{0}？ tai$^{453-44}$ tɕiɐr^{42} tʂʰɿ$^{42-44}$
在 家儿 做 啥 着 哎？在 家儿 吃
fan$^{453-21}$ tʂə^{0}。
饭 着。

018 都几点了，怎么还没吃完？

tou$^{42-44}$ tɕi$^{213-24}$ tian$^{213-21}$ liɛ^{13}, tsa$^{213-24}$ xai$^{42-44}$ mei$^{42-44}$ tʂʰɿ$^{42-44}$ uan^{42} ni^{13}？
都 几 点 咧，咋 还 没 吃 完 呢？

019 还没有呢,再有一会儿就吃完了。

xai$^{42-44}$ mei$^{42-21}$ ni^{0}, tsai$^{453-44}$ tai^{42} xuər^{0} tsou$^{453-44}$ tʂʰʅ$^{42-44}$ uan^{42} liɛ^{13}。

还 没 呢,再 待 会儿就 吃 完 咧。

020 他在哪儿吃的饭?

tʰa$^{42-44}$ tsai$^{453-42}$ nar$^{213-24}$ tʂʰʅ^{42} ti^{0} fan$^{453-21}$ ni^{0}?

他 在 哪儿 吃 的饭 呢?

021 他是在我家吃的饭。

tʰa$^{42-44}$ tai$^{453-42}$ uo^{42} mi^{0} tɕia^{42} tʂʰʅ^{42} ti^{0} fan^{453}。

他 在 我 们 家 吃 的 饭。

022 真的吗?真的,他是在我家吃的饭。

tʂən^{42} ti^{0} ɛ^{0}? tʂən^{42} ti^{0}, tʰa$^{42-44}$ ʂʅ$^{453-42}$ tsai$^{453-42}$ uo^{42} mi^{0} tɕia^{42}

真 的哎?真 的,他 是 在 我 们 家

tʂʰʅ^{42} ti^{0}。

吃 的。

023 先喝一杯茶再说吧!

ɕian$^{42-44}$ xuo$^{42-44}$ uan$^{213-24}$ tʂʰa^{42} tsai$^{453-44}$ ʂuo^{42} pa^{0}!

先 喝 碗 茶 再 说 吧!

024 说好了就走的,怎么半天了还不走?

ʂuo$^{42-44}$ xɑu$^{213-21}$ liɛ^{13} tsou$^{453-42}$ tsou^{213}, tsa$^{213-24}$ pan$^{453-44}$ tʰian$^{42-44}$

说 好 咧 就 走, 咋 半 天

xai$^{42-44}$ pu$^{42-44}$ tsou^{213}?

还 不 走?

025 他磨磨蹭蹭的,做什么呢?

tʰa$^{42-44}$ tai$^{453-42}$ mər$^{453-42}$ muo^{42} ku^{13} ʂa^{42} ni^{13}?

他 在 那儿 蘑 菇 啥 呢?

026 他正在那儿跟别人说话呢。

tʰa$^{42-44}$ tsai$^{453-42}$ mər$^{453-44}$ kən$^{42-44}$ i^{42} kə^{0} ʐər^{42} ʂuo$^{42-44}$ xua$^{453-21}$ ni^{0}。

他 在 那儿 跟 一个 人儿 说 话 呢。

027 还没说完啊？催他快点儿！

xai$^{42-21}$ mei^{0} ʂuo$^{42-44}$ uan^{42} ni^{13}？ tsʰuei^{42} tsʰuei^{0} tʰa^{42}！

还 没 说 完 呢？ 催 催 他！

028 好，好，他就来了。

tʂuŋ^{42} liɛ^{0}，tʂuŋ^{42} liɛ^{0}，tʰa$^{42-44}$ tsou$^{453-44}$ lai^{42} liɛ^{13}。

中 咧，中 咧，他 就 来 咧。

029 你上哪儿去？我上街去。

ni$^{213-21}$ ʂɑŋ$^{453-42}$ nar$^{213-21}$ tɕʰi^{13} ie^{0}？ uo$^{213-21}$ ʂɑŋ$^{453-42}$ tɕie$^{42-21}$ ʂəŋ^{0} tɕʰi^{0}。

你 上 哪儿 去 耶？ 我 上 街 上 去。

030 你多会儿去？我马上就去。

ni$^{213-24}$ ʂɑ$^{42-21}$ xuər^{0} tɕʰy$^{453-24}$ ie^{0}？ uo$^{213-21}$ tɕiou$^{453-42}$ ʂour^{213} tsou$^{453-42}$ tɕʰy^{453}。

你 啥 会儿 去 耶？ 我 就 手儿 就 去。

031 做什么去呀？家里来客人了，买点儿菜去。

tsou$^{453-44}$ ʂa$^{42-21}$ tɕʰi^{0} ie^{0}？ tɕia^{42} li^{0} lɐr$^{42-44}$ tɕʰie$^{213-21}$ liɛ^{13}，mai$^{213-21}$ tiɐr^{13} tsʰɐr$^{453-24}$ tɕʰi^{0}。

做 啥 去 耶？ 家 里 来儿 客 咧，买 点儿 菜儿 去。

032 你先去吧，我们一会儿再去。

ni$^{213-24}$ ɕian$^{42-44}$ tɕʰy$^{453-24}$ pa^{0}，uo^{42} mi^{0} i$^{42-44}$ xuər$^{213-21}$ tsou$^{453-42}$ tɕʰy^{453}。

你 先 去 吧，我 们 一 会儿 就 去。

033 好好儿走，别跑！小心摔跤了。

xɑu$^{213-21}$ xɑur^{13} tsou^{213}，xou$^{42-44}$ lou^{42} liɛ^{0}！ pie$^{42-44}$ tʂuai^{42} liou^{0}。

好 好儿 走，□ □ 咧！ 别 摔 嚠。

034 小心点儿，不然的话摔下去爬都爬不起来。

tɕia$^{42-44}$ tiɐr$^{213-24}$ ɕiɑu$^{213-21}$ ɕin^{13}，xou$^{42-44}$ tʂuai^{42} liou^{0}，pu^{42} liou^{0}

加 点儿 小 心，□ 摔 嚠，不 嚠

ti^{0} xua$^{453-42}$ pʰa^{42} tou^{13} pʰa^{42} pu^{13} tɕʰi$^{213-24}$ lai^{42} ia^{13}。
的话 爬 都 爬 不 起 来 呀。

035 不早了,快去吧!

pu$^{42-44}$ tsɑu$^{213-21}$ liɛ^{13}, kʰuai$^{453-42}$ tɕʰy$^{453-24}$ pa^{0}!
不 早 咧, 快 去 吧!

036 这会儿还早呢,过一会儿再去吧。

xai$^{42-44}$ tei$^{213-21}$ xuər^{13} ni^{0}, tʂʰəŋ$^{42-44}$ i$^{42-44}$ xuər$^{213-21}$ tai$^{453-42}$ tɕʰy^{453}。
还 得 会儿 呢, 撑 一 会儿 再 去。

037 吃了饭再去好不好?

tʂʰər^{42} tɕʰi^{0} tʂuŋ^{42} ŋa^{0}?
吃儿 去 中 啊?

038 不行,那可就来不及了。

pu$^{42-44}$ tʂuŋ^{42}, pʰa$^{453-44}$ lai$^{42-44}$ pu$^{42-44}$ tɕi^{42}。
不 中, 怕 来 不 及。

039 不管你去不去,反正我是要去的。

pu$^{42-44}$ kuan$^{213-24}$ ni$^{213-21}$ tɕʰy$^{453-24}$ pei^{0}, fan$^{213-21}$ tʂəŋ$^{453-42}$ uo$^{213-21}$ tɕʰy^{453}。
不 管 你 去 呗, 反 正 我 去。

040 你爱去不去。/ 你爱去就去,不爱去就不去。

ni$^{213-21}$ ŋai$^{453-42}$ tɕʰy$^{453-42}$ tsou$^{453-42}$ tɕʰy^{453}, pu$^{42-44}$ tɕʰy$^{453-42}$ tsou$^{453-44}$
你 爱 去 就 去, 不 去 就
la$^{42-44}$ tɑu^{213}。
拉 倒。

041 那我非去不可!

nan$^{453-24}$ tʂə^{0} uo$^{213-21}$ tsou$^{453-44}$ fei$^{42-44}$ tɕʰy$^{453-44}$ pu$^{42-44}$ kʰɤ^{213}。
那么 着 我 就 非 去 不 可。

042 那个东西不在那儿,也不在这儿。

nei$^{213-21}$ kə^{13} tuŋ$^{42-21}$ ɕi^{0} mei$^{42-44}$ tsai$^{453-42}$ nar^{453}, ie$^{213-24}$ mei$^{42-44}$
□一 个 东 西 没 在 那儿, 也 没

tsai$^{453-42}$ tʂɤr^{453}。
在 这儿。

043 那到底在哪儿？
tau$^{453-42}$ ti$^{213-21}$ tsai$^{453-42}$ nar$^{213-24}$ liɛ^{0}？
到 底 在 哪儿 咧？

044 我也说不清楚，你问他去！
uo$^{213-21}$ ie^{13} ʂuo$^{42-44}$ pu$^{42-44}$ tɕʰiŋ^{42} tʂʰu^{0} ɛ^{0}，uən$^{453-44}$ tʰa^{42} tɕʰi^{0} pa^{0}！
我 也 说 不 清 楚 哎，问 他 去 吧！

045 怎么办呢？不是那么办，要这么办才对。
tsa$^{213-21}$ pan$^{453-21}$ ɛ^{0}？pu$^{42-21}$ ʂʅ^{0} nan$^{453-24}$ tʂə^{0} pan^{453}，iɑu$^{453-42}$
咋 办 哎？不 是 那么 着 办， 要
tʂən$^{453-24}$ tʂə^{0} pan$^{453-42}$ tuei^{453}。
这么 着 办 对。

046 要多少才够呢？
iɑu$^{453-42}$ tuɤr$^{213-24}$ kou$^{453-24}$ liou^{0} ɛ^{0}？
要 多少儿 够 嚠 哎？

047 太多了，要不了那么多，只要这么多就够了。
tʰuei$^{42-44}$ tuo^{42} liɛ^{0}，iɑu$^{453-44}$ pu$^{42-44}$ liɑu$^{213-21}$ nei$^{213-21}$ mə^{13} tuo^{42}，
忒 多 咧，要 不 了 那 么 多，
tʂei$^{453-42}$ tiɐr$^{213-21}$ tsou$^{453-42}$ kou$^{453-24}$ liɛ^{0}。
这一 点儿 就 够 咧。

048 不管怎么忙，也得好好儿学习。
pu$^{42-44}$ kuan$^{213-24}$ tsa$^{213-24}$ mɑŋ^{42}，ie$^{213-24}$ tei$^{213-24}$ xɑu$^{213-21}$ xɑur^{13} ɕiɑu^{42}。
不 管 咋 忙， 也 得 好 好儿 学。

049 你闻闻这朵花香不香？
ni$^{213-24}$ tʰiŋ^{42} tʰiŋ^{0} tʂei$^{453-21}$ kə^{0} xuar^{42} ɕiɑŋ^{42} ŋa^{0}？
你 听 听 这一 个 花儿 香 啊？

050 好香呀，是不是？

tʰuei^{42} ɕiɑŋ^{0}, ʂʅ$^{453-24}$ pei^{0}?
忒 香, 是 呗?

051 你是抽烟呢,还是喝茶?

ni$^{213-21}$ ʂʅ$^{453-44}$ tʂʰou$^{42-44}$ (kʰɤ$^{42-44}$) ian^{42} nɛ^{0}, xai^{42} ʂʅ^{0} xuo$^{42-44}$
你 是 抽 (颗) 烟 哎, 还 是 喝
(uan$^{213-24}$) tʂʰa^{42} iɛ^{13}?
(碗) 茶 耶?

052 烟也好,茶也好,我都不会。

ian^{42} na^{0}, tʂʰa^{42} a^{13}, uo$^{213-24}$ tou$^{42-44}$ pu$^{42-44}$ xuei^{453}。
烟 呐, 茶 啊, 我 都 不 会。

053 医生叫你多睡一睡,抽烟、喝茶都不行。

i^{42} ʂəŋ^{0} ʂuo$^{42-21}$ kei^{0} ni$^{213-21}$ lə^{13} mə^{0}, tuo$^{42-44}$ suei$^{453-42}$ tɕiɑu^{453},
医 生 说 给 你 了 么, 多 睡 觉,
tʂʰou$^{42-44}$ ian^{42}、xuo$^{42-44}$ tʂʰa^{42} tou$^{42-44}$ pu$^{42-44}$ tʂuŋ^{42}。
抽 烟、 喝 茶 都 不 中。

054 咱们一边走一边说。

tsan^{42} mi^{0} i$^{42-44}$ piɐr$^{42-44}$ tsou$^{213-21}$ tʂə^{13} i$^{42-44}$ piɐr$^{42-44}$ ʂuo^{42}。
咱 们 一 边儿 走 着 一 边儿 说。

055 这个东西好是好,就是太贵了。

tʂei$^{453-21}$ kə^{0} tuŋ$^{42-21}$ ɕi^{0} xɑu$^{213-21}$ ʂʅ$^{453-42}$ xɑu^{213}, tsou$^{453-24}$ ʂʅ^{0} tʰuei$^{42-21}$
这一 个 东 西 好 是 好, 就 是 忒
kuei^{0}。
贵。

056 这个东西虽说贵了点儿,不过挺结实的。

tʂei$^{453-21}$ kə^{0} tuŋ$^{42-21}$ ɕi^{0} suei$^{42-44}$ ʂuo$^{42-44}$ kuei$^{453-24}$ lə^{0} tiɐr^{213}, pu$^{42-44}$
这一 个 东 西 虽 说 贵 了 点儿, 不
kuo$^{453-42}$ kəŋ$^{453-44}$ tɕin$^{42-44}$ ʂʅ^{213}。
过 更 禁 使。

057 他今年多大了？

tʰa$^{42-44}$ tɕin$^{42-21}$ nin^{0} tuo$^{42-44}$ ta$^{453-24}$ liɛ^{0} ?

他　今　年　多　大　咧？

058 也就是三十来岁吧。

ie$^{213-21}$ tsou$^{453-42}$ ʂʅ$^{453-44}$ san^{42} ʂʅ^{0} ləŋ$^{42-44}$ təŋ$^{42-44}$ suər^{453}。

也　就　是　三　十　啷　当　岁儿。

059 看上去不过三十多岁的样子。

kʰan$^{453-24}$ ʂɑŋ^{0} tɕʰi^{0} pu$^{42-21}$ kuo^{0} san^{42} ʂʅ^{0} ləŋ$^{42-44}$ təŋ$^{42-44}$ suər^{453}。

看　上　去　不　过　三　十　啷　当　岁儿。

060 这个东西有多重呢？

tʂei$^{453-21}$ kə^{0} tuŋ$^{42-21}$ ɕi^{0} iou$^{213-24}$ tuo$^{42-44}$ tʂʰər$^{213-21}$ iɛ^{13} ?

这一　个　东　西　有　多　沉儿　耶？

061 怕有五十多斤吧。

pʰa$^{453-42}$ / ɕiŋ$^{42-44}$ iou$^{213-24}$ u$^{213-21}$ ʂʅ^{13} ʂɑŋ$^{453-42}$ ɕia$^{453-44}$ tɕiər^{42} pa^{0}。

怕　/兴　有　五　十　上　下　斤儿　吧。

062 我五点半就起来了，你怎么七点了还不起来？

uo$^{213-24}$ u$^{213-21}$ tian^{13} pan$^{453-42}$ tsou$^{453-42}$ tɕʰie$^{213-21}$ lei^{13} liɛ^{0}, tou$^{42-44}$

我　五　点　半　就　起　来　咧，都

tɕʰi$^{42-44}$ tian$^{213-21}$ liɛ^{13} tsa$^{213-24}$ xai$^{42-44}$ pu$^{42-44}$ tɕʰie$^{213-21}$ lei^{13} ɛ^{0} ?

七　点　咧　咋　还　不　起　来　哎？

063 三四个人盖一床被。

san$^{42-21}$ sʅ^{0} kə^{0} zər^{42} tʂʰən^{42} tʂə^{0} i^{42} kə^{0} pei^{453}。

三　四个　人儿　抻　着一个　被。

064 一个大饼加一根油条。

i^{42} kə^{0} ta$^{453-42}$ piŋ$^{213-24}$ tɕia$^{42-44}$ i^{42} kə^{0} ɕiɑŋ^{42} iou^{0} kuo$^{213-21}$ tsʅ^{13}。

一个大　饼　加　一个　香　油　馃　子。

065 两个人坐一张凳子。

lia$^{213-21}$ mə^{13} ʐən^{42} tsuo$^{453-44}$ i^{42} kə^{0} təŋ$^{453-24}$ tsɿ^{0}。
俩 么 人 坐 一个 凳 子。

066 一辆车装三千斤麦子。
i$^{42-21}$ liɑŋ^{0} tʂʰe^{42} tʂuɑŋ$^{42-44}$ san^{42} tɕʰian^{0} tɕin^{0} mai$^{453-21}$ tsɿ^{0}。
一 辆 车 装 三 千 斤 麦 子。

067 十个人吃一锅饭。
ʂʅ^{42} kə^{13} ʐən^{42} tʂʰʅ$^{42-44}$ i$^{42-44}$ kuo$^{42-44}$ fan^{453}。
十 个 人 吃 一 锅 饭。

068 十个人吃不了这锅饭。这锅饭吃不了十个人。
ʂʅ^{42} kə^{13} ʐər^{42} tʂʰʅ$^{42-44}$ pu$^{42-44}$ liɑu$^{213-21}$ tʂei$^{453-44}$ kuo$^{42-44}$ fan^{453}。
十 个 人儿 吃 不 了 这一 锅 饭。
tʂei$^{453-44}$ kuo$^{42-44}$ fan$^{453-42}$ ʂʅ^{42} kə^{13} ʐər^{42} pu$^{42-44}$ kou$^{453-44}$ tʂʰʅ^{42}。
这一 锅 饭 十 个 人儿 不 够 吃。

069 这个屋子住不下十个人。
tʂei$^{453-21}$ kə^{0} u^{42} tsɿ^{0} tʂu$^{453-21}$ pu^{0} ɕia^{0} ʂʅ^{42} kə^{13} ʐər^{42}。
这一 个 屋 子 住 不 下 十 个 人儿。

070 小屋堆东西,大屋住人。
ɕiɑu$^{213-24}$ ur^{42} kɑu$^{42-44}$ tuŋ$^{42-21}$ ɕi^{0}, ta$^{453-44}$ ur^{42} tʂu$^{453-44}$ ʐən^{42}。
小 屋儿 搁 东 西, 大 屋儿 住 人。

071 他们几个人正说着话呢。
tʰa^{42} mi^{0} tɕi$^{213-21}$ ə^{13} tʂəŋ$^{453-44}$ ʂuo^{42} tʂə^{0} xuar$^{453-21}$ ni^{0}。
他 们 几 阿 正 说 着 话儿 呢。

072 桌上放着一碗水,小心别碰倒了。
tʂuo$^{42-21}$ ʂəŋ^{0} kɑu^{42} tʂə^{0} i$^{42-44}$ pei$^{42-44}$ ʂuei^{213}, xou$^{42-44}$ pʰəŋ$^{453-42}$
桌 上 搁 着 一 杯 水, □ 碰
tɑu$^{213-21}$ liou^{13}。
倒 嘞。

073 门口站着一帮人,在说着什么。

mən$^{42-44}$ kʰour$^{213-21}$ li$^{453-24}$ tʂə^{0} i$^{42-44}$ pɑŋ$^{42-44}$ ʐən^{42}，tsai$^{453-44}$ ʂuo$^{42-44}$

门 口儿 立 着 一 帮 人，在 说

xuar$^{453-21}$ ni^{0}。

话儿 呢。

074 坐着吃好,还是站着吃好?

tsuo$^{453-21}$ tʂə^{0} tʂʰʅ^{42} xɑu$^{213-21}$ uɛ^{13}，xai^{42} ʂʅ^{13} li$^{453-24}$ tʂə^{0} tʂʰʅ^{42}

坐 着 吃 好 哎，还 是 立 着 吃

xɑu$^{213-21}$ uɛ^{13}？

好 哎？

075 想着说,不要抢着说。

ɕin^{42} tsʰʅ^{13} xɑu$^{213-21}$ liou^{13} tsai$^{453-44}$ ʂuo^{42}，xou$^{42-44}$ tɕʰiɑŋ$^{213-21}$

寻 思 好 嚁 再 说，□ 抢

tʂə^{13} ʂuo^{42}。

着 说。

076 说着说着就笑起来了。

ʂuo^{42} tʂə^{0} ʂuo^{42} tʂə^{0} tsou$^{453-42}$ ɕiɑu$^{453-24}$ tɕʰie^{0} lai^{42} liɛ^{13}。

说 着 说 着 就 笑 起 来 咧。

077 别怕！你大着胆子说吧。

pie$^{42-44}$ pʰa^{453}！ ni$^{213-24}$ kai$^{42-44}$ tsa$^{213-24}$ ʂuo$^{42-44}$ tsa$^{213-24}$ ʂuo^{42}。

别 怕！ 你 该 咋 说 咋 说。

078 这个东西重着呢,怎么都得百八十斤。

tʂei$^{453-21}$ kə^{0} tuŋ$^{42-21}$ ɕi^{0} tʰuei$^{42-44}$ tʂʰən^{42}，tsar$^{213-24}$ tou$^{42-44}$ iou$^{213-24}$

这一 个 东 西 忒 沉，咋儿 都 有

pai$^{213-24}$ par$^{42-44}$ ʂʅ$^{42-44}$ tɕin^{42}。

百 八儿 十 斤。

079 他对人可好着呢。

tʰa$^{42-44}$ tuei$^{453-44}$ ʐən^{42} tʰuei$^{42-44}$ xau^{213}。

他 对 人 忒 好。

080 这小伙子可有劲着呢。

tʂei$^{453-21}$ kə^{0} ɕie$^{213-21}$ tsɿ^{13} tɕin$^{453-42}$ ta^{453}。

这一 个 小 子 劲 大。

081 别跑，你给我站着！

xou$^{42-44}$ lou^{42} liɛ^{0}, ni$^{213-24}$ kei$^{213-24}$ uo$^{213-21}$ li$^{453-24}$ mər^{0}。

□ □ 咧，你 给 我 立 那儿。

082 下雨了，路上小心着！

ɕia$^{453-42}$ y$^{213-21}$ liɛ^{13}, tɑur$^{453-21}$ ʂəŋ^{0} tɕia$^{42-44}$ ɕiɑu$^{213-21}$ ɕin^{13}。

下 雨 咧，道儿 上 加 小 心。

083 点着火了。着凉了。

tian$^{213-21}$ tʂə^{13} xuo$^{213-21}$ liɛ^{13}。tʂʰɑur$^{42-44}$ liɑŋ^{42} liɛ^{13}。

点 着 火 咧。着儿 凉 咧。

084 甭着急，慢慢儿来。

pie$^{42-44}$ tʂɑu$^{42-44}$ tɕi^{42}, man$^{453-42}$ mɐr$^{213-24}$ lai^{42}。

别 着 急，慢 慢儿 来。

085 我正在这儿找呢，还没找着。

uo$^{213-21}$ tʂəŋ$^{453-42}$ tsai^{0} tʂɤr$^{453-42}$ tʂɑu$^{213-21}$ ni^{13}, xai$^{42-44}$ mei$^{42-44}$

我 正 在 这儿 找 呢，还 没

tʂɑu$^{213-21}$ tʂu^{13} ni^{0}。

找 着 呢。

086 他呀，可厉害着呢！

tʰa^{42} ia^{0}, tʰuei$^{42-44}$ tʂuŋ$^{42-44}$ iuŋ$^{453-24}$ ŋa^{0} xai^{42}。

他 呀，忒 中 用 啊 还。

087 这本书好看着呢。

tʂei$^{453-42}$ pər$^{213-24}$ ʂu$^{42-44}$ kəŋ$^{453-42}$ iou$^{213-21}$ i$^{453-24}$ sɿ^{0}。

这一 本儿 书 更 有 意 思。

088 饭好了，快来吃吧。

fan$^{453-44}$ ʂou^{42} liɛ^{13}, kʰuai$^{453-44}$ tʂʰʅ$^{42-21}$ lai^{0} pa^{0}。
饭 熟 咧，快 吃 来 吧。

089 锅里还有饭没有？你去看一看。
xai$^{42-44}$ iou$^{213-21}$ fan$^{453-24}$ ni^{0} a^{0}？ kʰan$^{453-24}$ kʰan^{0} tɕʰi^{0} ɛ^{0}。
还 有 饭 呢啊？看 看 去 哎。

090 我去看了，没有饭了。
uo$^{213-21}$ kʰan$^{453-24}$ liɛ^{0}, mər$^{42-44}$ fan$^{453-24}$ liɛ^{0}。
我 看 咧，没儿 饭 咧。

091 就剩一点儿了，吃了得了。
tsou$^{453-42}$ ʂɤr$^{453-44}$ i$^{42-44}$ tiɐr$^{213-21}$ liɛ^{13}, tou$^{42-44}$ ta$^{213-21}$ sə^{13} liou^{0} pa^{0}。
就 剩儿 一 点儿 咧，都 打 扫 嚠 吧。

092 吃了饭要慢慢儿地走，别跑，小心肚子疼。
tʂʰər$^{42-44}$ fan$^{453-42}$ man$^{453-42}$ mɐr$^{213-24}$ tsou^{213}, xou$^{42-44}$ pʰɑu^{213},
吃儿 饭 慢 慢儿 走，□ 跑，
ɕiɑu$^{213-21}$ ɕin^{13} tu$^{453-21}$ tsɿ^{0} tʰəŋ^{42}。
小 心 肚 子 疼。

093 他吃了饭了，你吃了饭没有呢？
tʰa$^{42-44}$ tʂʰər$^{42-44}$ fan$^{453-21}$ liɛ^{0}, n$^{213-24}$ tʂʰʅ^{42} liɛ^{0} mei^{42}？
他 吃儿 饭 咧，你 吃 咧 没？

094 我喝了茶还是渴。
uo$^{213-24}$ xuo^{42} liɛ^{0} tʂʰa^{42} liɛ^{13} xai$^{42-21}$ ʂʅ^{0} kʰɤ^{213}。
我 喝 咧 茶 咧 还 是 渴。

095 我吃了晚饭，出去溜达了一会儿，回来就睡下了，还做了个梦。
uo$^{213-24}$ tʂʰʅ^{42} liɛ^{0} xou$^{453-21}$ ʂəŋ^{0} fan^{453}, tʂʰu$^{42-21}$ tɕʰi^{0} liou^{42} ta^{0} lə^{0}
我 吃 咧 后 晌 饭，出 去 溜 达 了
liou^{42} ta^{0}, xuei^{42} lei^{13} tsou$^{453-42}$ ʂuei$^{453-21}$ liɛ^{0}, xai$^{42-44}$ tsour$^{453-42}$
溜 达，回 来 就 睡 咧，还 做儿

kə^{0} məŋ^{453}。
个 梦。

096 吃了这碗饭再说。
tʂʰər$^{42-44}$ fan$^{453-42}$ tsai$^{453-44}$ ʂuo^{42}。
吃儿 饭 再 说。

097 我昨天照了相了。
uo$^{213-21}$ iɤr$^{453-24}$ kɤ^{0} tʂɑu$^{453-24}$ liɛ^{0} ɕiɑŋ$^{453-24}$ liɛ^{0}。
我 夜儿 个 照 咧 相 咧。

098 有了人,什么事都好办。
iou$^{213-21}$ liɛ^{13} zə̣n^{42}, ʂa$^{42-44}$ ʂər$^{453-44}$ tou$^{42-44}$ xɑu$^{213-21}$ pan^{453}。
有 咧 人, 啥 事儿 都 好 办。

099 不要把茶杯打碎了。
xou$^{42-44}$ kei$^{213-24}$ tʂʰa$^{42-44}$ pei^{42} ta$^{213-21}$ suei$^{453-24}$ liou^{0}。
□ 给 茶 杯 打 碎 嘞。

100 你快把这碗饭吃了,饭都凉了。
ni$^{213-21}$ kʰuai$^{453-42}$ kei$^{213-21}$ tʂei$^{453-42}$ uan$^{213-21}$ fan$^{453-44}$ tʂʰʅ^{42} liou^{0},
你 快 给 这一 碗 饭 吃 嘞,
fan$^{453-44}$ tou$^{42-44}$ liɑŋ^{42} liɛ^{13}。
饭 都 凉 咧。

101 下雨了。雨不下了,天晴开了。
ɕia$^{453-42}$ y$^{213-21}$ liɛ^{13}。y$^{213-24}$ tʂu$^{453-21}$ liɛ^{0}, tʰian$^{42-21}$ tou^{0} tɕʰiŋ^{42} liɛ^{13}。
下 雨 咧。 雨 住 咧, 天 道 晴 咧。

102 打了一下。去了一趟。
ta$^{213-21}$ liɛ^{13} i$^{42-44}$ ɕiar^{453}。tɕʰy$^{453-24}$ liɛ^{0} i$^{42-44}$ tʰɑŋ^{453}。
打 咧 一 下儿。 去 咧 一 趟。

103 晚了就不好了,咱们快点儿走吧!
uan$^{213-21}$ liɛ^{13} tsou$^{453-44}$ pu$^{42-44}$ xɑu$^{213-21}$ liɛ^{13}, tsan^{42} mi^{0} kʰuai$^{453-42}$
晚 咧 就 不 好 咧, 咱 们 快

tsou$^{213-21}$ pa^{13}。

走 吧。

104 给你三天时间做得了做不了？

kei$^{213-24}$ ni$^{213-24}$ san^{42} tʰian^{0} ʂʅ^{42} tɕian^{13} tsou$^{453-44}$ uan^{42} liou^{13} ɛ^{0} ?

给 你 三 天 时 间 做 完 嘞 哎？

105 你做得了，我做不了。

n$^{213-21}$ tsou$^{453-24}$ liou^{0}, uo$^{213-21}$ tsou$^{453-44}$ pu$^{42-44}$ liɑu^{213}。

你 做 嘞，我 做 不 了。

106 你骗不了我。

ni$^{213-21}$ xu$^{453-24}$ nuɤr^{0} pu$^{42-44}$ uo^{213}。

你 糊 弄儿 不 我。

107 了了这桩事情再说。

kei$^{213-24}$ tʂei$^{453-21}$ tɕian^{0} ʂər$^{453-42}$ pan$^{453-44}$ uan^{42} liɛ^{13} tsai$^{453-44}$ ʂuo^{42}。

给 这一 件 事儿 办 完 咧 再 说。

108 这间房没住过人。

tʂei$^{453-21}$ kə^{0} u^{42} li^{0} mei$^{42-44}$ tʂu$^{453-21}$ kuo^{0} ʐər^{42}。

这一 个 屋 里 没 住 过 人儿。

109 这牛拉过车，没骑过人。

tʂei$^{453-21}$ kə^{0} niou$^{42-44}$ la$^{42-21}$ kuo^{0} tʂʰe^{42}, ʐən$^{42-44}$ mei$^{42-44}$ tɕʰi^{42} kuo^{13}。

这一 个 牛 拉 过 车，人 没 骑 过。

110 这小马还没骑过人，你小心点儿。

tʂei$^{453-21}$ kə^{0} ɕiɑu$^{213-24}$ ma$^{213-24}$ tɕyər^{42} ʐən$^{42-44}$ mei$^{42-44}$ tɕʰi^{42} kuo^{13},

这一 个 小 马 驹儿 人 没 骑 过，

n$^{213-24}$ tɕia$^{42-44}$ tiɐr$^{213-24}$ ɕiɑu$^{213-21}$ ɕin^{13}。

你 加 点儿 小 心。

111 以前我坐过船，可从来没骑过马。

i$^{213-24}$ tɕʰian^{42} uo$^{213-21}$ tsuo$^{453-24}$ kuo^{0} tʂʰuan^{42}, mei$^{42-44}$ tɕʰi^{42} kuo^{13}

以 前 我 坐 过 船， 没 骑 过

ma^{213}。

马。

112 丢在街上了。搁在桌上了。

tiou^{42} tsai^{0} tɕie$^{42-21}$ ʂəŋ^{0} liɛ^{0}。kɑur$^{42-44}$ tʂuo^{42} tsɿ^{0} ʂəŋ^{0} liɛ^{0}。

丢 在 街 上 咧。搁儿 桌 子 上 咧。

113 掉到地上了,怎么都没找着。

tiɑur$^{453-42}$ ti$^{453-21}$ ɕia^{0} liɛ^{0}, tsa$^{213-24}$ tʂɑu$^{213-24}$ ie$^{213-24}$ tʂɑu$^{213-24}$

掉儿 地 下 咧, 咋 找 也 找

pu$^{42-44}$ tʂɑu^{42}。

不 着。

114 今晚别走了,就在我家住下吧。

kɤr$^{42-44}$ xou$^{453-21}$ ʂəŋ^{0} pie$^{42-44}$ tsou$^{213-21}$ liɛ^{13}, tsou$^{453-42}$ tʂur$^{453-21}$

更$^{=}$儿后 晌 别 走 咧, 就 住儿

uo^{42} mi^{0} pa^{0}。

我 们 吧。

115 这些果子吃得吃不得?

tʂei$^{453-21}$ ɕie^{0} kuo$^{213-21}$ tsɿ^{13} tʂʰʅ^{42} ti^{0} liou^{0} ua^{0}?

这一 些 果 子 吃 得嚠 哇?

116 这是熟的,吃得。那是生的,吃不得。

tʂei$^{453-21}$ kə^{0} ʂʅ$^{453-44}$ ʂou^{42} ti^{13}, nəŋ$^{42-44}$ tʂʰʅ^{42}。nei$^{213-21}$ kə^{13} ʂʅ$^{453-44}$

这一 个 是 熟 的, 能 吃。□一 个 是

ʂəŋ^{42} ti^{0}, pu$^{42-44}$ nəŋ$^{42-44}$ tʂʰʅ^{42}。

生 的, 不 能 吃。

117 你们来得了来不了?

ni^{42} mi^{0} lai^{42} liou^{13} ua^{0}?

你 们 来 嚠 哇?

118 我没事,来得了,他太忙,来不了。

uo$^{213-24}$ mei$^{42-21}$ ʂər^{0}, lai^{42} liou^{13}, tʰa$^{42-44}$ tʰuei$^{42-44}$ mɑŋ^{42}, lai^{42}
我 没 事儿,来 嚠, 他 忒 忙, 来
pu^{13} liɑu^{213}。
不 了。

119 这个东西很重,拿得动拿不动?

tʂei$^{453-21}$ kə^{0} tuŋ$^{42-21}$ ɕi^{0} tʰuei$^{42-44}$ tʂʰən^{42}, na$^{42-44}$ tuŋ$^{453-21}$ liou^{0} ua^{0}?
这一 个 东 西 忒 沉, 拿 动 嚠 哇?

120 我拿得动,他拿不动。

uo$^{213-24}$ na$^{42-44}$ tuŋ$^{453-21}$ liou^{0}, tʰa$^{42-44}$ na$^{42-44}$ pu$^{42-44}$ tuŋ^{453}。
我 拿 动 嚠, 他 拿 不 动。

121 真不轻,重得连我都拿不动了。

tʂən$^{42-44}$ pu$^{42-44}$ tɕʰiŋ^{42}, tʂʰən^{42} ti^{13} lian$^{42-44}$ uo$^{213-24}$ ie$^{213-24}$ na$^{42-44}$
真 不 轻, 沉 得 连 我 也 拿
pu$^{42-44}$ tuŋ^{453}。
不 动。

122 他手巧,画得很好看。

tʰa$^{42-44}$ ʂou$^{213-24}$ tɕʰiɑu^{213}, xua$^{453-24}$ ti^{0} tʰuei$^{42-44}$ xɑu$^{213-21}$ kʰan^{453}。
他 手 巧, 画 得忒 好 看。

123 他忙得很,忙得连吃过饭没有都忘了。

tʰa$^{42-44}$ mɑŋ^{42} ti^{13} pa$^{453-24}$ tɑu^{0}, mɑŋ^{42} ti^{13} lian$^{42-44}$ tʂʰʅ$^{42-44}$ pu$^{42-44}$
他 忙 得 霸 道, 忙 得 连 吃 不
tʂʰʅ^{42} tou$^{42-44}$ tʂʅ$^{42-44}$ pu$^{42-44}$ tɑu^{453}。
吃 都 知 不 道。

124 你看他急得,脸都红了。

ni$^{213-21}$ kʰan$^{453-44}$ tʰa$^{42-44}$ tɕi^{42} ti^{13}, lian$^{213-21}$ tou^{13} xuŋ^{42} liɛ^{13}。
你 看 他 急 得, 脸 都 红 咧。

125 你说得很好,你还会说些什么呢?

ni$^{213-24}$ ʂuo^{42} ti^{0} tʰuei$^{42-44}$ xɑu^{213}, xai$^{42-21}$ xuei^{0} ʂuo$^{42-44}$ ʂa^{42} ɛ^{13}?
你 说 得忒 好，还 会 说 啥 哎？

126 说得到，做得到，真棒！
ʂuo^{42} tə^{0} tɑu^{453}, tsuo$^{453-24}$ tə^{0} tɑu^{453}, tʂən$^{453-21}$ pɑŋ^{0}!
说 得到，做 得到，真 棒！

127 这个事情说得说不得呀？
tʂei$^{453-21}$ kə^{0} ʂər$^{453-44}$ nəŋ$^{42-44}$ ʂuo^{42} pei^{0}?
这一 个 事儿 能 说 呗？

128 他说得快不快？听清楚了吗？
tʰa$^{42-44}$ ʂuo^{42} ti^{0} kʰuai$^{453-24}$ ia^{0}? tʰiŋ$^{42-44}$ tɕʰiŋ^{42} tʂʰu^{0} liou^{0} ua^{0}?
他 说 得快 呀？听 清 楚 嚁 哇？

129 只有五分钟时间了。
tsou$^{453-42}$ lɑur$^{453-42}$ u$^{213-21}$ fən^{13} tʂuŋ^{42} liɛ^{0}。
就 落儿 五 分 钟 咧。

130 这是他的书。
tʂei$^{453-21}$ kə^{0} ʂu$^{42-44}$ ʂʅ$^{453-44}$ tʰa$^{42-21}$ ti^{0}。
这一 个 书 是 他 的。

131 那本书是他哥哥的。
nei$^{213-21}$ kə^{13} ʂu$^{42-44}$ ʂʅ$^{453-44}$ tʰa$^{42-44}$ kɤ$^{453-21}$ ti^{0}。
□一 个 书 是 他 哥 的。

132 桌子上的书是谁的？是老王的。
tʂuo^{42} tsʅ^{0} ʂaŋ^{0} ti^{0} ʂu$^{42-44}$ ʂʅ$^{42-44}$ na$^{213-21}$ ti^{13} ɛ^{0}? ʂʅ$^{453-42}$ lɑu$^{213-24}$
桌 子 上 的书 是 哪 的哎？是 老
uɑŋ^{42} ti^{13}。
王 的。

133 屋子里坐着很多人，看书的看书，看报的看报，写字的写字。
ur^{42} li^{0} tsuo$^{453-21}$ tʂə^{0} tʰuei$^{42-44}$ tuo$^{42-44}$ zən^{42}, kʰan$^{453-44}$ ʂu^{42} ti^{0}
屋儿里坐 着 忒 多 人，看 书 的

kʰan$^{453-44}$ ʂu^{42}, kʰan$^{453-42}$ pɑu$^{453-24}$ ti^{0} kʰan$^{453-42}$ pɑu^{453}, ɕie$^{213-21}$
看 书，看 报 的 看 报，写
tsər$^{453-42}$ ti^{0} ɕie$^{213-21}$ tsər^{453}。
字儿 的 写 字儿。

134 要说他的好话，不要说他的坏话。
iɑu$^{453-44}$ ʂuo$^{42-44}$ tʰa^{42} ti^{0} xɑu^{213}, pie$^{42-44}$ ʂuo$^{42-44}$ tʰa^{42} ti^{0} xuai^{453}。
要 说 他 的 好，别 说 他 的 坏。

135 上次是谁请的客？是我请的。
ʂɑŋ$^{453-44}$ xuei^{42} ʂʅ$^{453-42}$ na$^{213-24}$ tɕʰiŋ$^{213-21}$ ti^{13} ɛ^{0}? ʂʅ$^{453-42}$ uo$^{213-24}$
上 回 是 哪 请 的 哎？是 我
tɕʰiŋ$^{213-21}$ ti^{13}。
请 的。

136 你是哪年来的？
ni$^{213-21}$ ʂʅ$^{453-42}$ na$^{213-21}$ nian^{13} lai^{42} ti^{13} ɛ^{0}?
你 是 哪 年 来 的 哎？

137 我是前年到的北京。
uo$^{213-21}$ ʂʅ$^{453-44}$ tɕʰian^{42} nian^{13} tɑur$^{453-42}$ pei$^{213-24}$ tɕiŋ^{42} ti^{0}。
我 是 前 年 到儿 北 京 的。

138 你说的是谁？
ni$^{213-24}$ ʂuo$^{42-44}$ na$^{213-21}$ ni^{13} ɛ^{0}?
你 说 哪 呢 哎？

139 我反正不是说的你。
uo$^{213-24}$ fan$^{213-21}$ tʂəŋ^{13} pu$^{42-44}$ ʂʅ$^{453-44}$ ʂuo$^{42-44}$ ni$^{213-21}$ ni^{13}。
我 反 正 不 是 说 你 呢。

140 他那天是见的老张，不是见的老王。
tʰa$^{42-44}$ nei$^{213-21}$ tʰian^{13} tɕian$^{453-24}$ ti^{0} ʂʅ$^{453-44}$ lɑu$^{213-24}$ tʂɑŋ^{42}, pu$^{42-21}$
他 □一 天 见 的 是 老 张，不

ʂʅ^{0} lɑu$^{213-24}$ uɑŋ^{42}。

是 老 王。

141 只要他肯来,我就没的说了。

tʂʅ$^{213-21}$ iɑu^{13} tʰa$^{42-44}$ lai^{42}, uo$^{213-21}$ tsou$^{453-44}$ mei$^{42-44}$ ʂa$^{42-44}$ ʂuo^{42} ti^{0} liɛ^{0}。

只 要 他 来, 我 就 没 啥 说 的咧。

142 以前是有的做,没的吃。

yan$^{42-44}$ ɕian^{42} iou$^{213-21}$ ʂər$^{453-42}$ kan^{453}, mei$^{42-44}$ tʂʰʅ^{42} ti^{0}。

原 先 有 事儿 干, 没 吃 的。

143 现在是有的做,也有的吃。

ɕian$^{453-42}$ tsai$^{453-42}$ iou$^{213-21}$ ʂər$^{453-42}$ kan^{453}, ie$^{213-24}$ iou$^{213-24}$ tʂʰʅ^{42} ti^{0}。

现 在 有 事儿 干, 也 有 吃 的。

144 上街买个葱啊蒜的,也方便。

ʂɑŋ$^{453-44}$ tɕie^{42} mai$^{213-21}$ kə^{13} tʂʰuɤr^{42} a^{0} suan$^{453-24}$ ti^{0}, ie$^{213-24}$

上 街 买 个 葱儿 啊 蒜 的,也

fɑŋ$^{42-21}$ pian^{0}。

方 便。

145 柴米油盐什么的,都有的是。

tʂʰai^{42} mi^{13} iou$^{42-44}$ ian^{42}, ʂa$^{42-44}$ tou$^{42-44}$ iou^{213}。

柴 米 油 盐, 啥 都 有。

146 写字算账什么的,他都能行。

ɕie$^{213-21}$ kə^{13} tsər$^{453-24}$ la^{0}, suan$^{453-42}$ kə^{0} tʂar$^{453-24}$ la^{0}, ʂa$^{42-44}$

写 个 字儿 啦, 算 个 账儿 啦, 啥

tou$^{42-44}$ tʂuŋ^{42}。

都 中。

147 把那个东西递给我。

kei$^{213-24}$ mei$^{213-21}$ kə^{13} tuŋ$^{42-21}$ ɕi^{0} ti$^{453-21}$ kei^{0} uo^{0}。

给 那一 个 东 西 递 给 我。

148 是他把那个杯子打碎了。

ʂʅ$^{453-44}$ tʰa^{42} kei$^{213-24}$ mei$^{213-21}$ kə^{13} pei^{42} tsɿ^{0} ta$^{213-21}$ suei$^{453-24}$ liɛ^{0}。
是 他 给 那一 个 杯 子 打 碎 咧。

149 把人家脑袋都打出血了，你还笑！
kei$^{213-24}$ n^{42} tɕia^{13} nɑu$^{213-21}$ tei^{13} tou$^{42-44}$ ta$^{213-21}$ tʂʰu^{13} ɕye$^{213-21}$ lai^{13}
给 人 家 脑 袋 都 打 出 血 来
liɛ^{0}, ni$^{213-24}$ xai$^{42-44}$ ɕiɑu$^{453-24}$ ni^{0}！
咧，你 还 笑 呢！

150 快去把书还给他。
kʰuai$^{453-42}$ tɕʰy$^{453-42}$ kei$^{213-24}$ ʂu$^{42-44}$ kei$^{213-24}$ tʰa$^{42-44}$ suɤr$^{453-24}$ tɕʰi^{0}。
快 去 给 书 给 他 送儿 去。

151 我真后悔当时没把他留住。
uo$^{213-24}$ tou$^{42-44}$ xuei$^{213-21}$ sɿ^{13} liɛ^{0} tɑŋ$^{42-44}$ ʂʅ$^{42-44}$ mei$^{42-44}$ kei$^{213-24}$
我 都 悔 死 咧 当 时 没 给
tʰa$^{42-44}$ liou^{42} tʂu^{13} a^{0}。
他 留 住 啊。

152 你怎么能不把人当人呢？
n$^{213-24}$ tsa$^{213-24}$ pu$^{42-44}$ pa$^{213-24}$ ʐən^{42} tɑŋ$^{42-44}$ ʐən$^{42-44}$ kʰan$^{453-24}$ ni^{0}？
你 咋 不 把 人 当 人 看 呢？

153 有的地方管太阳叫日头。
iou$^{213-21}$ ti^{13} ti$^{453-24}$ tɕiour^{0} pa$^{213-21}$ tʰai$^{453-44}$ iɑŋ^{42} tɕiɑu$^{453-44}$ ʐʅ^{42} tʰou^{13}。
有 的 地 界儿 把 太 阳 叫 日 头。

154 什么？他管你叫爸爸！
tsa^{213}？ tʰa$^{42-44}$ kei$^{213-24}$ ni$^{213-21}$ tɕiɑu$^{453-44}$ pa^{42} pə^{0} ie^{0}！
咋？ 他 给 你 叫 爸 爸 耶！

155 你拿什么都当真的，我看没必要。
n$^{213-24}$ na$^{42-44}$ ʂa$^{42-44}$ tou$^{42-44}$ tɑŋ$^{42-44}$ tʂən^{42} ti^{0} liɛ^{0}, uo$^{213-24}$ tɕiɑu$^{213-21}$
你 拿 啥 都 当 真 的咧，我 觉

tʂə^{13} mei$^{42-44}$ pi$^{453-42}$ iɑu^{453}。

着 没 必 要。

156 真拿他没办法，烦死我了。

tʂən$^{42-44}$ mei$^{42-44}$ far^{42} ti^{0} tʰa^{42}, fan$^{42-21}$ tɕʰi^{0} sɿ^{0} uo$^{213-21}$ liɛ^{13}。

真 没 法儿的他，烦 气死我 咧。

157 看你现在拿什么还人家。

kʰan$^{453-42}$ n$^{213-24}$ na$^{42-44}$ ʂa$^{42-44}$ xuan$^{42-44}$ n^{42} tɕia^{13}。

看 你 拿 啥 还 人家。

158 他被妈妈说哭了。

tʰa$^{42-44}$ ʐɑŋ$^{453-44}$ / tɕiɑu$^{453-44}$ tʰa$^{42-44}$ ma^{42} ʂuo$^{42-44}$ xɑu^{42} liɛ^{13}。

他 让 /叫 他 妈 说 号 咧。

159 所有的书信都被火烧了，一点儿剩的都没有。

suo$^{213-24}$ iou$^{213-21}$ ti^{13} ʂu$^{42-44}$ ɕin$^{453-42}$ tou$^{42-44}$ ʐɑŋ$^{453-42}$ / tɕiɑu$^{453-42}$

所 有 的书 信 都 让 /叫

xuo$^{213-24}$ ʂɑu^{42} liɛ^{0}, i$^{42-44}$ tiɐr$^{213-24}$ tou$^{42-44}$ mei$^{42-44}$ ʂəŋ$^{453-21}$ ɕia^{0}。

火 烧 咧，一 点儿 都 没 剩 下。

160 被他缠了一下午，什么都没做成。

ʐɑŋ$^{453-44}$ / tɕiɑu$^{453-44}$ tʰa$^{42-44}$ tʂʰan^{42} liɛ^{13} i$^{42-44}$ xou$^{453-42}$ mə^{0} ʂɤr^{213},

让 /叫 他 缠 咧 一 后 半 晌儿，

ʂa$^{42-44}$ ie$^{213-24}$ mei$^{42-44}$ tsou^{453}。

啥 也 没 做。

161 让人给打懵了，一下子没明白过来。

ʐɑŋ$^{453-44}$ / tɕiɑu$^{453-44}$ n^{42} tɕia^{13} kei$^{213-24}$ ta$^{213-24}$ məŋ^{42} liɛ^{0}, i$^{42-44}$

让 /叫 人家 给 打 蒙 咧，一

xuei$^{213-21}$ tsɿ^{13} mei$^{42-44}$ miŋ^{42} pai^{13} kuo$^{453-44}$ lai^{42}。

会 子没 明 白 过 来。

162 给雨淋了个浑身湿透。

ʐɑŋ$^{453-42}$ / tɕiɑu$^{453-42}$ y$^{213-24}$ pʰai^{42} liɛ^{0} kə^{0} tʰou$^{453-44}$ ɕin$^{42-44}$ liɑŋ^{42}。

让　/叫　雨　拍　咧 个 透　心　凉。

163 给我一本书。给他三本书。

kei$^{213-24}$ uo$^{213-24}$ i$^{42-44}$ pər$^{213-24}$ ʂu^{42}。kei$^{213-24}$ tʰa$^{42-44}$ san$^{42-44}$

给　我　一　本儿　书。给　他　三

pər$^{213-24}$ ʂu^{42}。

本儿　书。

164 这里没有书，书在那里。

tʂɤr$^{453-44}$ mei^{42} tɕiə^{13} ʂu^{42}, ʂu$^{42-44}$ tsai$^{453-42}$ mər$^{453-24}$ ni^{0}。

这儿　没　□　书，书　在　那儿　呢。

165 叫他快来找我。

tɕiɑu$^{453-44}$ tʰa^{42} tɕiou$^{453-42}$ ʂour$^{213-24}$ tʂɑu$^{213-21}$ uo^{13} lai^{0}。

叫　他 就　手儿　找　我 来。

166 赶快把他请来。

kʰuɐr$^{453-42}$ kei$^{213-24}$ tʰa$^{42-44}$ tʂɑu^{42} xu^{0} lai^{0}。

快儿　给　他　招　呼　来。

167 我写了条子请病假。

uo$^{213-24}$ ɕie$^{213-21}$ lə^{13} kə^{0} piŋ$^{453-42}$ tɕia$^{213-24}$ tʰiɑur^{213}。

我　写　了 个 病　假　条儿。

168 我在街上买了份报纸看。

uo$^{213-24}$ tsʰuŋ$^{42-44}$ tɕie$^{42-21}$ ʂəŋ^{0} mai$^{213-21}$ lə^{13} fər$^{453-42}$ pɑu$^{453-42}$

我　从　街　上 买　了 份儿　报

tʂʅ$^{213-21}$ kʰan^{453}。

纸　看。

169 我笑着躲开了他。

uo$^{213-21}$ ɕiɑu$^{453-24}$ tʂə^{0} tuər$^{213-24}$ tʰa^{42} liɛ^{0}。

我　笑　着 躲儿　他 咧。

170 我抬起头笑了一下。

uo$^{213-24}$ tʰai^{42} tɕʰi^{13} tʰou^{42} ɕiɑu$^{453-24}$ lə^{0} i$^{42-44}$ ɕiar^{453}。

我 抬 起 头 笑 了一 下儿。

171 我就是坐着不动,看你能把我怎么着。

uo$^{213-21}$ tsou$^{453-42}$ tsuo$^{453-21}$ tʂə^{0} tai^{42} tʂə^{0}, kʰan$^{453-42}$ ni$^{213-24}$ kei$^{213-24}$

我 就 坐 着 待 着, 看 你 给

uo$^{213-24}$ tsa$^{213-21}$ tʂə^{13} liou^{0}。

我 咋 着 嘞。

172 她照顾病人很细心。

tʰa$^{42-44}$ fu^{42} tʂʰʅ^{13} piŋ$^{453-44}$ ʐən^{42} tʰuei$^{42-21}$ ʂɑŋ^{0} ɕin^{42}。

她 扶 持 病 人 忒 上 心。

173 他接过苹果就咬了一口。

tʰa$^{42-44}$ tɕie$^{42-21}$ kuo^{0} pʰiŋ$^{42-44}$ kuo$^{213-21}$ tɕiou$^{453-42}$ ʂour$^{213-21}$ tsou$^{453-42}$

他 接 过 苹 果 就 手儿 就

iɑu$^{213-21}$ liɛ^{13} i$^{42-44}$ kʰou^{213}。

咬 咧 一 口。

174 他的一番话使在场的所有人都流了眼泪。

tʰa$^{42-44}$ ʂuo^{42} ti^{0} xua$^{453-42}$ ʐɑŋ$^{453-42}$ tsai$^{453-42}$ tʂʰɑŋ$^{213-21}$ ti^{13} ʐən$^{42-44}$

他 说 的话 让 在 场 的人

tou$^{42-44}$ liou^{42} ɕia^{13} liou^{0} ian$^{213-21}$ lei^{453}。

都 流 下 嘞 眼 泪。

175 我们请他唱了一首歌。

uo^{42} mi^{0} tɕʰiŋ$^{213-24}$ tʰa^{42} tʂʰɑŋ$^{453-24}$ liɛ^{0} i$^{42-44}$ ʂour$^{213-24}$ kɤr^{42}。

我 们 请 他 唱 咧 一 首儿 歌儿。

176 我有几个亲戚在外地做工。

uo$^{213-24}$ iou$^{213-24}$ tɕi$^{213-21}$ ə^{13} tɕʰin^{42} tɕʰi^{0} tsai$^{453-42}$ uai$^{453-42}$ ti$^{453-42}$

我 有 几 阿 亲 戚 在 外 地

ta$^{213-24}$ kuŋ^{42} ni^{0}。

打 工 呢。

177 他整天都陪着我说话。

tʰa$^{42-44}$ tʂʰəŋ$^{42-44}$ tʰiɐr^{42} ti^{0} pʰei^{42} tʂə^{13} uo$^{213-24}$ ʂuo$^{42-44}$ xua^{453}。

他 成 天儿 的 陪 着 我 说 话。

178 我骂他是个大笨蛋,他居然不恼火。

uo$^{213-21}$ ma$^{453-44}$ tʰa^{42} ʂʅ$^{453-42}$ kə^{0} ta$^{453-42}$ pən$^{453-42}$ tan^{453}, tʰa$^{42-44}$

我 骂 他 是 个 大 笨 蛋, 他

tou$^{42-44}$ pu$^{42-44}$ kou$^{453-42}$ uo$^{213-21}$ tɕi^{42} liou^{0}。

都 不 够$^{=}$ 我 急 嚠。

179 他把钱一扔,二话不说,转身就走。

tʰa$^{42-44}$ kei$^{213-24}$ tɕʰian^{42} i$^{42-44}$ ləŋ^{42}, ər$^{453-42}$ xua$^{453-44}$ mei$^{42-44}$ ʂuo^{42},

他 给 钱 一 扔, 二 话 没 说,

tʂuan$^{213-24}$ ʂən^{42} tsou$^{453-42}$ tsou$^{213-21}$ liɛ^{13}。

转 身 就 走 咧。

180 我该不该来呢?

uo$^{213-24}$ kai$^{42-44}$ lai^{42} pei^{13}?

我 该 来 呗?

181 你来也行,不来也行。

ni$^{213-24}$ lai^{42} pu^{13} lai^{42} tou$^{42-44}$ tʂuŋ^{42}。

你 来 不 来 都 中。

182 要我说,你就不应该来。

iɑu$^{453-42}$ uo$^{213-24}$ ʂuo^{42}, ni$^{213-21}$ tsou$^{453-42}$ pu$^{42-44}$ kai$^{42-44}$ lai^{42}。

要 我 说, 你 就 不 该 来。

183 你能不能来?

ni$^{213-24}$ nəŋ$^{42-44}$ lai^{42} liou^{13} ua^{0}?

你 能 来 嚠 哇?

184 看看吧,现在说不准。

kʰan$^{453-24}$ kʰan^{0} pa^{0}, ɕian$^{453-42}$ tsai$^{453-42}$ ʂuo$^{42-44}$ pu$^{42-44}$ xɑu^{213}。

看 看 吧, 现 在 说 不 好。

185 能来就来,不能来就不来。

nəŋ$^{42-44}$ lai^{42} tsou$^{453-44}$ lai^{42}, pu$^{42-44}$ nəŋ$^{42-44}$ lai^{42} tsou$^{453-44}$ la$^{42-44}$
能 来 就 来, 不 能 来 就 拉
tɑu^{213}。
倒。

186 你打算不打算去?

ni$^{213-24}$ ta$^{213-21}$ suən^{13} tɕʰy$^{453-24}$ pɛ^{0} ?
你 打 算 去 呗?

187 去呀! 谁说我不打算去?

tɕʰy$^{453-24}$ a^{0} ! na$^{213-24}$ ʂuo$^{42-44}$ uo$^{213-24}$ pu$^{42-44}$ tɕʰy$^{453-24}$ ɛ^{0} ?
去 啊! 哪 说 我 不 去 哎?

188 他一个人敢去吗?

tʰa$^{42-44}$ tɕin$^{453-42}$ kɤr^{213} kan$^{213-21}$ tɕʰy$^{453-24}$ ia^{0} ?
他 尽$^{=}$ 各儿 敢 去 呀?

189 敢! 那有什么不敢的?

kan^{213} ! iou$^{213-24}$ ʂa$^{42-44}$ pu$^{42-44}$ kan$^{213-21}$ tɕʰy$^{453-24}$ ti^{0} ɛ^{0} ?
敢! 有 啥 不 敢 去 的哎?

190 他到底愿不愿意说?

tʰa$^{42-44}$ tɑu$^{453-42}$ ti$^{213-21}$ yan$^{453-24}$ i^{0} ʂuo^{42} pei^{0} ?
他 到 底 愿 意说 呗?

191 谁知道他愿意不愿意说?

na$^{213-24}$ tʂʅ$^{42-21}$ tɑu^{0} tʰa$^{42-44}$ yan$^{453-42}$ i$^{453-44}$ ʂuo$^{42-44}$ pu$^{42-44}$ yan$^{453-42}$
哪 知 道 他 愿 意 说 不 愿
i$^{453-44}$ ʂuo^{42} ɛ^{0} ?
意 说 哎?

192 愿意说得说,不愿意说也得说。

yan$^{453-42}$ i$^{453-44}$ ʂuo$^{42-44}$ ie$^{213-24}$ tei$^{213-24}$ ʂuo^{42}, pu$^{42-44}$ yan$^{453-42}$ i$^{453-44}$
愿 意 说 也 得 说, 不 愿 意

ʂuo$^{42-44}$ ie$^{213-24}$ tei$^{213-24}$ ʂuo^{42}。
说　也　得　说。

193 反正我得让他说,不说不行。

fan$^{213-21}$ tʂəŋ^{13} uo$^{213-24}$ tei$^{213-21}$ ʐɑŋ$^{453-44}$ tʰa$^{42-44}$ ʂuo^{42}, pu$^{42-44}$ ʂuo^{42}
反　正　我　得　让　他　说，不　说
pu$^{42-44}$ tʂuŋ^{42}。
不　中。

194 还有没有饭吃?

xai$^{42-44}$ iou$^{213-21}$ fan$^{453-24}$ na^{0}？
还　有　饭　呐?

195 有,刚吃呢。

iou^{213}, kɑŋ$^{42-44}$ tʂʰʅ^{42} ni^{0}。
有，刚　吃　呢。

196 没有了,谁叫你不早来!

mei^{42} liɛ^{13}, na$^{213-21}$ tɕiɑu$^{453-42}$ ni$^{213-24}$ pu$^{42-44}$ tsɑu$^{213-24}$ lai^{42} ni^{13}！
没　咧，哪　叫　你　不　早　来　呢!

197 你去过北京吗? 我没去过。

ni$^{213-21}$ ʂɑŋ$^{453-42}$ pei$^{213-24}$ tɕiŋ^{42} tɕʰy$^{453-24}$ kuo^{0} ia^{0}？ uo$^{213-24}$ mei$^{42-44}$
你　上　北　京　去　过　呀?　我　没
tɕʰy$^{453-24}$ kuo^{0}。
去　过。

198 我十几年前去过,可没怎么玩,都没印象了。

uo$^{213-24}$ ʂʅ^{42} lai^{13} tuo$^{42-44}$ niɐr^{42} i$^{213-24}$ tɕʰian^{42} tɕʰy$^{453-24}$ kuo^{0},
我　十　来　多　年儿　以　前　去　过，
mei$^{42-44}$ tsa$^{213-21}$ kuɑŋ^{453}, tou$^{42-44}$ mei$^{42-44}$ in$^{453-24}$ ɕiɑŋ^{0} liɛ^{0}。
没　咋　逛，都　没　印　象　咧。

199 这件事他知道不知道?

tʂei$^{453-21}$ kə^{0} ʂər$^{453-42}$ tʰa$^{42-44}$ tʂʅ$^{42-21}$ tɑu^{0} ua^{0}？
这一 个 事儿 他 知 道 哇？

200 这件事他肯定知道。
tʂei$^{453-21}$ kə^{0} ʂər$^{453-42}$ tʰa$^{42-44}$ kʰən$^{213-21}$ tiŋ$^{453-42}$ tʂʅ$^{42-21}$ tɑu^{0}。
这一 个 事儿 他 肯 定 知 道。

201 据我了解，他好像不知道。
tɕy$^{453-42}$ uo$^{213-24}$ liɑu$^{213-21}$ tɕie^{13}，tʰa$^{42-44}$ xɑu$^{213-21}$ ɕiɑŋ^{13} tʂʅ^{42} pu^{0} tɑu^{0}。
据 我 了 解，他 好 像 知 不 道。

202 这些字你认得不认得？
tʂei$^{453-21}$ ɕie^{0} tsər$^{453-42}$ ni$^{213-21}$ zən$^{453-21}$ ti^{0} pei^{0}？
这一 些 字儿 你 认 得呗？

203 我一个大字也不认得。
uo$^{213-24}$ i^{42} kə^{0} ta$^{453-42}$ tsər$^{453-42}$ pu$^{42-44}$ ʂʅ^{213}。
我 一个 大 字儿 不 识。

204 只有这个字我不认得，其他字都认得。
tsou$^{453-42}$ tʂei$^{453-21}$ kə^{0} tsʅ$^{453-42}$ uo$^{213-24}$ pu$^{42-44}$ zən$^{453-21}$ ti^{0}，pie^{42}
就 这一 个 字 我 不 认 得，别
ti^{13} uo$^{213-24}$ tou$^{42-44}$ zən$^{453-21}$ ti^{0}。
的 我 都 认 得。

205 你还记得不记得我了？
ni$^{213-24}$ xai$^{42-44}$ tɕi$^{453-24}$ ti^{0} uo$^{213-21}$ ia^{13}？
你 还 记 得 我 呀？

206 记得，怎么能不记得！
tɕi$^{453-24}$ ti^{0}，tsar$^{213-24}$ pu$^{42-44}$ tɕi$^{453-24}$ ti^{0} ɛ^{0}！
记 得，咋儿 不 记 得哎！

207 我忘了，一点都不记得了。
uo$^{213-24}$ uɑŋ$^{453-21}$ liɛ^{0}，i$^{42-44}$ tiɐr$^{213-24}$ tou$^{42-44}$ mei$^{42-44}$ in$^{453-24}$ ɕiɑŋ^{0} liɛ^{0}。
我 忘 咧，一 点儿 都 没 印 象 咧。

208 你在前边走，我在后边走。

ni$^{213-21}$ tei^{13} tɕʰian^{42} tʰou^{13} tsou^{213}, uo$^{213-21}$ tei^{13} xou$^{453-21}$ tʰou^{0} tsou^{213}。

你 在 前 头 走，我 在 后 头 走。

209 我告诉他了，你不用再说了。

uo$^{213-24}$ ʂuo$^{42-21}$ kei^{0} tʰa^{42} liɛ^{0}, ni$^{213-24}$ pu$^{42-21}$ iuŋ^{0} tsai$^{453-44}$ ʂuo^{42} liɛ^{0}。

我 说 给 他 咧，你 不 用 再 说 咧。

210 这个大，那个小，你看哪个好？

tʂei$^{453-21}$ kə^{0} ta^{453}, nei$^{213-21}$ kə^{13} ɕiɑu^{213}, ni$^{213-21}$ kʰan$^{453-42}$ na$^{213-21}$

这一 个 大，□一 个 小，你 看 哪

kə^{13} xɑu^{213}？

个 好？

211 这个比那个好。

tʂei$^{453-21}$ kə^{0} pʰi$^{213-24}$ nei$^{213-21}$ kə^{13} xɑu^{213}。

这一 个 比 □一 个 好。

212 那个没有这个好，差多了。

nei$^{213-21}$ kə^{13} mei^{42} iou^{13} tʂei$^{453-21}$ kə^{0} xɑu^{213}, tʂʰa$^{453-44}$ tuo^{42} liɛ^{0}。

□一 个 没 有 这一 个 好，差 多 咧。

213 要我说这两个都好。

iɑu$^{453-42}$ uo$^{213-24}$ ʂuo^{42} tʂɤ$^{453-42}$ lia$^{213-24}$ tou$^{42-44}$ xɑu^{213}。

要 我 说 这 俩 都 好。

214 其实这个比那个好多了。

tɕʰi$^{42-44}$ ʂʅ^{42} tʂei$^{453-21}$ kə^{0} pʰi$^{213-24}$ nei$^{213-21}$ kə^{13} xɑu$^{213-24}$ tuo^{42} liɛ^{0}。

其 实 这一 个 比 □一 个 好 多 咧。

215 今天的天气没有昨天好。

kɤr^{42} kɤr^{0} ti^{0} tʰian$^{42-21}$ tou^{0} mei^{42} iou^{13} iɤr$^{453-24}$ kɤ^{0} xɑu^{213}。

更$^{=}$儿个儿的天 道 没 有 夜儿 个 好。

216 昨天的天气比今天好多了。

iɤr$^{453-24}$ kɤ^{0} ti^{0} tʰian$^{42-21}$ tou^{0} pʰi$^{213-24}$ kɤr^{42} kɤr^{0} xɑu$^{213-24}$ tuo^{42} liɛ^{0}。

夜儿 个的天 道 比 更$^{=}$儿个儿好 多 咧。

217 明天的天气肯定比今天好。

miɤr$^{213-21}$ ti^{13} tʰian$^{42-21}$ tou^{0} kʰən$^{213-21}$ tiŋ$^{453-42}$ pʰi$^{213-24}$ kɤr^{42} kɤr^{0}

明儿 的天 道肯 定 比 更$^{=}$儿个儿

ti^{0} xɑu^{213}。

的好。

218 那个房子没有这个房子好。

nei$^{213-21}$ kə^{13} fɑŋ^{42} tsɿ^{13} mei^{42} iou^{13} tʂei$^{453-21}$ kə^{0}（fɑŋ^{42} tsɿ^{13}）xɑu^{213}。

□一 个 房 子 没 有 这一 个（房 子）好。

219 这些房子不如那些房子好。

tʂei$^{453-44}$ ɕiɤr$^{42-44}$ fɑŋ^{42} tsɿ^{13} pu$^{42-44}$ kən^{42} nei$^{213-24}$ ɕiɤr^{42} fɑŋ^{42} tsɿ^{13} xɑu^{213}。

这一 些儿 房 子不 跟 □一 些儿 房 子 好。

220 这个有那个大没有？

tʂei$^{453-21}$ kə^{0} iou$^{213-24}$ nei$^{213-21}$ kə^{13} ta$^{453-24}$ ia^{0}？

这一 个有 □一 个 大 呀？

221 这个跟那个一般大。

tʂei$^{453-21}$ kə^{0} kou$^{453-42}$ nei$^{213-21}$ kə^{13} i$^{42-44}$ pɐr$^{42-21}$ ta^{0}。

这一 个 够$^{=}$ □一 个 一 般儿 大。

222 这个比那个小了一点点儿，差不了太多。

tʂei$^{453-21}$ kə^{0} pʰi$^{213-24}$ nei$^{213-21}$ kə^{13} ɕiɑu$^{213-21}$ tiɐr^{13}，tsʰar$^{42-44}$ pu$^{42-44}$

这一 个比 □一 个 小 点儿，差儿 不

nar$^{213-21}$ tɕʰy^{13}。

哪儿 去。

223 这个大，那个小，两个不一般大。

tʂei$^{453-21}$ kə^{0} ta^{453}，nei$^{213-21}$ kə^{13} ɕiɑu^{213}，lia$^{213-21}$ mə^{13} pu$^{42-44}$ i$^{42-44}$

这一 个大，□一 个 小， 俩 么 不 一

pan$^{42-44}$ tar^{453}。
般 大儿。

224 这个跟那个大小一样，看不出区别来。

tʂei$^{453-21}$ kə^{0} kou$^{453-42}$ nei$^{213-21}$ kə^{13} ta$^{453-42}$ ɕiɑu$^{213-21}$ i$^{42-44}$ iar^{453}，
这一 个 够$^{=}$ □一 个 大 小 一 样儿，
kʰan$^{453-24}$ pu^{0} tʂʰu$^{42-44}$ lai^{42}。
看 不 出 来。

225 这个人比那个人高。

tʂei$^{453-21}$ kə^{0} zər^{42} pʰi$^{213-24}$ nei$^{213-21}$ kə^{13} zər$^{42-44}$ kɑu^{42}。
这一 个人儿 比 □一 个 人儿 高。

226 是高一点儿，可是没有那个人胖。

ʂʅ$^{453-44}$ kɑu^{42} tiɐr^{0}，mei$^{42-44}$ nei$^{213-21}$ kə^{13} zər$^{42-44}$ pʰɑŋ^{453}。
是 高 点儿，没 □一 个 人儿 胖。

227 他们一般高，我看不出谁高谁矮。

tʰa^{42} mi^{0} lia$^{213-24}$ i$^{42-44}$ pɐr$^{42-44}$ kɑu^{42}，uo$^{213-21}$ kʰan$^{453-24}$ pu^{0} tʂʰu$^{42-44}$
他 们 俩 一 般儿 高，我 看 不 出
na$^{213-24}$ kɑu$^{42-44}$ na$^{213-24}$ tsʰuo^{42}。
哪 高 哪 矬。

228 胖的好还是瘦的好？

pʰɑŋ$^{453-24}$ ti^{0} xɑu$^{213-21}$ uɛ^{13} xai$^{42-21}$ ʂʅ^{0} ʂou$^{453-24}$ ti^{0} xɑu$^{213-21}$ uɛ^{13}？
胖 的好 哎 还 是 瘦 的好 哎？

229 瘦的比胖的好。

ʂou$^{453-24}$ ti^{0} pʰi$^{213-21}$ pʰɑŋ$^{453-24}$ ti^{0} xɑu^{213}。
瘦 的 比 胖 的 好。

230 瘦的胖的都不好，不瘦不胖最好。

ʂou$^{453-24}$ ti^{0} pʰɑŋ$^{453-24}$ ti^{0} tou$^{42-44}$ pu$^{42-44}$ xɑu^{213}，pu$^{42-44}$ ʂou$^{453-44}$
瘦 的胖 的都 不 好，不 瘦

pu$^{42-44}$ pʰɑŋ$^{453-42}$ tsuei$^{453-42}$ xɑu^{213}。
不 胖 最 好。

231 这个东西没有那个东西好用。

tʂei$^{453-21}$ kə^{0} tuŋ$^{42-21}$ ɕi^{0} pu$^{42-44}$ kən$^{42-44}$ nei$^{213-21}$ kə^{13} xɑu$^{213-24}$ ʂʅ^{213}。
这一 个 东 西 不 跟 □一 个 好 使。

232 这两种颜色一样吗？

tʂɤ$^{453-42}$ lia$^{213-24}$ ʂɐr$^{213-24}$ i$^{42-44}$ iar$^{453-24}$ la^{0}？
这 俩 色儿 一 样儿 啦？

233 不一样，一种色淡，一种色浓。

pu$^{42-44}$ i$^{42-44}$ iar^{453}，i^{42} kə^{0} tɕʰian$^{213-21}$ ti^{13}，i^{42} kə^{0} ʂən^{42} ti^{0}。
不 一 样儿，一个 浅 的，一个 深 的。

234 这种颜色比那种颜色淡多了，你都看不出来？

tʂei$^{453-21}$ kə^{0} ʂɐr$^{213-24}$ pʰi$^{213-24}$ nei$^{213-21}$ kə^{13} ʂɐr$^{213-24}$ tɕʰian$^{213-24}$ tuo^{42}
这一 个 色儿 比 □一 个 色儿 浅 多
liɛ^{0}，n$^{213-21}$ tou^{13} kʰan$^{453-24}$ pu^{0} tʂʰu$^{42-44}$ lai^{42}？
咧，你 都 看 不出 来？

235 你看看现在，现在的日子比过去强多了。

ni$^{213-21}$ kʰan$^{453-24}$ kʰan^{0} tʂən$^{453-24}$ tsər^{0}，tʂən$^{453-24}$ tsər^{0} ʐʅ$^{453-24}$ tsɿ^{0}
你 看 看 阵 子儿，阵 子儿日 子
pʰi$^{213-24}$ yan$^{42-44}$ ɕian^{42} tɕʰiɑŋ$^{42-44}$ tuo^{42} liɛ^{0}。
比 原 先 强 多 咧。

236 以后的日子比现在更好。

i$^{213-21}$ xou$^{453-42}$ ti^{0} ʐʅ$^{453-24}$ tsər^{0} pʰi$^{213-21}$ tʂən$^{453-24}$ tsər^{0} kəŋ$^{453-42}$
以 后 的日 子儿比 阵 子儿 更
xɑu^{213}。
好。

237 好好干吧，这日子一天比一天好。

xɑu$^{213-21}$ xɑu^{13} kan$^{453-24}$ pa^{0}, tʂɤ$^{453-42}$ ʐʅ$^{453-24}$ tsɿ^{0} i$^{42-44}$ tʰian$^{42-44}$
好 好 干 吧，这 日 子 一 天
pʰi$^{213-24}$ i$^{42-44}$ tʰian$^{42-44}$ xɑu^{213}。
比 一 天 好。

238 这些年的生活一年比一年好，越来越好。

tʂei$^{453-21}$ ɕiɤr^{0} nian^{42} ti^{0} ʐʅ$^{453-24}$ tsɿ^{0} i$^{42-44}$ nian^{42} pʰi$^{213-24}$ i$^{42-44}$ nian^{42}
这一 些儿 年 的 日 子 一 年 比 一 年
xɑu^{213}, ye$^{453-44}$ lai^{42} ye$^{453-42}$ xɑu^{213}。
好，越 来 越 好。

239 咱兄弟俩比一比谁跑得快。

tsan$^{42-44}$ kɤr$^{453-42}$ lia$^{213-24}$ pi$^{213-21}$ pi^{13} kʰan$^{453-42}$ na$^{213-24}$ pʰɑu$^{213-21}$
咱 哥儿 俩 比 比 看 哪 跑
ti^{13} kʰuai^{453}。
得 快。

240 我比不上你，你跑得比我快。

uo$^{213-24}$ pu$^{42-44}$ kən$^{42-44}$ ni^{213}, ni$^{213-24}$ pʰi$^{213-24}$ uo$^{213-24}$ pʰɑu$^{213-21}$ ti^{13}
我 不 跟 你，你 比 我 跑 得
kʰuai^{453}。
快。

241 他跑得比我还快，一个比一个跑得快。

tʰa$^{42-44}$ pʰi$^{213-24}$ uo$^{213-24}$ pʰɑu$^{213-21}$ ti^{13} xai$^{42-21}$ kʰuai^{0}, i^{42} kə^{0} pʰi$^{213-24}$
他 比 我 跑 得 还 快，一 个 比
i^{42} kə^{0} pʰɑu$^{213-21}$ ti^{13} kʰuai^{453}。
一 个 跑 得 快。

242 他比我吃得多，干得也多。

tʰa$^{42-44}$ pʰi$^{213-24}$ uo$^{213-24}$ tʂʰʅ^{42} ti^{0} tuo^{42}, kan$^{453-24}$ ti^{0} ie$^{213-24}$ tuo^{42}。
他 比 我 吃 得多，干 得也 多。

243 他干起活来，比谁都快。

tʰa$^{42-44}$ tsou$^{453-42}$ tɕʰi$^{213-24}$ xuo$^{42-21}$ tɕi^{0} lei^{0}, pʰi$^{213-24}$ na$^{213-24}$ tou$^{42-44}$

他 做 起 活 计 来，比 哪 都

tsou$^{453-42}$ ti^{0} kʰuai^{453}。

做 得 快。

244 说了一遍，又说一遍，不知说了多少遍。

ʂuo^{42} liɛ^{0} i$^{42-44}$ piɐr^{453}, iou$^{453-44}$ ʂuo$^{42-44}$ i$^{42-44}$ piɐr^{453}, tʂʅ$^{42-44}$ pu$^{42-44}$

说 咧 一 遍儿，又 说 一 遍儿，知 不

tɑu$^{453-44}$ ʂuo^{42} liɛ^{0} tuo$^{42-21}$ ʂɑu^{0} pian^{453}。

道 说 咧 多 少 遍。

245 我嘴笨，怎么也说不过他。

uo$^{213-24}$ tsuei$^{213-24}$ tʂuo^{213}, tsa$^{213-21}$ ie^{13} ʂuo$^{42-44}$ pu$^{42-44}$ kuo$^{453-44}$ tʰa^{42}。

我 嘴 拙，咋 也 说 不 过 他。

246 他走得越来越快，我都跟不上了。

tʰa$^{42-44}$ tsou$^{213-21}$ ti^{13} ye$^{453-44}$ lai^{42} ye$^{453-42}$ kʰuai^{453}, uo$^{213-24}$ tsa$^{213-21}$

他 走 得 越 来 越 快，我 咋

ie^{13} tou$^{213-21}$ pu^{13} ʂɑŋ$^{453-44}$ tʰa^{42}。

也 抖$^{=}$ 不 上 他。

247 越走越快，越说越快。

ye$^{453-42}$ tsou$^{213-21}$ ye$^{453-42}$ kʰuai^{453}, ye$^{453-44}$ ʂuo$^{42-44}$ ye$^{453-42}$ kʰuai^{453}。

越 走 越 快，越 说 越 快。

248 慢慢说，一句一句地说。

man$^{453-42}$ mar$^{213-24}$ ʂuo^{42}, i$^{42-21}$ tɕy^{0} i$^{42-21}$ tɕy^{0} ti^{0} ʂuo^{42}。

慢 慢儿 说，一 句 一 句 地 说。

第五章　曹妃甸方言语料记音

第一节　故　事

扫码收听

北风和日头

pei$^{213-24}$ fəŋ$^{42-44}$ kou$^{453-42}$ ʐʅ^{42} tʰou^{13}
北　风　够$^{=}$　日　头

iou$^{213-24}$ i$^{42-44}$ xuei^{42}, pei$^{213-24}$ fəŋ$^{42-44}$ kou$^{453-42}$ ʐʅ^{42} tʰou^{13} tʂəŋ$^{42-21}$
有　一　回，北　风　够$^{=}$　日　头　争
luən^{0} na$^{213-24}$ nəŋ$^{42-21}$ nei^{0}。tʂəŋ$^{42-44}$ lai^{42} tʂəŋ$^{42-44}$ tɕʰy^{453}, pu$^{42-44}$ fən$^{42-44}$
论　哪　能　耐。争　来　争　去，不　分
ʂaŋ$^{453-42}$ ɕia^{453}。
上　下。

tsou$^{453-42}$ tsai$^{453-42}$ tʂei$^{453-24}$ kə^{0} ʂʅ^{42} xou^{13}; tɑur$^{453-24}$ ʂəŋ^{0} lai^{42} liɛ^{13}
就　在　这一　个　时　候，道儿　上　来　咧
kə^{0} tʂʰuan$^{42-44}$ xou$^{453-44}$ mian$^{42-44}$ ŋɑu$^{213-21}$ ti^{13} ʐən^{42}。tʰa^{42} lia$^{213-21}$
个　穿　厚　棉　袄　的　人。他　俩
tsou$^{453-44}$ ʂuo$^{42-44}$ xɑu$^{213-21}$ liɛ^{13}, kʰan$^{453-42}$ na$^{213-24}$ ɕian$^{42-21}$ tɕiɑu^{0} tsou$^{213-24}$
就　说　好　咧，看　哪　先　叫　走
tɑur$^{453-21}$ ti^{0} ʐən^{42} tʰuo$^{42-21}$ ɕia^{0} xou$^{453-44}$ mian$^{42-44}$ ŋɑu$^{213-21}$ lai^{13}, tsou$^{453-42}$
道儿　的　人　脱　下　厚　棉　袄　来，就
suan$^{453-42}$ na$^{213-24}$ nəŋ$^{42-21}$ nei^{0}。
算　哪　能　耐。

pei$^{213-24}$ fəŋ$^{42-44}$ tsou$^{453-42}$ kua$^{213-21}$ tɕʰi^{13} lai^{42} liɛ^{13}, fəŋ$^{42-44}$ ye$^{453-42}$
北 风 就 刮 起 来 咧，风 越
kua$^{213-21}$ ye$^{453-42}$ ta^{453}, nei$^{213-21}$ kə^{13} tsou$^{213-21}$ tɑur$^{453-21}$ ti^{0} kei$^{213-24}$ xou$^{453-44}$
刮 越 大，□一 个 走 道儿 的 给 厚
mian$^{42-44}$ ŋɑu$^{213-21}$ kuo$^{213-21}$ ti^{13} ye$^{453-42}$ tɕin^{213}。xou$^{453-42}$ iər$^{213-24}$ pei$^{213-24}$
棉 袄 裹 得 越 紧。后 尾儿 北
fəŋ^{42} tsou$^{453-42}$ mei$^{42-44}$ fɐr^{42} liɛ^{0}, tsou$^{453-42}$ suan$^{453-24}$ liɛ^{0}。tai^{42} lə^{0} i$^{42-44}$
风 就 没 法儿 咧，就 算 咧。待 了 一
xuər^{213}, ʐʅ^{42} tʰou^{13} tʂʰu$^{42-21}$ lai^{0} liɛ^{0}。i$^{42-44}$ xuər$^{213-24}$ pʰi$^{213-24}$ i$^{42-44}$ xuər$^{213-24}$
会儿，日 头 出 来 咧。一 会儿 比 一 会儿
ʐe^{453}。nei$^{213-21}$ kə^{13} tsou$^{213-21}$ tɑur$^{453-21}$ ti^{0} tɕiou$^{453-42}$ ʂour$^{213-21}$ tsou$^{453-42}$
热。□一 个 走 道儿 的 就 手儿 就
pa$^{213-21}$ xou$^{453-44}$ mian$^{42-44}$ ŋɑu$^{213-24}$ tʰuo$^{42-21}$ ɕia^{0} lai^{42} liɛ^{13}。tʂei$^{453-44}$
把 厚 棉 袄 脱 下 来 咧。这一
xuei$^{42-44}$ pei$^{213-24}$ fəŋ$^{42-44}$ mei$^{42-44}$ fɐr^{42} liɛ^{0}，tʰa$^{42-44}$ tʂʰəŋ$^{42-21}$ ʐən^{0}，
回 北 风 没 法儿 咧，他 承 认，
tʰa^{42} mi^{0} lia$^{213-24}$ xai$^{42-21}$ ʂʅ^{0} ʐʅ^{42} tʰou^{13} nəŋ$^{42-21}$ nei^{0}。
他 们 俩 还 是 日 头 能 耐。

第二节 歌谣

扫码收听

一、哄孩子歌

1. yɤr$^{453-44}$ pʰuo^{42} pʰuo^{13}, ʂai$^{42-44}$ luo^{42} luo^{13}, tʂʰɑur$^{213-21}$ tour$^{453-44}$
月儿 婆 婆，筛 箩 箩，炒儿 豆儿
tʂʰʅ^{42}, mei$^{42-44}$ tʂʰai^{42} xuo^{13}。ʂʅ$^{213-21}$ tɕʰi^{13} pa^{0}, pʰa$^{453-42}$ tʂa$^{42-44}$ tɕiɑu^{213},
吃，没 柴 火。拾 去 吧，怕 扎 脚，
tʰou$^{42-21}$ tɕʰi^{0} pa^{0}, pʰa$^{453-42}$ kou$^{213-24}$ iɑu^{213}, tʂʰan^{42} ti^{13} ɕiɑu$^{213-24}$ xɐr^{42}
偷 去 吧，怕 狗 咬，馋 得 小 孩儿

man$^{213-21}$ ti$^{453-42}$ pʰɑu^{213}。
满 地 跑。

2. pən^{42} tsɿ^{0} pən^{42}，tsɑu^{42} tsɿ^{13} tsɑu^{42}，xua$^{453-24}$ ti^{0} xua^{453}，miɑu^{42}
锛 子 锛，凿 子 凿，画 的 画，描
ti^{13} miɑu^{42}, uən$^{453-42}$ uən$^{453-44}$ tɕʰiŋ$^{42-44}$ kuan^{42} ʐɑu$^{42-44}$ pu$^{42-44}$ ʐɑu^{42}？
的 描，问 问 清 官 饶 不 饶?
ʐɑu^{42}。/ pu$^{42-44}$ ʐɑu^{42}。
饶。/ 不 饶。(孩子回答“饶”,就不挨打,回答“不饶”,就挨打)

3. kou$^{213-24}$ lai^{42} liɛ^{13}，mɑu$^{42-44}$ lai^{42} liɛ^{13}, xuar^{42} xuar^{0} tʰiɑu$^{453-44}$
狗 来 咧，猫 来 咧，花儿 花儿 跳
tɕʰiɑŋ$^{42-44}$ iɑu$^{213-21}$ lai^{13} liɛ^{0}; kou$^{213-24}$ pu$^{42-44}$ lai^{42}, mɑu$^{42-44}$ pu$^{42-44}$
墙 咬 来 咧; 狗 不 来，猫 不
lai^{42}, xuar^{42} xuar^{0} tʰiɑu$^{453-44}$ tɕʰiɑŋ$^{42-44}$ pu$^{42-44}$ iɑu$^{213-21}$ lei^{13}。
来，花儿 花儿 跳 墙 不 咬 来。

4. ɕiɑu$^{213-24}$ pan$^{213-21}$ tɤr^{13}，sɿ$^{453-44}$ tʰiɑu$^{42-44}$ tʰuər^{213}，uo$^{213-24}$
小 板 凳儿，四 条 腿儿，我
kei$^{213-24}$ nai$^{213-21}$ nai^{13} kʰɤ$^{42-44}$ kua$^{42-44}$ tsər^{213}。nai$^{213-21}$ nai^{13} uən$^{453-42}$
给 奶 奶 嗑 瓜 子儿。奶 奶 问
uo$^{213-24}$ ɕiɑŋ$^{42-44}$ pu$^{42-44}$ ɕiɑŋ^{42}。pu$^{42-44}$ ɕiɑŋ^{42}。nai$^{213-21}$ nai^{13} kei$^{213-24}$
我 香 不 香。不 香。奶 奶 给
uo$^{213-24}$ liɑ$^{213-21}$ mə^{13} ta$^{453-42}$ ər$^{213-24}$ kuɑŋ^{42}。
我 俩 么 大 耳 光。

5. xuo$^{42-44}$ ia^{42} tsɿ^{13}，lou$^{453-42}$ tʂʰʅ$^{213-21}$ tsɿ^{13}，kei$^{213-21}$ kə^{13} ɕiɑu$^{213-24}$
豁 牙 子，露 齿 子，给 个 小
pʰiɑur$^{213-21}$ kʰuai$^{213-24}$ ʂʅ$^{213-24}$ tʂʰʅ$^{42-44}$, kʰuai$^{213-24}$ pu$^{42-44}$ tuŋ^{453}, kei$^{213-24}$
瓢儿 扢 屎 吃，扢 不 动，给

ni$^{213-24}$ tʂʰʅ^{42}。
你 吃。

6. ma^{42} sə^{0} ma^{42} sə^{0} kuɑŋ^{42}，kai$^{453-44}$ ɕiɑŋ^{42} fəŋ^{0}。ɕiɑŋ^{42} fəŋ^{0}
摩 挲 摩 挲 光，盖 厢 房。厢 房
tɑu^{213}，tʰu$^{453-24}$ tsɿ^{0} pʰɑu^{213}。pʰɑu$^{213-24}$ nar$^{213-24}$ tɕʰi$^{453-24}$ liɛ^{0}？pʰɑu$^{213-21}$
倒，兔 子跑。跑 哪儿 去 咧？跑
tɑu^{13} nɑn^{42} tɕiŋ^{13} ua^{42}，nan^{42} tɕiŋ^{13} ua^{42} li^{0} iou$^{213-21}$ kə^{13} sɿ$^{213-24}$ xuo^{42}
到 南 京 洼，南 京 洼里有 个 死 蛤
muo^{13}。sɿ$^{213-24}$ xuo^{42} muo^{13}，pu$^{42-44}$ xuei$^{453-42}$ tʰiɑu^{453}，ɕia$^{453-24}$ tə^{0} xai^{42}
蟆。死 蛤 蟆，不 会 跳，吓 得孩
tsɿ^{13} ua$^{42-44}$ ua$^{42-44}$ tɕiɑu^{453}。
子 哇 哇 叫。

ma$^{42-44}$ xɤ^{42} li^{0}：xour$^{42-44}$ lai^{42} liɛ^{13}，xour$^{42-21}$ pʰa$^{453-24}$ liɛ^{0}，kən^{42}
妈 喝 理$^{=}$：□ 来 咧，□ 怕 咧，跟
tʂə^{0} ma^{42} tʂʰʅ$^{42-44}$ nɐr$^{213-21}$ ʂuei$^{453-42}$ tɕiɑu$^{453-24}$ lai^{0} liɛ^{0}。
着 妈 吃 奶儿 睡 觉 来 咧。

7. tʂʰe$^{213-24}$ luo$^{42-21}$ luo^{0}，ie$^{453-44}$ luo$^{42-21}$ luo^{0}，lɑur$^{213-21}$ tɕia^{13} mən$^{42-44}$
扯 箩 箩，曳 箩 箩，姥儿 家 门
kʰour$^{213-24}$ tʂəŋ$^{42-44}$ puo$^{213-21}$ puo^{13}。tʂəŋ$^{42-44}$ xei^{42} ti^{0}，suŋ$^{453-44}$ kuei^{42}
口儿 蒸 饽 饽。蒸 黑 的，送 闺
ny^{0}；tʂəŋ$^{42-44}$ pai^{42} ti^{13}，tʂʰuɐr$^{42-44}$ xuai^{42} li^{13}；tʂəŋ$^{42-44}$ tʰu$^{213-24}$ kʰɑŋ^{42}
女；蒸 白 的，揣儿 怀 里；蒸 土 糠
ti^{0}，tʂʰuɐr$^{42-44}$ kʰu$^{453-44}$ tɑŋ^{42} li^{0}，uən$^{453-42}$ uən$^{453-44}$ xai^{42} tsɿ^{13} tʂʰʅ$^{42-44}$
的，揣儿 裤 裆 里，问 问 孩 子 吃
ʂa^{42} ti^{13}。
啥 的。

8. tʂʰe$^{213-21}$ ta$^{453-42}$ tɕy^{453}，la$^{213-24}$ ta$^{453-42}$ tɕy^{453}，lɑur$^{213-21}$ tɕia^{13}
扯 大 锯，拉 大 锯，姥儿 家

mən$^{42-44}$ kʰour$^{213-21}$ tʂʰɑŋ$^{453-42}$ ta$^{453-42}$ ɕi^{453}。tɕie$^{42-44}$ kuei^{42} ny^{0}, suŋ$^{453-42}$
门 口儿 唱 大 戏。接 闺 女，送
ny$^{213-21}$ ɕi^{13}, uai$^{453-21}$ ʂəŋ^{0} uai$^{453-21}$ ʂəŋ^{0} ni$^{213-24}$ ie$^{213-21}$ tɕʰy^{453}。
女 婿，外 甥 外 甥 你 也 去。

9. pʰi$^{213-24}$ pai^{42} tʂʰɐr^{13}, nie$^{453-42}$ tɕiɑu$^{213-21}$ tsər^{13}, tɕʰiŋ$^{213-21}$ tʰa^{13}
劈 白 菜儿，捏 饺 子儿，请 他
tuŋ$^{42-44}$ u^{42} ta$^{453-42}$ sɑu$^{213-21}$ tsər^{13}。ta$^{453-42}$ sɑu$^{213-21}$ tsər^{13}, mei$^{42-44}$ tsai$^{453-44}$
东 屋 大 嫂 子儿。大 嫂 子儿，没 在
tɕia^{42}, tɕʰiŋ$^{213-21}$ tʰa^{13} ɕi$^{42-44}$ ur^{42} kan$^{42-44}$ lɑu$^{213-24}$ ma^{42}。kan$^{42-44}$ lɑu$^{213-24}$
家，请 他 西 屋儿 干 老 妈。干 老
ma^{42}, mei$^{42-44}$ kʰuɤr$^{453-42}$ tɕʰy^{453}, tɕʰiŋ$^{213-21}$ tʰa^{13} tuei$^{453-44}$ mər^{42} tʰa$^{42-44}$
妈，没 空儿 去，请 他 对 门儿 他
ta$^{453-42}$ ku^{453}。tʰa$^{42-44}$ ta$^{453-42}$ ku^{453}, ŋai$^{453-42}$ ʂɑŋ$^{453-42}$ ʂu^{453}, ʂu$^{453-21}$ ʂəŋ^{0}
大 姑。他 大 姑，爱 上 树，树 上
iou$^{213-21}$ kə^{13} xour^{213}, tan$^{42-44}$ tʂʰʅ$^{42-44}$ tʰa$^{42-44}$ ta$^{453-42}$ ku$^{453-24}$ ti^{0} ma^{42}
有 个 猴儿，单 吃 他 大 姑 的 妈
mə^{0} tʰour^{213}。
妈 头儿。

10. la$^{213-21}$ lian$^{453-42}$ kour^{213}, tsɑŋ$^{42-44}$ tsɑŋ$^{42-44}$ tsɑŋ^{42}, i$^{42-44}$ ʂəŋ$^{42-44}$
拉 练$^{=}$ 狗儿，脏 脏 脏，一 升
pʰi^{42} tsɿ^{13} ər$^{453-44}$ ʂəŋ$^{42-44}$ kʰɑŋ^{42}。
皮 子 二 升 糠。

二、逗笑歌

ɕia$^{453-42}$ y$^{213-21}$ liɛ^{13}, mɑu$^{453-42}$ pʰɑur$^{453-24}$ liɛ^{13}, uɑŋ^{42} pə^{13} tiŋ$^{213-21}$
下 雨 咧，冒 泡儿 咧，王 八 顶
tʂə^{13} tsʰɑu$^{213-21}$ mɑur$^{453-24}$ liɛ^{0}。
着 草 帽儿 咧。

（叔侄开玩笑）

三、叫魂

xuər$^{42-44}$ lai^{42} liɛ^{13}，xuər$^{42-44}$ pʰa$^{453-24}$ liɛ^{0}，kən^{42} tʂə^{0} ma^{42} tʂʰʅ$^{42-44}$
魂儿 来 咧，魂儿 怕 咧，跟 着 妈 吃
nar$^{213-21}$ ʂuei$^{453-42}$ tɕiɑu$^{453-24}$ liɛ^{0}。
奶儿 睡 觉 咧。

（小孩受惊吓了，母亲晚上拿一根裤腰带绕着孩子转三圈，边转边叫三遍魂，连续叫三个晚上，小孩就好了）

四、游戏歌

1. □大把

tʂʰua$^{213-21}$ ta$^{453-42}$ pa^{213}，ta$^{453-42}$ pa$^{213-24}$ i^{42}。tʂʰua$^{213-21}$ ta$^{453-42}$ pa^{213}，
□ 大 把，大 把 一。□ 大 把，
ta$^{453-42}$ pa$^{213-21}$ ər^{453}。tʂʰua$^{213-21}$ ta$^{453-42}$ pa^{213}，ta$^{453-42}$ pa$^{213-24}$ san^{42}。
大 把 二。□ 大 把，大 把 三。
tʂʰua$^{213-21}$ ta$^{453-42}$ pa^{213}，ta$^{453-42}$ pa$^{213-21}$ sʅ^{453}。
□ 大 把，大 把 四。

2. 锤子剪刀布

ʂou$^{213-24}$ ɕin$^{42-44}$ ʂou$^{213-21}$ pər^{453}，lɑŋ$^{42-44}$ ɕin$^{42-44}$ kou$^{213-21}$ fər^{453}。
手 心 手 背儿，狼 心 狗 肺儿。

五、三九歌

tʰou$^{42-44}$ tɕiou$^{213-21}$ ər$^{453-42}$ tɕiou^{213} tuŋ$^{453-42}$ pʰuɤr$^{453-44}$ tʂʰa^{42} tɕiou^{13}，
头 九 二 九 冻 破儿 茶 酒，
san$^{42-44}$ tɕiou$^{213-21}$ sʅ$^{453-42}$ tɕiou$^{213-21}$ pei$^{453-44}$ uɤr$^{42-44}$ suo$^{453-42}$ kou^{213}，
三 九 四 九 被 窝儿 缩 狗，
u$^{213-24}$ tɕiou$^{213-21}$ liou$^{453-42}$ tɕiou$^{213-21}$ pei$^{453-44}$ in$^{42-44}$ ɕiɑu^{42}，tɕʰi$^{42-44}$
五 九 六 九 背 阴 消，七

tɕiou$^{213-24}$ xuo$^{42-44}$ kʰai^{42}, pa$^{42-44}$ tɕiou$^{213-24}$ ian$^{453-44}$ lai^{42}, tɕiou$^{213-24}$
九 河 开， 八 九 燕 来， 九
tɕiou$^{213-24}$ tɕia$^{42-44}$ i$^{42-44}$ tɕiou^{213}, pian$^{42-44}$ ta$^{213-24}$ li$^{42-44}$ niou$^{42-44}$ tsou^{213}。
九 加 一 九， 鞭 打 犁 牛 走。

六、温被歌

ʐu$^{453-44}$ piɐr^{42} ia$^{42-44}$ ʐu$^{453-44}$ piɐr^{42}, iɑŋ$^{213-21}$ xuo^{13} ər^{42} tsɿ^{13} tsuo$^{453-44}$
褥 边儿 压 褥 边儿，养 活 儿 子 做
tɕʰiŋ$^{42-44}$ kuɐr^{42}; tʂən$^{213-21}$ tʰou^{13} ia$^{42-44}$ tʂən$^{213-21}$ tʰou^{13}, iɑŋ$^{213-21}$ xuo^{13}
清 官儿；枕 头 压 枕 头， 养 活
ər^{42} tsɿ^{13} tsai$^{453-42}$ tɕin$^{213-21}$ tʂou^{13}。
儿 子 在 锦 州。

（嫂子给新媳妇温被时边铺褥子边唱）

七、正反话

1. ʂuo$^{42-44}$ xu$^{42-21}$ xua^{0}, tɑu$^{453-42}$ xua$^{453-44}$ xu^{42}, kɑu^{42} liŋ^{0} ti$^{453-24}$
说 胡 话， 倒 话 胡， 高 粱 地
li^{0} pʰɑŋ$^{213-21}$ y$^{453-24}$ ʂu^{0}。i$^{42-44}$ pʰɑŋ$^{213-24}$ pʰɑŋ$^{213-21}$ liɛ^{13} kə^{0} ɕiɑu$^{213-24}$
里 榜 玉 黍。一 榜 榜 咧 个 小
liou$^{213-21}$ ʂu^{13}, san$^{42-44}$ tʂʰʅ$^{213-24}$ kɑu^{42}, tɕʰi^{42} pə^{0} lou$^{213-24}$ tsʰu^{42}, ʂɑŋ$^{453-21}$
柳 树，三 尺 高， 七 八 搂 粗， 上
tʰou^{0} ti^{0} sɑŋ$^{453-21}$ ʐər^{0} xei$^{42-44}$ xu$^{42-44}$ xu^{42}。na^{42} tʂə^{13} kan^{42} tsɿ^{0} tɕʰy$^{453-42}$
头 的 桑 葚儿 黑 乎 乎。拿 着 竿 子 去
pɑu$^{453-42}$ tsɑur^{213}, pɑu$^{453-24}$ liɛ^{0} tɕʰie^{42} tsɿ^{13} liɑŋ$^{213-24}$ tu^{42} lu^{13}, na^{42} lə^{13}
抱 枣儿， 抱 咧 茄 子 两 嘟 噜， 拿 了
tɕʰie^{42} tsɿ^{13} tɕʰy$^{453-44}$ ŋɑu$^{42-44}$ tsʰai^{453}, kʰu^{42} tə^{0} liɛ^{0} liɑŋ$^{213-24}$ kuo^{42} lan$^{213-24}$
茄 子 去 熬 菜， 咕 嘟 咧 两 锅 懒
tou$^{453-21}$ fu^{0}。tʂɑŋ$^{42-44}$ san^{42} tʂʰʅ^{42} liɛ^{0} li$^{213-21}$ sɿ$^{453-42}$ pɑu^{213}, tʂʰəŋ^{42} ti^{0}
豆 腐。张 三 吃 咧 李 四 饱， 撑 得

uaŋ$^{42-44}$ ər^{453} man$^{213-24}$ tɕie$^{42-44}$ pʰɑu^{213}。i$^{42-44}$ pʰɑu$^{213-24}$ pʰɑu$^{213-21}$ tɑu^{13}
王 二 满 街 跑。一 跑 跑 到
xu^{42} kə^{13} tʂuaŋ^{42}，pʰəŋ$^{453-24}$ tɕian^{0} lɑu$^{213-24}$ li$^{213-21}$ xuei$^{42-44}$ lɑu$^{213-24}$
胡 各 庄， 碰 见 老 李 回＝ 老
uaŋ^{42}，tʰa^{42} mən^{0} lia$^{213-21}$ tɕʰy$^{453-42}$ kan$^{213-24}$ tɕi^{42}，tɕʰi^{42} tʂə^{13} kə^{0} kʰou$^{213-21}$
王，他 们 俩 去 赶 集，骑 着 个 口
tei^{13} kʰɑŋ$^{213-21}$ tʂə^{13} kə^{0} ly^{42}。tuŋ$^{42-44}$ ɕi$^{42-44}$ ta$^{453-42}$ tɑu$^{453-42}$ nan$^{42-44}$
袋 扛 着 个 驴。东 西 大 道 南
pei$^{213-24}$ tsou^{213}，tʰiŋ$^{42-21}$ tɕian^{0} tʂuaŋ^{42} li^{0} zən$^{42-44}$ iɑu$^{213-24}$ kou^{213}，na^{42}
北 走， 听 见 庄 里 人 咬 狗， 拿
tɕʰie^{13} kou$^{213-21}$ lei^{13} tʂʰuŋ$^{453-44}$ tʂuan$^{42-44}$ tʰour^{453}，tɕiou$^{453-42}$ pʰa$^{453-42}$
起 狗 来 冲 砖 头儿， 就 怕
tʂuan$^{42-44}$ tʰour$^{213-24}$ iɑu$^{213-21}$ liɛ^{13} kou$^{213-21}$ ti^{0} ʂou^{213}。
砖 头儿 咬 咧 狗 的 手。

2. ʂuo$^{42-44}$ ɕia^{42} xuər^{0}，tɑu$^{453-42}$ liou$^{213-21}$ xuər^{13}，kuo$^{42-44}$ tʰai^{42}
说 瞎 话儿，倒 柳＝ 话儿， 锅 台
ʂəŋ^{13} tʂuŋ$^{453-24}$ tʂə^{0} ər$^{453-42}$ mu$^{213-24}$ ɕiɑu$^{213-24}$ kʰu$^{213-21}$ kuər^{13}。ye$^{453-24}$
上 种 着 二 亩 小 苦 瓜儿。月
tsɿ^{0} li^{0} xai^{42} tsɿ^{13} tʰou$^{42-21}$ tɕʰi^{0} liɛ^{0}，ɕia^{42} tsɿ^{0} kʰan$^{453-24}$ tʂou^{0} liɛ^{0}，ia$^{213-21}$
子 里 孩 子 偷 去 咧，瞎 子 看 着 咧，哑
pə^{13} ɕiɑu^{42} tɕʰi^{0} liɛ^{13}，luŋ^{42} pə^{13} tʰiŋ$^{42-21}$ tʂou^{0} liɛ^{0}，tɕʰye^{42} tsɿ^{13} tʂuei$^{42-21}$
巴 学 去 咧，聋 巴 听 着 咧，瘸 子 追
tɕʰi^{0} liɛ^{0}。i$^{42-44}$ tʂuei^{42} tʂuei$^{42-21}$ tɑu^{0} tʂuaŋ$^{42-44}$ nan^{42} li^{13}，kʰan$^{453-24}$
去 咧。一 追 追 到 庄 南 里，看
tʂou^{0} kə^{0} tʰu$^{453-24}$ tsɿ^{0} tʰiɑu$^{42-44}$ ian^{42} ni^{13}。i$^{42-44}$ tʂuei^{42} tʂuei$^{42-21}$ tɑu^{0}
着 个 兔 子 挑 盐 呢。一 追 追 到
tʂuaŋ$^{42-44}$ tuŋ^{42} li^{0}，kʰan$^{453-24}$ tʂou^{0} kə^{0} tʰu$^{453-24}$ tsɿ^{0} mai$^{453-44}$ tsʰuŋ^{42} ni^{0}。
庄 东 里，看 着 个 兔 子 卖 葱 呢。

i$^{42-44}$ tʂuei^{42} tʂuei$^{42-21}$ tɑu^{0} tʂuɑŋ$^{42-44}$ pei$^{213-21}$ li^{13}, kʰan$^{453-24}$ tʂou^{0} kə^{0}
一 追 追 到 庄 北 里，看 着 个
tʰu$^{453-24}$ tsɿ^{0} tʰiɑu$^{42-44}$ ʂuei$^{213-21}$ ni^{13}。i$^{42-44}$ tʂuei^{42} tʂuei$^{42-21}$ tɑu^{0} tʂuɑŋ$^{42-44}$
兔 子 挑 水 呢。一 追 追 到 庄
tɑŋ$^{42-44}$ tɕiɐr^{453}, kʰan$^{453-24}$ tʂou^{0} kə^{0} tʰu$^{453-24}$ tsɿ^{0} mai$^{453-44}$ xua$^{42-44}$ ɕiɐr^{453}。
当 间儿，看 着 个 兔 子 卖 花 线儿。
i$^{42-44}$ tʂuei^{42} tʂuei$^{42-21}$ tɑu^{0} tʂuɑŋ$^{42-44}$ ɕi^{42} li^{0}, kʰan$^{453-24}$ tʂou^{0} kə^{0} tʰu$^{453-24}$
一 追 追 到 庄 西 里，看 着 个 兔
tsɿ^{0} tʰuo$^{42-44}$ pʰi^{42} ni^{0}。i$^{42-44}$ tʂuei^{42} tʂuei$^{42-21}$ tɑu^{0} nan$^{42-44}$ tɕiŋ$^{42-44}$ ua^{42},
子 脱 坯 呢。一 追 追 到 南 京 洼，
kʰan$^{453-24}$ tʂou^{0} kə^{0} tʰu$^{453-24}$ tsɿ^{0} tiɑu$^{453-42}$ ʂuei$^{213-21}$ li^{13}, tɕiou^{42} tʂə^{0}
看 着 个 兔 子 掉 水 里，揪 着
ɕiɑu$^{213-21}$ piɐr$^{453-42}$ lei$^{453-24}$ ʂəŋ^{0} lai^{42} liɛ^{13}。
小 辫儿 勒 上 来 咧。

3. ŋai$^{453-44}$ xɑu^{42} ti^{13} tɕiŋ^{42}/ŋai$^{453-42}$ ɕiɑu$^{453-24}$ ti^{0} tɕiŋ^{42}, ŋai$^{42-44}$ pʰi$^{453-44}$
爱 号 的 精/爱 笑 的 精，挨 屁
pəŋ^{42}, i$^{42-44}$ pəŋ^{42} pəŋ$^{42-21}$ tɑu^{0} suŋ$^{453-44}$ tɕia$^{42-44}$ iŋ^{42}。suŋ$^{453-44}$ tɕia$^{42-44}$
崩，一 崩 崩 到 宋 家 营。宋 家
iŋ^{42}, kei$^{213-21}$ kə^{13} liər^{213}, i$^{42-44}$ pəŋ^{42} pəŋ$^{42-21}$ tɑu^{0} ɕiɑu$^{213-24}$ tɕiər^{213}。
营，给 个 梨儿，一 崩 崩 到 小 集儿。
ɕiɑu$^{213-24}$ tɕiər$^{213-24}$, kei$^{213-21}$ kə^{13} kua^{42}, i$^{42-44}$ pəŋ^{42} pəŋ$^{42-21}$ tɑu^{0} tɕia^{42}。
小 集儿，给 个 瓜，一 崩 崩 到 家。
tɕia^{42} li^{0} kei$^{213-21}$ kə^{13} ɕie$^{42-44}$ ti$^{213-21}$ tsɿ^{13}, i$^{42-44}$ pəŋ^{42} pəŋ$^{42-21}$ tɑu^{0} tɕie$^{453-42}$
家 里 给 个 鞋 底 子，一 崩 崩 到 隔
pi$^{213-21}$ tsɿ^{13}。tɕie$^{453-42}$ pi$^{213-21}$ tsɿ^{13}, kei$^{213-21}$ kə^{13} puo$^{213-21}$ puo^{13}, ye$^{453-44}$
壁 子。隔 壁 子，给 个 饽 饽，越
pəŋ^{42} ye$^{453-44}$ tsuo$^{213-21}$ tsuo^{13}。tsuo$^{213-21}$ tsuo^{13} i$^{42-44}$ kʰuɐr$^{453-24}$ liɛ^{0},
崩 越 □ □。□ □ 一 块儿 咧，

ʐɑŋ$^{453-42}$ uo$^{213-21}$ tʂuai$^{42-44}$ par$^{453-24}$ liɛ^{0} 。
让 我 摔 霸$^{=}$儿 咧。

第三节 谜语

扫码收听

1. i^{42} kə^{0} xu^{213}，i^{42} kə^{0} pɑu^{453}，i^{42} kə^{0} ŋən$^{453-21}$ tʂə^{0}，i^{42} kə^{0} tʰiɑu^{453}。
一个虎，一个豹，一个摁着，一个跳。
（谜底：俩人儿铡草）

2. pʰa^{42} lə^{0} kʰɤ^{42} tsɿ^{0} ʂu^{453}，tiɑu$^{453-42}$ ɕiɑu$^{213-24}$ xour^{213}，xai^{42} tsɿ^{13}
趴了棵子树，吊小猴儿，孩子
tʂʰʅ^{42} liɛ^{0} niŋ$^{213-24}$ tsuei$^{213-24}$ tʰour^{213}。
吃咧拧嘴头儿。
（谜底：酱母子）

3. ʂɑŋ$^{453-42}$ ʂu$^{453-42}$ ʂu$^{453-44}$ pu$^{42-44}$ tuŋ^{453}，ɕia$^{453-42}$ ʂu$^{453-42}$ ʂu$^{453-44}$
上树树不动，下树树
pu$^{42-44}$ iɑu^{42}，ʂa$^{42-44}$ tʰa$^{42-44}$ mei^{42} iou^{13} ɕye^{213}，tʰuei^{42} tʰa^{0} mei^{42} iou^{13} mɑu^{42}。
不摇，杀它没有血，推它没有毛。
（谜底：蚍蜉）

4. tʂai$^{453-21}$ tsɿ^{0} ɕi^{42}，tʂai$^{453-21}$ tsɿ^{0} mi^{453}，tɕie$^{453-42}$ tʂə^{0} tʂai$^{453-21}$
寨子稀，寨子密，隔着寨
tsɿ^{0} muo$^{42-44}$ ly$^{213-21}$ y^{13}。
子摸鲤鱼。
（谜底：织布扔梭）

5. ʂɑŋ$^{453-42}$ kʰɑŋ$^{453-42}$ iɑu^{453}，tie$^{42-44}$ san$^{42-44}$ tɑur^{453}，man$^{213-24}$ u$^{42-44}$
上炕要，叠三道儿，满屋
li$^{213-24}$ xuŋ^{42}，tuei$^{453-42}$ liɐr$^{213-21}$ ɕiɑu^{453}。
里红，对脸儿笑。
（谜底：扫炕笤帚、行李卷儿、洋蜡、镜子）

6. i^{42} kə^{0} ian^{42} tʰuŋ^{0}, tʂʰəŋ^{42} tʂə^{13} u$^{213-21}$ kə^{13} ɕian^{42} ʂəŋ^{0}; i^{42} kə^{0}
一个烟筒，盛着五个先生；一个
ɕiɑu$^{213-24}$ ɕiar^{213}, tʂʰəŋ^{42} tʂə^{13} u$^{213-21}$ kə^{13} lɑu$^{213-24}$ niar^{213}。
小匣儿，盛着五个老娘儿。
（谜底：手指和脚趾）

7. xuo^{42} tʂə^{13} tʂʰuan$^{42-44}$ ta$^{453-42}$ ly^{453}, sɿ$^{213-21}$ liou^{13} tʂʰuan$^{42-44}$
活着穿大绿，死嚠穿
ta$^{453-44}$ xuŋ^{42}。
大红。
（谜底：虾）

8. san$^{42-44}$ kʰuɐr$^{453-42}$ ua^{213}, kai$^{453-42}$ tɕian$^{42-44}$ fɑŋ^{42}, li$^{213-21}$ tʰou^{13}
三块儿瓦，盖间房，里头
tsuo$^{453-24}$ tʂə^{0} kə^{0} xua$^{42-44}$ ku^{42} niŋ^{0}。
坐着个花姑娘。
（谜底：荞麦）

9. ɕiuŋ$^{42-21}$ ti^{0} tɕʰi^{42} pə^{0} kɤ^{453}, uei^{42} tʂə^{13} tʂu$^{453-24}$ tsɿ^{0} tsuo^{453}, i$^{42-44}$
兄弟七八个，围着柱子坐，一
tan$^{453-42}$ iɑu$^{453-44}$ fən$^{42-44}$ tɕia^{42}, i^{42} fu^{0} iɑu$^{453-42}$ tʂʰɤ$^{213-21}$ pʰuo^{453}。
旦要分家，衣服要扯破。
（谜底：大蒜）

10. i^{42} kə^{0} tʰu$^{453-24}$ tsɿ^{0} lia$^{213-21}$ uɤr^{42}。
一个兔子俩窝儿。
（谜底：钱叉子）

11. ni$^{213-24}$ pa$^{213-24}$ ian$^{213-24}$ i$^{42-44}$ təŋ^{453}, uo$^{213-24}$ pa$^{213-24}$ iɑur$^{42-44}$
你把眼一瞪，我把腰儿
i$^{42-44}$ tsuŋ^{453}, ni$^{213-21}$ iou^{13} tʂʰʅ^{42} uo^{0}, uo$^{213-21}$ tsou$^{453-42}$ iɑu$^{453-42}$ ni$^{213-21}$
一纵，你要吃我，我就要你

ti^{13} miŋ^{453}。
的 命。

（谜底：雀头）

12. pu$^{42-44}$ tiɐr$^{213-24}$ pu$^{42-44}$ tiɐr^{213}，xuən$^{42-44}$ ʂən^{42} tou$^{42-24}$ ʂʅ^{0} iɐr^{213}。
不 点儿 不 点儿，浑 身 都 是 眼儿。

（谜底：顶针儿）

13. xuŋ$^{42-44}$ mən$^{42-44}$ kʰɐr^{213}，pai$^{42-44}$ mən$^{42-44}$ kʰɐr^{213}，li$^{213-21}$
红 门 槛儿，白 门 槛儿，里
tʰou^{13} tsuo$^{453-24}$ tʂə^{0} kə^{0} tʰɑu$^{42-44}$ tɕʰi$^{453-24}$ ti^{0} tsɐr^{213}。
头 坐 着 个 淘 气 的 崽儿。

（谜底：嘴）

14. yan$^{213-21}$ kʰan$^{453-42}$ ɕiɑŋ$^{453-44}$ kə^{0} pei^{42}，tɕin$^{453-42}$ kʰan$^{453-42}$
远 看 像 个 碑，近 看
lia$^{213-24}$ zə̣r$^{42-44}$ tʰuei^{42}，tʂʰu^{42} tʂə^{0} ʐʅ^{42} tʰou^{13} ɕye$^{213-24}$ xuar^{42} uɑŋ$^{213-21}$
俩 人儿 推，出 着 日 头 雪 花儿 往
ɕia$^{453-44}$ fei^{42}。
下 飞。

（谜底：俩人儿拉大锯）

第四节 谚语

扫码收听

1. ta$^{213-24}$ tʂʰuən^{42} ni$^{213-24}$ pie$^{42-44}$ xuan^{42} tɕʰi^{0}，xai^{42} iou^{13} sʅ$^{453-24}$
打 春 你 别 欢 气，还 有 四
ʂʅ^{0} tʰian^{42} ti^{0} ləŋ$^{213-24}$ tʰian^{42} tɕʰi^{0}。
十 天 的 冷 天 气。

2. ku^{42} y^{0} tɕʰian$^{42-44}$ xou^{453}，tʂuŋ$^{453-44}$ kua$^{42-44}$ tʂuŋ$^{453-42}$ tou^{453}。
谷 雨 前 后，种 瓜 种 豆。

3. xan^{42} ʂʅ^{13} ti$^{453-42}$ tɕʰi$^{453-44}$ tʰuŋ^{42}, ku^{42} y^{0} pu$^{42-44}$ ʂəŋ$^{42-44}$ liŋ^{42}。
寒 食 地 气 通，谷 雨 不 生 凌。

4. tʂuɑŋ$^{42-21}$ tɕie^{0} lɑur$^{213-24}$ pu$^{42-44}$ xai$^{453-44}$ ɕiou^{42}, tʂʅ$^{42-21}$ tɑu^{0}
庄 稼 佬儿 不 害 羞，知 道
li$^{453-42}$ ɕia^{453} tʂʅ$^{42-44}$ pu$^{42-44}$ tɑu^{0} li$^{453-44}$ tɕʰiou^{42}。
立 夏 知 不 道 立 秋。

（立夏天气热了，庄稼人要歇晌）

5. iɑu$^{453-42}$ ɕiɑu$^{213-24}$ man$^{213-24}$ iɑŋ^{42}, pu$^{42-21}$ iɑu^{0} mai$^{453-44}$ tʂʰa$^{42-44}$
要 小 满 秧，不 要 麦 茬
iɑŋ^{42}。
秧。

（小满时插秧产量高，麦收时插秧产量低）

6. mɑŋ$^{42-21}$ tʂuŋ^{0} pu$^{42-44}$ kʰɤ$^{213-24}$ tɕʰiɑŋ$^{213-21}$ tʂuŋ^{13}。
芒 种 不 可 抢 种。

（芒种后产量低）

7. ɕia$^{453-42}$ tʂʅ^{453} san$^{42-44}$ kəŋ^{42} ʂu$^{213-21}$ tʰou$^{42-44}$ fu^{42}。
夏 至 三 庚 数 头 伏。

8. tʰou^{42} fu^{13} ti^{0} luo^{42} pu^{13} ər$^{453-44}$ fu^{42} ti^{13} tɕie^{453}, san$^{42-44}$ fu^{42}
头 伏 的 萝 卜 二 伏 的 芥，三 伏
ti^{13} pai^{42} tsʰei^{13} tʂuŋ$^{453-42}$ pan$^{453-42}$ ye^{453}。
的 白 菜 种 半 月。

9. li$^{453-44}$ tɕʰiou^{42} san^{42} tʰian^{0} nan$^{42-21}$ kuo^{0} xuo^{42}。
立 秋 三 天 难 过 河。

（立秋三天后天气越来越凉，过河易感冒）

10. li$^{453-44}$ tɕʰiou^{42} ʂʅ$^{42-44}$ pa$^{42-44}$ ʐʅ^{213}, tsʰuən$^{453-42}$ tsʰɑu$^{213-24}$ tou$^{42-44}$
立 秋 十 八 日，寸 草 都
tɕie$^{42-44}$ tsər^{213}。
结 籽儿。

11. ɕiɑu$^{213-24}$ ɕye$^{213-24}$ fəŋ$^{42-44}$ xuo^{42}, ta$^{453-42}$ ɕye$^{213-24}$ fəŋ$^{42-44}$ ti^{453}。
小雪封河，大雪封地。

ɕiɑu$^{213-24}$ ɕye$^{213-24}$ fəŋ$^{42-44}$ xuo^{42} fuɤr^{42} pu$^{42-44}$ xuo^{42}, tɑ$^{453-42}$ ɕye$^{213-24}$
小雪封河封儿不合，大雪

fəŋ$^{42-44}$ ti$^{453-42}$ tʂuən$^{213-24}$ fəŋ$^{42-44}$ ti^{453}。
封地准封地。

12. ɕiɑu$^{213-24}$ xan^{42} ta$^{453-44}$ xan^{42}, ʂa$^{42-44}$ tʂu^{42} kuo$^{453-44}$ nian^{42}。
小寒大寒，杀猪过年。

13. tɕʰi$^{42-44}$ tɕiou$^{213-21}$ xuo^{42} kʰai^{0} xuo$^{42-44}$ pu$^{42-44}$ kʰai^{42}, pa$^{42-44}$
七九河开河不开，八

tɕiou$^{213-21}$ ian$^{453-44}$ lai^{42} ian$^{453-42}$ tʂuən$^{213-24}$ lai^{42}。
九燕来燕准来。

14. tɕʰiŋ$^{42-44}$ tsʰɑu$^{213-21}$ muo$^{453-44}$ ly$^{42-44}$ ian^{213}, pai$^{453-44}$ nian$^{42-44}$
青草没驴眼，拜年

ie$^{213-21}$ pu$^{42-44}$ uan^{213}。
也不晚。

（五六月拜年都不晚）

15. tuŋ$^{42-44}$ tɕiɑŋ$^{453-44}$ ʐʅ^{42} tʰou^{13} ɕi$^{42-44}$ tɕiɑŋ$^{453-42}$ y^{213}。
东虹日头西虹雨。

16. lɑu$^{213-24}$ yn$^{42-44}$ tɕie$^{42-44}$ tɕia^{453}, fei$^{42-44}$ kua$^{213-21}$ tsai$^{453-42}$ ɕia^{453}。
老云接驾，非刮再下。

（乌云和太阳碰到一起了，不是要刮风就是要下雨）

17. tɕie$^{453-42}$ tɑu^{453} pu$^{42-44}$ ɕia$^{453-42}$ y^{213}, pai$^{213-24}$ li$^{213-24}$ pu$^{42-44}$
隔道不下雨，百里不

tʰuŋ$^{42-44}$ fəŋ^{42}。
通风。

18. lɑu$^{213-21}$ ie^{13} lɑu$^{213-21}$ ie^{13} pu$^{42-44}$ xai$^{453-42}$ sɑu^{453}, tʂʰu^{42} tʂə^{0}
姥爷姥爷不害臊，出着

ʐʅ^{42} tʰou^{13} tsou$^{453-42}$ niɑu$^{453-42}$ niɑu^{453}。
日 头 就 尿 尿。
（边出太阳边下雨）

19. ʂʅ^{42} ye^{13} tʂʰu$^{42-44}$ i^{42} kuei$^{213-24}$ tʂʰuan$^{42-44}$ i^{42}。
十 月 初 一 鬼 穿 衣。

20. ta$^{453-42}$ tuən$^{453-42}$ man^{213}，ɕiɑu$^{213-21}$ tuən$^{453-44}$ liour^{42}。
大 囤 满，小 囤 流儿。
（形容丰收）

21. tʰou$^{42-44}$ piɐr$^{453-42}$ tɕʰian^{213}，ər$^{453-42}$ piɐr$^{453-44}$ ʂən^{42}，san$^{42-44}$
头 遍儿 浅，二 遍儿 深，三
piɐr$^{453-42}$ pa$^{213-24}$ tʰu$^{213-21}$ suŋ$^{453-44}$ miɑu$^{42-44}$ kən^{42}。
遍儿 把 土 送 苗 根。

22. ŋou$^{213-24}$ xɑu$^{213-24}$ tʂʰʅ^{42}，iɐr$^{213-24}$ nan$^{42-44}$ tsuan^{42}。
藕 好 吃，眼儿 难 钻。

23. pai$^{213-21}$ m^{13} kuan^{42} tsɿ^{0} li$^{453-42}$ mu$^{453-42}$ kuo^{213}。
柏 木 棺 子 栗 木 椁。
（最好的棺椁是柏木和栗木做的）

24. pu$^{42-44}$ pʰa$^{453-44}$ mɑu^{42} tʰou^{13} iŋ$^{42-44}$ tɕiɑu^{453}，tsou$^{453-42}$ pʰa$^{453-44}$
不 怕 猫 头 鹰 叫，就 怕
mɑu^{42} tʰou^{13} iŋ$^{42-44}$ ɕiɑu^{453}。
猫 头 鹰 笑。

25. ie$^{453-44}$ mɑu^{42} tsɿ^{13} tɕin$^{453-44}$ tʂai^{42}，mei$^{42-21}$ ʂər^{0} pu$^{42-44}$ lai^{42}。
夜 猫 子 进 宅，没 事儿 不 来。

26. tɕy$^{213-21}$ ku$^{453-24}$ lu^{0} kuo^{42} ti^{0} tɕy$^{213-21}$ pʰuo$^{453-44}$ pʰiɑu^{42}，tɕy$^{213-21}$
锔 锢 露 锅 的 锔 破 瓢，锔
xuai$^{453-21}$ liou^{0} pu$^{42-44}$ kei$^{213-24}$ pɑu^{42}。
坏 嚠 不 给 包。

27. liou$^{453-44}$ ʂʅ$^{42-44}$ xua$^{42-44}$ tɕiɑu$^{42-44}$ tsɿ^{213}, pu$^{42-44}$ sɿ$^{213-24}$ ie$^{213-24}$
六十花交子，不死也
xuo$^{42-44}$ mai^{42}。
活埋。

28. i$^{42-44}$ pʰiŋ^{42} tsɿ^{13} pu$^{42-44}$ man^{213}, pan$^{453-44}$ pʰiŋ^{42} tsɿ^{13} xuɑŋ$^{453-21}$ təŋ^{0}。
一瓶子不满，半瓶子晃荡。

29. i^{42} kə^{0} tiŋ$^{213-21}$ ti^{13} xəŋ^{453}, lia$^{213-24}$ tiŋ$^{213-21}$ ti^{0} ləŋ^{453}, sa^{42} mə^{0}
一个顶的横，俩顶的愣，仨么
tiŋ$^{213-21}$ ti^{13} ta$^{213-21}$ tɕia$^{453-44}$ pu$^{42-44}$ iɑu$^{453-42}$ miŋ^{453}。
顶的打架不要命。

30. i$^{42-44}$ tɕia$^{42-44}$ san$^{42-44}$ pa$^{213-21}$ tsuo^{453}, ʐʅ$^{453-24}$ tsɿ^{0} pu$^{42-44}$
一家三把左，日子不
tʂʰou$^{42-44}$ kuo^{453}。
愁过。

31. i^{42} kə^{0} tsuo$^{453-42}$ ŋɤ$^{453-42}$ ti^{0}, i^{42} kə^{0} tʂuo$^{453-42}$ ʂan$^{453-21}$ ti^{0}。
一个做恶的，一个做善的。

32. pʰian^{42} far^{0} tʂʅ$^{453-42}$ ta$^{453-42}$ piŋ^{453}。
偏方儿治大病。

33. tʰɑŋ$^{42-44}$ kua^{42} tsɿ^{0} tɕi$^{453-42}$ tsau$^{453-24}$ liɛ^{0}, ɕi$^{213-21}$ fər^{13} pu$^{42-44}$
糖瓜子祭灶咧，媳妇儿不
lai^{42} pu$^{42-44}$ iɑu$^{453-24}$ liɛ^{0}。
来不要咧。

34. xu$^{42-44}$ tɕiɑu$^{42-44}$ ɕiɑu^{213}, la$^{453-44}$ ʐən$^{42-44}$ ɕin^{42}, tɕiɑŋ$^{453-42}$
胡椒小，辣人心，酱
mu$^{213-21}$ tsɿ^{13} ta^{453}, la$^{453-42}$ tsuei$^{213-24}$ tʂʰuən^{42}。
母子大，辣嘴唇。

35. ia^{42} mən^{13} kʰour$^{213-24}$ tʂʰɑu^{42} nan$^{42-44}$ kʰai^{42}, iɑu$^{453-42}$ ɕiɑŋ$^{213-24}$
衙门口儿朝南开，要想

ta$^{213-24}$ kuan^{42} sɿ^{0} na$^{213-24}$ tɕʰian^{42} lei^{13}。

打 官 司 拿 钱 来。

36. ɕiɑu$^{453-21}$ xuo^{0} ʐən^{42}，pu$^{42-44}$ kən$^{42-44}$ ʐən^{42}。

笑 话 人，不 跟 人。

37. ʐuan$^{213-24}$ ly^{42} tsɿ^{13} la$^{42-44}$ iŋ$^{453-42}$ fər^{453}。

软 驴 子 拉 硬 粪儿。

38. ta$^{453-42}$ tou$^{213-21}$ tɕin^{453}，ɕiɑu$^{213-24}$ tou$^{213-24}$ tʂʰu^{42}。

大 斗 进，小 斗 出。

39. li$^{453-42}$ kuən$^{213-21}$ li^{453}，pən$^{213-24}$ kuən$^{213-24}$ pən^{213}。

利 滚 利，本 滚 本。

40. san^{42} tʰian^{0} ti^{0} ɕi$^{213-21}$ fər^{13}，tɕʰi^{42} tʰian^{0} ti^{0} tɕiɑŋ^{453}。

三 天 的 媳 妇儿，七 天 的 酱。

41. tʰi$^{453-44}$ tʰou^{42} ti^{13} tʰiɑu^{42} tsɿ^{0} i$^{42-44}$ tʰour$^{213-21}$ ʐe^{453}。

剃 头 的 挑 子 一 头儿 热。

42. xan$^{453-44}$ ʂan$^{42-44}$ i^{453}，xan$^{453-44}$ xuŋ$^{42-44}$ tsuŋ$^{213-24}$ nan^{42}。

撼 山 易，撼 红 总 难。

（山可撼动，解放军不可撼动）

43. luŋ^{42} pə^{13} ŋɑi$^{453-42}$ ta$^{213-21}$ tʂʰa^{453}，ɕia^{42} tsɿ^{0} ŋɑi$^{453-42}$ suan$^{453-42}$

聋 巴 爱 打 岔，瞎 子 爱 算

kua^{453}。

卦。

44. ɕia^{42} tsɿ^{0} suan$^{453-42}$ kua^{453}，liɑŋ$^{213-24}$ tʰour$^{213-24}$ tu^{213}。

瞎 子 算 卦，两 头儿 堵。

45. xuo^{42} li^{13} mei$^{42-44}$ y^{42} ʂʅ$^{453-21}$ ʂəŋ^{0} tɕʰy^{213}。

河 里 没 鱼 市 上 取。

46. tuo$^{42-44}$ nian^{42} ti^{13} lɑu$^{213-21}$ tɑu$^{453-44}$ ŋɑu$^{42-44}$ tʂʰəŋ$^{42-44}$ xuo^{42}，

多 年 的 老 道 熬 成 河，

tuo$^{42-44}$ nian^{42} ti^{13} ɕi$^{213-21}$ fər^{13} ŋɑu$^{42-44}$ tʂʰəŋ$^{42-44}$ pʰuo^{42}。
多 年 的 媳 妇儿 熬 成 婆。

47. ti$^{453-42}$ tuŋ$^{453-44}$ ʂan$^{42-44}$ iɑu^{42}, xua^{42} tsɿ^{0} ləŋ$^{42-44}$ pʰiɑu^{42}。
地 动 山 摇，花 子 扔 瓢。
（地震预示着下一年的年头好）

48. i$^{42-44}$ tsɿ$^{213-24}$ liɑŋ$^{213-24}$ pu$^{42-44}$ tɕye^{42}。
一 子 两 不 绝。

49. i$^{42-44}$ pʰiŋ^{42} ər$^{453-42}$ tɕiŋ$^{453-42}$ san$^{42-44}$ tʰa$^{213-21}$ pʰən^{13}。
一 鲆 二 镜 三 鳎 盆$^{=}$。
（海里最好吃的三种鱼：鲆儿鱼、镜儿鱼和鳎目鱼）

50. xuo^{42} ʂan^{0} xai$^{213-21}$ tɕiŋ^{453}。
河 鳝 海 镜。
（河里鳝鱼最好吃，海里镜儿鱼最好吃）

51. iɑu$^{453-42}$ ɕiɑŋ$^{213-21}$ fu^{453}, ʂɤ$^{42-44}$ pʰan$^{42-44}$ tʰu^{453}。
要 想 富，蛇 盘 兔。

52. xua$^{42-44}$ tɕʰian^{42} nan$^{42-44}$ mai$^{213-21}$ tuei$^{453-42}$ tsɿ$^{213-24}$ iɑŋ^{42}。
花 钱 难 买 对 子 羊。
（夫妻俩都属羊是很难得的）

53. ʂɤ$^{42-44}$ xu$^{213-24}$ ʐu$^{42-44}$ tɑu$^{42-44}$ tsʰuo^{453}, pu$^{42-44}$ ʂa$^{42-44}$ tsou$^{453-42}$ kuo^{453}。
蛇 虎 如 刀 锉，不 杀 就 过。
（属蛇的和属虎的不宜结婚）

54. nian^{42} y^{13} tʂɑu$^{213-24}$ nian^{42} y^{13}, ka$^{213-21}$ y^{13} tʂɑu$^{213-24}$ ka$^{213-21}$ y^{13},
鲇 鱼 找 鲇 鱼，生$^{=}$ 鱼 找 生$^{=}$ 鱼，
ʂʅ$^{213-21}$ ləŋ^{13} kai^{42} kai^{0} tʂɑu$^{213-21}$ la$^{453-24}$ la^{0} ku^{213}。
屎 郎 该$^{=}$ 该$^{=}$ 找 蝲 蝲 蛄。

55. tɕin$^{453-42}$ kɤr$^{453-21}$ ti^{0} muo$^{453-42}$ tɕin$^{453-42}$ kɤr$^{213-24}$ yan^{42}。
尽$^{=}$ 各儿 的 磨 尽$^{=}$ 各儿 圆。

56. pai$^{42-44}$ ʂu$^{213-21}$ mian$^{453-42}$ kuər^{453}, tʂʰʅ^{42} lə^{0} tiŋ$^{213-24}$ i$^{42-44}$ xuər^{453}。
白 薯 面 棍儿，吃 了 顶 一 会儿。

57. i^{42} kə^{0} kuei^{42} ny^{0} lia$^{213-24}$ tsei^{42}。
一 个 闺 女 俩 贼。

58. tɕʰy$^{453-24}$ tɕʰy^{0} xuar^{453}, lan$^{453-42}$ tsuei$^{213-21}$ par^{453}。
阒 阒 话儿，烂 嘴 巴儿。

59. ʐən$^{42-44}$ tɕʰin$^{42-44}$ ti$^{453-44}$ pu$^{42-44}$ lan^{213}。
人 勤 地 不 懒。

60. pa$^{42-21}$ ye^{0} ʂʅ^{42} u^{13} in^{42} tʂə^{0} yɤr^{453}, tʂəŋ$^{42-21}$ ye^{0} ʂʅ^{42} u^{13} ɕye$^{213-24}$ ta$^{213-24}$ təŋ^{42}。
八 月 十 五 阴 着 月儿，正 月 十 五 雪 打 灯。

61. ləŋ$^{213-21}$ tsai$^{453-44}$ san$^{42-44}$ tɕiou^{213}, ʐə$^{453-24}$ tsai$^{453-44}$ san$^{42-44}$ fu^{42}。
冷 在 三 九，热 在 三 伏。

62. pɑŋ$^{453-44}$ ʂan^{42} tʂʰʅ$^{453-44}$ ʂan^{42}, pɑŋ$^{453-42}$ xai$^{213-21}$ tʂʰʅ$^{42-44}$ xai^{213}。
傍 山 吃 山，傍 海 吃 海。

63. niŋ$^{453-42}$ tsou$^{213-21}$ ʂʅ$^{42-44}$ pu$^{453-42}$ yan^{213}, pu$^{42-44}$ tsou$^{213-24}$ i$^{42-44}$ pu$^{453-42}$ ɕian^{213}。
宁 走 十 步 远，不 走 一 步 险。

64. tʂʰuən$^{42-44}$ u$^{213-24}$ tɕʰiou$^{42-44}$ tuŋ^{453}。
春 捂 秋 冻。

65. tiou^{42} lə^{0} ɕi$^{42-21}$ kuo^{0} tɕian$^{213-24}$ tʂʅ$^{42-21}$ mə^{0}。
丢 了 西 瓜 捡 芝 麻。

66. iou$^{213-21}$ tʂʅ$^{453-44}$ pu$^{42-44}$ tsai$^{453-44}$ nian$^{42-44}$ kɑu^{42}, u$^{42-44}$ tʂʅ$^{453-42}$ kʰuŋ$^{42-44}$ xuo$^{42-44}$ pai$^{213-21}$ suei^{453}。
有 志 不 在 年 高，无 志 空 活 百 岁。

67. tʰiŋ$^{42-44}$ la$^{453-24}$ la^{0} ku$^{213-21}$ tɕiɑu^{453}，pie$^{42-44}$ tʂuŋ$^{453-42}$ ti^{453}。
听蝲蝲蛄叫，别种地。

68. tʂuŋ$^{453-42}$ ti$^{453-42}$ pu$^{42-44}$ ʂʅ$^{213-24}$ fən^{453}，tʂəŋ$^{213-24}$ nian$^{42-44}$ ɕia$^{42-44}$ xu$^{42-44}$ xuən^{453}。
种地不施粪，整年瞎胡混。

第五节 歇后语

扫码收听

1. nɑu$^{213-21}$ tei^{13} ʂəŋ^{0} ʂəŋ$^{42-44}$ tʂʰuɑŋ^{42}，tɕiɑu$^{213-24}$ ti$^{213-21}$ ɕia^{13} tʂʰu$^{42-44}$ nəŋ^{42} —— xuai$^{453-42}$ tʰou$^{453-24}$ liɛ^{0}。
脑袋上生疮，脚底下出脓——坏透咧。

2. ʂʅ$^{213-21}$ ləŋ^{13} kai^{42} kai^{0} ta$^{213-21}$ tʰi$^{453-24}$ fən^{0} —— man$^{213-24}$ tsuei$^{213-24}$ pʰən$^{42-44}$ fən^{453}。
屎郎该$^{=}$该$^{=}$打嚏喷——满嘴喷粪。

3. kuɑŋ$^{42-21}$ mai$^{453-44}$ pu$^{42-44}$ xɤ^{42} li^{0} —— mən$^{42-44}$ kʰɐr^{213}。
光卖（迈）不喝理$^{=}$——门槛儿。

4. tɕi$^{42-21}$ liour^{0} pʰi^{42} tsʅ^{13} tsʰa$^{42-44}$ pʰie$^{453-24}$ xu^{0} —— tɕʰi$^{42-21}$ tʂʰə^{0} kʰa$^{42-44}$ tʂʰa^{42}。
即$^{=}$了儿皮子擦屁股——嘁嚓咔嚓。

5. lia$^{213-24}$ tsər$^{213-24}$ i$^{42-44}$ kua^{453} —— suan$^{453-24}$ liɛ^{0}。
俩子儿一挂——算咧。

6. ɕie^{42} tsʅ^{0} pa$^{42-21}$ pa^{0} —— tu$^{42-44}$ i$^{42-44}$ fər^{453}。
蝎子粑粑——独（毒）一份儿。

7. kou$^{213-24}$ tʂɑŋ$^{213-24}$ tɕi^{42} tɕiou^{0} —— iɑŋ$^{42-21}$ ʂər^{0} ti^{0}。
狗 长 犄 角 ——羊（洋）式儿 的。

8. ər$^{453-44}$ tʰi$^{42-44}$ tɕiɑu^{213} —— liɑŋ$^{213-24}$ ɕiar^{213}。
二 踢 脚 ——两 响儿。

9. tʂu$^{42-44}$ lɐr^{42} ta$^{213-24}$ ʂuei^{213} —— i$^{42-44}$ tʂʰɑŋ$^{213-24}$ kʰuŋ^{42}。
竹 篮儿 打 水 ——一 场 空。

10. tʂən$^{42-44}$ tɕiɐr^{42} tuei$^{453-42}$ mai$^{453-42}$ uar^{213} —— tɕiɐr$^{42-44}$ tuei$^{453-44}$
针 尖儿 对 麦 芒儿 ——尖儿 对
tɕiɐr^{42}。
尖儿。

11. tɕie$^{453-42}$ piər$^{213-24}$ pɑu$^{42-44}$ tɕiɑu$^{213-21}$ tsɿ^{13} —— tʂʅ^{42} pu^{0} tɑu$^{453-42}$
隔 壁儿 包 饺 子 ——知 不 道
ʂa$^{42-44}$ ɕiɐr^{453}。
啥 馅儿。

12. u$^{213-21}$ tɕiər^{13} xei^{42} tɕie^{0} mei$^{42-44}$ yɤr^{453} —— tʰi$^{213-21}$ xuei^{13} ti^{0}
五 更儿 黑 介$^{=}$ 没 月儿 ——体 会 的
tʰou$^{453-42}$ tʰour$^{213-21}$ ti^{13} liɛ^{0}。
透 透儿 的 咧。

13. tɕʰiou$^{42-44}$ xou$^{453-42}$ ti^{0} ma$^{453-24}$ tʂə^{0} —— pəŋ$^{453-24}$ tə^{0} pu^{42} liou^{0}
秋 后 的 蚂 蚱 ——蹦 跶 不 嚠
tɕi$^{213-24}$ tʰian^{42} liɛ^{0}。
几 天 咧。

14. niou$^{42-44}$ tu^{42} tsɿ^{13} la$^{42-44}$ tʂʰe^{42} —— luɐr$^{453-42}$ tʰɑur$^{453-24}$ liɛ^{0}。
牛 犊 子 拉 车 ——乱儿 套儿 咧。

第六节 自选条目

扫码收听

当地的丧葬习俗

tʰou$^{42-44}$ ian$^{453-42}$ tɕʰi^{453}, kei$^{213-24}$ i^{42} fu^{0} tʂʰuan$^{42-44}$ xɑu$^{213-21}$ liou^{13}。
头咽气，给衣服穿好嘞。
kei$^{213-24}$ tsuei$^{213-21}$ li^{13} kɑu^{42} ʂəŋ^{0} tian$^{213-24}$ kuo$^{213-21}$ tsɿ^{13}, tɕiɑu$^{453-42}$
给嘴里搁上点馃子，叫
pu$^{42-44}$ kʰuŋ$^{42-44}$ kʰou^{213}。tʂʰuan$^{42-44}$ xɑu$^{213-21}$ liou^{13} i$^{213-21}$ xou$^{453-42}$
不空口。穿好嘞以后
tsou$^{453-42}$ kei$^{213-24}$ ʐən^{42} kei$^{213-21}$ ʂuən$^{453-21}$ kuo^{0} lai^{42} liɛ^{13}。yuan$^{42-44}$
就给人给顺过来咧。原
ɕian^{42} ʂʅ$^{453-44}$ tʰou$^{42-44}$ tʂʰɑu^{42} tʂə^{13} pei$^{213-21}$ ʂuei$^{453-24}$ tʂə^{0}, sɿ$^{213-21}$ xou$^{453-42}$
先是头朝着北睡着，死后
tɕiɑŋ$^{42-44}$ tʰou^{42} tʂʰɑu^{42} tʂə^{13} nan^{42}。tsa$^{42-44}$ i^{42} kə^{0} i$^{42-44}$ ʂan$^{453-44}$ mən^{42}
将头朝着南。扎一个一扇门
kʰuan^{42} ti^{0} sɿ$^{213-21}$ ʐən^{13} pʰai^{42} tsɿ^{0}, kei$^{213-24}$ ʐən^{42} ta^{42} tsai^{0} sɿ$^{213-21}$ ʐən^{13}
宽的死人拍子，给人搭在死人
pʰai^{42} tsɿ^{0} ʂəŋ^{0}, fɑŋ$^{453-24}$ tsai^{0} kuo$^{453-42}$ tour$^{453-44}$ u^{42} li^{0}。sɿ$^{213-24}$ ʐən^{42} ti^{13}
拍子上，放在过道儿屋里。死人的
tʰou^{42} tʂʰuŋ$^{453-24}$ tʂə^{0} fu$^{42-44}$ tʰou^{42}。tsai$^{453-42}$ lia$^{213-24}$ ŋɑu$^{213-21}$ ɕiour$^{453-24}$
头冲着枎头。在俩袄袖儿
li^{0} suei$^{42-21}$ səŋ^{0} kuo$^{213-21}$ tsɿ^{13}, tɕiɑu$^{453-44}$ pu$^{42-44}$ kʰuŋ$^{42-44}$ ʂou^{213}。kuei^{42}
里塞上馃子，叫不空手。闺
ny^{0} na^{42} kə^{13} kan$^{42-21}$ tɕiŋ^{0} uan^{213}, tʂʰəŋ$^{42-44}$ i$^{42-44}$ uan$^{213-24}$ ʂuei^{213},
女拿个干净碗，盛一碗水，
na$^{42-44}$ kʰuɐr$^{453-44}$ kan$^{42-21}$ tɕiŋ^{0} pu^{453}, kei$^{213-24}$ sɿ$^{213-21}$ ʐən^{13} tsʰa^{42} tsʰa^{0}
拿块儿干净布，给死人擦擦

ian^{213}, tɕiɑu$^{453-42}$ kʰai$^{42-44}$ ian$^{213-21}$ kuar^{13}。ie$^{213-21}$ tsou$^{453-24}$ ʂʅ^{0} iŋ^{42}
眼，叫开眼光儿。也就是应

kə^{0} liɤr^{453}, sɿ$^{213-24}$ tʂɤ$^{213-21}$ ʂɑŋ$^{453-44}$ ɕi^{42} tʰian^{0} tɕʰy$^{453-42}$ tsou$^{453-42}$
个列⁼儿，死者上西天去就

kʰan$^{453-24}$ tʂu^{0} tɑur$^{453-21}$ liɛ^{0}。mei$^{42-44}$ kuei^{42} ny^{0} ti^{0} tsou$^{453-44}$ ər^{42} tsɿ^{13} ɕi$^{213-21}$
看着道儿咧。没闺女的就儿子媳

fər^{13} kei$^{213-24}$ kʰai^{42}。ian$^{213-21}$ kuar^{13} kʰai^{42} liɛ^{0}, kɐr$^{42-44}$ tʂʅ$^{42-44}$ tɑur$^{453-24}$
妇儿给开。眼光儿开咧，该儿支道儿

liɛ^{0}。i$^{42-44}$ pan^{42} ʂʅ$^{453-44}$ ər^{42} tsɿ^{13} tʂʅ$^{42-44}$ tɑur^{453}, ər^{42} tsɿ^{13} tʂʰuan^{42} tʂə^{0}
咧。一般是儿子支道儿，儿子穿着

ɕiɑu$^{453-44}$ i^{42}, pei$^{213-24}$ mər^{42} iou$^{213-24}$ mən$^{42-44}$ kʰan$^{213-21}$ tsɿ^{13}, tsai$^{453-42}$
孝衣，北门儿有门槛子，在

mən$^{42-44}$ kʰan$^{213-21}$ tsɿ^{13} ʂəŋ^{0} ta^{42} kə^{0} tʰiɑu$^{42-44}$ ʂuei$^{213-21}$ ti^{13} pian$^{213-21}$
门槛子上搭个挑水的扁

tən^{13}, i$^{42-44}$ tʰour$^{213-21}$ ta$^{42-44}$ mən$^{42-44}$ kʰan$^{213-21}$ tsɿ^{13} ʂəŋ^{0}, tʂei$^{453-42}$
担，一头儿搭门槛子上，这一

tʰour$^{213-21}$ ni^{13} ta$^{42-44}$ ʂuei$^{213-24}$ tʰuŋ$^{213-21}$ ʂəŋ^{13} tian$^{453-24}$ tʂə^{0}, tʰa$^{42-44}$
头儿呢搭水桶上垫着，他

lia$^{213-21}$ i$^{42-44}$ pɐr^{42} kɑu^{42} liɛ^{0}, tʂɑu$^{213-21}$ kə^{13} ɕiɑu$^{453-42}$ pu$^{453-42}$ tɐr^{453}
俩一般儿高咧，找个孝布带儿

tsʰuŋ$^{42-44}$ tʂʰuɑŋ$^{42-44}$ pʰai^{42} tsɿ^{0} ʂəŋ^{0} tɕi^{453} tsai^{0} pian$^{213-21}$ tən^{13}
从床拍子上系在扁担

ʂəŋ^{0}, ʂou$^{213-24}$ pan^{42} tʂə^{0} ʂɑŋ$^{453-44}$ mən$^{42-44}$ kʰɐr^{213}, lian$^{42-44}$ xan$^{213-24}$
上，手扳着上门槛儿，连喊

san^{42} ʂəŋ^{0}, i$^{42-44}$ ʂəŋ^{42} pʰi$^{213-24}$ i$^{42-44}$ ʂəŋ^{42} kɑu^{42} : pa^{42} pa^{0} ie^{0}, san$^{42-21}$
三声，一声比一声高：爸爸耶，三

kə^{0} tɑur$^{453-24}$ a^{0}, ni$^{213-24}$ tɕian$^{213-24}$ tʂə^{0} pai$^{42-21}$ tɑur^{0} tsou^{213}。niar$^{213-21}$ tɕi^{13}
个道儿啊，你拣着白道儿走。娘儿几

kə^{0} tsɿ^{0} tsai$^{453-42}$ sɿ$^{213-24}$ ʐən^{42} ti^{13} tɕiɑu$^{213-24}$ ti$^{213-21}$ ɕia^{13} ti$^{453-44}$

个子在死人的脚底下第

i^{42} xuei^{0} ʂɑu$^{42-44}$ tʂʅ^{213}，tɕiɑu$^{453-44}$ ʂɑu$^{42-44}$ tɑu$^{213-21}$ tʰou^{13} tʂʅ^{213}。

一回烧纸，叫烧倒头纸。

xai^{42} iou^{13} i^{42} kə^{0} tɕiɑu$^{453-42}$ suŋ$^{453-42}$ tɑu$^{213-21}$ tʰou^{13} tʂʅ^{213}，tʂuɑŋ^{42} li^{0}

还有一个叫送倒头纸，庄里

iou$^{213-21}$ kə^{13} ʐən^{42} tsai$^{453-44}$ tʰou^{42} li^{13} liŋ$^{213-21}$ tʂə^{13}，na^{42} tʂə^{13} ʂou$^{213-24}$

有个人在头里领着，拿着手

təŋ^{42} xuei$^{42-44}$ ʂɑu^{42} tʂʅ^{0}，ɕiɑu$^{453-42}$ tsɿ$^{213-21}$ mi^{13} tsai$^{453-42}$ xou$^{453-21}$ tʰou^{0}

灯回⁼烧纸，孝子们在后头

tou$^{213-21}$ tʂə^{13}。yan$^{42-44}$ ɕian^{42} ʂɑŋ$^{453-42}$ miɑu$^{453-21}$ li^{0} ʂuŋ$^{453-42}$ tʂʅ$^{213-21}$

抖⁼着。原先上庙里送纸

tɕʰi^{13}，tʂən$^{453-24}$ tsər^{0} suei$^{42-21}$ pian^{0} tʂɑu$^{213-21}$ kə^{13} ti$^{453-24}$ tɕiour^{0}，na^{42}

去，阵⁼在儿随便找个地界儿，拿

ʂəŋ^{13} san$^{42-21}$ kʰuai^{0} tʂuan^{42} i$^{42-44}$ ta^{42} tsou$^{453-42}$ tiŋ$^{213-21}$ sʅ$^{453-42}$ miɑu^{453}，

上三块砖一搭就顶寺庙，

ti$^{453-44}$ i$^{42-21}$ tsʰɿ^{0} suŋ$^{453-42}$ tʂʅ^{213}，tɕiɑu$^{453-42}$ suŋ$^{453-42}$ tɑu$^{213-21}$ tʰou^{13} tʂʅ^{213}。

第一次送纸，叫送倒头纸。

ʂɑu$^{42-44}$ uan^{42} tsou$^{453-42}$ tɕʰie$^{213-21}$ lei^{13} xuei^{42} lai^{0} liɛ^{13}。ʐu^{42} kuo^{13} la$^{213-21}$

烧完就起来回来咧。如果喇

pə^{13} lai^{42} ti^{13} tsɑu^{213}，la$^{213-21}$ pə^{13} tsou$^{453-42}$ tsai$^{453-44}$ tɕʰian^{42} tʰou^{13} liŋ$^{213-21}$

叭来得早，喇叭就在前头领

tʂə^{13} ʂuŋ$^{453-42}$ tʂʅ$^{213-21}$ tɕʰi^{13}。ta$^{453-44}$ tsʰɑu^{42} tɑu$^{453-24}$ liɛ^{0}，tsou$^{453-44}$

着送纸去。大操到咧，就

kən^{42} tuŋ^{42} tɕia^{0} ʂɑŋ$^{42-21}$ liɑŋ^{0} mai$^{213-24}$ tʂʅ$^{213-21}$ tʂəŋ^{13}，pau$^{42-21}$ kʰuo^{0}

跟东家商量买纸杖，包括

tɕiou$^{213-24}$ lian$^{42-44}$ təŋ^{42}、lian$^{42-44}$ xua$^{42-44}$ i^{213}、tʰuŋ$^{42-44}$ nan^{42} tʰuŋ$^{42-44}$

九莲灯、莲花椅、童男童

ny^{213}、tɕin$^{42-44}$ in$^{42-44}$ ʂuɑŋ$^{42-44}$ kʰu$^{453-42}$ tʂɤ$^{453-44}$ i$^{42-44}$ tʰɑu^{453}，iou$^{213-24}$
女、金 银 双 库 这 一 套，有
lɑu$^{213-21}$ ʂər^{13} ti^{0} tʰuo$^{42-44}$ xuən$^{42-44}$ tʂʰe^{42}，nan^{42} ti^{13} tʂa^{42} kə^{0} ma$^{213-21}$
老 式儿 的 拖 魂 车，男 的 扎 个 马
tʰɑu$^{453-44}$ tʂʰe$^{42-21}$ ʂəŋ^{0}，niar$^{213-21}$ tɕi^{13} kə^{0} tsɿ^{0} tʂa$^{42-44}$ i$^{42-44}$ kə^{0} niou^{42}
套 车 上，娘儿 几 个 子 扎 一 个 牛
tʰɑu$^{453-24}$ tsai^{0} tʂʰe$^{42-21}$ ʂəŋ^{0}。lɑu$^{213-21}$ pei$^{453-24}$ tsɿ^{0} ʂuo$^{42-44}$ niar$^{213-21}$ tɕi^{13}
套 在 车 上。老 辈 子 说 娘儿 几
kə^{0} tsɿ^{0} ŋai$^{453-44}$ tʂʰou^{42} ʂɤr^{0} ʂɤr^{0} ti^{0}，tʂei$^{453-21}$ kə^{0} niou^{42} ʂʅ$^{453-44}$
个 子 爱 抽⁼ 啥儿 啥儿 的，这一 个 牛 是
xuo$^{42-44}$ tsɑŋ$^{42-44}$ ʂuei$^{213-21}$ ti^{13}。
喝 脏 水 的。

　　la$^{213-21}$ pə^{13} xai$^{42-44}$ mei$^{42-21}$ tɑu^{0} i$^{213-44}$ tɕʰian^{42}，mai$^{453-42}$ tʂʅ$^{213-21}$
　　喇 叭 还 没 到 以 前，卖 纸
tʂəŋ^{13} ti^{0} xai$^{42-44}$ kʰɤ$^{213-24}$ i$^{213-21}$ fɑŋ$^{453-42}$ ɑi$^{42-44}$ ye^{453}，la$^{213-21}$ pə^{13} lai^{42}
杖 的还 可 以 放 哀 乐，喇 叭 来
liou^{13}，ai$^{42-44}$ ye$^{453-42}$ tsou$^{453-44}$ tʂʰe$^{453-24}$ liɛ^{0}。tʰou$^{42-44}$ la$^{213-21}$ pə^{13}
嚠，哀 乐 就 撤 咧。头 喇 叭
tɑu^{453}，iɑu$^{453-44}$ ta$^{42-44}$ la$^{213-21}$ pə^{13} tʰai^{42}。tʂuɑŋ^{42} li^{0} ti^{0} ʐən^{42} tʂʅ$^{42-21}$ tɑu^{0}
到，要 搭 喇 叭 台。庄 里的人 知 道
liou^{0}，tou$^{42-44}$ lai$^{42-44}$ tʰi^{42} xu^{13}。ta$^{453-44}$ tsʰɑu^{42} xai^{42} iɑu^{13} ŋan^{42} pʰai^{0}
嚠，都 来 啼 呼。大 操 还 要 安 排
kei$^{213-24}$ tɕʰin^{42} tɕʰi^{0} suŋ$^{453-42}$ ɕiər^{453}。suŋ$^{453-42}$ ɕiər$^{453-24}$ ti^{0} ʐən^{42} tɑu$^{453-24}$
给 亲 戚送 信儿。送 信儿 的人 到
liɛ^{0}，iɑu$^{453-42}$ tsai$^{453-42}$ mən$^{42-44}$ kʰou$^{213-21}$ ɕian$^{42-44}$ ta$^{213-21}$ tʰiŋ^{13}，ʂʅ$^{453-42}$
咧，要 在 门 口 先 打 听，是
na$^{213-24}$ na$^{213-24}$ tɕia^{42} ia^{0}？ni$^{213-24}$ ʂʅ$^{453-44}$ xuei$^{42-44}$ na$^{213-21}$ tɕia^{13}
哪 哪 家 呀？你 是 回⁼ 哪 家

iou$^{213-24}$ tɕʰin^{42} tɕʰi^{0}？ ni$^{213-21}$ tɕia^{13} na$^{213-24}$ na$^{213-24}$ na$^{213-24}$ lɑu$^{213-21}$ liɛ^{13} a^{0}。
有 亲 戚？你 家 哪 哪 哪 老 咧啊。
suŋ$^{453-42}$ ɕiər$^{453-24}$ ti^{0} iɑu$^{453-42}$ tsai$^{453-42}$ ʐən^{42} tɕia^{13} tʂʰʅ$^{42-44}$ tiɐr$^{213-24}$ tuŋ$^{42-21}$
送 信儿 的要 在 人 家 吃 点儿 东
ɕi^{0} xuo$^{453-24}$ ʂʅ^{0} xuo$^{42-44}$ kʰou$^{213-24}$ ʂuei^{213}，ie$^{213-21}$ tɕiɑu$^{453-44}$ pu$^{42-44}$
西或 是喝 口 水，也 叫 不
kʰuŋ$^{42-44}$ kʰou^{213}。
空 口。

tʰou$^{42-44}$ lian$^{453-21}$ tɕʰi^{0}，ɕian$^{42-44}$ tʂʰɑu$^{42-44}$ iɑŋ^{42}，lian$^{453-24}$ uan^{42}
头 殓 去，先 超 殃，殓 完
xai$^{42-44}$ la^{42} xuei^{0} tɕiar^{42} lai^{0}。iou$^{213-21}$ ti^{13} tsai$^{453-44}$ pʰai^{42} tsɿ^{0} ʂəŋ^{0} kɑu^{42}
还 拉 回 家儿 来。有 的 在 拍 子 上 搁
i$^{42-44}$ xuər^{0}，iou$^{213-24}$ ta^{42} kə^{0} liŋ$^{42-44}$ pʰəŋ^{42} tsɿ^{13} kɑu$^{42-44}$ ku$^{213-24}$ xuei$^{42-44}$
一 会儿，有 搭 个 灵 棚 子 搁 骨 灰
xɤr$^{213-21}$ ti^{13}，tɕʰian^{42} tʰou^{13} pai$^{213-21}$ ʂəŋ^{13} kuŋ$^{453-42}$ kuɤr^{213}，tʂʰa$^{213-21}$
盒儿 的，前 头 摆 上 供 果儿，插
ʂəŋ^{13} ɕiɑŋ^{42} tai^{42} tʂə^{0}。niar$^{213-21}$ tɕi^{13} kə^{0} tsɿ^{0} iɑu$^{453-42}$ ɕy$^{453-44}$ tsʰai^{42}，
上 香 待 着。娘儿 几 个 子 要 续 材(财)，
tɕʰin^{42} tɕʰi^{0} nar$^{213-21}$ lai^{13} ti^{0} niɑu^{42} xuo^{13} tou$^{213-21}$ lou^{13} kʰai^{42} pai$^{213-21}$ tsai^{13}
亲 戚 拿儿 来的棉 花 抖 搂 开 摆 在
kʰuŋ$^{42-44}$ kuan^{42} tsɿ^{0} li^{0}，kuei^{42} ny^{0} ti^{0} niɑu^{42} xuo^{13} i$^{42-44}$ tɕiou$^{42-44}$
空 棺 子 里，闺 女 的棉 花 一 揪
liɑŋ$^{213-24}$ tɕiɤr^{213}，kɑu^{42} ti^{0} kuan$^{42-44}$ tʰour^{42}。na$^{42-44}$ tʂʅ$^{213-24}$ tɕʰian^{42}
两 节儿，搁 的棺 头儿。拿 纸 钱
pai$^{213-21}$ ti^{13} kuan$^{42-44}$ tsɿ^{0} tɑŋ$^{42-44}$ tɕiɐr^{453}，ta$^{453-44}$ ər^{42} tsɿ^{13} ɕi$^{213-21}$ fər^{13}
摆 的棺 子当 间儿，大 儿 子 媳 妇儿
tɕie$^{453-44}$ i^{42} kə^{0} tɕian$^{213-24}$ i$^{42-44}$ kə^{0}，fɑŋ$^{453-42}$ tsai$^{453-42}$ sɿ$^{213-24}$ tʂɤ$^{213-21}$
隔 一个 捡 一 个，放 在 死 者

ti^{13} kʰaŋ$^{453-42}$ pei$^{453-42}$ ti$^{213-21}$ ɕia^{13}。tou$^{42-44}$ tʂəŋ$^{213-24}$ uan^{42} liɛ^{13}, tsai$^{453-42}$
的 炕 被 底 下。都 整 完 咧，再
pa$^{213-24}$ ku$^{213-24}$ xuei$^{42-44}$ xɤr$^{213-21}$ faŋ$^{453-24}$ tɕin^{0} tɕʰi^{0}, pa$^{213-24}$
把 骨 灰 盒儿 放 进 去，把
tɕʰiŋ$^{42-44}$ tan^{42} faŋ$^{453-24}$ ʂaŋ^{0} tɕʰi^{0}, tsai$^{453-42}$ pa$^{213-24}$ kuan$^{42-44}$ kɐr^{453}
清 单 放 上 去，再 把 棺 盖儿
i$^{42-44}$ kʰou^{453}, tsou$^{453-42}$ kuan$^{42-44}$ lian$^{453-21}$ liɛ^{0}。
一 扣，就 关 殓 咧。

tʰou$^{42-44}$ tʂʰu$^{42-44}$ liŋ^{42}, tian$^{453-42}$ tʂʅ$^{213-21}$ liɛ^{13}, sʅ$^{213-21}$ ti^{13} nan^{42} ti^{13},
头 出 灵，奠 纸 咧，死 的 男 的，
tɕiau$^{453-42}$ tɕiou$^{453-24}$ ti^{0} ti$^{453-44}$ i^{42} kə^{0} ɕian$^{42-44}$ ʂaŋ^{453}, tɕiau$^{453-44}$ i^{42} fu^{13}
叫 舅 的 第 一 个 先 上，叫 姨父
ti^{0}、tɕiau$^{453-42}$ ku$^{42-21}$ fu^{0} ti^{0}、ku^{42} ie^{0}、uai$^{453-21}$ ʂəŋ^{0}、uai$^{453-21}$ ʂəŋ^{0}
的、叫 姑 父 的、姑 爷、外 甥、外 甥
nyər$^{213-24}$ ny$^{213-21}$ ɕy^{13} ai$^{42-44}$ kɤr$^{453-42}$ tian$^{453-42}$ tʂʅ^{213}。ta$^{453-42}$ tʂʅ$^{213-24}$
女儿 女 婿 挨 个儿 奠 纸。大 执
pin^{42} tʂau^{42} xuo^{0}: na$^{213-21}$ ɕian$^{453-42}$、na$^{213-24}$ tʂuar^{42}、na$^{213-24}$ na^{213}, y$^{213-24}$
宾 招 呼：哪 县、哪 庄儿、哪 哪，与
ku$^{42-21}$ fu^{0} ta$^{453-44}$ zən^{42} tɕʰiŋ$^{213-21}$ tian$^{453-42}$ tɕʰian$^{453-44}$ ʂən^{42}, tɕʰiŋ$^{213-21}$
姑 父 大 人 请 奠 欠 身，请
ŋa^{13}。ɕia$^{453-21}$ tʰou^{0} na$^{453-24}$ kə^{0} zən^{42} xan^{213}: tsʰʅ$^{453-42}$ xou^{453}。ta$^{453-42}$
啊。下 头 那 个 人 喊：伺 候。大
tʂʅ$^{213-24}$ pin^{42} xan^{213}: tɕʰiŋ$^{213-21}$ ŋa^{13}。tʂei$^{453-21}$ kə^{0} tɕiau$^{453-42}$ ku$^{42-21}$ fu^{0}
执 宾 喊：请 啊。这一 个 叫 姑 父
ti^{0} tsou$^{453-42}$ mau^{42} tʂə^{13} iau^{42}, xan$^{213-21}$ tʂə^{13} ku$^{42-21}$ fu^{0}, tsʰuŋ$^{42-44}$
的 就 猫 着 腰，喊 着 姑 父，从
tsuo$^{213-21}$ piɐr^{13} tau$^{453-42}$ tian$^{453-42}$ tʂʅ$^{213-21}$ ti^{13} ti$^{453-24}$ fər^{0}, iuŋ$^{453-42}$ ʂou$^{213-24}$
左 边儿 到 奠 纸 的 地 方儿，用 手

i$^{42-44}$ xua$^{453-21}$ lə^{0}, iɑu$^{453-42}$ tʂʅ^{213}。ta$^{453-42}$ tʂʅ$^{213-24}$ pin^{42} ʂuo^{42}: tai$^{453-44}$
一 划 拉，要 纸。大 执 宾 说：代

lɑu^{42} pə^{13}。i$^{453-24}$ sɿ^{0} tsou$^{453-42}$ ʂʅ$^{453-42}$ ta$^{453-42}$ tʂʅ$^{213-24}$ pin^{42} tʰi$^{453-44}$
劳 吧。意 思 就 是 大 执 宾 替

tʰa$^{42-44}$ ʂɑu$^{42-44}$ tʂʅ^{213}, tʂei$^{453-21}$ kə^{0} ʐən^{42} tsou$^{453-42}$ tɕʰie$^{213-21}$ lei^{13}
他 烧 纸，这一 个 人 就 起 来

kei$^{213-21}$ ta$^{453-42}$ tʂʅ$^{213-24}$ pin^{42} tsuo$^{453-44}$ kə^{0} i^{42}, ta$^{453-42}$ tʂʅ$^{213-24}$ pin^{42}
给 大 执 宾 作 个 揖，大 执 宾

xan^{213}: ɕie^{453}。tɕin$^{213-24}$ tɕie^{42} tʂə^{0} xan^{213}: ɕiɑu$^{453-42}$ tsɿ$^{213-21}$ ɕie^{453}。
喊：谢。紧 接 着 喊：孝 子 谢。

ɕiɑu$^{453-24}$ tsɿ^{0} mi^{0} tsou$^{453-42}$ tʂʰuŋ$^{453-24}$ tʂə^{0} kʰɤ$^{42-44}$ tʰou^{42} ti^{0} ʐən^{42}
孝 子 们 就 冲 着 磕 头 的 人

mɑu$^{42-44}$ iɑu^{42} kʰɤ$^{42-44}$ tʰou^{42} xuei$^{42-44}$ li^{213}。kʰɤ$^{42-44}$ tʰou^{42} ti^{13} ʐən^{42}
猫 腰 磕 头 回 礼。磕 头 的 人

tsou$^{453-42}$ mɑu^{42} tʂə^{13} iɑu^{42}, xɑu^{42} tʂə^{13} tɑu$^{453-42}$ suo$^{453-24}$ tʂə^{0} xuei^{42}
就 猫 着 腰，号 着 倒 缩 着 回

tɕʰi^{13} liɛ^{0}。
去 咧。

tian$^{453-44}$ uan$^{42-44}$ liɛ^{13} tʂʅ$^{213-21}$ liɛ^{13}, tʂʰʅ$^{42-44}$ uan^{42} liɛ^{13} uan$^{213-21}$ fan^{453},
奠 完 咧 纸 咧，吃 完 咧 晚 饭，

iɑu$^{453-42}$ pai$^{213-21}$ lu$^{213-24}$ tɕie^{0}。lɑu$^{453-44}$ mɑŋ^{42} ti^{13} ʐən^{42} mi^{13} tʰai^{42} tʂə^{13}
要 摆 路 街。落 忙 的 人 们 抬 着

kə^{0} tʂuo^{42} tsɿ^{0} tʂʰuan$^{453-24}$ tʂə^{0} tʂuɑŋ^{42} tsɿ^{0} tsou^{213}, iou$^{213-24}$ lia$^{213-21}$
个 桌 子 串 着 庄 子 走，有 俩

ʐər^{42} lei$^{453-24}$ tʂə^{0} kə^{0} tian$^{453-21}$ tsɿ^{0}, tɑu$^{453-42}$ na$^{213-21}$ tɕia^{13} mən$^{42-44}$
人儿 勒 着 个 垫 子，到 哪 家 门

kʰour^{213}, tʂuo^{42} tsɿ^{0} i$^{42-44}$ liɑu^{453}, ta$^{453-42}$ tʂʅ$^{213-24}$ pin^{42} tʂɑu^{42} xuo^{0}:
口儿，桌 子 一 撂，大 执 宾 招 呼：

tsʰɿ$^{453-42}$ xou^{453}。nei$^{213-21}$ tɕia^{13} ʐən^{42} tsou$^{453-42}$ tʂou$^{213-21}$ tɑu^{13} tian$^{453-21}$

伺候。□一家人就走到垫

tsɿ^{0} kən$^{42-44}$ tɕʰiɐr^{42} kʰɤ$^{42-44}$ tʰou^{42}, iɑu$^{453-42}$ xɑur$^{213-21}$ ti^{13} na^{42} tʂə^{13} ʂɑu^{42}

子跟前儿磕头，要好儿的拿着烧

tʂʅ^{0} kei$^{213-24}$ sɿ$^{213-24}$ ʐən^{42} suŋ$^{453-44}$ tɕʰian^{42} lei^{0}, xai$^{42-44}$ na^{42} tʂə^{13} kə^{0}

纸给死人送钱来，还拿着个

puo$^{453-24}$ ɕi^{0}, li$^{213-21}$ tʰou^{13} tʂuɑŋ^{42} tʂə^{0} kuo$^{213-21}$ tsɿ^{13}。tuŋ^{42} tɕia^{0} tɕie$^{42-21}$

簸箕，里头装着馃子。东家接

ɕia^{0} ʂɑu^{42} tʂʅ^{0}, tan$^{453-42}$ kuo$^{213-21}$ tsɿ^{13} xai$^{42-44}$ kei$^{213-24}$ n^{42} tɕia^{13} xuan$^{42-44}$

下烧纸，但馃子还给人家还

xuei^{42} tɕʰi^{13}。

回去。

iɤr$^{213-21}$ tɕi^{13} kə$^{453-24}$ tsɿ^{0} tɕiɑŋ$^{42-44}$ kuan^{42} tsɿ^{0} tar$^{42-44}$ tʂʰe$^{42-21}$ ʂəŋ^{0} tɕʰi^{0}。

爷儿几个子将棺子搭儿车上去。

kuan^{42} tsɿ^{0} tʰou$^{42-44}$ tʂʰuŋ$^{453-42}$ xou^{453}, ɕiɑu$^{453-24}$ tsɿ^{0} mi^{0} tʂʰuŋ$^{453-24}$

棺子头冲后，孝子们冲

tʂə^{0} tʂʰe$^{42-44}$ xou$^{453-21}$ tʰou^{0} kuei$^{453-21}$ tʂə^{0}, tɕiɑŋ$^{42-44}$ nɑu$^{213-21}$ tei^{13} ʂəŋ^{0} ti^{0}

着车后头跪着，将脑袋上的

tɕi$^{453-24}$ ti^{0} ɕiɑu$^{453-42}$ tɐr$^{453-42}$ san$^{213-21}$ kʰei^{13}。ta$^{453-44}$ ər^{42} tsɿ^{13} i$^{42-44}$ ʂou$^{213-24}$

系的孝带儿散开。大儿子一手

pa$^{213-21}$ tʂə^{13} liŋ$^{42-44}$ fɐr^{42}, i$^{42-44}$ ʂou$^{213-24}$ fu^{42} tʂə^{13} tsɑŋ$^{42-44}$ kʰuei^{42} tsɿ^{0}。

把着灵幡儿，一手扶着脏盔子。

ta$^{453-42}$ tʂʅ$^{213-24}$ pin^{42} xan^{213}: tɕʰi$^{213-24}$ liŋ^{42} liɛ^{13}。tʂʰe$^{42-44}$ kʰai$^{42-44}$ ʂʅ$^{213-21}$

大执宾喊：起灵咧。车开始

tuŋ$^{453-24}$ liɛ^{0}, ta$^{453-44}$ ər^{42} tsɿ^{13} tɕiɑŋ$^{42-44}$ kʰuei^{42} tsɿ^{0} ʂʅ$^{213-21}$ tɕiər^{13} tʂuai$^{42-44}$

动咧，大儿子将盔子使劲儿摔

par$^{453-24}$ liɛ^{0}。

霸$^{=}$儿咧。

mu$^{453-42}$ ṣʅ$^{453-44}$ ɕian$^{42-44}$ ta$^{213-24}$ xɑu$^{213-21}$ ti^{13}。ta$^{213-21}$ mu$^{453-24}$ ti^{0}
墓是先打好的。打墓的
ṣʅ$^{453-44}$ sɿ$^{453-24}$ kə^{0} ẓən^{42}, yuan$^{42-44}$ lai$^{42-44}$ ṣʅ$^{453-44}$ pa$^{42-21}$ kə^{0} ẓən^{42}。ta$^{453-44}$
是四个人，原来是八个人。大
ər^{42} tsɿ^{13} ɕian$^{42-21}$ tɕʰy^{0} pʰuo$^{453-42}$ tʰu^{213}, ɕian$^{42-44}$ ṣuo^{42} kə^{0} uei$^{453-24}$
儿子先去破土，先说个位
tṣʅ^{0}, na^{42} tṣə^{13} kə^{0} kɑu^{213}, kɑur$^{213-21}$ par$^{453-24}$ ṣəŋ^{0} pɑŋ$^{213-21}$ tṣə^{13} kə^{0} ɕiɐr$^{453-42}$
置，拿着个镐，镐儿把儿上绑着个线儿
xuei$^{42-44}$ i^{42} kə^{0} xuŋ$^{42-44}$ pu$^{453-24}$ ləŋ^{0} tʰiɑur^{213}。tʰa$^{42-44}$ tan$^{42-44}$ tuər$^{213-21}$
回$^{=}$一个红布绫条儿。他单腿儿
kuei$^{453-24}$ tṣə^{0} tṣɑu$^{453-24}$ tṣə^{0} tṣei$^{453-21}$ kə^{0} ti$^{453-24}$ tɕiour^{0} pʰɑu$^{42-44}$ san$^{42-44}$
跪着照着这一个地界儿刨三
ɕiar^{453}, kei$^{213-24}$ kɑu$^{213-21}$ uɑŋ$^{213-21}$ xou$^{453-44}$ i$^{42-44}$ ləŋ^{42}, tsou$^{453-44}$ xuei^{42}
下儿，给镐往后一扔，就回
tɕʰi^{13} liɛ^{0}, pai$^{213-21}$ pu$^{453-42}$ i$^{213-21}$ nei$^{453-42}$ pu$^{42-44}$ nəŋ$^{42-44}$ ṣuo$^{42-44}$ xua^{453}。
去咧，百步以内不能说话。

kuan^{42} tsɿ^{0} ɕia$^{453-21}$ tɑu^{0} mu$^{453-24}$ li^{0}, ta$^{453-44}$ ər^{42} tsɿ^{13} tsai$^{453-42}$ mu$^{453-24}$
棺子下到墓里，大儿子在墓
li^{0} na$^{42-44}$ i$^{42-44}$ pʰəŋ$^{213-24}$ tʰu^{213}, kɑu$^{42-44}$ ɕiɑu$^{453-44}$ i^{42} tou^{42} tṣə^{0} na$^{42-44}$
里拿一捧土，搁孝衣兜着拿
xuei$^{42-44}$ tɕia^{42} fɑŋ$^{453-42}$ kʰɑŋ$^{453-24}$ ṣəŋ^{0}, tɕiɑu$^{453-42}$ fu$^{42-44}$ tʰu^{213}。tɕia^{42}
回家放炕上，叫福土。家
li^{0} ẓən^{42} tsai$^{453-44}$ san^{42} tʰian^{0} xou$^{453-42}$ ti^{0} tsɑu$^{213-21}$ ɕi^{13}, iɤr$^{213-21}$ tɕi^{13}
里人在三天后的早下，爷儿几
kə$^{453-24}$ tsɿ^{0} tʰou$^{42-44}$ tṣʰʅ$^{42-44}$ tsɑu$^{213-21}$ ɕi^{13} fan$^{453-42}$ tɕʰy$^{453-44}$ fən^{42} li^{13}, na^{42}
个子头吃早下饭去坟里，拿
tṣə^{13} sɑu$^{453-24}$ tṣu^{0} tɕʰy$^{453-42}$ sɑu$^{213-21}$ sɑu^{13} fən^{42}, tṣəŋ$^{213-21}$ ti^{13} sɿ$^{453-24}$
着扫帚去扫扫坟，整得四

tʂʅ^{0} ɕiər^{0}。ta$^{453-44}$ ər^{42} tsɿ^{13} tɕiaŋ$^{42-44}$ fu$^{42-44}$ tʰu^{213}、kuei^{42} ny^{0} tɕiaŋ$^{42-44}$

致 些儿。大 儿 子 将 福 土、闺 女 将

ta$^{453-44}$ tɕʰiɐr^{42} tou$^{42-44}$ tɐr$^{453-24}$ tɕʰi^{0}, ləŋ^{42} ti^{0} fən^{42} li^{13}。san^{42} tɕʰi^{0}

大 钱儿 都 带儿 去，扔 的 坟 里。三 七

u$^{213-24}$ tɕʰi^{42} kuo$^{453-44}$ i^{42} kə^{0}, i$^{42-44}$ pan^{42} kuo$^{453-42}$ u$^{213-21}$ tɕʰi^{13}。kei$^{213-24}$

五 七 过 一个，一 般 过 五 七。给

tɕʰie$^{213-21}$ mi^{13} ɕiər^{453}, i$^{42-44}$ tɕʰiər$^{213-21}$ ʂaŋ$^{453-44}$ fən^{42} li^{13} ʂau$^{42-44}$ tʂʅ$^{213-21}$

客 们 信儿，一 起儿 上 坟 里 烧 纸

tɕʰi^{13}, tʂʰʅ$^{42-44}$ tuən$^{453-42}$ fan^{453}。pai^{42} ʐʅ^{0} liou^{0} tɕia^{42} li^{0} ʐən$^{42-44}$ tɕʰy$^{453-44}$

去，吃 顿 饭。百 日 嚠 家 里 人 去

fən^{42} li^{13} ʂau^{42} ʂau^{0} tʂʅ^{213}。sɿ$^{213-21}$ xou$^{453-42}$ san$^{42-44}$ nian^{42} tsai$^{453-42}$

坟 里 烧 烧 纸。死 后 三 年 再

li$^{453-44}$ pei^{42}。

立 碑。

参考文献

陈章太、李行健　1996　《普通话基础方言基本词汇集·语音卷》,(北京)语文出版社

河北省地方志编纂委员会　2005　《河北省志·方言志》,(北京)方志出版社

河北北京师范学院、中国科学院河北省分院语文研究所　1961　《河北方言概况》,(天津)河北人民出版社

李行健　1995　《河北方言词汇编》,(北京)商务印书馆

刘淑学　2006　冀鲁官话的分区(稿),《方言》第4期

唐海县地方志编纂委员会　1997　《唐海县志》,(天津)天津人民出版社

魏钢强　2000　调值的轻声和调类的轻声,《方言》第1期

中国科学院语言研究所、河北省昌黎县县志编纂委员会　1960　《昌黎方言志》,(北京)科学出版社

中国社会科学院语言研究所、中国社会科学院民族学与人类学研究所、香港城市大学语言资讯科学研究中心　2012　《中国语言地图集(第2版)·汉语方言卷》,(北京)商务印书馆

后　记

河北省的方言，尤其是唐山、秦皇岛一带的方言很有特点，但除了《昌黎方言志》外，这片区域尚缺乏系统的单点调查报告。2014 年，因为博士论文，我与这片区域结缘。三年寒暑，多少次来回，让我有幸窥得这一带方言的神秘面貌。2017 年，恩师曹志耘教授告知河北师范大学桑宇红教授正在组织编写河北方言系列丛书的消息，兴奋之余，我欣然应允承担其中一个点的编写任务。考量再三，定下了曹妃甸，这是令我印象最为深刻的调查点之一，不仅在于它独特的方言面貌，更在于它淳朴的民风和民情。

我曾前后三次赴曹妃甸。第一次是 2015 年，主要任务是进行博士论文的调查；第二次是 2018 年 7 月，北京师范大学教师曹梦雪带领十余位本科生进行暑期田野调查实习，我作为"学术顾问"一同前往；同年 12 月，我又独自前去核对语料。

曹妃甸的发音合作人是艾顺梓叔叔和丁秀芳阿姨，他俩是夫妻。艾叔叔是庄里操办红白事的大执宾，颇有威望，闲暇时还帮着姑爷料理流动桌红白喜事流动餐车。丁阿姨善良贤惠，心灵手巧，年轻时曾跟着家人做女工，耳濡目染，对针线活颇有研究。记得第一次去艾叔叔家，那时他刚做完心脏搭桥手术，需要静养，可依然每天坚持靠在沙发上配合我调查。丁阿姨忙完家务活总会端个小板凳静静地坐在一旁，听我们谈话，并不时地点头摇头。有些艾叔叔说不上来或说得不准确的地方，丁阿姨则会非常及时地给与提示。我这才发现丁阿姨头脑竟如此灵活，反应如此敏捷，甚至比叔叔更适合担任我的发音人。于是第二次在曹老师带队的情况下，我们决定让叔叔、阿姨二位都担任发音人，叔叔为主，阿姨为辅，阿姨随时可以对叔叔的回答进行补充和更正。采用这样的调查方式，效率会更高，得到的信息也更加全面。

曹妃甸是一个海边的小村庄，人口不多，但都热情好客。每次我去调查，不是在烈日炎炎的伏天，就是在数九寒天的隆冬。幸在叔叔、阿姨一家人对我照顾有加，调查日每每都留我一起吃午饭，免去了路途中的奔波。午饭通常由叔叔的女儿和姑爷操持，以海鲜为主，实在是美味。冬天太冷，阿姨则会嘱咐叔叔骑三轮车将我送至公交车站。就这样，在每天平淡无奇的相处之下，我们形成了一种默契，生发了一种亲情。由于今年特殊的疫情，不便再去当地进行语料的核实，遇到有疑问的地方，我都通过电话与艳儿姐（叔叔的女儿）沟通，艳儿姐十分热情，无论多晚都会回复我的信息，有些她不确定的，就去跟村里的老人核实后再告知我。

遗憾的是，2019 年 9 月，阿姨由于疾病永远地离开了我们，我感到无比痛心。阿姨为人忠厚，心地善良，对我这样一个素不相识之人尚且如此，更何况对待身边人。我永远也忘不了调查时，阿姨那清澈透亮、充满求知欲的眼神；忘不了阿姨给我们演示翻花绳时那木兰般不服输的嘴角；忘不了阿姨躺在炕上陪我午休，还翻看调查手册的背影……愿天堂没有病痛和折磨，我们永远怀念您！

最后是感谢。感谢桑宇红教授给我这样宝贵的机会，允许我将自己的一点浅薄想法呈现在纸上，同大家分享。感谢本书责编张芃女士对我的宽容，不仅以专业的眼光给我指出书稿中各种问题,并且给了我足够的修改时间。感谢唐山学院张妍老师和刘丽春老师帮我联系介绍发音人。由于个人水平有限,书中一定还有诸多错漏,敬请各位专家批评赐教。

作 者

2020 年 5 月 5 日